天下文化
BELIEVE IN READING

社會人文BGB509

# 艱難的抉擇

## 台灣對安全與美好生活的追求

卜睿哲

# DIFFICULT CHOICES

## Taiwan's Quest for Security and the Good Life

Richard C. Bush

周佳欣、劉維人、廖珮杏、盧靜　譯

謹以本書紀念我的導師、同僚和朋友——

容安瀾（Alan Demuth Romberg, 1938-2018）

# 美國參議員馬侃（John McCain）於參議院的最後演說*

〔參議院辯論〕要遠比我記憶所及，來得更為固守黨派和更具門戶之見。儘管我們的審議仍舊重要且有用，但是我想我們大家都會同意，議會審議近來並沒有做出什麼偉大貢獻，就連在此時此刻，也沒有為美國民眾多做些什麼……

我希望我們可以再度重拾謙卑、重啟合作的需求、重新相互扶持來學習如何再度信任彼此，而且唯有如此，我們才能為選民提供更好的服務。不要再理會那些在廣播電視和網際網絡上大放厥詞的名嘴。去他們的。他們根本不是要為大眾福祉謀事。唯有我們無能，他們才能保住飯碗。

讓我們信任彼此。讓我們重回常軌。我們在太多的重要議題上一直原地踏步，而這是因為我們一直為了要贏而刻意不尋求對方的協助。國會兩黨目前就是採取這樣的方式從上而下強行立法，完全沒有彼此的支持，並且用盡所需的一切議會花招……

我們會因為努力齊心尋找解決之道而失去什麼嗎？事實是，我們單打獨鬥卻沒有什麼成就。我認為在我們之中，沒有人會對自己的無能而感到驕傲。只會阻撓政治敵手做他們想做的事情，這並不是什麼啟發人心的作為。尊重我們彼此的差異，會帶來更大的滿足感，但是差異不該阻撓我們在不需放棄核心原則的情況之下達成協議，而這樣真誠的協議有助於改善生活和保護美國民眾。

* American Health Care Act of 2017; Congressional Record, vol. 163, no. 125 (U.S. Senate, July 25, 2017), statement of Senator John McCain.

# 目錄

出版者的話

# 全球化潮流中的知識之窗

高希均

在選擇英文或其他外文，翻譯成繁體字中文版時，我們希望每一本書，都能達到信、達、雅的境界。

譯著的範圍涉及經濟、政治、社會、科技、文化、國際關係等主題時，外國作者有他（她）們的價值判斷，我們出版的態度一如中文版：就這些作者撰述的，我們尊重；如果因此引起的爭論，我們同樣尊重。我們的出版以專業水準檢驗內容，不以自己的主觀價值來評論對錯。

我們希望透過博學多才外籍作者的素材、論點、故事，為國內讀者開啟一扇全球化潮流中的知識之窗，其中進步的要學習；卓越的要吸收；偏執的要了解；傲慢的要避免；我們絕不能變成井底之蛙或陷入自我感覺良好。

「五四百年」剛過，「民主」與「科學」在大陸與台灣猶待扎實的深耕；我們所重視的「經濟」與「教育」，所嚮往的「文化」與「文明」，所追求的永續發展、天人合一，也還有很長的路要走。

百餘年來落後的中國與台灣，經過半世紀以來的努力，各自變成了世界第二大經濟體與經濟發展的典範；出版優秀的中譯本，希望它具有催化大中華更上層樓的雙贏前景。

（作者為威斯康辛大學榮譽教授、遠見天下文化事業群創辦人）

推薦序

# 台灣研究的翹楚之作

蘇起

卜睿哲新書來了。這是他退休前的最後力作。他寫過兩岸關係、美台關係、美中關係、中日關係，以及香港的專書，每本都被圈內同行高度推崇。加上這本台灣大作，「大師」的稱號，他絕對當之無愧。

卜睿哲與台灣結緣甚早。從哥倫比亞大學獲得博士學位後，先後在「亞洲協會」與眾議院外交委員會任職近二十年，他經歷了美中台邦交的轉變，台灣民主化，以及兩岸關係的緩和。一九九〇年代中期他出任美國「全國情報委員會」的協調官，負責整個東亞情報的整理與分析。一九九七年他調任美國在台協會理事主席。一九九九年李前總統宣布「特殊國與國關係」後，他立即奉命來台傳達華府要求「煞車」的意旨，與當時恰在陸委會擔任主委的筆者平行努力危機處理。據了解，二〇〇〇年二月陳連宋激烈競逐大位時，柯林頓宣布「台海問題的解決必須經過台灣的同意」，就是出自他的建議。扁政府第三年，他離開官職，專任華府最大政策智庫布魯金斯研究院的研究工作，每三年推出一本新作，令華府政學界驚豔。他著述頻率之高、專攻議題之多元，與內容之扎實，即在華府亦不多見。

坦白說，敢針對當今台灣寫本關照方方面面的專著，確實需要很大的勇氣。記得歐巴馬當選總統不久，某位即將離開布希政府、既知中也知台的政務官私下對我友人說，他「如奉命向新總統簡報中國大陸政情，大概兩小時就可闡明全貌。但如簡報台灣政情，需要五個小時」。可見台灣的麻雀雖小，五臟複雜度卻超高。

卜睿哲新書標題「艱難的抉擇」就精確反映這實況。他從民眾基本認知切入，先檢討政府預算、經濟、能源政策，與敏感的所謂「轉型正義」問題，再以大半篇幅討論兩岸關係，談「中共對台野心」與「中華人民共和國的不對稱進犯」，也談台灣如何自保，包括軍事防禦，以及藉「民族認同」與「國家」進行的政治防禦。最後談美國政策及「怎麼辦」。

他的研究結果顯示，台灣民眾對國家定位相當一致的偏好模糊的「維持現狀」。但對諸多公共政策如預算、能源、經濟、轉型正義等，卻常有分歧。尤其碰到統獨問題時，爭議就更嚴重。目前台灣還面臨來自中共威脅的存亡挑戰。北京愈來愈覺得已經不能說服台灣接受「一國兩制」，反而對非和平解決手段的信心日漸增強。至於美國角色，他認為美中關係急遽惡化，很可能誤傷台灣；這種危險在川普時期特別明顯。美國規劃政策時，不能忽略台灣的利益。台灣自己也不該否定謹慎的重要性，或以為美中拉扯一定對自身有利。台灣在做艱難抉擇時，要正確理解美國的利益及意圖。

毫無疑問，本書絕對是英文著作裡台灣研究的翹楚。作者對台灣充滿善意，既欣賞台灣從戒嚴轉到民主，又同情台灣長年面對中共的困境。台灣讀者一定會有深獲我心之喜悅。不過，或許他從華府看台灣，或許他對台灣及其民主善意十足，也或許身歷其境的我們習於自我檢討，若干台灣重大問題似被輕輕帶過，甚至完全不提。

譬如台灣為何藍綠分裂如此嚴重。筆者以為其中隱藏制度面的重大因素。一九九六年第一次總統直選才過一年，李登輝就急著修憲。從此中華民國總統不再類似西方的總統或總理，而更像「準皇帝」。他（她）可以隨意任命行政院正副院長與部次長，不需要任何機關同意。他（她）不必去國會報告並答問。他（她）更不必舉行記者會解釋重大政策。換言之，他（她）完全可以躲在總統府凌空治國，除了自制，不受任何節制。

加上贏一票就贏的「贏者全拿」選制，選戰立即墮落成古代的王位爭奪戰，任何花招、賤招、惡招都使得出來。短短二十幾年，台灣不但產出睥睨全球的「錄音帶」、「槍擊案」，與「走路工案」，當事人事後還都照樣笑傲江湖。只有從這制度面及權力動機去理解，才能明白為什麼台灣的藍綠分裂遠早於且遠甚於美國的藍紅分裂，而且歷久不衰。也只有這樣才能理解為什麼台灣內部根本不可能像以色列那樣團結對外。西方人士盛讚台灣民主之時，顯然錯失了此一要害。

另如兩岸關係。西方人士多半聚焦北京的責任，幾乎完全忽視台灣對兩岸關係變好或變壞的「貢獻」。大陸大，台灣小，兩岸關係當然是台灣最大的難題，但它絕對不是不能靈活處理的難題。李登輝與馬英九都曾找到兩岸和平共處、尊嚴並存之道；美國及整個東亞還因此受惠。蔡政府今天不做，非不能也，實不為也。迄今西方研究卻極少觸及為什麼前人能「為」，今人卻始終「不為」。

再如美國角色。台灣民眾愈來愈傾向脫離中國大陸，同時遠比美國人自己還相信美國一定會來救台灣。這中間就有巨大、可能致命的落差。台灣許多人忘了美國人其實有好幾種。大部分（像川普）根本不關心台灣，小部分關心台灣但憂慮美國是否仍有能力保衛它。再有小部分則是把台灣當作對抗大陸的棋子；棋子命運如何，基本並不在意。卜睿哲結語呼籲台灣「正確理解美國的利益與意圖」，實有說不出口的深意。

台灣自己沒人寫出關照台灣全貌的一本書。估計任何人寫出，大概也很快被貼上標籤，難以服眾。所以卜睿哲做為一個善意的、長期觀察且有深厚學術修養與政府歷練的第三者，他的中文譯本在台灣人手一本，都不算多。

（作者為台北論壇基金會董事長）

# 謝辭

誠如每一位作家，我在本書研究和書寫的過程中積欠了許多人情，實在是無能回報。我能做的就是向所有協助我的人表達感激之情，並且希望自己沒有遺漏太多，或是做了令人不快的區別。當然，任何錯誤或誤解都是我個人的責任。

我首先要向給予我豐厚獎助金來完成這項書寫作計畫的史密斯．理查森基金會（Smith Richardson Foundation）致上深深的謝意。多年以來，史麥克（Marin Strmecki）和宋（Allan Song）一直很信賴我和我的學術工作，這對於我和布魯金斯研究院（Brookings）來說，意義非凡。

讓我受益匪淺的洞見和友誼，是來自東亞政策研究中心（the Center for East Asia Policy Studies）和約翰．桑頓中國中心（John L. Thornton China Center）的學者同仁：索利斯（Mireya Solis）、李成（Cheng Li）、朴正鉉（Jung Pak）、周思哲（Jonathan Stromseth）、福特（Lindsey Ford）、杜大偉（David Dollar）、何瑞恩（Ryan Hass）、杜如松（Rush Doshi）

以及賀詩禮（Jamie Horsley）（杜如松和賀詩禮尤其讓我獲益良多）。兩岸政策協會（Cross-Strait Policy Association）理事長譚耀南（Stephen Tan）曾至布魯金斯東亞政策研究中心擔任訪問學人，那段期間裡，我泰半都在撰寫本書，從他身上收穫許多。葛拉瑟（Elisa Glaser）、維埃拉（Miguel Viera）和梅森（Jennifer Mason）則是嫻熟的完成這個計畫的行政工作。整個寫書的期間，我有幸擁有三位能幹的研究助理：司馬燕（Maeve Whelan-Wuest）、周（Jasmine Zhao）及裘恩（Adrien Chorn）。裘恩編校了後續數版的手稿，儘管是單調乏味的工作，但是他做得可圈可點。兩個中心的下列實習生都親切協助我進行特定的研究工作：布羅德希耶夫（Konstantin Burudshiew）、朱厄爾（Ethan Jewell）、黃天磊（Huang Tianlei）、徐千勝（Xu Qiansheng，音譯）以及張昕月（Zhang Xinyue，音譯）。

擁有東亞和中國中心的布魯金斯外交政策部（The Foreign Policy Program），讓我能夠有氣氛融洽的環境來研究和寫作。我要特別感激兩位人士：一位是瓊斯（Bruce Jones），是我著手進行計畫期間的該部會主任；另一位則是計畫完成時的主任馬洛尼（Suzanne Maloney）。我們的研究主任歐漢龍（Mike O'Hanlon）一直不斷鼓勵我們。我曾在某個會議發表這本書的核心思想，而當時與會的同仁都給了我許多有用的建議，包括拜曼（Daniel Byman）、李維茲（Brian Reeves）、斯洛特（Amanda Sloat）、施泰森穆勒（Constanze Stelzenmüller）與維茨（Tamara Wittes），都針對特定問題給予了有用的答案。葛羅斯（Samantha Gross）好心的審閱了第五章，並給予一些改進的建議。貝德（Jeff Bader）和波拉克（Jonathan Pollack）都退休了，但仍舊不吝惜給予指引。

以整個布魯金斯來說，我還要感謝圖書館的館員，特別是樂於追查我要求的每一份研究資料的齊爾頓（Sarah Chilton）和穆尼（Laura Mooney）。多虧了芬恩（William Finan）偕同其布魯金斯學會出版社團隊的辛勤工作，我的手稿才能化為一本真正的書籍。在成書期間，兩位匿名的外部審稿人更是給予了豐富的珍貴建議。

除了布魯金斯學會，還有許多人在特定的問題上給了我發人深省的洞見與答案。多年以來，中國和台灣的專家群、台灣政治科學界才華洋溢的的中堅份子，以及許多的友人與同事，無不讓我受益匪淺。全部列出將會是相當長的一串名單，然而若沒有向下列人士表達感謝，我可就有失周到了：鮑彤（Nathan Batto）、張安平（Nelson Chang An-ping）、陳以信（Charles Chen I-hsin）、陳方隅（Chen Fang-yu）、陳怡潔（Janice Chen）、鄺英傑（Brent Christensen）、朱雲漢（Chu Yun-han）、戴傑（Jacques deLisle）、戴雅門（Larry Diamond）、王洛伶（Lauren Dickey）、彭光理（Michael Fonte）、葛來儀（Bonnie Glaser）、何天睦（Timothy Heath）、何樂進（James Heller）、何明修（Ho Ming-sho）、何思因（Ho Szu-yin）、胡凌煒（Hu Lingwei）、黃奎博（Huang Kwei-bo）、黃聖峰（Huang Sheng-Feng）、A．J．黃（A. J. Huang）、黃清龍（Huang Ching-lung）、黃翠瑩（Tracy

Huang）、江憶恩（Alastair Iain Johnston）、葛天豪（David Keegan）、林承偉（Lin Cheng-wei）、克里斯（Chris Lin）、林飛帆（Lin Fei-fan）、賈里德（Jared Lin）、林倢（June Lin）、林夏如（Syaru Shirley Lin）、林穎佑（Lin Ying-yu）、龍應台（Lung Ying-tai）、馬英九（Ma Ying-jeou）、莫健（James Moriarty）、尼勒爾（Kevin Nealer）、羅瑞智（John Norris）、彭富榮（Peng Fu-jung，音譯）、任雪麗（Shelley Rigger）、蘇起（Su Chi）、舒耕德（Gunter Schubert）、蘇利文（Jonathan Sullivan）、祁凱立（Kharis Templeman）、田弘茂（Tien Hung-mao）、蔡國嶼（Tsai Gwo-yu）、游清鑫（Yu Ching-hsin）、余東暉（Yu Donghui）及章念馳（Zhang Nianchi）。此外，我還要感謝下列單位的人員：亞州民主動態調查（Asian Barometer Survey）、政治大學選舉研究中心（Election Study Center of National Chengchi University）、台灣選舉與民主化調查（Taiwan's Election and Democratization Survey）、台灣國家安全調查（Taiwan National Security Survey）及台灣社會變遷基本調查（Taiwan Social Change Survey），感謝他們讓我使用他們的調查數據，這些數據對我極有幫助。我要將《艱難的抉擇》獻給我親愛的友人容安瀾（Alan Romberg），我從他身上受益良多，而他已於二〇一八年與世長辭。

我最需要感謝的就是我的家人，對於他們在我職涯中所給予的長期支持，我要表達深切的謝意，尤其是我的妻子瑪蒂（Marty）對我五十多年來從不間斷的支持。

# 專門名詞說明

關於正確拼寫名稱的方式，台灣的名詞情況顯得有點混亂。在國民黨政權時代，地名和人名的羅馬拼音化，一般是採用威妥瑪（Wade-Giles）拼音系統來拼寫標準中文或是標準漢語，而這是十九世紀的西方人所發展出來的系統。因此，蔣經國是一九七八年至一九八八年在位的總統，他的姓名羅馬拼音是「Chiang Ching-kuo」。當時絕對不會使用的系統，就是由中華人民共和國（People's Republic of China或「Communist China」（共產中國））所開發出來、從一九八〇年左右開始通行世界的漢語拼音系統。不過，台灣並沒有完全遵循威妥瑪傳統拼音法。蔣介石是蔣經國的父親和前一任總統，而他的姓名羅馬拼音是「Chiang Kai-shek」（威妥瑪拼音應該是「Chiang Chieh-shih」，漢語拼音則會是「Jiang Jieshi」）。國民黨創黨人孫逸仙通常是拼寫為「Sun Yat-sen」（威妥瑪拼音應該是「Sun I-hsien」，漢語拼音則會是「Sun Yixian」）。

不遵循威妥瑪拼音的例子與日俱增。個人往往按照自己的喜好來選擇姓名的羅馬拼音方式。例如：現任總統蔡英文和前任總統馬英九的姓名拼音分別是「Tsai Ing-wen」及「Ma Ying-jeou」，兩者都是威妥瑪系統的變體。自從台灣意識在一九九〇年代開始高漲之後，許多台灣人英譯姓名的時候會揚棄國語發音，而改採台語或閩南語的發音。城市街道路標的羅馬拼音多半是根據語音，而不採與語音較不相近的威妥瑪拼音系統。

我在書裡採用折衷的方式來處理人名和地名。對於台灣居民，我是使用他們自己的羅馬拼音方式（除非個人有不同的拼法，不然都是以威妥瑪拼音為主）。至於地名方面，我採用的是國民黨政權自一九四九年撤退來台就通行的形式。若是中華人民共和國的人名和地名，以及諸如某些不正式的國族或國家的名稱時，我都是使用漢語拼音的形式。我在注釋使用的是漢語拼音，除非是台灣個人人名，那我就會遵照他們偏愛的拼法。

一旦涉及到政治實體的稱呼，專門名詞的問題就更棘手了。在國際法實質議題的作用之下，人們會使用相同的專有名詞來指涉不同的事物（往往是在不自知的狀況下發生）。誠如我在第十章的說明，專門名詞的混淆狀況，甚至比起英文是有過之而無不及。

這個問題首先就要說明的是「中國」（China）這個詞彙。常態使用下，這個詞彙指的是由中華人民共和國（PRC）政府所掌控的領土。問題是，同時也存在著創建於一九一二年的中華民國（Republic of China, ROC），至今仍是台灣政府的正式名稱。類似的情況也出現在「中國人」（Chinese）這個詞彙，有時候是指包含居住於台灣在內的華人，有時候是指中華人民共和國的公民，然而有時候卻又是指中華人民共和國的政府（「中國立場」）。

國際法對此做出了某種釐清。國際體系的主要構成部分是國家，而國家不只是全球社群的成員，同時也是聯合國等組織和其他事務的成員。其中的一個國家就是被其他國家所承認的中國。誠如後續章節所做的解釋，儘管有一些台灣人極度期盼台灣被認知和承認為一個國家，但是目前的國家中沒有一個叫做台灣。

然而，「中國」這個國家應該與代表中國的政府有所區別，而且確實在一九四九年之後，有兩個政府宣稱自己在國際上代表中國：台灣的中華民國政府，以及管轄有時被稱為中國大陸的中華人民共和國政府。這兩個政府的競爭類似於中世紀和近代的英格蘭，都為了誰才是正統君主而衍生衝突（一四八五年前的蘭開斯特〔Lancaster〕家族和約克〔York〕家族之間的爭戰即是一例）。這個類比的意義是，英格蘭並沒有因為內部主權爭奪而在國際上消失。因此，嚴格說來，「中國」這個詞彙並不等同於中華人民共和國，也不等同於中華民國，所以我也不會將之混為一談。

正因如此，在書中談到台灣海峽兩岸政治關係的部分（除了第二章到第六章），我把在位於台灣海峽的大陸一側的實體指稱為中華人民共和國、北京或中國大陸，至於另一側的島嶼則指稱為台灣或台北。而第二章到第六章關注的純粹是台灣的內政事務，所以我就用中國來指稱中華人民共和國。

維持這種區隔的一個理由是因為複雜的領土問題，特別是台灣的地理實體是否屬於中國國家主權領土的一部分。這個問題在台灣有所爭議，並且有些人對這個問題的回答是此地從來不曾是中華人民共和國的一部分，故而相信台灣並不屬於中國。確實如此，若是談到政府和行政機構，台灣從未受到中華人民共和國的管轄。只不過這跟表明台灣不是中國的一部分是兩碼子事。

最後則是「台灣人」（Taiwanese）這個詞彙。一般的意思是指住在台灣或來自台灣的人。然而，這個詞彙比較準確的用法則是限定在那些二十世紀初期從中國東南部遷徙到台灣的居民。他們通常被視為「本省人」（native Taiwanese）。而「外省人」（Mainlander）是與「台灣人」相對的詞彙，通常適用於那些一九四五年之後才來到台灣的人，那一年，國民黨政府來台，從自一八九五年起治台的日本人手上接管台灣。外省人與本省人於一九四〇年代末期所出現的深刻政治分裂，縱然已隨時間淡化，但是彼此的隔閡依然存在。因此，「台灣人」這個詞彙的一般意思含括了外省人，但這樣的用法可能是不恰當的。正因如此，我在使用「台灣人」這個詞彙時，是指本省人。在其他情況下，若是涉及到外省人和本省人的隔閡，我會把「台灣」（Taiwan）當作形容詞來代換使用（如「台灣人民」〔Taiwan people〕、「台灣公司」〔Taiwan companies〕）。

# 第一章 導言

台灣從來就不曾有過輕鬆的處境。這個相對狹小的地方沒有太多天然資源，面積不過比美國馬里蘭州（Maryland）和哥倫比亞特區（District of Columbia）的總和要大上一點，比瑞士要來得小，大約與中華人民共和國較小省份之一的海南島一樣大。台灣的人口約兩千三百萬人，比美國佛羅里達州（Florida）多了兩百萬人，比澳洲少了兩百萬人，約與中國上海市人口一樣多。因為這些限制，舉例來說，台灣從來就無法建立強大的軍力。

此外，台灣有著一些龐大且有時具侵略性的鄰國。過去三百多年來，中國的歷屆政府都相信，控制或統治——位於穿越台灣海峽最狹窄之處不過一百四十五公里的——台灣，就能有助於中國的安全：首先是十七世紀晚期的大清帝國，最近則是二十一世紀的中華人民共和國。日本在一八九五年將台灣占據為其第一個殖民地，並且統治了長達半世紀。這座島嶼[1]之所以備受青睞，主因是其戰略價值：台灣是亞太第一島鏈的居中環節，而此島鏈橫跨了日本到澳洲，界定了東亞的安全地理疆界。自二戰以來，許多美國戰略專家也把此第一島鏈視為美國於太平洋的最佳安全防線，展現了他們對於台灣戰略地理位置的了解。[2]

一九五〇年代，台灣的領導人制定了一項大戰略，或者更準確來說，是一項生存戰略，以便因應這座島嶼領土狹小和危險鄰國的雙重問題。為了確保安全，他們尋求並接受了美國的保護。對雙方而言，這種關係的發展十分複雜並且充滿了不確定性，但是卻持續了七十年之久。台灣政府為了鞏固內部穩定和強化人民對政權的支持，展開了出口導向工業化的計畫，而且超乎預期的成功，漸漸替島上大多數的居民帶來了「美好生活」。到了一九八〇年代，島內決定要逐步脫離自一九四〇年代晚期就存在的威權政體，建立全面且現今活力十足的民主體制。這個轉型即使不是出於戰略動機，也造成了戰略衝擊。

## 經濟與社會：成功及其效應

台灣的策略帶來了社會與經濟方面的巨大成功，從美國中央情報局（CIA，以下簡稱中情局）的《世界概況》（*World Factbook*）和其他資料的數字就可見一斑：

- 二〇一六年，人均國內生產毛額（GDP per capita，按購買力平價〔purchasing power parity〕計算）為四萬七千八百美元，世界排名第三十名。（台灣於二〇一六年的名目人均國內生產毛額〔nominal GDP per capita〕是二萬二千四百九十七美元，但是全球排名大概跟人均GDP差不多。）[3]

- 二〇二〇年，出生時平均預期壽命為八〇・六歲（世界排名第四十三名）。
- 二〇一二年（此為可得資料的最後一個年份），只有一・五%的人口是生活在貧窮線之下。
- 二〇二〇年的人口成長率僅有〇・一%（世界排名第一八七名）。
- 城市人口比例為七七・五%（世界排名第四十五名）。[4]
- 每千名活產兒的死亡人數為四・三人（世界排名第一八七名）。
- 二〇一六年，農業產值只占國內生產毛額的一・八%，工業為三六・一%，而服務業為六二・一%。
- 在勞動力方面，五九・二%從事服務業，三五・九%從事工業，四・九%從事農業。
- 如同其他發達經濟體，國內生產毛額的成長率減緩至一%至五%之間。[5]失業率在一九九〇年代落於一%至三%之間，過去十年來則已經上升到三%至五%之間。[6]
- 整體人口的實質識字率是九八・五%。同一時間約有二〇%的就學人口，超過五％的人口（中學畢業人口為九五％）於高等教育院校求學。[7] 大約四四．五％的人口曾受教於高等教育機構。[8]

- 每百人的行動電話用戶數為一百二十四戶（世界排名第四十三名）。
- 全島有五個電視網絡和一百七十一個廣播電台。
- 八八％的人口都是網際網路用戶（世界排名第三十三名）。
- 臉書（Facebook）於台灣的普及率位居其亞洲市場的首位。[9]

然而，如同其他發達經濟體，台灣在近年來也必須要應對過往成功的後果。實質國內生產毛額的成長逐漸衰退，從一九八三年的九％降至一九九三年的八．五％，二〇〇三年為六．九％，二〇一三年為六％，二〇一八年則是五．五％。[10] 台灣的頂尖公司繼續有著良好的表現，尤其是電腦和資訊產業，但是其他產業的成長就停滯不前。另外，並非所有的台灣居民都受益於台灣日益繁榮的成果，而能夠享有中上階級或上層階級的生活型態。在近幾十年來，確實出現了不平等加大的趨勢。就所得方面來說，最高的五等分位組的平均可支配家戶所得，在一九九六年是最低組別的五．三八倍，到了二〇一〇年則是六．〇六倍。吉尼係數（Gini coefficient）通常用於測量經濟不平等的分布的統計衡量，在一九九六年是〇．三一七，在二〇一五年則是〇．三三八。[11]

中學畢業生於高等教育機構（七十所大學和八十七所技專校院）求學的龐大人數，儘管看起來令人折服，卻掩藏著一些問題。人們愈來愈一致認為，台灣的大學事實上太多。有些大學是基於政治原因而成立，並不是出於台灣勞動力的需求，結果導致學校數目和學生人數配比不當，以及大學畢業生的技能和職缺之間的失衡。大學畢業生的失業率是五．一％，高於整體勞動力的平均值（小於四％）。[12] 此外，進入最佳大學的激烈競爭導致了進入最佳中學的競賽，以及不勝枚舉的其他情況。在這樣的競爭中，富裕人家有著固有的優勢，讓他們的小孩擁有更多機會。

住宅取得方面也呈現嚴重的不平等狀況。在二十一世紀的頭十五年，房價指數快速增長，從一〇〇增長到超過三〇〇，直到政府採取穩定房價的措施。這個問題在台北市尤其嚴重，從二〇〇四年到二〇一四年之間，房價收入比（house price-to-income ratio）呈雙倍成長。[13] 如同全球的其他大都會地區，房地產價格的加速增長對年輕人的衝擊最大，促使他們害怕無法達到如同自己雙親般的相同生活水準。根據一份估計，預期買家需要儲蓄超過十五年的所得，才能夠不用信貸而購入一間中等價位的台北市公寓。就整個台灣來看，二〇〇四年迄今，家庭負債占國內生產毛額的比率已經超過八〇％。[14]

台灣具有高齡化社會和下降的人口成長率，而這樣的人口狀況造成了自身的不平等情形。二〇一六年年中的人口估計為兩千三百四十萬人，約為一九六五年的兩倍，並且比一九八五年多了四百萬人；然而，相較於一九六五年的三．四％人口成長率，和一九八五年的一．二％，二〇一六年年中卻下滑到約〇．二％，這意味著只有一部分的高齡化人口被替代。島上的總體人口因此已經達到高峰，而且很快就會開始下滑，預估在二〇三五年會下降為兩千兩百九十萬人，到了二〇四五年則會是兩千零四十萬人。[15]

如此一來，台灣的人口組成將會改變。六十五歲以上的人口比例在一九九八年是八．三％，二〇一六年估計是一三．一％，但是在二〇三五年可能會上升至二七．四％，而二〇五〇年會是三六．六％。[16]另一方面，台灣的工作人口出現急遽下滑的情況：從二〇一四年的七四％下滑至二〇二〇年的七一．四％，預期二〇三五年會下滑至六二．五％，到了二〇四四年會是五九％。[17]高齡化社會為工作年齡人口帶來了負擔，畢竟相對於其他人口，工作年齡人口數正在下滑。換言之，台灣將會有更多的孩童和高齡人口，而他們仰賴日益減少的工作人口來撫養他們。

台灣在社會上、經濟上和政治上的發展，同時對環境造成了影響。在工業化而快速成長的時期，台灣的公民必須承受空氣、土壤和水源的汙染。他們要麼不了解環境惡化的惡果，要麼因為政治體制尚未開放而無法抱怨。不過，當台灣轉型為民主體制之後，環保倡議就開始遍及全島，促使政府政策關注環保的重要性。這個任務後來變得比較容易，因為許多企業為了因應全球化之下的生存問題，而將工業廠房和公司遷移到中國大陸和東南亞。只不過，汙染問題照舊存在這個以服務為主的經濟之中，汙染工業依然汙染著島上部分地區的空氣。在美國耶魯大學（Yale University）的全球環保評估報告中，台灣排名第四十六名，落後於新加坡、日本和南韓等東亞國家。[18]

簡而言之，台灣以一個現代繁榮社會的面貌崛起，隨之而來的是何為優先事務的激烈角力，以及應該如何處理的困境。台灣需要弄清楚該如何在各種事務中做出艱難的抉擇：在增長的能源需求與環境保護之間，在經濟成長與經濟公平之間，在年輕人的需求與老年人的需求之間。

## 國內轉型：外部政治與軍事衝突

在安全方面，幾十年來，美國一直保護著台灣，而台灣害怕這份力量逐漸削弱是其來有自。改變的並不是中華人民共和國想要統一的目標，畢竟此一目標在今日依然與一九四九年時相同，而是因為中國人民解放軍（People's Liberation Army, PLA）達成此一目標的能力已經不可同日而語，其自一九九〇年代後期就開始穩定精進，不只是跨越台灣海峽的投射戰力，也加重了美國設法派兵防衛台灣的難度。要如何因應這個新現狀，對台灣來說是個嚴峻的挑戰。更重要的是必須了解，其中所涉及的並不只是一個國家可能會奪取另一個受到國際認可的國家的領土，像是日本於一九三一年奪取滿州，或是納粹德國於一九四〇年占領西歐國家。這個爭議的淵源得回到二十世紀前半葉，發生在中國大陸的數十年衝突，其中有個特別的政治面向，那就是該如何理解台灣的法理性質，以及台灣的民眾又是如何定義自己的認同。為了釐清此一政治面向，我們得在此簡短回顧一下歷史。

當清朝或滿清帝國於一九一一年結束之後，隨後接替的是自稱為中華民國的新政府。然而，隨著軍閥勢力為了爭奪領地和控制表面上代表國家的中央政府，共和國很快就淪為了只是名義上的稱呼。如此的衝突之中出現了兩股政軍勢力，相繼建立了相對的優勢地位。首先出現的是中國國民黨，也就是素為人知的國民黨（Kuomintang, KMT）。國民黨在蔣介石大元帥的領導之下，於一九二八年控制了中華民國政府，並且力求使其更有效率。國民黨的軍隊為了鞏固權力，剷除了一些剩餘的競爭對手，但是並無法全面除去，其中僥倖免於被殲滅的就是毛澤東領導的中國共產黨（Chinese Communist Party, CCP）及其軍隊。

與此同時，日本展開了侵略中華民國的行動，奪取滿州，六年之後，中國東方和北方便爆發了全面戰事。等到日本軍隊占領了這些區域，並且挺進了這個國家的中央地帶，中華民國政府只能往內陸移動，而其之所以能夠存活下來，靠的是自身的努力，以及先後來自蘇聯和美國的外援。同一時期，毛澤東的中國共產黨卻從西北的主要根據地擴展到日本人占領的地區，並且在過程中建立了自己的軍事和行政力量。等到對日抗戰結束，美國兩度試圖調停國民黨和中國共產黨宣告失敗之後，雙方軍隊的內戰就此展開。

隨著中國共產黨逐漸在內戰中取得贏面，台灣就成了國民黨的重要領土。台灣島自十七世紀以降就是清朝的邊疆領土，但是唯有等到其他國家開始覬覦它之後，滿清政府才開始發展這個地方。一八九五年，台灣成為日本的殖民地，做為東京當局打敗了因為朝鮮主權而開戰的中國的報償。二戰期間，同盟國決議台灣應該歸還給中華民國，蔣介石的軍團在一九四五年秋天接受了日本人投降。隨著輸掉了在中國大陸的內戰，蔣介石和中華民國政府及其軍隊撤退到了台灣，而台北就成了新首都。

一九四九年十月一日，毛澤東宣布成立中華人民共和國，北京為其首都，成為取代中華民國的中國政府。他同時誓言要「解放」台灣，對於他想要的結果，當時美國的杜魯門（Truman）政府起初並不打算加以反對。

但是台灣並沒有落入中國解放軍的手中，主要是因為美國逐漸恢復其對台灣安全的援助。如此就陷入一個軍事僵局，持續至今。海峽兩岸的雙方接著在政治戰場上竭盡全力的彼此爭戰。

首要戰役是中華民國和中華人民共和國，到底哪一個政府才是國際社會所認可的中國的合法國家代表。這攸關著哪一方能夠占有中國在聯合國和其他國際組織的席次，而與這相關的問題就是其他國家的外交關係。到底他們應該要承認的是中華人民共和國，還是中華民國？大使館應該要設立在哪一個首都？美國對此是個特例，不僅在一九四九年之後繼續承認中華民國為中國政府，同時也在一九五四年簽訂了共同防禦條約，保證會在台灣受到攻擊時前來協防。

但是台北打的是一場無望取勝的政治戰，不只在一九七一年被迫退出了聯合國，而且到了一九八〇年代初，中華人民共和國就已經有效的打贏了國際系統中的爭戰。北京現在是國際組織中的中國代表，而台灣只有在特殊情況下才能夠參與。現在與中華民國維持外交關係的只有十四個國家和梵蒂岡。美國則是在一九七八年底終止了與台北的外交關係，並且在一九七九年元旦與北京建交。台美的共同防禦條約也依據條約規定而終止，在一年後劃下句點。一九七九年三月，美國國會通過了《台灣關係法》（Taiwan Relations Act），做為彼此之後的非官方但實質的關係架構。

北京和台北之間的第二個問題肇始於一九七九年，至今仍懸而未決：那就是雙方之間的政治和法理爭議是否能夠落幕，而且是在什麼樣的條件之下得以化解（本書後面的章節涵蓋了這個問題的細節）。從一九四九年到一九八〇年代初，北京和台北同意雙方應該要統一；雙方不同之處只在於，結果會是哪一個中國自此消失。然而，一九七〇年代末到一九八〇年代初之間，北京改變了雙方歧異的本質。北京聲稱想要雙方和平統一，但是不排除使用武力的可能。北京也提出所謂的「一國兩制」（one country, two systems）做為統一台灣的方案。

這與施加於香港的方案相同，而依據如此的安排，對台灣來說，那意味著中華民國就將不再存在。台灣之後會成為中華人民共和國的一個「特別行政區」，服膺於北京的中央政府。台灣領導人將繼續管理內部事務，但是北京控制了治理台灣的政府。台北在當時拒絕了這些條件，至今依舊不從。

## ——新走向

從一九八〇年代中期開始，海峽兩岸的關係在三個重要方面出現了改變，而這與前述的政治和軍事爭議相關。首先是經濟方面。原先持續於台灣島內製造產品而失去全球競爭力的大批台灣公司，透過將部分業務遷移到中國來逐漸振興公司的生意。這個遷移動作讓中華人民共和國立即受惠，因為這讓中國民眾有了工作，並促使了技術和管理技能的轉移。但北京政府某個程度上是在馬克思主義者的領導下，希望經濟的日漸整合終將邁向政治的統一。這個過程躁進不得，而攤牌表明一國兩制做為日後協商的方案，在此時就已足夠。

第二個發展來自於一九八五年和一九八六年的決定，當時的台灣總統是蔣介石的兒子蔣經國，他決定開放台灣的政治體制。老蔣在台灣實行強硬的威權政體。他的兒子鬆綁了體制，後來為了國民黨和台灣的利益，決意要逐漸走向民主。[19]從一九四〇年代末到一九八〇年代末，關於掌權的人是誰和什麼是最佳政策，全體台灣民眾完全無法表達意見。自一九九〇年代初以降，情況全然不同了，他們可以自由爭辯中國所構成的危險與機會、仰賴美國的利弊，以及台灣應該成為什麼樣的社會。另外，如果真的跟北京開始對話，他們也能夠實際參與談判。

民主化也為北京和台北的長期政治歧異帶來了新的第三要素。除了到底在世界上代表中國的應該是中華民國還是中華人民共和國，以及雙方之間的爭議應該如何解決等問題，也出現了關於台灣領土的新問題：台灣到底是不是中國的一部分。北京的觀點一直沒變，而台北的傳統觀點也是如此，即是台灣島在法理上已經歸還中國。（國民黨接管台灣之後，台灣開始出現了小型的獨立運動，而這是由海外流亡份子所運作，因為他們相信台灣本身就該是個國家。）

不過，等到台灣人民有了言論自由和集會自由的權利之後，先前關於台灣未來的禁忌，後來就成為政治討論和倡議的日常話題。台灣只有一小部分人民認為自己全然是中國人，大多數人則自視為台灣人，或者是融合兩者的未定義身分。同時，有些台灣人拒絕台灣是一個分裂國家（中國）的一部分的想法，反而主張台灣應該成為與中國沒有任何法理關係的獨立國家——台灣共和國（Republic of Taiwan）。北京與國民黨傳統主義者極度抗拒這樣的結果，中華人民共和國也不斷警告，台灣獨立將會導致戰爭。這些問題造成了一團亂的複雜情況，一般台灣公民或美國國會成員都對此無法理解。但是這些政治和法理身分的問題正是關鍵所在，主掌了台灣的未來，以及未來是否得以和平。

沒過多久，改造後投入民主競爭的國民黨，以及反對威權體制的人士所成立的民主進步黨（Democratic Progressive Party, DPP，以下簡稱民進黨），確立了自身是創建權力和政策的主要競爭政黨。到了二〇〇〇年，這兩大黨各自帶領著包括其他分裂小黨的政黨聯盟。國民黨和民進黨兩方陣營，以各自的黨旗顏色而成為了所謂的「藍營」和「綠營」。藍營相信台灣可以從與中國的經濟整合中得利，而且不會危及自身的政治自主。綠營則認為這有巨大的風險，經濟依賴會導致台灣淪為中華人民共和國的附庸。

雙方陣營普遍同意必須倚靠美國來保有台灣的自主，但是藍營對於自身控管中國風險的能力有較大的自信。此外，雙方陣營都有從「深」到「淺」的不同看法。深藍往往擁護中華民國早期的反共和反獨立的堅定立場，贊同兩岸以某種方式統一，淺藍則比較樂於與中國保持政治距離，即使能夠從經濟關係中獲利也是如此。深綠贊同以更激進的方式，通過號召台灣獨立的手段來保障自主，淺綠則比較擔心潛在的衝突，而比較樂見在中華民國和中華人民共和國之間維持某種現狀。

台灣的政治力量在藍營和綠營之間來回擺盪，也在每個陣營的深和淺之間搖擺。李登輝總統主宰了一九九〇年代，他原先採取的是藍營的立場，卻在任期間逐漸趨近綠營。民進黨的陳水扁是二〇〇〇年至二〇〇八年的台灣總統，他一開始是淺綠的領導人，但幾年後就往深綠靠攏。

二〇〇八年，馬英九和國民黨把民進黨拉下了權力寶座。為了保有台灣的繁榮、自由和安全，馬英九相信台灣需要與北京維持某種程度的交流。此政策在政治上運作到二〇一四年左右，但是之後就有愈來愈多人擔憂台灣變得過於依賴中國，而且這種依賴中國而衍生的好處並未雨露均沾。

二〇一六年，蔡英文和民進黨促成了最近一次的政黨輪替。當年的一月十六日，蔡英文輕鬆贏得了總統選舉，而她的政黨民進黨也贏得了台灣立法院的絕對多數，漂亮翻轉了不過才八年前的態勢。四年之後，蔡英文以比二〇一六年更高的選票差距連任成功，而儘管民進黨在立法院少了一些席次，但是依然維持住多數優勢。政治競爭無疑已經制度化了，一切都要交由選民決定。

## 台灣民主所構成的困境

台灣的民主化讓中華人民共和國和美國陷入進退兩難的局面。對北京當局來說，現在想要完成統一會更加困難，畢竟台灣民眾在決定自己未來的大方向時，他們擁有發言權。再者，也令人憂心的是島內尋求法理上獨立的部分人士，會利用更開放的體制來達到他們的目的，反過來可能會導致中華人民共和國為了阻止而訴諸武力。對華府來說，美國會因為台海衝突而得決定是否前來協防台灣。對台北當局來說，處於所有對立勢力都有發言權的政治體制，使得維護自身安全和美好生活更形困難。

## ——對北京來說

台灣的民主和法理獨立的公開討論，對北京當局來說是相當不利的。由於北京的願望無疑是想要與台北的一小群領導人協商方案，可是一旦台灣的人民取得了政治發言權，那就不再可能如願。大多數的台灣人在一定程度上是比較認同台灣，而不是中國，還有少數的人想要的是台灣共和國。統一的支持度是很低的。台灣選民選出來的總統並非總是合北京的意。實際上，自從一九九六年的首次總統直選之後，當選的總統候選人——李登輝、陳水扁、馬英九和蔡英文——之中，北京當局最樂於打交道的是馬英九，而他致力於穩定兩岸關係，以及主張中華人民共和國和台灣的雙邊利益基礎的努力，最終都遭遇強烈反彈。讓人再次對於中華人民共和國想要透過台灣領導人，創造出有利統一的狀況的手段感到懷疑。另外就是台灣是個憲政民主政體的現實。我認為那意味著，倘若北京的統一手段需要大幅更動台灣的政治制度和法理身分，如同在一國兩制之下的狀況，那就要修訂《中華民國憲法》。但是修憲的門檻極高，因而根本無法通過，除非民進黨和國民黨同意提出的改變是值得接受的。

北京當局誤解了台灣領導人的目標，就更難達成任務了。北京為李登輝、陳水扁和蔡英文貼上了台獨支持者的標籤，認為他們會利用身為總統的權力來實現獨立的目的。我主張李登輝所倡議的並不是法理上的獨立，而是要北京當局就台灣的國際角色和有關統一的協商的目的，能夠接受台灣及其政府為主權實體。李登輝並不反對統一，而是反對北京提出的條件，因為那些條件違背了台灣為主權實體的概念。陳水扁的目標、策略和戰略則較為複雜，但是約束他的不只是北京，還包括了國民黨、台灣民眾和美國。有鑑於蔡英文以謹慎小心的態度應對中華人民共和國，使得北京當局難以認定她的目標是否符合中國所表明的目的。諷刺的是，馬英九為了有建設性的關係而願意接受中華人民共和國所提出的前提，但是他的做法卻是兩個中國政策（two-China policy），而北京反對的程度跟反對台獨是差不多的。他同時也化解了北京要開始政治會談的壓力。

總而言之，比起不論是哪一個台灣總統提出的不受歡迎的政策，中華人民共和國面對了一個更嚴重的問題。長達四十多年的時間，北京當局就是無法說服台灣的領導人和人民接受統一，或者甚至是展開可能導向統一的政治會談。在台灣，北京所提的一國兩制統一方案就是沒有市場，在民主轉型之後更是如此。台灣民眾或許不支持法理上的獨立，但是他們對台灣這個現今他們大多數人出生和生長的地方，懷抱著強烈的認同感。兩岸的經濟相互依賴維持了台灣的繁榮，但是在政治態度上卻沒有顯著改變，反而形成了對於過度依賴的恐懼。北京當局希望一國兩制在香港的成功實行，能夠促使台灣公民和領導人接受此一方案。只是香港在二〇一〇年代逐漸升高的政治衝突，至二〇一九年夏秋的暴力示威達到頂點，加上北京當局在二〇二〇年五月決定強制實行香港《國安法》，加強了台灣公民對於統一的反抗。中華人民共和國領導人因而面臨了一個困難的抉擇。他們是否要在一國兩制基礎上容許台灣民眾對於統一的抗拒，試著善用這種現狀？或者是該構思出一種統一方案，能夠與民進黨、國民黨和台灣大眾的觀點共存？還是說他們要賭一把，發動戰爭來達成目的，之後再來統治一群不快樂的人們？

## ——對華府來說

美國強烈支持台灣的民主化，視其為美國價值在冷戰結束時的勝利證明。華府就不是那麼樂意見到台灣民選領導人的政策，與美國在台灣地區的和平安全所長期秉持的利益相悖。美國官員尤其擔心，台灣總統李登輝和陳水扁會帶領台灣走向挑釁北京的方向，使得兩岸關係不穩定，增加華府眼中不必要的衝突的可能性。正因如此，華府為了壓制李登輝和陳水扁，刻意與他們破壞穩定的倡議保持距離。

另一方面，美國對馬英九有更正面的評價，因而改變了對台處理方式。蔡英文同樣與美國保持著良好關係。她成為二〇一六大選總統候選人的時候，花了一番工夫才打消歐巴馬政府的疑慮，保證她對中國大陸的謹慎對策，符合美國關注的台海穩定。等到當選之後，華府不同意北京認為她正在改變現狀的主張。二〇一七年十月，在布魯金斯研究院（Brookings Institution）的一場演說中，美國在台協會（American Institute in Taiwan）主席莫健（James Moriarty）提供了以下看法：「我與蔡總統之間的交流，讓我再次肯定她確實是一位負責、務實的領袖。兩岸關係此刻在某些方面承受來自中華人民共和國不斷升高的壓力，美國感謝她仍決意要維持兩岸關係穩定。」[20]蔡英文了解到，盡量與美國保持一致，對她的政府才是有利的。此外，蔡英文曾任職於李登輝和陳水扁的執政團隊，要是台灣領導人遵循的是華府認為會阻礙其利益的政策，以及忽略了惹惱華府的風險，她很清楚會發生什麼事情。接下來在第一任總統任期裡，她沒有任何作為會讓人確信她要走老路子。

### ——對台灣來說

儘管台灣的領導人和民眾帶著些許焦慮受惠於這種經濟關係，但在內部的民主體制和美國的支持之下，他們拒絕考慮北京的統一計畫。可是這樣的成果只是阻擋了台灣想要避免發生的事情而已，並無法清楚界定台灣在這個危險世界要如何尋求生存之道和維持美好生活，又該如何實現這個目標。台灣對於政治與法理身分的真正涵義的激烈爭辯從未停休。到底是有兩個中國（中華人民共和國和中華民國），還是只有一個？而不管是哪一個中國政府在國際上代表中國，台灣是不是那個中國的一部分？台灣是不是自成一個國家，在法理上有別於中國呢？

台灣其實可以用更好的方式來達成這些目標，而前提是領導人、機關團體和人民要能夠凝聚內部共識，按照台灣戰略環境的務實評估來擬定大戰略。他們接著必須反覆訴說目標，創建手段來貫徹這個宏大的戰略。然而，民主體制通常會遭逢難以達成內部共識的階段，因為對於當前的危險以及如何因應這些挑戰，相互抗衡的政治勢力可能會各持己見。

台灣擁有活絡的民主，儘管有時顯得像是脫韁野馬。它的公民權利和政治權利都受到保障。在政治體制的所有層級，首長和立法者都是經由運作良好的競選過程遴選而出。司法機構獨立運作，使得法院免於受到不當影響。公民社會對政治的作用日益重要。不過，民主體制同時也讓衝突變成慣例。台灣政治分裂成藍營和綠營，常常造成意見分歧，而且難以彼此妥協。再者，支持政策倡議的人士較難爭取到充分的支持來推動政策，反對人士阻擋政策反倒是容易多了。台灣的媒體偏愛的是轟動的事物和醜聞，而不是政策的實質內容。台灣的政治制度沒有一個是完美運作的，並且嚴肅爭辯著代議民主制和直接民主制的價值到底孰優孰劣。台灣民眾對民進黨和國民黨這兩個政黨的政績呈現週期性不認可的情況，而這導致了權力的規律交替。或許最嚴重的是，政治領導人極度厭惡與民眾開誠布公的討論國內政策以及如何應對中國。這兩項事務相互牽制，台灣必須找到更能獲得兩黨支持的方式，做出權威性的抉擇。

台灣政策的困境有兩個層面，一方面是對後工業民主發展的摸索，另一方面是應付來自中華人民共和國的挑戰，其日漸強大且採修正主義路線，這兩者會強化彼此，要顧全大局就更形複雜。即使懷抱統一大夢的中國是在距離台灣一、四五〇〇里之外，而不只是現在的一四五公里，或是人民解放軍並沒有為了準備武力犯台而強化軍事戰力，台灣本身依舊面臨著重大的政策問題，而且一直沒有明顯的答案。可是中國確實就在一四五公里之外，還不斷增強軍事力量，這加重了台灣自我防衛中國攻擊的負荷，也考驗著美國前來協防的能力。

一般而言，台灣的民主體制看似要比包括美國在內的其他政體的表現來得好，但是其中涉及的風險和失敗的高昂代價，卻需要台灣民選的領導人有優於一般的表現，畢竟台灣不只沒有疏忽的空間，更沒有犯錯的空間。

## 本書的宗旨

這本書並不只是聚焦在台灣與中國的關係，當然也關注台灣社會所面對的困境，以及其政治體制調解這些困境的難處。再者，這本書特別強調了台灣民眾的觀點對於這些困境所起的作用。下一章定調了正在發揮作用的已知的內部議題的公共意見。之後的四章檢視了內部政策的問題和攸關的爭議：政府預算、經濟、能源安全和轉型正義。再接續的六章則檢視了台海兩岸關係的不同面向。第七章介紹了北京的對台政策、其政策為何至今依舊失敗，以及處理失敗的可能選項。第八章呈現了台灣面對自身安全問題可以採行的各種方式，並在第九章檢驗了台灣的防禦戰略。第十章和第十一章檢視了台灣公民之間彼此對抗的觀點，包含他們的國家認同，對於台灣的國家地位的可能定義，以及與北京爭論不休的關鍵論點。第十二章描述了中國如何透過非武力脅迫的手段，為了削弱台灣實力所下的工夫。第十三章討論了台灣的政治體制、就不可否認的困難議題達成共識的障礙，以及無法達成共識的後果。第十四章檢驗了美國對台與對中政策的涵義，並在第十五章針對面臨雙重困境的台灣如何保有安全和「美好生活」，提出了我的看法。

台灣的民主是我特別感興趣的議題，這是因為我的專業和智識生涯的軌跡與台灣近來的政治歷史是平行發展的。我在一九七五年第一次居住在台北，時值我進行博士論文研究的中期，而當時台灣仍處在威權體制的強力掌控之下。不過，我在一九七〇年代末和一九八〇年代初的主要研究興趣是，美國與中華人民共和國所建立的外交關係，那對台灣來說是個沉痛的打擊。台灣成為我關注的焦點是在一九八三年的夏天，我成為美國眾議院外交委員會（House Committee of Foreign Affairs）的雇員之後。往後十年的大部分時光，我都在眾議員索拉茲（Steve Solarz）的旗下工作，他想要推動台灣的民主化和人權工作，而我的職責就是協助他。在我擔任雇員後沒多久，台灣總統蔣經國就決定要展開民主化的程序。

就我來看，台灣民主轉型的展開和完成，索拉茲這些外來人士的貢獻是相對不多的，遠少於台灣內部的反對勢力（也就是後來成為民進黨的「黨外」人士）和政權內的改革者。但是美國所扮演的角色也並非無足輕重。[21]最顯著的結果是：台灣人民幾十年來都無法對自家事務表達意見，如今終於有了發言的權利。而在此之前，美國政府都是在沒有與台灣人商量的情況下，逕自做出會影響台灣人利益的決定。由於台灣的民主轉型是其政治歷史的轉捩點，我因此盡量在本書納入關於政策議題的公眾態度的資訊。

華府並沒有料到，台灣的政治人物會開始利用甫獲得的自由來倡議先前被視為禁忌的政策，並且對於台灣的法定地位和對中關係提出了新的觀點。即使美國官員專注的優先事務是美國和中華人民共和國的關係，但他們在了解台北的動作的背後動機方面可說是力有未逮。

有個發生於一九九九年夏天的事件，凸顯了在中國與美國的複雜外交關係中，台灣是如何開始讓美方感到不安。當時，華府正在試圖了結中國加入世界貿易組織（World Trade Organization）的雙邊談判，同時要處理美國在該年五月意外轟炸位於塞爾維亞貝爾格勒（Belgrade）的中華人民共和國大使館，而招來中國批評的風暴。兩個月之後，李登輝突然公布了他的兩岸關係是「特殊國與國關係」的主張。唯恐李登輝正在建立台灣獨立的法理基礎，人民解放軍的戰機也因而比平常飛得更接近台灣。儘管李登輝的觀點實際上有其實質基礎，美國官員在當時卻無法全然理解。[22]時值二〇〇〇年三月的台灣總統大選逼近之際，與獨立目標有關聯的民進黨候選人陳水扁，眼看真的有可能當選。陳水扁果真成為總統，隨著時間推進大肆推動台灣國族主義，並且在沒有向美國徵詢意見之下，就逕自宣布具有挑釁意味的倡議。

總而言之，約從一九九四年到二〇〇七年之間，美國一直讚揚台灣的民主體制，但是也為了台灣民選總統的行動而感到氣餒。當馬英九在二〇〇八年當選總統之後，推展與中國進行經濟交流的政策，並且為兩岸關係帶來穩定，情況就此改觀。就這些事務而言，這相當吻合美國小布希政府和歐巴馬政府所界定的美國利益。然而，馬英九推動與中國建立自由貿易體系的做法，在台灣內部卻日益不受歡迎，再加上國民黨無法推出參選二〇一六年總統大選的後繼者，這就促成了民進黨的蔡英文贏得了總統大選。她不只輕易贏得大選，同時有辦法取信於美國，再三保證她要的是維持現狀。蔡英文和民進黨在二〇一八年十一月的地方選舉遭受嚴重挫敗，但是在二〇一九年期間就恢復了，進而在二〇二〇年再度贏得總統大選。說到總統的選舉，通常是由台灣選民做出最終的決定。

不過，有其他的跡象顯示，有些政治力量並不滿意台灣的代議民主。首先，自二〇〇八年開始，年輕人投入了示威和抗議的行動，而且因為社群媒體的乘數效果，有些是相當大規模的行動。二〇一四年初的太陽花學運就是這類政治行動的高潮，部分反映了社會運動人士想要在行政和立法部門方面的政策討論爭取更大發言權。再者，深綠份子長期推廣以倡議和公投的方式來擬定公共政策。民進黨在二〇一六年成為執政黨之後，就推動修改公投法，以便能夠更輕易施行直接民主的機制。但是國民黨及其政黨聯盟旋而支持推動公投，使得民進黨的治理變得困難。第三個跡象則是出現了民粹式的候選人，成為二〇二〇年總統大選的可能競爭者。最終只有一個人成為國民黨的參選人，就是當時的高雄市長韓國瑜。而他很快就發現，競選市長要比競選總統以及與現任總統競爭來得簡單。一般來說，新的政策措施通常會因為幾種方式而受阻。阻止已提出的行動，要比貫徹行動來得容易。

由於我自己與台灣民主化的關聯，我希望台灣的民眾和領導人可以一起找出方法來解決這個社會正面臨的困境。但是我們很難不給出這樣的結論，那就是，台灣的民主政治體制並沒有達到最佳的表現，也沒有兌現原初的許諾。那麼一來真的很可惜，畢竟要是有一群人值得擁有有效運作的政治體，那非台灣人莫屬——而這是因為台灣所面對的政策挑戰，以及無法應對這些挑戰所可能帶來的極高危險。倘若優先事務有所衝突，那就要透過政治來減少歧異。倘若體制分裂，那就要透過政治來消弭分歧。倘若積極的少數派行使否決權，那就要透過與現有政治不同的政治類型來形成多數派。而且，倘若中國是日漸嚴峻的挑戰，那就要透過民主政治，受到廣泛支持的保衛國家共識才得以成形。

# 第二章
# 台灣民眾的態度：基本認知

台灣社會的一個重要特色就是經常舉辦民調，造成了全民幾乎一直在投票的現象。在這些民調中，有些採用的方法很複雜，是由調查研究學有專精的人所設計而成，而有些則以贊助者想要的結果來量身訂造。我的一位台灣友人熟知這個領域並曾向我解釋，即使是看似符合高度方法標準的調查，都可以為了確保呈現偏頗的結果而加以操弄。

此外，就算是最健全的民調也會顧此失彼。可以理解的是，民調試圖評量在分化社會的議題上的情感比重。民調會問這樣的問題：例如，你是否認可總統的政績？你比較喜歡下一屆選舉中的哪位候選人？你認為自己是中國人、台灣人，還是兩者皆是？你比較希望台灣有什麼樣的最終未來？（本書後面的章節會詳盡檢視這些調查的結果。）我們可以預期到，民調會專注於政治衝突，有助於釐清公眾歧見的界限。重要議題確實有著嚴重歧異，而多數是與要如何應對中華人民共和國有關。其中涉及了很大的風險。

然而，套用美國總統林肯（Abraham Lincoln）的說法，儘管有些台灣人可能成天都想著國內政治和對中政策，[1]但是我們可以肯定的說，許多台灣公民只是有時才會想到這些問題，而其餘的時間根本不會放在心上。這其實表明了，對於台灣人如何面對當下和未來，我們需要更全盤的認識，因為我們平常所看到的只是全貌的一小部分。台灣人所關心的絕不只是如何看待國家認同和兩岸關係而已，這些當然不是微不足道的事情，卻不足以讓我們徹底了解台灣人的情感。這一章就是試圖依據調查結果和其他可得的證據，提供較清楚的基本認知。儘管盤點的事項並不完全，但是確實引用了比一般人所討論的要來得更廣的數據資料。

當我得知《二〇一八世界幸福報告》（World Happiness Report for 2018）給予台灣的世界排名是第二十六名，在零到十分的量表中得到了六．四四一的總分，我這才明白需要去了解此一全貌。[2]我所認識的台灣人（至少是那些會與我談論政治和兩岸政策的人士）秉持的消極悲觀的態度，跟上述結果形成鮮明對比。當然，這樣的調查結果的優劣，端視其方法的設計和問題的表述。另外，以一群人來說，身在其中的人們有多快樂，總是有著變數。個人可以在生活的某些部分找到幸福和樂觀，而對其他部分感到感傷和悲觀。[3]

台灣的幸福排名有個饒富興味的面向，那就是對照於其他地方的榜上名次。世界上比台灣「更幸福」的國家，大多是位於歐洲，並有高度的經濟發展。整體來看，世界上名列前茅的地方是芬蘭、挪威、丹麥和冰島。歐洲之外，排名在台灣前面還有加拿大、以色列、哥斯大黎加、美國、阿拉伯聯合大公國和智利，而其中除了阿拉伯聯合大公國之外，都是歐洲人定居、形塑而成的國家。東亞國家中，只有澳洲的名次高於台灣，而此地也是歐洲人定居之地。* 其他東亞國家的排名都不如台灣：日本第五十四名、南韓第五十七名、香港第七十六名，以及第八十六名的中國。台灣至少是與一些比較幸福的國家一樣，看起來也有現代特質，誠如前一章所說明的基準指標，以及隨之而來的福祉。台灣確實是個現代、國際化和繁榮的社會。相比於較低度開發的國家，台灣人絕對有理由感到快樂。因此，台灣在文化東亞中的頂尖幸福排名，不應當只是一份無足輕重的某種衡量幸福的人為調查結果。

## 沒有社會分歧

除了政治，台灣在許多方面都是沒有分歧的。這是一個同質性極高的社會。按客觀的種族和族群的定義，九八%的台灣人都是華人，而這樣的族群同質性中，只有大約五十萬人的

* 編注：此處原文為「In East Asia, the only country that had a higher ranking than Taiwan was Australia, which was also settled by Europeans.」但澳洲應該不算「東亞國家」，如果是指之前日本試圖推廣的「東亞共同體」，企圖在東亞、南亞、大洋洲之間建立緊密合作，那確實是包括澳洲，不過，後來此提案不了了之。

一小群異族，在中國人自十七世紀開始在此定居，以及近年來增加了愈來愈多的東南亞移工之前，他們屬於「馬來—玻里尼西亞語系」（Malayo-Polynesian）的先民就已經在島上住了好幾千年。相較於其他國家，像是有著白種人、美洲原住民、非裔美人、西裔美人、非洲和亞洲移民的美國，或者是包含中國人、馬來人和南亞人的新加坡，台灣並不是一個種族相對多元的國家。族裔沒有在台灣造成態度上的歧異。

社會階級也沒有在台灣形成深層分裂。台灣在這方面欠缺了許多西方國家的相同經驗，其有著大型集中的工業產業，以及工廠生活所孕育出來的具有政治意識的勞動力。即使是台灣發展時的工業時期，大多數中小型企業是雇用大批的非農業勞動力，而不是打造少量的大型工廠。此外，一直到一九九〇年代，台灣的不平等程度還是相對較低，因而所得較低的人較不容易出現物質上的不滿情緒，反倒會覺得這是一種機會。台灣的政黨想要提倡以階級為基礎的政治，但都成效不彰。這也反映在台灣人的自我認知。在國立政治大學所主持的「台灣選舉與民主化調查」（Taiwan's Election and Democratization Survey, TEDS）中，他們要求抽樣調查的對象辨識自己所屬的社經階級。根據二〇一七年十二月版的調查報告，只有〇·七%的受訪者認為自己是上層階級，而二四·三%的人認為自己是中上階級，中下階級則是三三·二%（總計五七·五%的人為中產階級），自認為工人階級的人是三二·四%，只有四·四%的人認為自己是下層階級。[4]

台灣在宗教上也沒有如同其他國家一般的社會分歧。在TEDS中，按照受訪者自述所屬的特定宗教團體可細分為：二六・五%佛教，二一・八%道教，一七・八%民間信仰，五・三%基督新教，一・二%天主教，而二二%的人則是回答「無」。事實上，這個調查問題是以相當西化的方式來處理宗教，故而給了錯誤的選項。一旦提及道教、佛教和民間信仰等本地信仰，華人對於自己的歸屬可以是相當多元的。他們並沒有以排他性為基礎的「屬於」某一宗教的概念。說一個人有宗教信仰，是要從信仰和實踐來看，而不是從個人是否屬於某個特定組織或者是否遵守某種明確教義。由於宗教信仰多元且通常是不固定的，因此就不可能成為嚴重社會分歧的基礎。誠如拉里貝特（André Laliberté）的總結：「整體來說，在民主轉型的早期階段，台灣的宗教與政治間之間的相互作用，並沒有造成深層衝突的問題。」[5]

極大多數的台灣人是華人，可是歷史和政治反而造成了這個優勢族群出現顯著分裂的情形。分裂的一方是本省人，他們的祖先是在十七世紀到二十世紀之間，從中國東南方遷移到這座島上。本省人後來又分成了閩南人及客家人，前者又稱河洛人（Hoklo），祖先來自大陸南方福建省的兩個縣，後者主要是來自大陸東南部的廣東省。（在閩南人之中，現在有相對少數的台灣政治人物宣稱，本省人的祖先早在二十世紀前就遷徙來台，他們不是華人，但是一般都沒有接受這樣的說法。）分裂的另一方則是在一九四五年至一九四九年之間，從中國大陸移居台灣的人，或者是他們的後代。這個群體裡的大多數人，原先都是與當時的國民黨政權有關係，而該政權被毛澤東的共產黨軍隊打敗後就撤退到了台灣。[6] 到了一九七八年，台灣人口中有一四％是外省人，而其餘的幾乎都是本省人。[7]

延續到一九九〇年代，外省人和本省人之間的分裂在政治上是很重要的，而那是因為國民黨政權曾以壓迫的手段來對待本省人。不過，在各種促進因素的影響之下，這個分歧到了今日已經不再那麼重要，而造成這個結果的因素很多：外省人和台灣人之間通婚，使得這兩個群體的界線不再涇渭分明；一九四五年後才遷居到台灣的那一輩人不斷凋零；沒有經歷過威權統治時期的年輕人愈來愈多，而對這群人來說，台灣本身才是首要的現實考量，以及中國的政策對於台灣公民界定自我的政治認同造成什麼影響。[8]

最後，到了二〇一〇年代，有個政治分化的潛在社會原由，開始在政治上變得很重要：世代。年輕人有充分的理由相信，他們不可能達到如自己雙親那一輩人一樣好的生活水準。他們也更傾向獨立，比較不願意藉由既有的政治體制來追求自己的利益。

## 基本價值觀的一致性

台灣對一些基本議題的價值觀也相當一致。確實如此，兩份不同的非政治性調查報告就表明了，台灣人的態度大體上都是趨於一致。根據最新的兩波調查，在二〇一二年的「世界價值觀調查」（World Values Survey, WVS），以及二〇一三年的「台灣社會變遷基本調查」（Taiwan Social Change Survey, TSCS）中，我們可以為一些問題找到諸多答案。[9]根據ＷＶＳ，九八・六％的受訪者認為家庭「在生活中是重要的」（不是「非常重要」，就是「還算重要」）。這個調查結果不只是比例很高，同時也說明了，不論經濟發展如何，台灣仍然是個儒家社會，而生活在這樣的社會中，主要的關係就是家庭關係。台灣看起來也同時是個現代社會和儒家社會：絕大多數人（九〇・三％）也認為朋友是重要的。至於他們對於個人關係的信心方面，六七・五％的人在某種程度上傾向於相信別人會公平合理的對待自己，其餘的人則認為別人會占自己便宜。

九〇・一％的受訪者認為工作對他們是重要的，而這種心態是好幾十年的貧困、發展和家庭價值觀的形塑結果。但是八四・三％的人也表示會嚮往擁有休閒時間，反映出了台灣的經濟成就和現代特質。絕大多數的台灣人都相信，努力工作就會有更好的生活。

這兩份調查都觸及了個人行動力與決定論的問題。ＷＶＳ要求受訪者以一至十分的等級來評定自己的行動力（一分的定義是指完全無法掌控自己的命運，十分則是指擁有絕對自由的選擇）。受訪者的平均給分是七・四八，有超過七九・六％的受訪者評定自己是落在自由選擇的一端，自行給予了六・〇或更高的分數。ＴＳＣＳ詢問了勤勉和「努力」是否足以抵消命運影響的問題，大多數的受訪者都相當同意這一點。當以稍微不同的方式來詢問這個問題

（個人是否可以「與命運協商，以行動來實現夢想」），受訪者的回應就比較不明確：很贊同的人是二六．三％，不贊同的是三九．九％，介於兩者之間的有三九．二％。不過，整體而言，這些答案表明了現代化對台灣的顯著影響，這是因為佛教等傳統中國宗教都有著截然不同的觀點，就是個人必須認命，並且不可違抗命運。

根據ＴＳＣＳ，本省人也對整體生活，特別是對自己的處境，表達了極為正面的態度。

- 當被問到覺得「未來充滿機會的說法是正確或不正確」，只有一五．九八％的人選擇量表上「不正確」的答案。
- 當被問到是否覺得「人生有很多時間來做出新計畫」，不贊同的人只有一八．四九％。
- 當被問到個人幸福的問題時，八九．九％的ＷＶＳ受訪者表示，自己整體而言感到「很快樂」或「還算快樂」。
- 當被問到對於「整體生活」的滿意度時，得到的回應沒那麼好，但還是有八〇．九三％的人表示「滿意」，而表示「不滿意」的只有一八．一四％。
- 在健康方面，七三．二六％的人表示「滿意」自己目前的健康狀態，而表示「不滿意」的為二六．四五％。

• 至於社會關係方面，九二・九二％的人對自己的朋友關係感到「滿意」，而感到「不滿意」的只有五・四一％。
• 工作滿意度並不是極為正面：五六・五四％的人表示對自己現在的正職工作感到「滿意」，有一〇・七二％的人並不滿意，另有三二・六五％的人表示自己沒有工作。

在WVS的受訪者中，七〇・四％的人表示，可能失去工作是焦慮的來源。甚至有更多的人（七三％）會擔心無法給予小孩良好的教育，而這也再次說明了，基本的儒家價值和現代經濟中必要的圓滿實現已經合流。

至少在個人層面上，台灣有充分的理由在文化東亞之中取得最高的幸福排名。普遍來看，台灣人是滿意自己的生活的。他們認知到家庭和朋友的重要。他們接受辛勤耕耘對個人成功的重要性，儘管有外力干擾，依然自信只要努力付出，就可以成就未來。若是出現如失去工作等焦慮，他們會保持理性。而且在這些基本價值觀方面，台灣是個成功融合了傳統與現代的華人社會。

## 制度與議題

所有的現代社會都仰賴制度來維持其社會、經濟和政治生活，只是這些社會的公民並不必然會很尊重所有的制度，而且他們通常會高度重視其中的特定政策議題，而不是一視同仁。台灣的民調顯示了，台灣社會也是如此。

### ——制度

根據WVS的調查結果，台灣人民對國內各式制度的信心有著極大的差異。對於銀行和環境組織的信任度是落在七〇%至八〇%，對公家機關、宗教組織和警察機關的信任度是落在六〇%至七〇%，對軍隊的信任度是落在五〇%至六〇%，對法院的信任度是落在四〇%至五〇%，對新聞媒體和立法機關的信任度是落在二〇%至三〇%。就此而言，與競爭性政治愈有關聯的制度，人們的信任度就愈低。

並不是每一項跟政治沾上邊的事物都會造成分歧。調查的受訪者強烈認同抽象的民主概念。二〇一四年夏秋在台灣進行的「亞洲民主動態調查」（Asian Barometer Survey）的民調顯示，八八%的受訪者都十分同意，民主依舊是最佳的政府形式。對於台灣民主制度的實際運作，看法就比較不是那麼正面（第十三章會就此詳細討論）。然而，除了人們的基本社會態度，對於民主的信仰是最明確的價值共識領域之一。

## ——議題

民調也讓我們清楚了解，參與投票的人覺得哪些議題很重要，而經濟顯然拔得頭籌。二〇一七年底，TEDS就十七個議題要求受訪者回答，指出期盼政治領導人處理的第一及第二優先事務。四六．五％的受訪者把經濟發展放在首位，而擺在第二位的有二二．四％，也就是說，超過三分之二的民眾都同意：「笨蛋，就是要拚經濟！」接下來兩個極重要的議題則是兩岸關係和教育政策。對三三．二％的人來說，確定對中關係是首要或次要的優先事務，而有三一．五％的人認為教育才是最重要的。當然，教育政策和兩岸關係的某些面向都會影響到經濟發展，因此這些議題都是相關的。

認定經濟優先並不只是有感而發的模糊意見，反而是反映了人們對於未來的焦慮。TSCS詢問了受訪者，請他們預期未來五年的生活水準會變好或變差，而回應幾乎可以均分為三大類：三〇．七％的人表示自己的生活水準會變好，三〇％的人認為將維持不變，而三一％的人表示會變差。

而與經濟的當務之急有關係的，則是幾個附屬但重要的問題。首先是全球化對台灣的經濟到底是好是壞。TSCS要求受訪者，就等級一至六來表示自己對於「人／貨物／資金的流動對台灣經濟到底是好是壞」的看法。五五．三％的受訪者認為這類流動很好，只有九．六％認為很不好，覺得不好不壞的則占了二五．一％。當調查詢問這類流動是否對就業機會有好處，四〇．七％的受訪者認為很好，三一．六％的人認為不好不壞，而一九．四％的人認為很不好。

第二個問題則跟推動經濟成長和促進平等之間的緊張狀態有關。TSCS在探究這個方面，詢問了是否認為人民的所得若能更均等，大多數人就不必那麼辛勤工作。調查受訪者之中，三七．三％同意這個說法，但有五六．四％表示不同意。消弭不均並不會改變努力工作的價值，尤其是在經濟成長減緩的時候更是如此。

第三個問題與第二個問題有關，那就是政府現在是否提供了足夠的社會福利。在發達經濟體中，成長和福利之間必須權衡輕重，而且台灣民主轉型所衍生的一個結果就是，在歷經四十年的成長之後，公眾要求更多的社會福利。[10] 儘管政治體制在很大程度上容納了這樣的壓力，但是TSCS的結果卻發現，大部分的受訪者認為應該要有更多的福利。只有一〇．六％的人認為現有福利已經綽綽有餘，而有二五．四％的人認為剛好而已，五八．九％的人則表示現有政策是不足的。

WVS為了加以確認，便統整了十二個不同的項目，請受訪者就唯物主義（materialist）到後唯物主義（post-materialist）的量表來斷定每個項目所屬的級別。十二個項目中，只有一九．一％被評斷是屬於後唯物主義，而有七〇％則較傾向於量表中唯物主義的一端。但若問題是要受訪者就兩項相互衝突的優先事務做選擇，而不是對其進行排名，唯物主義就不必然是優先選擇。當被要求在環境保護和經濟成長之間選擇時，六一％的受訪者都表示保護環境比較重要。這種偏向後唯物主義的結果顯示了，台灣人有時是自我矛盾的。

TEDS也呈現了處於唯物主義和後唯物主義之間的類似緊張關係，即使表現的方式不同。對受訪者來說，經濟是最重要的議題，但也有些人認為其他事務才是當務之急。二三．三％的受訪者認為年金改革是首要或次要問題（或許因為這是調查當時的熱門政治議題），一七％的人認為首要或次要問題是司法改革，而八．六％的人則認為是過去侵犯人權的轉型正義（對舊國民黨的壓迫進行某種形式的問責）。相較之下，少於一％的受訪者把能源政策、食物安全、社會福利和婚姻平權評比為極重要的議題。然而，就實際政治活動而言，這些當務之急都獲得了台灣人的極大關注，大大超越一般民調所顯示的結果。對此，不管人們普遍的看法為何，積極且直言不諱的民間社會團體串聯成網絡，已經順利讓這些後唯物主義議題納入政治議程之中。

中國議題方面就有著明顯的差異，儘管如此，依舊有兩點強烈的共識。第一，身處台灣的大多數人都認同台灣。情形始終是如此，約有九〇％的人都表示自己是台灣人，或者既是台灣人也是中國人，而自認為是中國人的人則少於一〇％。第二，極大多數的人都偏好要維持現狀，要不是希望能夠永久如此，就是希望能夠維持很長的一段時間（這大概意味著相同的事），換言之，絕對多數的人既反對獨立也反對統一。

## 青年世代因素

在本章的先前內容，我就提到了世代差異可能是造成台灣社會和政治分歧的最強力因素，嚴重到導致了台灣分裂。這樣的推測似乎是很合理的。二〇〇八年以降，發動各種社會運動的都是年輕人，其高峰就是二〇一四年初的太陽花運動。這些運動專注於各式各樣的議題：婚姻平權、歷史保存、財產權、核能、勞工權利、原住民權利、外籍配偶、義務役軍人待遇、賭場賭博、媒體經營權和對中關係。這些運動有許多都與兩岸關係無涉，但是太陽花運動絕對與兩岸關係有關，其展開就是為了反對兩岸服貿的草案，因為抗議人士都相信，對中的經濟整合已經讓兩岸走得太近，將會無法阻擋台灣被中國政治併吞。[11]

這些社會運動不只是要讓新的議題成為政治議題，同時也反映了社運人士的決定，為了要在既有的台灣民主制度之外，特別是在政黨之外，來提倡自己的目標。數位媒體促成了大規模的動員，而傳統媒體也同時提高了公民行動的曝光率。[12]太陽花運動占領了台灣的立法院，具體表達了對既有制度的否定。直接民主似乎正在取代代議民主。誠如台灣大學社會學者何明修所言：「台灣高學歷但經濟不穩定的年輕人，已經站在這個騷動的公民社會最前線。」[13]不論如何，這並不是非此即彼的事情。當太陽花運動結束之後，運動的領導人和參與者都投入了政黨和選舉政治。但是對於不滿意現狀和政黨表現的人來說，他們確實可以採行有別於既有制度的方式來展開政治行動。

二〇一六年，台灣主流商業刊物《天下雜誌》在該年度的國情調查，主張了台灣有世代差異的事實。該雜誌總結了調查結果，表示：「台灣民意的斷裂點，竟出現在『三十九歲』。婚姻平權，三十九歲以下近七成『挺同』，四十歲以上『挺同』的卻不到五成。」文中進一步說明，「兩岸統獨，三十九歲以下主張台灣獨立的比例，遠高於長期以來『維持現狀』的基調。」民調中唯一沒有分歧的就是，經濟成長是重要的議題。[14]同樣的，約在二〇一六年選舉前後，有個日漸趨同的看法就是，台灣年輕人是「天然獨」。如果這是正確的，這是北京該關切的情形，畢竟這樣的發展態勢會增加中國在實現統一方面的難度。

除了對中政策和同性婚姻等政治議題，台灣的年輕世代厭惡現狀和政治人物處理現狀的方式，是有著相當重要的理由。二〇一三年至二〇一八年期間，二十歲至二十四歲的人，平均失業率是落在一二％至一四％，但是同一時間，年長十歲的人，平均失業率則是三％至四%。[15]這帶來的副作用就是，年輕人愈來愈傾向於到海外繼續求學或就業。人才外流表示雇主無法聘雇到人才，而且其中至少有一些台灣居民前往的是機會更好的中國，如此也增強了人們對於被洗腦的恐懼。留在台灣的人的普遍低薪狀況則帶來更多的問題：沒有能力找到便利且負擔得起的住宅，以及抗拒或沒有能力結婚生子。似乎正是這些對於生活品質的擔憂，加上更多的政治顧慮，才驅動了社會運動。如同何明修所言：「驅動著這樣的青年運動的，是來自於年輕運動人士之間的一種世代的相對剝奪感，這是因為他們父母的世代享有的快速經濟成長和向上的階級流動，他們卻被拒之於門外。」他相信就是「這些深層的社會根源」，具有比服貿這樣的特定政策議題更大的影響。[16]

而《天下雜誌》的國情調查之所以讓人玩味，那是因為十年前，美國戴維森學院（Davidson College）的政治學者任雪麗（Shelley Rigger）出版過一本具有創見的專書，而她在書中主張，台灣的年輕世代看待獨立及類似問題，事實上要比老一輩的觀點更溫和。明確來說，相較於成長於日本殖民時期和國民黨統治時期而出現政治意識的人，這群出生約於一九八五年以降而具有政治意識的人，對中國抱持比較務實的態度。一九八五年之後，台灣的公司很快就首次獲准到中國進行貿易和投資，也是在同一時期，台灣跨出了民主化的第一步。[17]這是否意味著，「天然獨」的趨勢代表了對任雪麗所提出的更務實思想的否定？任雪麗後來的分析對此的答案是：「對，但也不對。」她發現，成長於陳水扁主政時期的政治年代

（二〇〇〇－二〇〇八）的政治世代，與生俱來就認同自己的出生地，這是因為他們從來不覺得心理上必須在台灣與中國之間有所抉擇。但他們同樣是與生俱來就會比老一輩更樂意與中國接觸，因為中國有良好的就業機會。[18]

針對年輕人和老一輩的態度的比較，較一般性的民調顯示了，年輕人的內心想法其實要比以年齡或「天然獨」解釋的涵義來得更為複雜。關於基本價值觀的問題，就WVS的評量來看，家庭的重要性對不同年齡層都是一樣的。對所有受訪者來說，朋友、工作和休閒時間都很重要，儘管五十歲以上的人對這三項並沒有強烈感受，而這大概是因為他們到了生命週期的不同階段。至於個人是否能夠掌控自己的命運，受訪者的態度也幾乎沒有差別。在TSCS涉及行動力的相關問題中，不同年齡層的回應也沒有差別。所有年齡層都相信勤勉和努力要比運氣或命運來得重要，而對跟命運協商的能力就感到比較模稜兩可。

至於受訪者與唯物主義價值觀或後唯物主義價值觀的關聯，WVS的確在不同年齡層發現到某些差異：[19]

- 三十歲以下的年輕人，六五．五％傾向唯物主義，三四．九％傾向後唯物主義。
- 三十歲至四十九歲的人，八一．六％傾向於唯物主義價值觀，一五．九％則相反。

• 五十歲以上的人，七四．二％著重唯物主義價值觀，一三．四％是後唯物主義。

因此，儘管絕大多數的台灣人民都傾向唯物主義，但是二十九歲以下的人則稍微傾向後唯物主義。後唯物主義傾向占比最低的是三十歲至四十九歲的年齡層。

整體來說，二〇一七年十二月的TEDS對於時事的調查結果，並沒有呈現顯著的世代差異——世代差異的定義是不同年齡層之間的差異都大於一〇％。但若有差異，確實通常是出現在六十歲以上的人和其他人之間，或者是三十歲至三十九歲的人和其他的年齡層之間。大多數的受訪年齡層中，約三分之二的人不滿意蔡英文執政以來的表現，但是六十歲以上的人則非如此，他們的回應較為褒貶參半。超過三分之二的人不滿意她對兩岸關係的政績，但是最年長的年齡層就算不滿意，感覺還是好一些。經濟發展方面也是類似的結果。當被要求以零到十的量表來評鑑蔡英文的領導能力時，認為表現平平（四到六）的人在每個年齡層都占大多數或是未過半的多數，但是從二十歲至二十九歲的年齡層到五十歲至五十九歲的年齡層，認為表現平平的人數卻從六〇．二％逐漸下降至四一％（最年長的年齡層給予稍微正面的評價）。只有九．六％的三十歲至三十九歲的人給予蔡英文高評價。

不過，對於一些政策議題的看法則是基本一致的。大多數的年齡層中，五〇％至六〇％的人認為經濟發展是台灣的當務之急（最年長的年齡層約為四五％）。年紀較輕的三個年齡層認為最重要的是教育，但是最重要和最不重要的差距只有一二％；而較年長的三個年齡層則認為兩岸關係才是最重要的議題，但是最重要和最不重要的差距則不到一〇％。

是不是還有其他的社會分裂會對台灣人民的態度造成類似的影響呢？有個可能的因素就是教育。但若是基本價值觀的話，則沒有明顯的差異。例如：回應「人定勝天」的說法時，同意這個說法的人，大專以上教育程度者是三六・八％，而中學以下教育程度者為四七・一％。不同的群組中，不同意的人都少於一〇％。差異較大的，則是在認同和如何解決對中爭議等政治議題方面。本書第八章到第十章會論及這些議題。

## 小結

相較於政治體制內的衝突激烈，台灣這個社會其實是更具同質性的。種族、階級和宗教的差異都很微小，不然就是看似不存在。對於人類基本價值觀，以及對於生活滿足所秉持的理由，台灣人民的看法都相當一致。台灣是個現代社會，也是個儒家社會。台灣的公民了解推動強健的經濟對台灣是至為重要的事。儘管有些議題得到政治人物的極大關注，但是對一般民眾來說就談不上是優先事務。這裡的人們之所以對自身政治體制有著捉摸不定的看法，是有其原因的，本書第十三章會對此詳述，但是普遍來說，他們對於民主的價值是毫不懷疑的。台灣的年輕人在某些方面與眾不同，但是其差異遠低於媒體有時的暗示。至於台灣與中國的關係這個關鍵問題，台灣人民的明確共識是：「我們認為自己是台灣人，我們對台灣的現狀還算滿意。」

## 第三章

# 台灣的政府預算

關於台灣政治體制如何應對急迫問題，從政府預算切入討論可能會讓人感到奇怪。有什麼可以比政府預算更乏味的呢？可是政府預算反映了政策的優先順序。卡內基國際和平基金會（Carnegie Endowment for International Peace）的前會長麥修絲（Jessica Tuchman Mathews）寫到：「〔政府〕預算體現了國家的核心政治選擇：國家的公民想要多大的政府、想要政府執行的優先事務為何，以及他們選擇了要承擔和留給下一代多大的債務。」[1] 每一年，政治體制會把多一點的資源分配給一些活動，另外一些會分配少一點，而剩下的就什麼也沒有。由於政策的優先順序會隨著時間改變，有些預算項目可能得到較多的金額，而有些則較少。

當然，政府可以支出多少花費，首先要看政府可以取得多少資源而定，接下來就取決於行政能力和政治選擇這兩方面了。發展中的經濟體通常會缺乏行政能力，進而限制了政策選擇的範疇。發達經濟體的治理則通常是由具有高度汲取能力的政府，因此財政收入的金額顯示了其慎重抉擇的結果。同時是民主體制的發達經濟體，其民眾會清楚表達政治意見，而這肯定會帶來相互衝突的觀點，關於要從中汲取多少資源，以及這些資源應該如何使用。因此，在發達經濟體的收入和支出部分，預算過程就會依照政府為自身所設定的優先事務來核定級別。

財政收入永遠都不足以資助政府想要完成和克服當前挑戰的一切任務，而政體的類型會決定如何設定收入和支出的優先事務。台灣在國民黨強硬專政時期的頭二十年中，蔣介石掌控了決策的過程。他會將大量的預算分配款先分配給軍隊，為的是要完成他反攻大陸的虛幻目標。雖然之後國家安全依然是當務之急，但蔣介石終究還是轉而優先建設台灣，特別是透過經濟發展的手段。老蔣栽培自己的兒子蔣經國成為下一任領導者，蔣經國也持續以發展台灣為重。不只是預算分配有了變化，經濟機關的權力也愈來愈大，並且出現了技術官僚的特質。不變的是，預算政治依舊是由一小撮人來決策運作。

隨著台灣過渡到民主體制，預算程序及其會優先支持的政策也出現了變化。立法委員有了更大的發言權，來表達自家選民希望的優先選項。最明顯的變化莫過於社會福利支出的增加和軍事經費的刪減，而這是新興民主國家相當常見的轉變。[2] 立法委員也爭取在自家選區設立更多的大學，通常的做法是把技術學校改制為大學。而公司團體在預算政治中並不沉默，它們主張較低的課稅對於維持在全球經濟中的競爭性是必要的。這一切變化都在意料之中。我們可以預期民主體制中的公眾，在某種程度上會影響到政府支出的可得資源額度，以及針對各種優先事務的預算資源配額。多少會讓人吃驚的是，台灣的政治人物傳達了自己偏好的切入角度。

本章會描述台灣政府預算的結構、政府支出和資源汲取的趨勢、預算編製程序，以及預算選擇的政治涵義。

## 預算結構與分配

台灣的中央政府支付大部分的公共支出，約七〇%左右。其餘三〇%則是由不同的地方管轄機關負責：六個大型的直轄市、十三個縣、三個市和兩百個左右的鄉鎮市。不過，即使是在地方的層級，中央依舊透過補助和其他機制來主宰資源的傳遞。[3]想要了解預算所代表的政治選擇，考量政府的總體支出會比分辨政府支出的確切層級來得更有意義。[4]台灣政府預算構成的過程，顯露了相互競爭的重點政策。

政府支出的預算編列共分成九大項目和三十三個科目，如表1所示。大多數的項目都很容易理解，而有些科目則比其他的來得重要。教育支出約占教育科學文化支出項目的三分之二。大約有三分之二的經濟發展支出，都是用在農業和交通。社會保險支出，如退休金，占了七〇%的社會福利支出，其餘則是提供給有需求之人的福利服務支出。[5]環境保護花掉了社區發展及環境保護項目的所有支出預算。

表1　台灣的預算支出：項目與科目

| 項　目 | 科　目 |
|---|---|
| 一般政務支出 | 國務支出、行政支出、立法支出、司法支出、考試支出、監察支出、民政支出、警政支出、外交支出、財務支出、僑務支出 |
| 國防支出 | 國防支出 |
| 教育科學文化支出 | 教育支出、科學支出、文化支出 |
| 經濟發展支出 | 農業支出、工業支出、交通支出、其他經濟服務支出 |
| 社會福利支出 | 社會保險支出（退休金等）、社會救助支出、福利服務支出、國民就業支出、醫療保健支出 |
| 社區發展及環境保護支出 | 環境保護支出 |
| 退休撫卹支出 | 退休撫卹給付支出、退休撫卹業務支出 |
| 債務支出 | 債務付息支出、還本付息事務支出 |
| 輔助及其他支出 | 專案輔助支出、平衡預算補助支出、其他支出、第二預備金 |

資料來源："The General Budget Proposal of Central Government: Summary Table for Annual Expenditures by Functions, FY 2019," Directorate-General of Budget, Accounting, and Statistics, Republic of China, Taiwan.（編注：中央政府總預算案：歲出政事別預算總表，2019年度，行政院主計總處。）

表2呈現了二〇〇一年以及二〇〇六年至二〇一九年這十四年期間的各個項目相對於總體支出的占比、平均占比、每個項目最高和最低占比。這個表格顯示了不同項目在預算圓餅圖中的配額都相當穩定。教育、經濟發展和社會福利占了近一半的預算支出，而這些都顯示了核心的社會優先事務。在過去十三年間，有些項目的比例變化相對很小。最固定的無非是國防支出，平均占一一·二%的總體預算，與平均值的差異不超過〇·五%。

不過，有三個項目顯示出至少短暫增加的情形，讓人得以推斷增加預算的背後理由。首先，二〇〇八年至二〇一〇年之間增加了經濟發展的預算，這無疑是為了因應全球金融危機而做出的提振台灣經濟的短暫預算刺激。當危機平息後，比例就下降了。

再者，社會福利支出維持續增的趨勢，從二〇〇九年的一四·六%增加到二〇一四年的一九·七%，再到二〇一八年的二〇·七%，而這是此項目在過去十四年來的最高比例。增加的部分幾乎完全集中在社會保險這項科目。確實，這個項目的支出金額從二〇〇七年的新台幣一千三百五十七億，增加到了二〇一七年的新台幣三千四百五十四億，在十年間增加了近三倍。這是因為台灣面臨人口老化的緣故：二〇〇七年至二〇一八年間，六十五歲以上的人口增加了四六·一%，使得台灣各種年金支出金額增加。[6] 如同其他國家的退休金制度，台灣的年金制度所收到的款項，並不必然會跟給付出去的一樣多。[7] 醫療保健也有同樣的情況。台灣的健保是單一支付者模式，為民眾提供良好醫療而受到高度讚揚，但是卻資金不足。二

表2　2001～2019各年度的台灣政府總預算相對份額（百分比）

| 會計年度 | 一般政務 | 國防 | 教育科學文化 | 經濟發展 | 社會福利 | 環境 | 退休撫卹 | 債務 | 其他 |
|---|---|---|---|---|---|---|---|---|---|
| 2001 | 14.7 | 11.0 | 19.2 | 17.1 | 17.7 | 4.9 | 7.8 | 7.6 | 1 |
| 2006 | 15.7 | 10.7 | 22.0 | 15.5 | 16.8 | 4.0 | 8.9 | 6.3 | 1 |
| 2007 | 15.1 | 11.2 | 21.7 | 16.8 | 16.4 | 3.8 | 8.8 | 6.1 | 1 |
| 2008 | 15.1 | 11.3 | 21.3 | 18.6 | 15.8 | 3.5 | 8.7 | 5.8 | 1 |
| 2009 | 13.5 | 11.2 | 21.9 | 22.7 | 14.6 | 3.5 | 7.7 | 4.9 | 1 |
| 2010 | 14.4 | 11.2 | 21.7 | 20.3 | 16.3 | 3.5 | 7.9 | 4.7 | 1 |
| 2011 | 14.5 | 11.1 | 22.7 | 18.2 | 17.2 | 3.4 | 8.2 | 4.7 | 1 |
| 2012 | 14.6 | 11.4 | 22.4 | 15.2 | 20.3 | 3.2 | 8.2 | 4.7 | 1 |
| 2013 | 14.4 | 11.1 | 22.6 | 14.9 | 20.3 | 4.0 | 7.9 | 4.9 | 1 |
| 2014 | 14.5 | 11.1 | 23.5 | 15.2 | 19.7 | 3.2 | 8.1 | 4.8 | 1 |
| 2015 | 14.6 | 11.6 | 24.2 | 13.4 | 20.2 | 3.1 | 8.3 | 4.6 | 1 |
| 2016 | 14.1 | 11.5 | 24.4 | 14.5 | 20.1 | 3.4 | 7.6 | 4.4 | 1 |
| 2017 | 13.8 | 11.1 | 25.1 | 14.0 | 20.5 | 4.5 | 7.2 | 3.9 | 1 |
| 2018 | 14.1 | 10.8 | 23.7 | 15.9 | 20.7 | 3.8 | 6.7 | 3.7 | 1 |
| 2019 | 14.3 | 11.0 | 24.1 | 16.0 | 20.3 | 3.6 | 6.6 | 3.6 | 0.5 |
| 平均 | 14.5 | 11.2 | 22.7 | 16.6 | 18.5 | 3.7 | 7.9 | 5.0 | 1.0 |
| 最低 | 13.5 | 10.7 | 19.2 | 13.4 | 14.6 | 3.1 | 7.2 | 3.9 | 1.0 |
| 最高 | 15.7 | 11.6 | 25.1 | 22.7 | 20.7 | 4.5 | 8.9 | 7.6 | 1.0 |

資料來源：*Statistical Yearbook of the Republic of China*, Directorate-General Budget, Accounting and Statistics, Executive Yuan, Republic of China, September 2019, table 91, "Net Government Expenditures of All Levels" (https://eng.stat.gov.tw/public/data/dgbas03/bs2/yearbook_eng/Yearbook2019.pdf).

○一九年，全民健康保險制度的支出要比其收入高出了新台幣五百五十億；二○二○年則向公眾發出預警，健保制度可能會在一年內破產。[8]

第三個顯著增加的支出費用就是用於教育、科學和文化方面，以回應日益增強的特定社會需求。教育項目的支出早就高於其他項目，部分原因是憲法有明文規範，一五％的中央政府預算和三五％的地方政府預算應該用於教育、科學和文化。[9]合起來看，這些是憲法有指示特定提撥的預算項目。實際上，二○一四年之前，教育、科學和文化只獲撥不到二三％的政府總體經費，但是二○一四年之後，這些項目的支出就開始爬升。教育支出是增加最多的科目，原因是馬英九政府做出擴大學前教育補助的慎重決定。[10]因此，一○一學年度就讀幼兒園的兒童人數是之前的兩倍以上，幼教老師的人數則是原來的三倍。[11]政府之所以會採取這個擴大補助措施，理由可能是結婚率和出生率下降，以及住宅費用提高。這無非是希望能夠以更完善的學前教育環境，鼓勵台灣女性結婚生子，讓她們擁有返回職場的選項。而且長期下來，這也可能會提升孩童的教育品質和台灣的經濟競爭性。

另一方面，中國在這段時期正逐步建立起軍事實力，然而台灣國防支出的預算份額仍舊不變的情形則讓人困惑。原因之一可能是學前教育和退休金的支出提高，排擠了其他項目的政府預算。儘管如此，這些年來，台灣日漸脆弱的狀況依舊是嚴重的政治問題。此外，停滯不前的低國防支出，也造成美國國防官員的強烈挫折感；打從二十一世紀的頭十年起，美國國防官員就抱怨著，台北當局在自我防衛的支出過少。他們不禁詢問，為何政策制定者不挪用資源來回應日益升高的危險呢？（我們會在第九章回頭談論這個令人困惑的情況。）

整體而言，台灣政府支出的趨勢是相當節制的。從二〇〇七年到二〇一七年，整體支出增加了新台幣五〇〇九·五三億，也就是說，十二年之間增加了二一·四％，大約是每年增加一·七五％。在這個時期的初期，支出總額事實上是下降的，從二〇〇七年的新台幣二·九二二兆，減少到二〇〇九年的二·六七一兆，而這無疑是為了因應全球金融危機。政府支出之後一直維持在這個水平，直到二〇一六年才增加了約新台幣一千億*，到了二〇一九年就提高至新台幣二·九一二兆，而這主要是社會保險和教育支出增加的緣故。

## 說明台灣的預算選擇

我們應該如何解釋這種政府支出的模式？某個程度來說，這是公眾所期待的。根據二〇一九年九月ＴＥＤＳ的結果，三九·七％的受訪者認為經濟發展應該是蔡英文總統的當務之急，而另外有二一·七％的人支持兩岸關係。其餘的重要選項只有教育（一二·五％）。[12]這三個選項其實相互影響，畢竟優質教育可以強化競爭力，而與中國的商業關係會影響到發展。過去二十多年來，社會福利支出得到強烈的支持，並隨人口老化而自動增長。因此，毫無意外，教育、經濟和社會福利消耗了超過五〇%的政府支出。假設說，倘若選民不滿意這種資源分配的方式，而有另外一個政黨提出了不同的預算大餅的分配方案，選民可以轉向支持後者。然而，台灣競選活動從未有政黨提出過截然不同的重新分配模式。

要了解台灣的預算政治，除了民眾共識，還要了解涉及的其他因素。其中之一是預算程序本身，另外就是社會上對於提供政府更多資源的一種反感。

## ——預算編審程序

行政院的兩個機關主管了中央政府的預算編製過程。財政部估算出下一個財政年度（也就是曆年）的總歲收。主計總處（功能類似美國行政管理和預算局〔U.S. Office of Management and Budget〕）接下來會設定中央層級的每個部級機關的支出上限。每個機關會擬編更詳細的預算，儘管應該要以「零」為基點開始，但通常都是參照前一年的支出來編列。當所有機

* 譯注：原文「100 trillion」應該是「100 billion」的筆誤，此處譯文已更正。

關預算提案籌編成中央預算草案，行政院長就會召開其年度計畫及預算委員會會議來審核草案。若有機關想要突破主計處的設定上限，就必須在這個階段辯護其所提出的要求。等到內部通過草案之後，每年八月底前，行政院就會把籌編的預算草案送交立法院。因此，到此階段為止，預算編列過程是以技術官僚由上而下的方式在行政院內部進行。台灣總統可以公開呼籲和私下訴求的方式來影響預算參數，儘管如此，對於編製完成的支出項目的分配份額，這樣的干預效果有限。[13]

此外，預算的編列長期存在著某種傾向。蘇彩足是任教於國立台灣大學的政府預算專家，她評道：「主計總處更著重在控制總支出和預算赤字的數額，而不是關注各個部會的預算分配是否符合民眾的需求，並且符合效率、效能和公平的原則。」[14] 造成這種節儉傾向的是法律的限制，對於多少的支出可以超過收入，因而要藉由赤字籌資來補足，也可藉由債務占國內生產毛額的比例上限，此上限在二〇一七年預估為相當容易控管的三五．七％。[15]

當行政院將預算草案送到立法院審查之後，預算過程就會變得較為政治性，但是影響很有限。蘇彩足注意到，「立法委員在預算核准期間比較關注的是吸引民眾注意，而不是專業問政。」[16] 箇中原因是，若想利用預算來影響國家的重點事務，立法委員事實上受到了極大約束，因為他們並無權這麼做。《中華民國憲法》第七十條規定：「立法院對於行政院所提預算案，不得為增加支出之提議。」[17] 立法院只能刪減或刪除特定項目。立法委員鮮少會為了向政府發出信息，而行使權力去刪減自己不喜歡的計畫。若是比較中央政府向立法院提出的預算總額和立法院通過的預算數額，從二〇〇七年到二〇一七年，兩者之間只有大約千分之一的微小差異。[18] 如果立法委員想要影響送審的預算案，那便是透過定期質詢行政院官員及個別遊說行政部門，在定期監督程序中設法推動自己的支出偏好。[19]

預算編製程序中，確實設有給予某種程度彈性的機制。屬於同一計畫中的不同預算項目之間，最多可以挪用二〇％的經費。政府也編列了緊急預備金，而且行政院可以為了因應不時之需而提出補充預算或特別預算，相當於五％的常態預算。《預算法》明文規定，提出特別預算的正當理由是，當國家為了處理經濟重大事件、重大災變、週期性政治事件，或者是發生重大戰事或其他國防緊急事故所需的國防設施和其他安全目的的支出。舉例來說，二〇〇九年八月，為了強烈颱風重創台灣而通過了一項特別預算案。對美的重大軍購案通常是由特別預算支付，如二〇一九年十一月就通過購買噴射戰機的特別預算。[20] 二〇二〇年七月所提出的特別預算案，則是為了幫受到冠狀病毒疫情重創的經濟產業紓困。[21]

總之，台灣政府編製預算的方式，使得民眾關切的事務不容易在資源配置的過程中產生影響。整個預算程序存在著固有的傾向，排斥在超過可用資源之下重大的重編支出預算。行政部門設定了嚴格的參數，縮小了個別部會和立法院變更預算的決定權。依照憲法，立法者並無權挪用某個支出重點事務的經費到他處。不只是部會官員或是立法委員，就連總統也一樣，若想要改變經費使用的優先權，在主計處設定支出上限之前進行協商的勝算最大。政府部會的各式參與人員，更在意的是保有「市占率」而不是擴張經費。

## 財政收入

政府支出的增幅之所以不大，基本原因就在於可用資源出現相對減少的情況。從二〇〇八年到二〇一八年，台灣的國內生產毛額增加了約三分之一，但是賦稅收入占國內生產毛額的份額卻保持穩定，平均比例為一二．一％（參見表

表3　政府賦稅收入占國內生產毛額之比例

| 年份 | 國內生產毛額 | 賦稅收入 | 占比（%） |
|---|---|---|---|
| 2006 | 12,640,803 | 1,556,652 | 12.3 |
| 2007 | 13,407,062 | 1,685,875 | 12.6 |
| 2008 | 13,150,950 | 1,710,617 | 13.0 |
| 2009 | 12,961,650 | 1,483,518 | 11.4 |
| 2010 | 14,119,213 | 1,565,827 | 11.1 |
| 2011 | 14,312,200 | 1,703,989 | 11.9 |
| 2012 | 14,686,917 | 1,733,359 | 11.8 |
| 2013 | 15,230,739 | 1,768,817 | 11.6 |
| 2014 | 16,111,867 | 1,917,609 | 11.9 |
| 2015 | 16,770,671 | 2,076,623 | 12.4 |
| 2016 | 17,176,300 | 2,165,797 | 12.6 |
| 2017 | 17,501,181 | 2,187,690 | 12.5 |
| 2018 | 17,793,139 | 2,229,208 | 12.5 |
| 2008-2018平均值 | 15,066,360 | 2,378,581 | 12.1 |

資料來源：*Taiwan Statistical Data Book*, 2019 (Taipei: National Development Council, ROC [Taiwan], 2018), table 3-1, "Gross Domestic Product and Gross National Income," and table 9-2a, "Net Government Revenues of All Levels by Source."(https://eng.stat.gov.tw/public/data/dgbas03/bs2/yearbook_eng/Yearbook2019.pdf), pp. 51, 177.

3）。同一時期，支出占國內生產毛額的份額則從一七．九％降至一六．○％。[22]這就表示，關於預算的關鍵政治選擇並不在於如何分配經費，而是到底會有多少財政收入。對此最具影響力的就是民眾。

乍看之下，低於世界各國平均水準的財政收入讓人困惑，畢竟相對而言，台灣是個相當富裕的國家。根據美國中情局的《世界概況》估計，台灣二○一七年國內生產毛額的購買力平價排名世界第二十二名。此外，台灣的人均國內生產毛額的世界排名為第二十八名，國民儲蓄毛額則為第十七名。[23]根據台灣的國家發展委員會（以下簡稱國發會）所彙編的統計資料，二○一七年的前二○％最高家戶所得組占四○．四％的個人所得，次高的家戶所得組占二三．二％的個人所得，也就是說，將近四○％的家戶數占了近三分之二的個人所得。最高所得組所占的份額是最低所得組的六倍。根據瑞信研究院（Research Institute of Credit Suisse）於二○一八年所出版的《全球財富報告》（*Global Wealth Databook*），前一○％的台灣成年人口掌控了五九．八％的台灣財富，前二○％的人口掌控了七四．二％，前四○％的人口則掌控了八九％。[24]

但是相較於其他國家，台灣政府可取得的總資源水平卻異常低。就美國中情局的《世界概況》估量，這些資源都高於賦稅收入，但是稅收才是最重要的政府財政來源。二○一七年，台灣的稅收占國內生產毛額的一六％，世界排名為第一百八十四名。至於東亞和太平洋地區的其他發達經濟體，資源於國內生產毛額的占比，紐西蘭是三六．八％，澳洲是三五．五％，日本是三五．一％，香港和南韓都是二三．二％。只有占比為一五．七％的新加坡與台灣的比例相近（美國則是一七％）。[25]就是占比這麼低，才能有助於台灣的經濟競爭力和私人消費。不過，台灣的財政部長坦承可以提取更多的財政收入。「考量我國經濟發展和國民所得的當今水平，我們可以說現在的賦稅負擔率是合理的，並且未來有可能會增加稅收。」[26]

因此，台灣社會的財富，與政府要求公民和公司承擔政府服務所需的財富比例，兩者之間是矛盾的。如要增加政府的資源，那就大概需要透過提高稅收的手段，因為稅收占了七九．五％的政府總收入（其餘的收入大部分是公營企業的盈餘和各種規費）。[27]二〇一八年，有份針對社會福利政策和稅收之間關係的研究指出：「事實上，台灣福利制度的發展軌跡，是由國家的稅收能力所決定。儘管民主競爭確實會創造誘因來擴增公共福利，但不可避免的是，這些政策的設計和實現，則端視國家是否有能力透過賦稅政策來提高所需的歲入。」[28]面對賦稅收入的約束，馬英九政府和蔡英文政府展開了稅制的改革，包括了所得稅、遺產稅和贈與稅（請見表4針對不同稅目的說明）。[29]

台灣課徵的所得稅有兩種。一種是營利事業所得稅，估定的是直接經營事業所賺取的收入。另外一種是個人綜合所得稅，估定的是所有的其他收入，包括專業活動收入和投資股息。這兩種所得稅各自貢獻了約一半的總所得稅稅賦。

馬政府和蔡政府都改革了這兩種所得稅。馬政府執政期間的二〇一〇年，營利事業免課稅的所得門檻從新台幣五萬元提高至十二萬元，且稅率從二五％降至一七％（後來又調高至二〇％）。此外，營利事業應稅所得的課徵稅額不得超過「營利事業課稅所得額超過十二萬元部分之半數」（現行稅率請見表5）。[30]

馬政府也改革了個人所得稅，類似美國稅制的配置，具有累進的課稅級距，以及若干減輕納稅人稅負的方式。之前陳水扁主政時期，課稅級距分為五組，最低級距的稅率是六％，最高級距則為四〇％。二〇一四年，為了達到財政永續和公平的既定目的，馬政府展開了重大稅改。[31]此次稅改增加了第六組級距，累進稅率依序為五％、一二％、二〇％、三〇％、四〇％和四五％。最高稅率的課徵對象是所得超過新台幣一千萬元（約三十萬美元），使得稅制更具累進性。所得稅歲入占租稅收入的份額，從二〇一〇年代頭五年的三〇％左右，增加到了後五年的三六％。

然而，二〇一八年二月，蔡政府和當時由民進黨掌控的立法院推翻了馬英九所做的一些稅改。此時的既定目標是要建立一套具競爭性、公平且合理的稅制，以便符合國際稅制潮流。個人標準扣除額增加了三〇％，幼兒學前特別扣除額由每人新台幣兩萬五千元提高至十二萬元（這無疑是為了鼓勵生育）。馬政府稅制中的最高課稅級別被刪除了，最高邊際稅率也降至四〇％。單就課稅級距來說，二〇一八年的稅改使得稅制比較不具累進

表4　2013年和2019年的賦稅收入主要稅目

| 稅目 | 新台幣（百萬元計）<br>2013 | 2019 |
|---|---|---|
| 關稅 | 97,009 | 116,500 |
| 所得稅 | 743,290 | 948,000 |
| 遺產稅及贈與稅 | 23,728 | 12,537 |
| 營業稅 | 327,971 | 239,829 |
| 貨物稅 | 207,153 | 190,056 |

資料來源：*Taiwan Statistical Data Book*, 2019 (Taipei: National Development Council, R.O.C. [Taiwan], 2019), p. 182.
說明：2013年為實際數額，2019年為預估數額。

表 5　2020 年台灣所得稅課稅級距

| 課稅級距（新台幣） | 最高金額等值之美元 | 稅率（%） |
|---|---|---|
| 1-540,000 | 16,346 | 5 |
| 540,001-1,210,000 | 36,667 | 12 |
| 1,210,001-2,420,000 | 73,333 | 20 |
| 2,420,001-4,530,000 | 137,272 | 30 |
| 4,530,001-10,310,000 | 312,424 | 40 |
| 10,310,001以上 | | 45 |

資料來源："Taiwan, Individual: Taxes on Personal Income," *Worldwide Tax Summaries*, PwC (https://taxsummaries.pwc.com/taiwan/individual/taxes-on-personal-income).

性。除了扣除額，在馬英九時期的稅制中，個人收入達新台幣一千兩百萬元會被課徵四百零五萬四千九百元的所得稅，而在民進黨的稅改之後，同一個人被課徵的稅額則是新台幣三百九十七萬零四百元，少了八萬四千五百元。正因如此，根據一份估計，將免稅額也考慮在內，高所得個人的有效課稅級距粗估為三〇%至三三%。[32]

一九九〇年代中期以降，台灣的遺產稅和贈與稅基本上維持不變，既沒有跟上全球化的步伐，也落後於金融工具的許多創新發展。馬政府在二〇〇九年大幅改革了遺產稅及贈與稅。先前的稅制採漸進稅率的十個課稅級距，最高級距的稅率為五〇%，新制稅率則變為單一定額的一〇%，還有更高的扣除額和免稅額。到了二〇一七年，蔡英文主政之後就制定了較具累進性的稅制。遺產淨額新台幣五千萬元以下者，課徵稅率為一〇%，超過五千萬元至一億元者，課徵一五%，超過一億元者課徵二〇%。

馬政府和蔡政府實行了各種稅改，長期影響依舊有待觀察。比較二〇一三年的幾個重要稅目的實際歲入，和二〇一九年的預估歲入，情況全然不是那麼樂觀。二〇一九年的預期賦稅收入比二〇一三年多新台幣一千零四十七億，儘管營業稅稅收不知為何減少了新台幣八千八百一十萬元，而抵消了部分收入。此外，總歲入（二〇一七年為新台幣二・二五兆）的確逐漸增加，但還是明顯低於總歲出（二〇一七年為新台幣二・七七兆）。[33]

因此，台灣正是所謂「皮凱提問題」（Thomas Piketty problem）的好例子——這是指針對不同類型的資產課徵不同稅率所造成的結果。[34]

台灣和其他發達經濟體都出現一種現象，就是工資和月薪的課稅稅率高於不同種類投資所得的課稅稅率，而這加劇了財富和所得不均的情況（從規範性觀點來看也是不公的）。在納稅義務上給予富人優惠，這也限制了政府手上的資源，其可用於創造如教育和基礎建設等公共財，以便提供社會服務，而這些公共財有助於經濟發展和人民福利，以及強化對抗外來威脅的國家安全。

瑞信有關台灣持有的財富資料顯示，一般來說，遺產稅只貢獻了二．三％的總歲入，因此提高遺產稅是台灣政府增加財政資源的手段之一。若非如此，自台灣長期成長中獲益最多的人會把大部分的財富傳承給後代子孫，而不是把部分收益回饋於社會。因此，土地、財產和資本利得的稅制都不是近來改革的對象，或許是有待調整稅率的項目。

不可否認，課徵財富稅的確會鼓勵人們逃稅，而增加土地和資本利得的稅額則可能會擾亂房地產和股票市場。政治上，稅務改革是最難以開展的計畫之一，但是其中的風險和困難卻不足以否認，設計出一套技術官僚上高明、政治上可行的變革方案是有其必要的。無作為必然要付出代價。很重要的是，預算改革勢必要擁有政治參與者的廣泛共識。

## 年金改革的政治

年金改革就沒有取得這樣的廣泛共識。由於退休基金走向破產是很明確的事，台灣政府進行年金改革並不算是新計畫。但是要等到蔡英文的第一任期，年改才付諸實行，過程複雜且有點醜陋。涉入其中的不只是技術官僚和政治領導人，還包括了民間社會組織和受影響的年金受益人。民間團體和年金受益人發動了激烈抗爭，這阻擋不了蔡政府實施提案，但卻為這個爭議導入了「你贏我輸」的面向。

台灣有著分散的年金制度，不同的職業團體適用不同的退休金計畫。在威權統治時期，國民黨政權為隸屬於政體重要部門的軍人、公務員和教師設置了退休金，而這些計畫的關鍵特點就是優惠存款方案，政府保證給予一八％的存款年利率。一直要等到民主化之後，公眾壓力才開始出現，要求為其他類型的勞工建立社會保險制度，並且，可能的話，整合年金制度。[35]農人和勞工得到了保障，但是條件不如軍公教人員得到的那般優惠。政治人物、民間社會團體和對立的政府機關之間產生了衝突，導致了年改牛步化的情況。國立台灣大學國家發展研究所的施世駿教授總結了馬政府初期的情況：「在社會福利組織和學者不斷努力之下，社會正義和世代連帶等相關觀念推升到了某個政治高度，而且對於不同制度設計的利弊也有了共識。儘管如此……它們都沒有獲得足夠的政治動能，以便跟其他站在對立面的觀念和利益相抗衡。」[36]

失敗的原因之一是，每個計畫的受益人愈來愈執著於既得利益。另外一個原因則是兩大黨的競爭，企圖從捍衛年金制度中取得政治利益。誠如施世駿的說明：「民進黨試圖找出可以匯集更多支持的舞台，但這個策略卻適得其反，這是因為國民黨加入同場競爭，更逐漸率先規劃和開辦國民年金保險制度。民進黨為了壓制敵營，於是轉向支持特定群體的老年津貼議題，卻觸發了國民黨更多的反制手段。」[37]事實上，這種「競相比爛」的狀態成了台灣所有社會福利計畫構思的共通點。哈哥德（Stephan Haggard）和考夫曼（Robert Kaufman）對此評斷：「這些改變……之所以發生在台灣，並不是因為下層階級的群體要求更多的福利，而是因為保守的黨派競相搶先推出健保和年金等訴諸中產階級的計畫，而不是對勞工有吸引力的計畫。」[38]

馬政府大膽嘗試改革退休軍公教人員的退撫制度。經過廣泛諮詢民意之後，行政院長江宜樺提出了他認為可以償付至少三十年的方案，後來還是因為公職人員和勞工團體的強烈反對而放棄了。[39]

到了蔡英文執政的時候，儘管受到既得利益者的反對，政府已經不能再忽視公部門年金的財政困境。二〇一五年底，支付退休公務員的「隱性債務」預估是新台幣八．二兆（二、四八〇億美元），而二〇一八年的政府財政收入是八六三億美元。[40]除了財政永續的問題，另外還有公平的問題。退休軍公教人員的待遇，優於私部門的年金受益人，並且認為退休金是政府虧欠他們且具約束力的義務。但是反對蔡政府年改政策的人士採取了超越一般的政治對抗手段。儘管有些抗議活動很平和，仍有一些升高為抗議人士與警察的暴力對峙。好幾次，抗議人士試圖衝進立法院，如同二〇一四年的太陽花運動成員一樣。甚至有可信的指控表示，部分抗議群眾的領導者支持中華人民共和國。[41]

到了最後，民進黨掌控的立法院通過了三個制度的每一項年改方案（二〇一七年通過公務員和教師的方案，二〇一八年則是退役軍人的方案）。反對人士上訴到了憲法法庭，但是大法官維護了基本的制度設計，只對少數規定有意見。[42]然而，這個結果所歷經的爭議性過程卻加劇了關於年改重點的衝突。就算普遍認為現狀不可行，且公平原則要求代間義務和利益的再平衡，但這就是實情。這樣的結果反過來讓人不禁懷疑，台灣的政治體制是否能夠適切的處理更棘手的政策問題。

## 小結

台灣領導人對於財政收入和支出所做出的選擇，充分說明了競相抗衡的優先事務。經濟建設方面的花費持穩，而教育和社會福利方面的支出則不斷增長，部分原因是具有良好政策的意義，再來也是因為台灣民眾希望自己的稅金被如此花用。不過，儘管中國持續累積實力，台灣的國防支出卻維持不變。

台灣的體制具有抗拒赤字開支和債留子孫的傾向，而這就足以成為邁入富裕生活的阻礙。因此，如果政府想要滿足迫在眉睫的政策所需，那就必然要從社會和有資源支付的人身上汲取更多的財政收入。但即使台灣是個相對富有的社會，台灣的公民和公司卻不願意付出更多稅金，也不希望賦稅政策削弱房地產市場和股市。政治人物多少表達了調整稅制的意願，只是實行的變革似乎多過了形勢所需。有限資源和迫切需求迫使政府得做出更重大的抉擇，但是謀求折衷之道並說服民眾的政治意願卻不甚強烈。延遲決定本身就是一種選擇，而這種做法並不符合廣泛的公共利益。此外，雖然經濟成長和稅收水平之間存在著權衡考量，但並不需要是「零和」的關係。誠如《台北時報》（*Taipei Times*）的撰稿人所言：「一個負責任的政府應該要讓社會了解到，公平的稅制並不會阻礙經濟成長；這樣的稅制可以給予民眾更充足的公共服務和更良好的基礎建設，並且改善環境和降低汙染。」[43]

# 第四章
# 台灣的經濟

台灣在成為東亞民主化的表率之前，就是出口導向成長的模範生。自一九六〇年代以來，當國民黨領導階層明白了改善人民的生活水準是確保穩定和政黨繼續執政的最佳手段，經濟就成了台灣社會的安定器。工業化起飛階段讓台灣的家庭所得成長，他們把子女送進工廠工作、成立貿易事業，以及前往海外取得高等教育學位。結果就是帶來了一段高漲擴散的經濟繁榮時期，短短幾十年的光陰，就讓台灣從一個貧窮的農業社會轉型為充滿活力的中產階級社會。

學者爭辯著這項早期的成就應該是歸功於政府政策還是私人企業。有些學者認為台灣是東亞發展型國家的榜樣，而政府在其中扮演了關鍵角色，選定了最有可能帶來未來經濟成長的產業，據而分配資本，確保有充分的公共基礎建設與人力資本。[1] 有人則是主張，縱然政府政策有其作用，但是刺激快速成長的其實是私人企業。這些企業聽取美國和其他發達經濟體的主要零售商發出的需求信號，了解到那些國家的消費者想要什麼產品，進而因應買家的價格和品質規格去製造出產品。成功的公司並不是建立自身的產能，去製造出成品所需的一切零組件，而是打造中小型公司網絡來供給領頭公司所需的物件。當西方國家的大型零售商表示原本受歡迎的產品的需求已經下降了，台灣企業及其網絡就會機靈的放棄那些產品，轉而生產其他產品，總是展現領先一步的競爭力。[2]

然而，經濟成長到了一九八〇年代開始減緩。由於國內薪資提高，加上美國雷根（Reagan）政府要求台灣讓新台幣升值，這就使得出口到美國的產品變貴了。所幸對台灣來說，中國開始轉向出口導向的成長，而這讓台灣的公司找到了第二春。中國需要外來的資本、技術和管理技能來刺激自身的成長。台灣的許多公司斷定，中國擁有低成本的熟練勞動力，是對各種產品做最後組裝最省錢的地方，因此中國就成為了台灣投資外移的主要地點。其中有部分投資是用在打造出全球性出口商品的組裝和生產的平台，其他部分則是針對中國國內市場，生產出中國公司無法達到相同品質水準的商品。

兩岸貿易隨著投資而展開。在中國組裝的產品零組件通常是來自台灣，中國因而成為台灣最大的出口市場，占了二〇一八年台灣總出口量的三七％，只比二〇〇九年的四二％稍微下降。[3]台灣的海外投資約有七〇％是到中國，近十萬家的台灣公司在中國都有營運據點，而且二〇一六年海外就業的台灣公民之中，就有近五〇％的人是在中國大陸工作。[4]

外移到中國大陸的並不只是大型公司而已。早在一九九〇年代開始，台灣的大型公司持續組織既有的生產方式，也就是仰賴自己的小型供應商和外包商的巨大網絡。委託他廠代工的不只是鞋類和玩具，還包括了筆記型電腦和手機。為了確保在中國的企業投資有利可圖，台灣的大型公司及其網絡都外移到中國。

隨著這種生產模式愈來愈複雜，任何生產群集的核心公司就必須更精於管理連結整個生產過程的全球供應或價值鏈。其必要性乃在於確保每個網絡能夠有效運作，群集的團隊能夠交貨、支付薪資且從中獲利。這些供應鏈中，有些是從美國貫穿至台灣、香港、南韓和日本而連結中國，然後再連回美國。

海關部門劃定產品原產地的過時做法，使得台灣公司的成就鮮為人知。對美國海關來說，產品的原產地認定是該產品歷經「實質轉型」而最終成形的地點。經由台灣公司管理的供應鏈所做出的產品可能會標示為「中國製造」，只因為是由台灣的子公司在中國組裝完成。儘管一台筆記型電腦可能標示為中國產品，但是它的零組件其實是來自許多地方。此外，生產的階段可能是在多個國家進行，而中國是最後的組裝國。

隨著兩岸經濟關係的開放與深化，台灣的學者、政治人物和民眾愈來愈常爭論，與中國建立如此廣泛的關係是不是一件好事。一般來說，當一個經濟體過於仰賴某個貿易夥伴，尤其是個比自己大上許多的經濟體時，就可能出現箝制自身行動自由的風險，況且中國並不是一個尋常的貿易夥伴。

李登輝和陳水扁主政時期的政府政策，在限制對大陸投資方面只取得有限的成果。箇中原因不只是經濟的緣故而已。中國領導人的長期目標就是要把台灣納入中華人民共和國的版圖，因此把經濟的相互依存視為政治合併的墊腳石。要等到台灣總統馬英九主政時期，兩岸經濟關係的正常化和制度化才有實質的進展。[5]不過，也是在同一時期，對於為了繁榮而仰賴具有如此政治野心的中國，台灣的部分人士對這個危險性發出了嚴重的警告。

台灣早已不再處於透過低薪勞力推動經濟成長的起飛階段。這個曾經生氣蓬勃的社會正在衰退之中，想在今日維持競爭力，要比從前困難得多。既要享受中國提供的利益，並同時抵擋對方的政治要求，更是難上加難。處理這些相互抗衡的優先事務，已經成為政治領導人手上的燙手山芋。

## 現代的經濟體

台灣就是透過良好的政府政策、一大群掌握機會的創業家、不斷辛勤付出，以及美國的保護，才成為一個現代、繁榮和富足的社會。先前已經檢視過台灣的現代特質的一些指標，而其達到現代社會的速度著實令人折服。台灣在一九六〇年的人均國民所得以當前的美元匯率計算，只相當為一百五十六美元，一九七〇年爬升至三百七十一美元，一九八〇年為兩千一百三十九美元，到了一九九〇年則為七千六百七十二美元。中國大陸的對外開放及其所帶動的進一步成長，確保了台灣不會陷入「中等收入陷阱」（the middle-income trap）。到了二〇一七年，台灣的人均國民所得是兩萬一千三百一十美元。[6]若依據購買力平價，將生活成本納入考量而加以調整，二〇一七年的數額就是五萬零五百美元。[7]根據聯合國開發計畫署（United Nations Development Programme）的人類發展指數（Human Development Index），台灣在二〇一七年的數值是〇．九〇七；只有二十個國家超越台灣，獲得更高的數值。[8]

世界經濟論壇（World Economic Forum, WEF）的年度競爭力排名中，台灣也獲得高分。WEF對競爭力的定義是：「經濟體擁有的屬性和品質，使得生產要素能夠運用得更有效率。……生產力提高是長期經濟發展最重要的決定因素。」以此為基礎，該論壇於二〇一九年十月所公布的調查中，台灣比前一次的評量進步一名，世界排名第十二名，在一〇〇分的綜合得分中得到了八〇．二分。[9]亞太地區與台灣為鄰者，就有八個是位列前三十名的經濟體，其中得分比台灣高的三個經濟體，有兩個是城市：新加坡（排名第一名，八四．八分），香港（排名第三名，八三．一分）和日本（排名第六名，八二．三分）。其他五個得分比台灣低的經濟體是：南韓（排名第十三名，七九．六分）、澳洲（排名第十六名，七八．七分）、紐西蘭（排名第十九名，七六．七分）、馬來西亞（排名第二十七名，七四．六分）和中國（排名第二十八名，七三．九分）。

WEF以十二個要素，或稱「指標」（pillars），來評量競爭力。台灣在「總體經濟穩定」占居世界鰲頭，「創新能力」為第四名，「金融體系」為第六名，「資通訊技術使用」為第十一名，「產品市場」為第十四名，「勞動市場」為第十五名，「市場規模」為第十九名，「商業活力」為第二十名。台灣在WEF的評量中特別顯著的就是創新方面的排名。該報告表示：「在使用技術和提高創新這兩方面，〔全世界〕還很多部分可以做得更好。只有四個經濟體在『創新能力』指標的得分超過八〇分：德國、美國、瑞士和台灣。」[10]至於其他指標方面，台灣的排名都是介於二十一名至三十名之間。

另一個評估台灣經濟成就的方式，可以從台灣公司生產的產品數目來看，共計至少占了三分之一的全球總生產量，表6羅列了相關產品項目。表格中的產品，只有四項是實際在台灣本地（在岸）生產，但即使是這四項，總產量中仍有部分是在海外生產。中國大陸是台灣公司的最大海外地點，但是在其他市場也同樣相當活躍。這個本地和海外的區別，彰顯了台灣公司的區域和全球普及度，以及對於全球化經濟的供應鏈管理的支配力。

只要走在台灣首都台北市的主要街道，台灣的物質繁榮可說是顯而易見。馬路上可見不同廠牌和型號的車輛，包括了日本、西歐和美國的豪華進口車。交通井然有序，有公車專用道來減少堵塞，跟我在一九七〇年代中期還是個研究生住在台北時的景象都不一樣了。公共運輸運作良好。重要幹道林立著體現全球建築趨勢的高聳豪華住宅大樓，同時也有著各種工

表6　2018年台灣公司特定產品的全球產量占比（%）

| 產品 | 占比 |
|---|---|
| 主機板 | 84.8 |
| 纜線用戶終端設備（Cable CPE）[a] | 83.2 |
| 高爾夫球桿頭 | 81.5 |
| 筆記型電腦 | 78.7 |
| 積體電路晶圓代工[b] | 75.6 |
| 無線區域網路 | 68.1 |
| 數位用戶終端設備[a] | 66.1 |
| 積體電路封裝測試[b] | 55.8 |
| 桌上型電腦 | 51.1 |
| 機能性紡織品 | 51.1 |
| 個人導航設備[b] | 47.9 |
| 移動設備光學鏡頭 | 46.4 |
| 敷銅層板 | 43.4 |
| 伺服器 | 35.4 |
| 高端自行車[b] | 33.4 |

資料來源：*Taiwan Statistical Data Book, 2019* (Taipei: National Development Council, R.O.C. [Taiwan], 2019, introductory "Abstract of Key Economic and Social Statistics," table 4-a, "Products of which Taiwan Was among the World's Three Largest Producers in 2018, Including Off shore Production," p. 12; and table 4-b, "Products of which Taiwan Was among the World's Three Largest Producers in 2018," p. 12; and "Excluding Off shore Production," p. 13.

a.CPE全名是Customer premise equipment。
b.台灣本地製造。

商企業，包括了可以在高所得消費經濟體裡找到的一切：設有豪華商店的五星級旅館和許多商家，販售著女性時尚、新娘禮服、女性貼身衣物、珠寶、男性訂製衣著等，可以說是不勝枚舉。四處也可見到各種服務性公司：銀行與金融、房地產、交易、醫療和牙醫診所、健身房、SPA、照相館、語言機構、便利商店，以及最普遍的餐飲業。台北到處充滿著各式各樣的餐廳、咖啡館和茶店，迎合著喜愛在飲食之中社交聚會的文化。

## 多重的失衡

不過，漫步於台北市中心也可以讓人了解到，並不是每個人都過著優渥的生活，即使是在主要道路上，吵鬧的機車車隊、低檔次的車輛、高級豪華房車同時奔馳其上。離開主要幹道沒多遠，街區就呈現了不同的景觀，看到的是讓人回到二十世紀中期之前的建築物。樓房只有幾層樓高，純粹是為了實用而建造：面臨街道的是商店，樓上則是相對狹小的公寓，懸臂支撐的二樓樓板下方是通道，形成可以遮雨的騎樓。大多數商店都是為了迎合下層階級顧客的需求，做的是傳統生意：五金、文具和藝術用品、影印、便宜眼鏡、茶飲、藥品、廟宇祭祀的宗教物品、小旅館、小雜貨店和檳榔攤。這些小生意往往是家庭事業，而不是國際品牌的專營店，規模要比主要街道上的高檔零售商店小上許多。到了早上，市場就會到處出現，販賣著新鮮的蔬菜水果、生肉等食物，以及其他的日常生活用品。或許附近有著廟宇，鄰里居民會前往祭拜傳統的神明，請求治癒親人的疾病、幫助學生在下次考試中取得好成績，或者是解決家裡的問題。

像台北這樣的城市，並沒有嚴格隔分出上層階級和下層階級。「獨立」（indie）餐廳和別致的服裝店，在比較傳統的街區和主要商業區都可以找得到。高端地區和低端地區之間的變化是漸進的，其區隔是在於房地產價格，以及有沒有消費者和外國觀光客出沒。儘管如此，就算只是一段短短路程也足以顯示，並非所有人都有相同程度的經濟富足；只要離開了市中心，二十一世紀的富裕光華就消退了。

確實如此，台灣就是這樣的一個社會，有著多重重疊失衡狀態，且又交互強化。而這些在本質上都是社會經濟的失衡，既導致經濟成長趨緩，也反受其影響而加劇。台灣的國民所得成長率每年下滑，從一九九七年的七．七％降至二〇〇七年的三．八％，再降至二〇一七年的一．六％。[11]自全球金融危機以來，除了某段短暫反彈時期，台灣的經濟成長、國內固定資本形成、私人消費，以及貨物和勞務出口等增長速度，基本上都是持平。[12]台灣不只是在人口狀況方面，還有國民所得和生活水準、公司的規模大小，以及資訊科技稱霸的產業結構，都是處於失衡的狀態。

## ——人口變化

根據世界衛生組織（World Health Organization）的標準，台灣在二〇一八年四月就不再是個高齡化社會，而是進入了高齡社會。六十五歲以上的人口比例超過了一四％。[13]台灣的總人口數在二〇一八年約為兩千三百五十五萬人，而此時已屆高峰，預計會在二〇三〇年代開始下滑。與此同時，台灣新生兒的人數也下降了。二〇二〇年的人口成長率預估為〇．一一％，出生率為千分之八。[14]隨著高齡世代的人數增加和就業人數下降，照顧老年人的成本將會提高而成為年輕世代的負擔。[15]

台灣的人口組成會徹底改變。一九九八年，六十五歲以上的人口比例是八．三％，二〇一六年估計是一三．一％，但是二〇三五年就極可能成長為二五．七％，而二〇五〇年更會提高至三四．一％。[16]台灣的就業人口處於就要相對快速下滑的節骨眼：從二〇一四年總人口的七四．一％下滑至二〇二〇年的七一．五％，估計二〇三五年會是六一．八％，二〇四四年是五七．三％。[17]結果就是會有更多的老年人和孩童，需要倚靠人數縮減的就業人口來撫養他們。政府勢必要增加較年輕的就業人口的賦稅，以支付老年人的退休金和健康醫療，或是削減老年人所分配到的福利，也可能是雙管齊下。但不論選擇何者，都是兩面不討好。

此外，當年輕成人的人口占比愈來愈小，合格的就業申請人數就會愈少，但勞動力的需求仍高，而且從軍的年輕人變得更少。

這是個短期內無法改善的結構性問題。政府可以採行一些措施，像是補助更多公立幼兒園，如此一來，媽媽們就可以重返職場。只是這些措施可能無法產生人數夠多的年輕世代，足以負擔老年人社會計畫的花費。想要提高出生人口，當然就需要提高當今年輕人的結婚率。在二〇一七年至二〇一八年間，年齡介於二十歲到四十歲的台灣公民中，未婚人口就有四百四十萬人，占了這個年齡層的六四．五%。[18]

## 所得與財富

近幾十年來，台灣在經濟上愈來愈不平等，生活花費也愈來愈高。當我們以吉尼係數來衡量（〇表示所得分配均勻，一表示最為不平等），台灣不平等的程度看起來並不是太糟。一九八〇年的吉尼係數為〇．二七八；二〇一七年是〇．三三七。[19]然而，另一個衡量數據追蹤了所得最高的前二〇%家庭相對於所得最低二〇%家庭的倍數，則更清楚說明了問題。一九八一年，最高的前二〇%家庭的可支配所得是最低二〇%家庭的四．一八倍。一九九一年的倍率提高至四．九七，到了二〇一七年則是六．〇七。[20]由於這些衡量數據可能失真，因而大概低估了台灣確切的不平等程度，但這個趨勢是很清楚的。[21]

社會的財富分配是相當難以衡量的事，畢竟只要有避稅這類理由，人們就千方百計的掩藏財富。台灣政府只提供了國民財富的總額和人均的統計數字，這無法看出財富分配的情況。二○一七年的瑞信研究所《全球財富報告》（Global Wealth Report）指出，淨資產超過一百萬美元的台灣人有三十八萬零一千人（中國有一百九十萬人），而這個數據讓台灣在世界排名第十三名，比二○一六年增加了五萬八千人。瑞信並斷言：「台灣的平均財富高，但貧富不均情況僅是中等。」根據這份報告，台灣成年人的人均財富是十八萬八千零八十美元，比亞太地區的大部分經濟體來得高，更接近西歐國家的水準，總資產中有六六%是金融資產。[22]截至二○二○年十月中旬，全球前五百名億萬富翁中，有三位是台灣人：「富士康科技集團」（Foxconn）的郭台銘、食品產業的蔡衍明，以及科技產業的林百里。[23]

不過，檢視特定類型財富的其他證據，我們足以推論證實財富差距是相當大的。主計總處於二○一七年四月的《國富統計報告》指出，二○一四年至二○一五年的財富差距之所以擴大，「主要是因為房地產價值和金融資產的增長。」[24]這個看法其實與瑞信報告的判斷相去不遠，只不過是只針對那些擁有房地產和金融資產財富的人。對於起初沒有累積這類型財富的人來說，他們並不會從快速升高的資產價格中獲利。

二○一八年，根據內政部的報告，台灣家庭平均會將家戶所得的三七．五八%用來支付房屋貸款，高於預估的適當比例三○%，而且台北市的比例更是高達六一．五二%。二○

一七年的萬事達卡（Mastercard）調查報告發現，七九％的台灣家長會為了小孩的教育而儲蓄，而平均儲蓄金額是家戶所得的一七．二七％。[25]這意味著台灣家庭必須花用許多所得來創造房地產方面的財富，以及投資在小孩的未來，但是卻缺乏財務資本的來源。最後則是1111人力銀行在二〇一八年所做的調查，顯示了將近五三％的三十世代台灣人都負債累累，必須從普遍的低薪中拿出四一．八％的所得來償還借款，而這就表示他們的淨資產是負值。[26]如果台灣中產階級年輕人的財務目標是要擁有自己的房子，前景可說是相當黯淡。在二〇一六年，台北市的房價所得比是一五．五，台灣的整體房價所得比是九．三。[27]

## ——公司規模

說到公司規模，台灣企業呈現一種歪斜的傾向，主宰整個經濟體的是超過一百四十萬家中小型企業，占了至少九七％的台灣公司總數。其餘三％則都是跨足經營各種製造和服務領域的大型企業集團，並且會延攬中小型企業成為承包集團業務的產業集群。[28]依據產業活動、資本額或銷售額，以及聘雇的員工人數，台灣中小型企業可以分成兩類。第一類的公司通常是從事製造業，只要員工人數少於一百人，就會被視為中小型公司。屬於第二類的公司則較常見於服務業，只要員工人數多於兩百人，就會被視為大型公司。[29]另外還有許多只雇用幾個員工的微型公司——通常都是家庭經營的公司。

## ——產業

資訊科技（簡稱ＩＴ）製造產業主宰了台灣的經濟。在一九八〇年代，台灣公司生產的是涵蓋了低技術到高科技的各式產品。然而，不可避免的，其他的經濟體終究會在低端製造產業方面迎頭趕上，台灣因而必須導入門檻更高的產品。事實上，今日的ＩＴ製造產業推動著台灣一半的經濟成長。[30]另外一半則是包括貨物和服務等所有產業。這些資訊科技公司聘雇了台灣二二%的製造勞動人口，而若是把半導體和電子組件也計算在內的話，光是它們的產品就占了台灣總出口量的三五%左右。[31]ＷＥＦ把台灣列為全球最具競爭力經濟體的第十三名，並於創新方面位居第四名，可能是過度重視ＩＴ產業，而輕忽了台灣經濟的其他部分。

不過，台灣的ＩＴ產業長期以來始終是重硬體而輕軟體。在早期階段，包括台灣在內的所有經濟體看到了電子產品和資訊科技的遠景，因而從硬體切入這些產業是合情合理的。可是不同於其他國家，台灣在硬體方面一直做得很好而不願意進軍軟體領域，如此帶來了嚴重的後果。誠如微軟（Microsoft）台灣區高階主管康容（Roan Kang）所言，台灣的科技業高階主管發現，「認知到自己看不到、摸不著的東西，竟然比自己知道的設計精美硬體有更實質的價值，這種思維上的轉變是件重大而艱難的事……這裡的高科技產業往往以硬體為中心，結果就是政府也以相當硬體的角度來看待科技。」這些高階主管因此更注重投入軟體所涉及的財務風險，而不是其潛在報酬。[32]

不過，美國的ＩＴ產業已經證實了，軟體發展和軟硬體整合能帶來可觀的回報。萊納（Molly Reiner）在《TOPICS工商雜誌》（*Taiwan Business Topics*）寫道：「發展良好的軟體和服務業，不但可以帶來高於ＩＴ製造產業的經濟成長，以及更多的白領階級職缺，也有更豐厚的利潤……有了軟體投資，才有可能充分運用硬體投資。」施立成（Vincent Shih）是台灣微軟公司的另一位主管，他也說明了其他優勢：「投資軟體和服務對於國內生產毛額的影響，可要比購買硬體來得大多了……如果購買的是軟體和服務，那就需要有人員提供服務，金錢就會留在這裡〔台灣，而不是流往中國等其他地方〕。如果想要解決的是失業率的問題，那就應該要多多投資軟體和服務。」儘管如此，台灣政府長期以來提供資源的對象卻一直是硬體而非軟體。

這種失衡狀態透過政府和私人的新策略而開始改變。蔡英文政府在二〇一七年推動「五加二」產業創新計畫，七大產業創新計畫之一就是啟動「亞洲．矽谷發展計畫」，根據國發會主任委員龔明鑫的說明，此計畫的目的就是要藉由連結育成的新創公司與「物聯網」（internet of things）科技，「推動台灣進入創新價值生態系」。此計畫認知到，培植新創公司需要資金補助、修改過時且妨礙成長的法規，以及增加人才供給。政府考慮以總計新台幣一百一十億元的四大補助方案來補足資金缺口。放寬延攬外國人才的規定，以便增加人才。台北市美國商會（the Taipei American Chamber of Commerce）的二〇二〇年版「台灣白皮書」表示：「需要我們優先關注的議題之一，是台灣該怎樣讓勞動力更國際化，吸引更多其他國家的人才前來工作，並讓台灣本土人才具備更寬廣的國際視野。」[33]

至少從以上聲明來看，人們認知到台灣應該要以軟硬體整合為目標，就如同蘋果電腦和微軟於一九九七年的結盟。「我們提倡的是讓台灣產業從硬體為主轉型成軟硬體整合，」工業技術研究院產業科技國際策略發展所所長蘇孟宗對此表示，「台灣不能夠只做軟體」。舉例來說，物聯網需要先進的硬體設備、輔助硬體的軟體、彼此密切連結的雲端服務以儲存相關數據。台灣具有做出這些改變的潛能，而且可能早就有可用的隱藏性資源：聲稱專注於硬體的公司早就有軟體專家。倘若「亞洲·矽谷」計畫要採取最省事的做法，著重在硬體而不是軟體，或者不進行軟硬體整合的話，那就令人遺憾了。[34]

軟體方面的真正進展似乎是來自於私人產業的主動策略。表率之一就是於二〇一〇年成立的之初創投（AppWorks）創業加速器，其創辦人是曾在美國受教育的林之晨。截至二〇一九年夏天為止，之初創投的創投基金管理規模為一·七億美元，年收益為三八·六億美元。不同於台灣的一些投資者，總是要等到某個概念得到驗證才願意提供資金，之初創投更這樣的機構看來成功了，政府才設立了前文提過的四個補助方案。[35]

最令人欽佩的軟體創意的例子是出現在二〇一九冠狀病毒疫情危機期間，台灣在這段時間的因應措施，有效控制了感染和死亡人數。例如：當承載著染病乘客的郵輪抵達台灣，台灣的數位發展部、創業家和「零時政府」（g0v）開放政府運動創建了一個平台，分享和核實各種媒體關於病徵的報告，並且結合了取得的資訊與社群所打造的軟體應用程式，以利比對許多個人的移動路徑與感染者的足跡地圖。從虛擬空間而不是在實體空間來進行封鎖。另一個軟體應用程式則是協助口罩的分配，也藉此減少了口罩的囤積。[36]

儘管如此，對於創建營利性的平台來說，缺乏創業投資和私募股權融資仍舊是個嚴重限制，而台灣的市場規模也是問題。唯有能夠擴大到區域或全球規模的軟體產品才能夠有利可圖，而在新創公司方面，中國大概算是超前台灣。[37] 政府制定激勵方案以鼓勵資金滯留海外的台灣公司將資金匯回的動作也是慢半拍，否則就能大幅提高投資台灣新創公司的資本額。最後則是政府的商業法規跟不上數位時代。截至二〇一七年，向政府申請營業執照的表格並沒有電子商務（e-commerce）的類別。當新創公司申請人在表格上羅列許多產品時，官僚只會不予受理。儘管二〇一五年通過電子支付條例，金融科技（fintech）的推展卻是牛步化，而這是因為政府規定第三方支付公司必須有一千六百五十萬美元的資本額。負責強制執行運輸法規的政府機關認定優步（Uber）違反法律規定，遂強行向沒有營業登記的駕駛收取嚴格規費。最後就是外國人才在台工作的規定不合時宜，故而降低了擴大勞動力的可能性，同時也阻礙了知識交流和創新。[38]

私募股權籌資不彰的情形不只出現在ＩＴ平台，更會普遍限制成長。美台商業協會（U.S.-Taiwan Business Council）的一份報告，挑明了國際私募股權公司所面對的障礙：在投資審查中缺乏透明度及可預測性；台灣有一份禁止或限制外來投資的產業「黑名單」；缺乏多層次、深度的資本市場；針對基於私募股權的購併的課稅規定。此報告倡議台灣應該要為國際私募股權公司和本地股東提高投資審查的透明度、培養本地優秀人才以最大化私募股權利益，以及建立並拓展台灣的資本市場。[39]蔡英文口頭上認可有需要解除金融服務產業的管制，並誓言要「放寬國際金融企業分行（ＯＢＵ）的開戶條件及匯兌規範」，鼓勵更多對本地公司的投資，並且要「把台灣打造成亞洲高階資產管理中心」，以「吸引更多國際機構跟資金來到台灣」。[40]

美國川普（Trump）政府發動的中美貿易戰，確實為台灣注入了樂見但不在預期之內的推動力。當華府提高了某些中國產品的關稅，還威脅會擴大到其他產品，台灣公司在中國的經營成本就因而提高了，但也增加了返台設廠的好處。許多台灣公司果真就這麼做。截至二〇一九年六月為止，經濟部收到了八十四家台灣公司要「回流」台灣經營的申請。這大約會帶來一百四十億美元的投資價值，預計會創造超過三萬九千個工作機會。資訊科技公司最積極回應中美緊張情勢對公司商業計算帶來的改變。台灣政府迅速展開協助台商返台設廠的工作。[41]

然而，就長期而言，供應鏈的遷移是否會繼續為台灣經濟帶來好處則是個未知數。台灣的前外貿協會副董事長劉世忠提出警告：「進入後疫情時代之後，世界會有更多不確定性。我們不清楚各國要到何時以及應該如何重振經濟發展力道。中美的持續角力為全球秩序蒙上了一層陰影。處於華府和北京可能發生經濟『脫鉤』的情況下，其他國家已經愈來愈難以追求戰略自主。」[42]

與此同時，英國退休外交官麥瑞禮（Michael Reilly）的忠告是，台灣的決策者可以採取一些措施來促進並維持這個趨勢：減輕如報關等簡單事務的監管負荷；說服台灣公司捨棄薄利多銷的模式，轉而更重品牌的建立；利用賦稅和其他激勵措施來鼓勵更多自動化的投資；以及敦促台灣公司提高薪資，使優秀員工願意留在台灣。[43]

除了關於世代、所得和財富、公司規模和產業之間的失衡，還有兩個議題值得我們更深入分析，那就是進入海外市場和就業的問題。

## 市場

一個小國家只要能夠打入其他經濟體的市場，就可以在全球化的世界中生存下來並蓬勃發展，這是因為它無法像大陸型經濟體一樣只仰賴內需市場存活。台灣即是如此，以官方匯率為基準來計算的話，二〇一七年的貿易總額是國民生產毛額（gross national product）的一．二五倍。[44]然而，倘若一個貿易國家想要進入其他國家的市場，它就必須互惠的開放自身的市場。從歷史的角度來看，美國為了政治和戰略的因素而允許台灣延緩貿易自由化，這麼一來，美國就讓台灣擁有範圍廣泛的市場準入（market access）而取得經濟成長。舉例來說，台灣受益於「美國普遍化優惠關稅制度」（U.S. Generalized System of Preferences），其給予開發中國家的產品降低關稅的待遇。台灣也很幸運，中國在此時轉向採行出口導向成長的政策。儘管如此，台灣終究必須順應國際貿易逐漸自由化的趨勢，而不得不接受隨之而來的互惠協議。再者，生產全球化——將特定產品的不同生產階段配置到不同的國家——幾乎就是需要貿易自由化。當一家公司從數個國家取得零組件，接著再到另一個國家組裝完成，這需要低關稅和快速報關過程來進行跨國界的生意。因此，為了能夠做生意，全球化的公司會施壓政府簽訂具約束力的協議。[45]

自一九八〇年代晚期迄今，台灣就為了因應迫在眉睫的貿易自由化而面臨兩項重大挑戰。一方面，台灣必須回應貿易夥伴對於開放市場的要求，而此時正是民主化時期，使得支持國內經濟的人士有更多的權力來捍衛自身利益，有時則會擁戴貿易保護主義政策。另一方面，中國具有政治理由去阻礙台灣參與如世界貿易組織（WTO）等體現貿易自由化的機構。中國認為台灣進入這些經濟組織會強化台灣人對於政治分治狀態的信心，並且降低對於中國經濟體的商業依賴。然而，被排除於更自由化的新協議之外的台灣製造廠商，就因而處於競爭的劣勢。

## ——全球與東亞市場的開放

一九九〇年代，自由化的範疇是全球性的。這是在關稅暨貿易總協定（General Agreement on Tariffs and Trade, GATT）的「烏拉圭回合」（Uruguay Round）多邊貿易談判所達成，而WTO也是因此而成立。該協定在一九九三年決議降低締約成員之間的關稅，並且處理了一些境內貿易問題。由於這是全球性的協定，因此不同於區域性或雙邊協議，並不會違反市場力量而扭曲貿易和投資流量。台灣在此時極有可能加入WTO，因為中華人民共和國尚未成為會員國，無法動用這個組織的共識決規則來阻止台灣加入。

但是台灣之所以能夠加入WTO，還是因為美國柯林頓政府在一九九七年的決定，利用加快台灣的加入，向中國施壓，使其開始認真協商正式加入事宜。這個以小搏大的策略是假定，如果台灣達到了主要貿易夥伴關切的利害要求，而中國沒有重大進展，華府就會推動台灣比中國早一步加入ＷＴＯ，可是華府知道這是中國不會贊同的事。這個策略果真奏效了，台灣以「台澎金馬個別關稅領域」的名義緊跟在中國之後加入該組織。

「烏拉圭回合」推動以降低關稅來進行更自由的貿易。二〇〇一年展開的「杜哈回合」（Doha Round）計畫要進一步推動自由化，卻因為主要參與國的利益衝突而陷入僵局。但是生產全球化並沒有停滯不前，尤其是在先進製造產業，也迫切需要降低或取消關稅與非關稅壁壘來提高效率，因此在非涵蓋全球的範圍內帶動了自由化。一九九六年十二月，在ＷＴＯ的支持下，專精於資訊科技產業的經濟體簽訂了複邊貿易協定《資訊科技協定》（Information Technology Agreement），免除眾多高科技產品的關稅。[46]由於ＩＴ產業對台灣至為重要，簽署這個協定因而是相當必要的，所以台灣在二〇〇一年五月就簽了協定。幸運的是，雖然中國在四個月前就已經正式加入，但是並無法阻礙台灣參與此一協定。[47]二〇一五年更進一步修訂和擴展了協定內容。

鑑於區域間貿易的複雜度，即使已經有了「烏拉圭回合」多邊協議，東亞地區的國家之間還是著手展開某個程度的自由貿易。東南亞國家協會（The Association of Southeast Asian Nations, ASEAN，以下簡稱東協）的國家則於一九九二年開始構思自由貿易協定。二〇〇二年，日本、中國和南韓決定要展開三方的自由貿易協定。透過「東協加三」（ASEAN Plus Three）的機制，東協與日本、中國和南韓逐步擴展和深化彼此間的合作。不過，亞洲國家最具野心的成就，以及其他自由貿易協定計畫的最終結果，就是於二〇一二年展開的《區域全面經濟夥伴協定》（Regional Comprehensive Economic Partnership, RCEP），成員限於東協的十個國家，以及早已與東協簽訂自由貿易協定的國家（即是中國、日本、南韓、印度、澳洲和紐西蘭）。[48]

如果這個世界沒有政治，台灣理當在其鄰近經濟體簽訂雙邊自由貿易協定的候選名單之中，東協會與它簽訂自由貿易協定，它也會成為RCEP的成員。但是北京當局讓政治介入並起了作用，主張其權利而阻止了台灣參與這些區域性團體，或與其他第三國家簽訂自由貿易協定，而其主張的基礎就是台灣是中國的一部分。中國外交官員向不同國家施壓，拒絕與台灣簽署自由化協定。除了中國，與台灣有自由貿易協定或經濟合作協定的國家，只有巴拿馬、瓜地馬拉、薩爾瓦多、宏都拉斯、巴拉圭、新加坡、紐西蘭和史瓦帝尼（原國名為史瓦濟蘭）。[49]新加坡和紐西蘭在其中特別顯目，而這是因為不同於其他國家，這兩個國家在與台灣簽訂自由貿易協定時都與中國有外交關係。馬英九之所以可能在執政期間讓北京支持或容忍這些自由貿易協定，是出於北京信任他對拉近兩岸關係的承諾，而不是因為中國對於台灣改善或正式建立與其他國家的經濟關係，採取了較為寬鬆的手段。事實上，台灣與菲律賓和印度之間沒有什麼進展，而這兩個國家是馬政府想要簽訂自由貿易協定的對象。台灣在二〇一四年也與日本簽訂了雙邊投資協定，原因是東京當局願意承受北京的憤怒。

與此同時，貿易自由化和更自由的貿易依舊持續進行，而這使得台灣ＩＴ領域之外的產業愈是處於劣勢。新加坡簽署了二十四個自由貿易協定（包括與台灣的協定在內），馬來西亞簽了二十四個，南韓有十八個，日本有十七個，中國有十五個，澳洲有十三個，紐西蘭和越南各自簽了十二個，菲律賓有十個，印尼簽下八個。這些協定並不是全都有很大的貿易量，也不必然會移除敏感性壁壘，特別是有關農業的部分。更何況在這些國家之中，有一些跟台灣並沒有競爭關係。但有一些是與台灣相互競爭的，像南韓就是台灣在許多產品領域的競爭對手，其與美國、歐盟、中國、日本、印度、越南、澳洲和紐西蘭都簽訂了重要的自由貿易協定。

值得一提的是，就算中國真的阻擋了台灣參與自身既有之外的雙邊和多邊經濟群體，台灣公司並沒有因此而邊緣化。當ＲＣＥＰ生效之後，就會調降會員國彼此之間的關稅，但是維持對台灣出口產品課以既有的較高稅率。受影響的台灣公司可以採取一個彌補手段，就是把事業遷移到沒有關稅壁壘的成員國。實際上，台灣公司早已在越南、柬埔寨和其他地方有強勢的地位。儘管這麼一來會解決台灣公司面臨的問題，但是極可能會導致台灣本地的就業機會減少。

## ——與中國的自由貿易協定

在ＲＣＥＰ的框架下，加上其他市場開放的努力成果，台灣內部出現了與中國建立自由化的經濟關係的呼聲。由於中國大陸是台灣進出口的首要貿易夥伴，讓雙方經濟關係自由化是相當合理的。比起如巴拿馬和巴拉圭等小型經濟體，更自由的與中國進行貿易，會為經濟帶來更大的影響。再者，事實上，許多台灣公司早就把一些事業遷移到中國大陸，而這就意味著，至少部分的貿易份額是屬於產業內或企業內部的貿易。此外，貿易自由化協定有兩個目的。第一是經濟體之間彼此開放產品和服務的市場，第二就是刺激每個經濟體的結構調整——逐漸退出不再具競爭力的產業，轉而推進未來趨勢的產業。

兩岸經濟關係自由化的首要任務，就是要移除兩岸經商的許多既存障礙。例如：台灣長期強制禁止兩岸直飛，這意味著台灣的企業主管往返兩岸時，必須在香港或澳門轉機，這一來，原本應該只要兩個小時的行程，就變成得花上一整天時間的苦差事。在二〇〇八年總統大選競選期間，馬英九的競選政綱就是要讓兩岸經濟關係正常化。他了解台灣不能夠把一切都押寶在中國市場，而且應該要有其他各種貿易夥伴，但中國是他在總統第一任期的施政重點。[50]兩岸機關之間的溝通管道重啟並擴張，雙方協商了許多協定，包括大陸觀光客、郵政服務、海運、空運、食品安全、金融合作、共同投資和工業規格。[51]只是這些事務並沒有從根本上改變這兩個經濟體之間的關係。馬英九更大的野心其實是要與中國打造出自由貿易協定，而努力的結果就是在二〇一〇年六月簽訂了《海峽兩岸經濟合作架構協議》（Economic Cooperation Framework Agreement, ECFA）。ECFA程序的第一步是「早期收穫」（early harvest）共識，中國大陸據此迅速降低了特定台灣產品的關稅。預計的後續階段是推動商品和服務業貿易的自由化，以及建立保護投資和解決爭議的機制。

不過，馬政府在二〇一三年六月簽署了《服貿協議》並送交立法院審批之際，島內對此出現了政治雜音。不僅民進黨延宕了協議的審查，年輕的運動人士也在二〇一四年三月占領了立法院議場，直到馬政府同意在《服貿協議》或是其他類似的兩岸協議定案前，立法院會建立更進一步的立法與公眾監督機制。馬英九深化兩岸依存的新措施，在貿易自由化的政治中宣告失敗。截至二〇二〇年底，兩岸協議的監督立法依然處於擱置的狀態。

ECFA取得進展後就停滯了，馬英九因此試著平衡與中國經濟關係正常化的計畫，以及與其他貿易夥伴繼續進行經濟自由化的需求，尤其是這些國家彼此間都展開了自由貿易關係。例如：對於與南韓公司在美國市場於相同產品線直接競爭的台灣公司來說，美國和南韓簽訂的自由貿易協定在二〇一二年生效，就讓台灣公司處於不利的地位，這是因為台灣公司依然要支付既有的關稅，而南韓公司可以免除關稅。北京當局容忍了台灣與新加坡和紐西蘭的自由貿易協定，以及對日的投資協議，但是除此之外，中國因為政治因素所採取的是阻撓的模式。北京當局希望藉由台灣想要簽訂更多的雙邊和多邊貿易與投資協定，進而對台北當局施壓，使其在界定台灣與中國的法理和政治關係上做出更多讓步，進而邁向兩岸統一。52

## ——錯失的《跨太平洋夥伴協定》

當台灣放慢了與中國的貿易自由化的腳步，雙邊自由貿易協定的結果也受到限制之際，此時出現了新契機，那就是多邊《跨太平洋夥伴協定》（Trans-Pacific Partnership, TPP）。包括一些發達經濟體在內的十二個國家，決定要一同籌組一個新的經濟架構，不只是要推動貨物和服務的自由貿易，同時要處理邊境內造成失衡的競爭環境的問題。如此一來，這些國家希望能夠藉由TPP來與RCEP相互抗衡。至於要處理的問題，包括了國營企業、政府補助，以及認定貨品原產地的規則。TPP的展開，首先是汶萊、智利、紐西蘭和新加坡於二〇〇五年簽訂了協議，美國是在二〇〇八年加入，日本則是在二〇一三年同意參與。TPP在不同發展水平和經濟制度的國家經過一番費力協商之後，終於在二〇一六年一月完成簽署。

TPP由日本和美國兩大經濟體主導，為國際經濟制度埋下了革命性的伏筆。比起RCEP，TPP對會員國有更廣泛的要求，而這可能對於尚未簽訂協定的國家形成強大的激勵作用，或者是造成不願加入的抑制作用。南韓可能也會加入，畢竟它與美國之間的自由貿易協定，基本上就是後來拍板定案的TPP雙邊版本，而這麼一來只會增強其激勵與抑制作用。此外，TPP中不涉及關稅的部分，可以刺激經濟體內部的結構性調整。

台灣並不在二〇一六年簽訂TPP的十二個國家之內，但是通曉箇中的經濟與政治理由，因此試圖要加入第二輪談判，更表達了對此的濃厚興趣。TPP對於符合資格的規定有利於台灣：任何亞太經濟合作會議（Asia-Pacific Economic Cooperation, APEC）的經濟體都可以加入這個協定，而台灣自一九九〇年開始就是該組織的成員。這個規定截然不同於加入RCEP的規定，因為後者要求台灣必須先與東協簽訂自由貿易協定——中國的反對使得這是不切實際的想法。再加上中國並不是TPP的發起國之一，因而無法從內部阻撓台灣的會員申請案。不過，中國可以在政治與經濟上施壓於較小型的會員國，因為其成長與繁榮仰賴著中國經濟。我對此的看法是，台灣只有在兩個條件下可以加入TPP。第一個條件是這個聯盟必須極為茁壯，即使TPP的規定要求中國進行廣泛的國內經濟改革，中國也經不起在經濟上被隔離在外。第二個條件就是美國，或許再加上日本，必須與台灣進行進一步的談判，藉此向中國施壓，並且做好準備，就算是在中國的反對之下，也要努力說服其他會員國認可台灣加入。實際上，這會像是重演台灣加入WTO的腳本。[53]就算台灣獲准成為會員，也無法保證台灣的立法院和民眾會接受這個協定所規定的政策約束力。然而，凝聚對於TPP的共識，相較於與中國的雙邊貿易自由化協議，爭議是比較小的。

當然，台灣要成為會員還有第三個條件，那就是美國真的認可了這個協定本身。然而，美國總統川普的競選承諾就是要退出ＴＰＰ，更在二〇一七年正式就職後就立即這麼做。[54] 台灣因此蒙受了川普堅持反對多邊貿易協定的池魚之殃。

## ——其他的選擇

日本很值得讚揚，在沒有美國的情形下繼續帶領ＴＰＰ向前走，《跨太平洋夥伴全面進步協定》（Comprehensive and Progressive Agreement for Trans-Pacific Partnership, CPTPP）才能在二〇一八年三月完成簽署。等到所有締約國都正式批准生效之後，這會是繼《北美自由貿易協定》（NAFTA）和歐洲單一市場（European Single Market）的經濟體之後的第三大自由貿易協定。當然，台灣可以過一段時間後再尋求成為ＣＰＴＰＰ的成員，但是前提得要先解決與日本之間的一些潛在雙邊貿易問題。如果沒有辦法加入的話，台灣這個經濟體將會無法參與區域間貿易規則的擬訂，並且還要承受完全仰賴中國經濟體的更多壓力。台灣公司無法從《資訊科技協定》中獲益，就會有更大的動機把公司企業遷移到ＣＰＴＰＰ的自由貿易區域內，因而可能會削減家鄉的就業機會。

鑑於RCEP的會員規範，以及中國對此團體的政治影響力，台灣加入的機會似乎很渺茫。為了回應這個現實，蔡英文政府推動了新南向政策，旨在與更多區域間的鄰國有新的交流互動，其目標國家是東協十個會員國、六個南亞國家、澳洲和紐西蘭。這項政策確實是以經濟為重點，鼓勵台灣公司把這些國家經濟體納入業務計畫之中，並促進對話來強化經濟合作和調解爭議。不過，同等重要的是擴大彼此間的互動和連結，含括的領域有文化、醫療健康、教育、民間連繫和青年交流，以及培養台灣內部足以執行這項計畫的能力。

《外交家》雜誌（*The Diplomat*）的華府資深編輯普拉尚（Prashanth Parameswaran）給予這個計畫高度評價，認為它促進了台灣與目標國家之間的觀光、教育、貿易與投資，而且其中的亮點就是台灣和菲律賓於二〇一七年簽訂的雙邊投資協議。但是他也指出，這項計畫同時引起了台灣內部有些人士擔憂，從目標國家來的移工會搶走本地居民的飯碗，台灣政府機關也必須改善內部的協作和資源配給。此外，有些目標國家的政府因為擔心與中國產生疏離而不願意參與太深。[55]

蔡英文政府東南西北到處尋求機會，期望能夠與排在中國之後的兩大貿易夥伴，也就是日本和美國，展開自由貿易協定的會談，只是國內的政治障礙卻阻擾了進一步的發展。與日本方面的談判遇到的是日本本州北部縣份的進口食品問題，因為當地是二〇一一年三月福島核災的重度影響區。儘管科學證據表示當地的食品是安全的，然而台灣的食品安全團體主張要採取零風險政策。當民進黨控制的立法院打算鬆綁規定，國民黨就趁此一情勢發起有關政策問題的公投。國民黨獲准在二〇一八年十一月舉行公投，反對進口「來自核汙染區的食品」（不管食品是否受到汙染，而是食品是否來自於受到核災影響的地區）。蔡政府希望能夠解決福島食品的問題，以便展開自由貿易協定的會談，但是按照公投法案的結果，至少還要等待兩年才能開始進行。政治再一次阻撓了政策進展（與美會談的問題，請見第十四章）。

因此，談到其他國家的市場準入，台灣面臨多重的限制：不間斷的移除不同經濟體之間的壁壘、國內的貿易保護主義者和其他利益、中國出於政治動機的排擠動作、美國的協商策略等等。台灣是秉持自由貿易的《資訊科技協定》成員之一，這實在是相當幸運，甚至強化了資訊科技產業在台灣的宰制地位。要是沒有《資訊科技協定》，台灣會面對比現在更多的問題。不過，即使有這項協定，問題依舊存在。台灣政府是否應該為了展開與美國和日本的自由貿易協定協商而做出必要的讓步，即使這可能會因受益於貿易保護主義的國內利益而反遭抵制，使得協定並不必然會獲得立法院支持？台灣是否應該為了提高外部的經濟行動自由，而向北京做出政治敏感的讓步，即使這可能會招來如太陽花運動的新動盪？台灣是否應該尋求通過掌管與中國進行貿易談判的法案，重返ＥＣＦＡ的議程，即使兩岸關係的未來是台灣政治最顯著的問題？這些選擇都遭逢外部的障礙和內部的反抗。

## 就業

當柯林頓在一九九二年美國總統大選時強調需要薪資優渥的好工作，他點明了當今競爭性全球化世界中的所有發達經濟體所面對的關鍵挑戰。聘雇年輕人，並支付他們良好薪資，是很困難的事。家長期盼自己的兒女擁有比自己更好的生活水準，孩子們則認為自己至少可以跟父母親一樣富裕。但是只有經濟提供了家庭能夠創造財富的適當工作和機會，那才有可能實現。此外，對家庭有好處的事物也對社會整體是好的。經濟學家早已指出，擁有龐大中產階級以及中產階級可以享有的廣泛繁榮，這對廣基型（broad-based）經濟成長是必要的。中產階級的縮減會提高不平等、壓抑需求和減緩成長。[56]而超級富豪能夠買的凌志（Lexus）汽車和古馳（Gucci）包的數量就只有那麼多。

但是全球化加劇了經濟體之間的競爭：公司的對策是放緩了薪資的增長，而政府的因應之道則是減少企業和富人的課稅。政府做得不夠勤快的就是增加強化技能的資源，而這是回應技術變革和保住高薪的好工作的最佳手段。

許多發達經濟體都陷入困境，尤其是就業方面的問題，而台灣不過是其中之一。人們或許會認為，出生率下降將保證年輕族群的就業和薪資是勞方市場的情況，但是實則不然。

二〇一七年的整體失業率是三．八％，但是十五歲至十九歲的人，失業率是八．八％；二十歲至二十四歲的人，失業率是一二．四％。受過大學教育的人要比沒有受過大學教育的人情況更糟。台灣社會新鮮人的月薪低於新台幣三萬元（在二〇二〇年十月約為一千零五十美元），而香港社會新鮮人的月薪則幾乎是兩倍高，新加坡是二．五倍。其中的差異有部分是因為香港和新加坡有較高的生活成本，但是台灣與這兩個城市還是有差距。與中國比較則更有意義，中國社會新鮮人的平均起薪換算成新台幣是三萬七千元。若以購買力平價來衡量，也就是考量到生活成本的話，中國的人均國內生產毛額是台灣的三分之一，因此中國的薪資躍進遠遠超過台灣。根據針對約五百家台灣公司的一份研究，員工調薪的幅度大約是二十年前的一半（現為三％至四％，二十年前為八％）。[57] 中國的薪資成長速度則是台灣的兩倍。[58]

造成台灣低薪情況的主要原因是欲振乏力的經濟，經濟成長率從一九九七年至二〇〇七年之間下滑了三八％，而從二〇〇七年至二〇一七年之間更是下滑了六三％。[59] 投資水平也同時下降，意味著工作機會跟著縮減。二〇〇七年之前的總投資額約占國內生產毛額的三〇％，但是二〇一七年跌到了二一％左右。公司拚搏的不過是二％至三％的利潤，故而限制了可以支付給員工的薪資。[60] 激烈的全球競爭帶來了不安全感，也造成台灣企業領導人採取保守主義，在營收不錯的年度往往是以獎金來犒賞員工，而不是提高底薪的水平。[61] 經濟學家將此歸咎於台灣公司在面對全球競爭時無法做到產業升級，或是尋求其他方式如品牌化等，來提升自身價值，以提高專業薪資。誠如前國發會副主委邱俊榮所言：「簡單來說，台灣缺乏新的產業。」[62]

還有其他牽涉到經濟成長遲緩而影響薪資水平的因素。首先就是生產力和薪資成長之間的連結降低。台灣經濟研究院副研究員趙文衡的一份研究發現，在一九九一年至二〇〇一年之間，單位工時所產出的毛利成長了六六％，薪資也平均成長五六％。從二〇〇一年至二〇一六年，生產力的成長率和先前一致，薪資卻僅成長一六％，由此可見，雇主分配給員工的公司利潤減少了。全體產業都是如此——不論是製造業、服務業（大多數員工都在其中工作），或者是極具生產力的ＩＴ產業。[63]

台灣低薪狀況的第二個因素則是，許多台灣公司依舊沿襲以往在快速發展年代成效良好的生產模式，為西方國家和日本的公司做承包工作，委託方再以自己公司的品牌來行銷產品。這樣的模式是原廠委託製造（original equipment manufacturing）和原廠委託設計製造（original design manufacturing）。可是這些方式得到的是微薄利潤，使得企業主會盡可能削減成本。這些公司的高階主管並不認為，付給員工較多薪資是可以強化生產力的一種投資。[64]政府政策則是加強了這種抗拒的態度，因為其提供的激勵措施是針對公司在資本設備的投資，而不是員工的成長發展。[65]

第三個因素則是與公司規模和薪資成長之間顯而易見的逆相關性有關。以月薪中位數來看，員工人數少於十人的公司（大部分的台灣公司都是這個規模）都是少於新台幣三萬元，而員工人數超過一百人的公司則是多於新台幣四萬元。比起小型的未上市公司，大型上市公司的薪資平均會多五四％。[66]原因不外是企業文化作祟。小型公司多是家族企業，公司領導人往往會選用親屬來繼承職位，而不會把資源用來培育家族以外的有抱負的經理人。[67]

第四個因素是因為政府要求公司提撥勞保退休金和健保的費用，雇主因此以不調高薪資來抵消這方面逐漸增加的成本。結果就是公司愈來愈仰賴兼職和臨時雇員，而根據國發會的統計，這類雇員於二〇一八年占勞動力人口的七．一一％。[68]

如果這些經濟體的特性傾向壓抑薪資，同樣會造成的情況就是，求職者帶入勞動市場的技能不符合雇主所需要的才能。以二〇一八年為例，誠如李可珍（Jane Rickards）曾於《TOPICS工商雜誌》對此解釋：「雇主經常抱怨找不到對的人來填補職缺，而求職者則是抱怨在辛苦求學之後，市場卻沒有足夠的職缺。」[69]造成這種情況的罪魁禍首就是台灣的高等教育制度，其著重於大學教育而不是技職教育。台灣以前有很強的技職學校，畢業生對自己任職公司的成功貢獻良多，但是因為當選的政治人物為了向選民展現自己為選區所爭取的利益，許多技職學校都改制成二流和三流大學。教育和訓練的整體素質因此遭殃，大學畢業人數也因而供過於求。依據國發會的估計，台灣一百二十六所大學的大學畢業生和研究所畢業生的人數，幾乎是二十年前的兩倍。[70]而牛津經濟研究院（Oxford Economics）所估計的四十六個國家（包括了一些已開發國家和開發中國家）中，在二〇二一年，台灣在人才供需失衡方面的「人才赤字」（talent deficit）最為嚴重。[71]唯一例外的就是求過於供的工程領域，這是全球爭奪人才非常激烈的領域。[72]

這種失衡的情況，遠比大學和技職學校的課程差異要來得複雜，畢竟透過大量線上開放課程的科技輔助學習，已經開始縮小兩者的差異。[73]但是供需的差距也是來自於工作本質的進化，而教育機構卻無法隨之因應的緣故。整體而言，台灣的求職者對於工廠和工地的勞動密集型工作並不感興趣，而說穿了這對他們來說算是大材小用。因此，辦公室工作是既定設想的職務，不管是與科學、經濟或人資方面的相關工作，至少都需要某種程度的專業訓練。但是對於科學和工程的職位來說，畢業生並不一定都能夠符合工作所需。[74]

因為就連辦公室工作都可以採自動化，或者是搬移到比較廉價的勞動市場，因此必須更為細緻的去辨識出未來的工作。有份二〇一三年麻省理工學院（ＭＩＴ）的研究分析了五類工作，根據的是所需的技能種類，以及工作是否具有一套例行的內容。這五類工作分別是重複性操作型（routine manual）、重複性認知型（routine cognitive）、非重複性操作型（nonroutine manual）、非重複性分析型（nonroutine analytical），以及非重複性互動型（nonroutine interpersonal）。這份研究明確指出，一九六〇年至二〇〇九年之間，美國只有最後兩類的工作出現成長：非重複性分析型和非重複性互動型。二〇一七年的麥肯錫

（McKinsey）研究也發現，某些類型的工作——人員管理與發展，規劃、決策和創意工作，以及負責連繫利害關係人的窗口——以自動化取代的可能性最低。但是台北市美國商會所進行的一份年度商業景氣調查卻發現，這些正是台灣員工不足額的領域。柴威廉（William Zyzo）於《TOPICS工商雜誌》總結此現象：「過去許多年以來的調查始終顯示，經理人發現，台灣的人力資源欠缺了執行非重複性分析型和非重複性互動型工作最需要的能力，包括了創意和創新、積極主動和足以在國際上與人競爭的能力。」[75]

## ——**叛離、抗議或忠誠**？

叛離、抗議與忠誠是經濟學家赫緒曼（Albert Hirschman）發展出來的三個分析範疇，用來研究個人或群體面對不滿意的處境會採取的反應，如面對的是不合格的產品、不受愛戴的政治體制，或者是像台灣年輕人因為缺乏具吸引力且高報酬的工作，而面對有限生活機會的情況。[76]就台灣的這個情況而言，忠誠等同於要忍受極度大材小用的工作，並且別想賺到足夠的錢去結婚、組織家庭和買房子。這意味著一個沒有幸福或自我滿足的未來。而由於台灣人信奉儒家價值，未婚無子的年輕人可能會面臨相當棘手的境遇。

在同樣的情況下，叛離意味著遷徙到他處以便利用更好的工作機會。就像台灣公司可以把業務遷移到不受關稅壁壘影響的其他國家，求職者也可以搬遷到提供更具吸引力的工作的地方，如中國、香港、新加坡、日本或美國。《商業周刊》調查了二十歲至三十五歲的台灣民眾的就業計畫，發現有六二％的人打算到海外求職，其中有八九％的人都認為低薪是他們前往他鄉工作的主要原因。由於具競爭力的中國就業市場祭出高薪來吸引海內外人才，台灣的求職者因此能夠賺取比在家鄉做同一種工作高出許多的薪資。根據政府二〇一五年的統計資料，大約有七十萬名台灣人在海外工作，而且其中有六〇％是在中國。然而，多年以來，非官方的估算人數都超過官方數字，認為海外就業的台灣人應該是接近一百萬至兩百萬，而且看起來人們要比十年前更願意在年輕的時候遠赴海外工作。[77]

這種人才外流的情況對台灣的人才庫造成了顯著影響。二〇一四年，《天下雜誌》有一份調查發現，大部分在海外就業的人要麼是在職專業人士（六〇．二％），要麼是高階主管和研究人員（二五．五％），也就是具有最高技能層次的台灣人，而且他們不怎麼抗拒到海外就職。以在台灣工作的專業人員來說，七六％都表示願意接受外派海外，部分取決於工作地點。甚至，他們接受永久的外派情況。而就已經在海外就業的台灣專業人員來說，六五％的人表示自己因為低薪的關係而不會考慮回台灣。[78] 所以說，台灣欠缺了薪資優渥的好工作，而這意味著台灣正在失去最優秀的人才。

中國政府試圖在市場力量之外，擴大台灣人才的外流，這其實是有政治性的目的。二〇一八年初，中國政府宣布了《惠台三十一項措施》，對於台灣社會多種不同產業的人才，包括了企業主管、創業家、專業人員、文化工作者、青年和學生，給予和大陸人同等的待遇。例如：對於台灣管理階層在中國設立高科技公司，只課徵一五％的企業所得稅，同時也放寬了專業人員的執照發放條件。[79]這個新措施顯然是經過斷斷續續的幾年醞釀，但是要等到蔡英文當選台灣總統兩年之後才終於敲定。

二〇一九年十一月，北京當局又另外增補了二十六條政策措施。然而，這些企業相關的措施，是在上漲的勞動成本和更嚴厲落實環保措施，使得台灣公司的處境惡化許久之後才出現的。[80]這些措施是否真的會實行，則端賴中國地方政府的態度，因為地方政府可能會不情願為了給予台灣人特別待遇而犧牲地方的利益。[81]不過，二〇一八年初的《惠台三十一項措施》甫推出，就立即在台灣得到了相當正面的反應。台灣民意基金會在二〇一八年三月所做的民調顯示，三一％的受訪者樂見這些新措施。二十歲至二十四歲的年輕人和大學畢業生更是表示強烈贊成，比例分別是四〇％和三八％。[82]

這些帶有政治意圖的經濟激勵措施，都是為了在政治上分化蔡政府和台灣政治的關鍵選民之間的關係。其中之一是傳統上支持國民黨的商業社群，而民進黨若是不能贏得他們的支持，至少會希望他們保持政治中立。另外一批選民就是年輕人，他們在二〇一六年選舉中強力支持蔡英文和民進黨，並且日漸出現反中和反統一的傾向。北京當局為了推動統一的目標，倘若不能讓台灣的年輕人採取親中立場，就要鼓勵他們至少保持中立。這個計謀完全取自列寧主義（Leninist）「統一戰線」（united front）的腳本，以利中國共產黨應付無法按照自己心意來掌控的問題，如台灣的情況。朋友、中立者和敵人之間有著清楚的劃分，而政策的目的就是繼續獲得朋友的支持、化中立者為朋友，以及減少和孤立敵人的數目。《惠台三十一項措施》也貫徹了中國政策的轉向，那就是從嚇阻大陸人前往台灣，變成誘導台灣人移居大陸。蔡政府強烈反對這些動作背後的政治動機，故而陸委會制定了反制措施，並定期發布大陸惠台措施效應不彰或無效的證據。[83]

在赫緒曼的架構中，抗議意指對經濟現狀的不滿。工會可以做為抗議的代理人，但是台灣的工會卻非如此。台灣員工只有七·三%是工會成員，比例低於新加坡的一九·七%、日本的一七·三%，或南韓的一〇·二%。由於雇主廣泛雇用臨時或兼職員工，工會會員人數也因而下降。[84]

台灣確實有抗議的例子，最歷歷在目的就是發生於二〇一四年三月和四月的太陽花運動。這個運動是由運動人士發起，為的是抗議國民黨主導的立法院，沒有經過適當的逐條審查就通過《海峽兩岸服務貿易協議》。民進黨和運動人士反對《服貿協議》有特定理由：不透明的程序、狹隘的利益分配、政治的滑坡效應等等。然而，德國圖賓根大學（University of Tübingen）的貝安德（André Beckershoff）根據太陽花參與人士的訪談，強調了一種對於人生機會的深沉幻滅感，正是年輕人加入這場運動的動機：

所謂的「22K世代」是指畢業之後可預期領取月薪七百美元的大學生，而馬總統承諾會給他們「黃金十年」。結果反而是高漲的房價迫使他們必須與雙親住在一起，畢業後面對求職的困難。他們變得關心在居住鄰里出現、常常伴隨著警力展示的城鄉再開發計畫。在台北尤其如此，節節高漲的房價和生活費用意味著年輕人……必須延遲結婚生子的計畫。「努力工作，」〔如同〕一位〔調查〕受訪者總結了學生對承諾的黃金年代的幻滅，「並無法保證會有回報。」85

太陽花運動的重要性並不只是因為它有效終結了馬英九政府的對大陸交流政策：這個運動也反映了台灣貿易政治的轉變。為了讓抗議落幕，馬政府同意會立法執行兩岸貿易的協商與核准。截至二〇二〇年底，該法規依然尚未通過。再者，延遲立法也表示了它將永遠不會通過，除非是新的貿易政治出現了親商的轉變，不然就算原初的經濟理由令人信服，也永遠無法與中國簽訂經濟協議。

## 雙重經濟

台灣的經濟讓人想起了古希臘戲劇所使用的喜劇和悲劇的面具。一般而言，微笑是有理由的。台灣公司經營的是一些有利可圖的產業，有著可觀的全球市占率。像是WEF的競爭力指數等排名評估，都給了台灣很高的名次。台灣的市場基本面良好，創業精神強健。台灣人都受到良好教育。台灣的生活水準比較低，使得新台幣可以花得比港幣更久。台灣擁有愉快的居住環境。

但是另一方面也有令人皺眉的理由。國內成長、投資、薪資和出生率都一蹶不振或持平。二〇一九冠狀病毒大流行導致供應鏈中斷和全球需求衰退，使得台灣的成長減緩。二〇二〇年五月，政府把二〇二〇年的國內生產毛額預估成長率調降至一．六七％，相比三個月前預測的二．三七％，可說是大幅滑落。[86]儘管WEF的高排名，以及一些公司展現了足以面對競爭的能力，但是台灣也讓人感覺沉湎於既有成就，無法開拓至策略性的新領域。台灣無能創造出足以與其世界級的硬體製造業並駕齊驅的軟體產業，大概是最嚴重的錯失良機。與此同時，台灣經濟在成長的表現要比其分配來得出色，只見所得、財富和取得住宅的不公情況日益惡化。許多訓練有素的年輕人無法發揮才能，進而導致許多人選擇到中國和其他地方求職。至於留在台灣的人，他們忍受著比上一輩來得低的生活水準，而這是有問題的，不只是使得經濟出現低迷的國內需求，也造成政治系統失去了合法性。

我們有理由說台灣擁有的是一種雙重經濟。[87]一方面，台灣的ＩＴ產業占了總體經濟的一半和三五％的出口，而這個產業具有傲人的生產力，並且支付相對較高的薪資。這個產業也受益於台灣所參與的《資訊科技協定》。除了ＩＴ產業，還有其他特定先進製造的優異公司，生產出如專業自行車等產品，以及已經建立起強勢品牌的企業，如統一企業集團和鼎泰豐餐飲連鎖企業。另一方面則是台灣經濟的其他部分，承受著成長和薪資都停滯不前的窘境，而且產品要出口的公司必須要應對台灣被排除在區域貿易自由化，以及缺少與美國的自由貿易協定的狀況。國發會評估了不同產業的勞動生產力指數的變化。二〇〇八年至二〇一八年間，ＩＴ產品的指數增等產業的指數就顯著下滑。[88]台北市美國商會注意到了這個差距，進而呼籲要廣泛而持續的創新，不只是綠色能源、生物醫學和人工智慧等尖端產業，還有傳統的製造業和服務業，也包含政府服務在內。[89]

就連ＩＴ產業也會在未來遇到阻力。在針對台灣未來經濟創新的一份重要研究中，卡內基國際和平基金會的副會長方艾文（Evan Feigenbaum）指出五項「嚴峻挑戰」。第一項挑戰是急需確保科學、技術、工程和數學的強大人才庫。第二項挑戰是，鑑於台灣的經濟規模相對較小，因而要克服限制以增加創新產品。第三就是台灣ＩＴ產業的創新生態系統需要轉型，從強調硬體轉變成能夠激勵軟體發展和軟硬體整合的生態系統。第四，需要增加附加價值的是台灣自身的技術供應鏈，而不是中國或其他市場的供應鏈。第五則是政府需要修改科技和教育政策，以便強化競爭力。[90]

台灣在國際經濟體系的邊緣化，使得這些內部問題更形惡化，而這些問題會受到台灣身處的發展階段所影響。如果是因為來自中國的壓力，台灣政府無法簽訂自由貿易協定，或與其他國家或區域群體簽訂市場自由化的協議，那台灣公司在與其他國家的公司競爭時，就得承受固有的劣勢。這些公司可以選擇為了規避關稅壁壘而遷移生產業務，但是那麼一來就會減少雇用台灣員工。台灣唯一倖免於邊緣化的產業就是IT產業。

雖然關稅與非關稅壁壘保護了部分的台灣經濟（特別是農業），但是台灣與貿易夥伴進行經濟自由化之所以會綁手綁腳，中國其實是罪魁禍首。中國外交人員的主張極可能會是，與台灣締結自由貿易協定就是違背一中原則，而那歸根結柢還是稱號的問題。馬政府與新加坡和紐西蘭進行自由貿易協定協商時，願意使用沒有宣誓國家地位意味的用詞。說穿了，誰擁有話語權才是真正的問題。即使是在馬英九主政時期，北京當局想要營造的是，台北當局尋求了中國准許才進行這些協議的印象。此外，限制台灣進入其他市場，相對而言，也會大幅鼓勵台灣公司為了獲利而更加依賴中國的情形。北京當局的想法就是要讓台灣在經濟上更仰賴中國大陸，以便深化北京當局所倡議的「兩岸融合發展」進程。

中國所構成的巨大挑戰並不只是在國際上蓄意阻撓台灣。在WEF的競爭力排名和評分方面，中國只比台灣排名低了十五名和少了六分。台灣公司之所以保有競爭力，部分原因是在技術方面領先了中國同業。然而，中國的技術方面正在迎頭趕上。中國公司長久以來就希望能夠提升技術層級，甚至進而取代台灣公司在相關供應鏈所享有的地位。中國政府所傳達的整體期望是，增加國內公司對國內生產的貢獻。這就是所謂的《中國製造2025》，而這個政策引起了台灣公司憂心自己會被迫退出這個市場。但是陸委會在二〇一九年二月表示：「惟因『中國製造2025』已引起國際警戒，經濟成長下滑亦影響對我企業吸引力，其吸納台灣經濟實力的意圖實難達成。」[91]

這麼多的內外束縛，迫使台灣陷於複雜的困境，而台灣相互衝突的優先事務意味的是，一個問題可能或渴望的解決之道，使其他問題更加難以解決，因而讓人不得不思索一些相關的問題：

- 儘管有著既存的束縛，但還可以做些什麼來提高欲振乏力的經濟成長，尤其是約有一半的TEDS受訪者都表示經濟發展是政府應當處理的首要問題？[92]
- 台灣的政策制定者能否改善經濟利益分配的情形，讓台灣的年輕人能夠達到父執輩所享有的生活水準？
- 如果提高出生率是重要的，這就需要擴大兒童保育、擁有宜居環境，以及給予年輕人更高的薪資，只是，隨之增加的政府支出是否會破壞成長前景，並且鼓勵民眾逃稅？

- 如果無法避免與中國進行某種更大程度的經濟整合，那政治兩極分化的台灣能否將經濟與政治分離而避免統一呢？如果重啟ＥＣＦＡ的協商程序，完成服務業和貨物方面的貿易協定，是有其政策上的道理，台灣政府又該如何穩固簽署和使之正式生效的政治支持？
- 如果中國在考量自由化措施前，就為民進黨政府設定了先決政治條件，而台灣的未來成長需要仰賴這些措施的制定，民進黨政府到底是應該為了保障台灣成長而犧牲已經堅持這麼久的立場，還是應該為了維護政黨團結而犧牲台灣的成長和選舉機會？
- 同樣的情況下，民進黨政府是否有意願接受中國的先決政治條件，以獲得與東協的自由貿易協定，進而加入ＲＣＥＰ？
- 如果台灣必須開放本身的經濟，讓台灣的產品和服務能夠在其他市場獲得更好的待遇，對於因此而遭殃的國內團體，尤其是自由化的代價立即可見，但是從台灣經濟結構調整的利益卻要經過一段時間才能鞏固，應該要有什麼補償的方法呢？

還有許多問題值得我們深思。

台灣要脫離這種困境並非易事。馬政府和蔡政府皆採取了不同的手段來處理這些相互衝突的問題。馬英九總統是把重點放在改善和自由化兩岸的經濟關係，但是計畫才進行一半，他就失去了至少是那些支持太陽花運動的人的政治支持，而喪失推動的力量。在中國的束縛之下，蔡英文總統則是強調國內自立和拓展其他重要貿易夥伴的關係，但是成效有限。而不論是在馬英九主政的兩段時期，或者是蔡英文的第一任期，他們倆人都無法縮小台灣的雙重經濟之間的差距。而這將會是蔡英文總統在第二任期的第一優先事務。

# 第五章
# 台灣的能源政策

台灣無論使用哪一種能源，問題都很明顯。它是全球第二十二大經濟體，消費大量能源，二〇一六年是第十六大電力消費國，大約用了二、三七四億度電。[1]它的企業運作需要充足穩定的能源。資訊科技廠在製造半導體和開關（switches）時，即使只是斷電一下也會損失大量時間與金錢。汽車、貨車、機車則都需要燃料。一般民眾的中產階級生活也需要大量能源，例如冷氣就很耗電。一九七五年我和妻子住在台北時，只有像希爾頓大飯店這類少數地點有冷氣可吹，如今滄海桑田，到處都可以讓你逃離溼熱。但台灣人反對以提高電價來反映成本。而且某些能源比其他能源更糟糕。台灣人知道必須緩解全球暖化問題，但依然主要仰賴大量產生溫室氣體的燃煤和燃油發電，從二〇〇四年以來每年排放了近三百億噸碳當量。[2]至於核能，台灣人擔心它並不安全。這些問題彼此衝突，而我們還無法知道台灣的領導者、企業、消費者能否取得共識，制定出一項能解決問題的能源政策。

其他經濟體也有上述困境，但人均能源消費量沒有台灣這麼高。台灣的人均國內生產毛額不如德國、法國、日本、義大利、英國，人均能源消費量卻超過這些國家。人們可能會以為，經濟愈活躍的國家，消費的能源就愈多，但日本的人均國內生產毛額比台灣高五〇%以上，人均能源消費量卻低於台灣。台灣的人均消費油當量是四．七噸，堅守環保目標的日本只有三．四噸。[3]

這麼多能源要怎麼生出來，一直都是個大問題。台灣不產煤、石油、天然氣，這些化石燃料目前都是國外進口。它的進口能源依存度高達九八%，從沙烏地阿拉伯、阿曼、科威特、伊拉克、阿拉伯聯合大公國、安哥拉進口石油；從卡達、馬來西亞、美國、印尼等國進口液化天然氣；從澳洲、印尼、俄羅斯、加拿大、南非進口煤。[4]這些原料大部分都得遠渡重洋，價格也會隨全球市場波動。另一方面，台灣是個島國，既沒有連上附近國家的電網，也沒有像香港那樣從中國廣東購買電力。[5]而煤、石油、天然氣、核能、水力、風力、太陽能等發電方式則各有優缺點。煤與石油的效率比較高，但燃燒產生的溫室氣體會加速全球暖化；天然氣的主要成分是甲烷，造成溫室效應的能力比二氧化碳還強，如果在燃燒前釋放到空氣中就非常不妙。至於太陽能和風力也各自都有問題。

台灣政治體制的變化，深刻影響了政府如何制定能源政策，政策又是否能夠維繫能源安全。在威權時期，能源的最佳配置由經濟領導階層決定，其中大部分都是技術專家。一九八六年民主轉型之後，能源政策納入了更多討論，不再是技術官僚的專利。[6]而有鑑於各選區對成本與效益的評估並不相同，能源配置有時候會變成激烈的政治角力。

但民調結果顯示，人民不是很重視能源政策。台灣選舉與民主化機構在二〇一七年底詢問受訪者，蔡英文總統應該優先處理哪些政策。在十幾個選項中，只有〇．一％的人選擇能源。[7]（當然這結果可能有點誤導，因為如果電費會調漲，民眾可能就不會這麼無感。）

但更令人吃驚的是，台灣人以為的能源結構跟現實狀況差很多。風險社會與政策研究中心在二〇一八年秋季的民調發現，受訪者平均認為台灣的電力四三．六％來自核電，三二％來自燃煤，近三％來自天然氣；但事實上核電最多也只有八％，燃煤占四六％，天然氣則占一五％。看來反核運動真的成功呈現了一個扭曲的核電形象。[8]二〇一八年十二月，民調機構詢問受訪者對於蔡政府以風力、太陽能、火力發電來代替核能的政策有何看法，四四．八％受訪者表示同意，四二．八％表示不同意。[9]

雖然民調結果顯示台灣人不但欠缺能源基本知識，又不看重能源政策；但政黨、公民團體、耗電大企業、政府官員都很在乎能源問題。官僚和「人民力量」的互動過程，讓台灣的能源政策大幅搖擺，空耗許多資源。這段過程把核電從一個棘手的政策問題，變成了一喊出來就會引發激烈衝突的困局，幾乎完全無解。加上核電所占的發電比例根本不高，就會覺得這件事更詭異。核電衝突是台灣民主化的產物，它使人們心中的政策優先順序更難形成共識，溝通時不斷受挫。只有從政治體系中找出的答案才能確保台灣擁有穩定的能源；但至少到目前為止，各方政治勢力都只會杯葛自己討厭的能源政策，還不願意以妥協的方式共同找出「夠好」的方案，保障社會的整體利益。

## 基本資料

台灣政府在一九七〇年代初為了減少對進口燃料的依賴，開始啟用核能發電。最近則開始增加太陽能和風力。但截至目前，台灣的能源主要還是來自化石燃料。二〇〇二年至二〇一八年間，石油在台灣總能源的五〇%上下徘徊，煤一直占三〇%左右，天然氣變成兩倍，從七%增加到一五·二%，核能從一〇·三%降至四·四%（見表7）。至於這段時間的能源消費量，則如表8所示相當穩定。目前使用最多能源的依然是工業，交通的消費量為工業的一半，服務業和民生消費量則都為交通的一半。

二〇一八年，發電的主要原料是煤和液化天然氣，分別占四七·六%和三三·五%。核能占一〇%。各種再生能源總共占四·六%。再生能源中超過三分之一是水力，二一·七%是太陽能，一三·三%是風力。[10] 二〇〇三年至二〇一八年間，人均消費油當量小幅增加，從二〇〇三年的三、一九九公升，上升至二〇一一年的三、四九五公升，二〇一八年則為三、七〇二公升。人均用電量則從二〇〇二年的八、四八二度，增加到二〇一七年的一一、〇

表7　台灣能源2002～2018年的來源百分比

| 年份 | 煤 | 石油 | 天然氣 | 生質能 | 水力 | 核能 | 太陽能與風力 |
|---|---|---|---|---|---|---|---|
| **2002** | 30.9 | 50.4 | 7.0 | 1.2 | 0.2 | 10.3 | 0.1 |
| **2007** | 30.1 | 52.4 | 7.8 | 1.2 | 0.3 | 8.2 | 0.1 |
| **2012** | 30.0 | 47.8 | 12.1 | 1.3 | 0.4 | 8.3 | 0.2 |
| **2018** | 29.4 | 48.3 | 15.2 | 1.1 | 0.3 | 5.4 | 0.3 |

資料來源：能源供給（按能源別）及國內能源消費（按部門別）統計圖，中華民國行政院經濟部能源局，2020年7月29日。

表8　台灣2007～2018年各部門消費能源所占百分比

| 年份 | 能源部門自用 | 工業 | 運輸 | 農業 | 服務業 | 住宅 | 非能源消費 |
|---|---|---|---|---|---|---|---|
| **2002** | 7.8 | 34.2 | 18.9 | 1.6 | 7.2 | 8.6 | 21.6 |
| **2007** | 7.2 | 33.6 | 16.3 | 0.8 | 7.3 | 7.9 | 27.6 |
| **2012** | 7.3 | 33.7 | 16.1 | 0.8 | 7.1 | 7.7 | 27.9 |
| **2018** | 8.4 | 31.0 | 15.4 | 0.8 | 6.8 | 7.5 | 29.7 |

資料來源：能源供給（按能源別）及國內能源消費（按部門別）統計圖，中華民國行政院經濟部能源局，2020年7月29日。「非能源消費」是指用石油生產塑膠等產品，以及用天然氣製造肥料等等。

九七度。[11]

每種能源都有各種需要考量的利弊。首先要考量價格：對消費者而言，每度電要花費多少錢？表9是蔡英文政府上任三個月後的數據，可以看見不同發電方式的價格相差很大。

乍看之下，太陽能顯然最貴，成本超過最便宜的核能的五倍。發電量占將近一半的燃煤，成本相對較低。發電量占三分之一的液化天然氣，成本則比燃煤高四二%。最便宜的核能卻只占不到一〇%。但這些數字不僅反映政府如何為市場定價，也同時反映和既有設施相關的經濟。新電廠建成之後的相對發電成本，未必會符合目前的價格結構。例如新蓋的太陽能電廠，發電的真實成本就很可能小於新蓋的核能電廠。[12]

表9　台電各種發電方式的成本，2016年8月

| 能源類型 | 新台幣／每度 |
|---|---|
| 核能 | 1.11 |
| 燃煤 | 1.89 |
| 水力 | 1.55 |
| 風力[b] | 2.26 |
| 液化天然氣 | 2.68 |
| 太陽能 | 6.17 |

資料來源：Timothy Ferry, "Taiwan's 'Energiewende': Developing Renewable Energy," 《TOPICS工商雜誌》，2016年10月，頁18。費率資料來自台灣電力公司。

a.這裡的成本是從風力電廠購買的成本。但有些電廠是「自有」的。若將兩者平均，每度電則為1.76元。

選擇能源時第二個要考量的是能量密度（energy density）：每單位的原料可以產生多少能量。計算能量密度時必須同時思考原料的重量、體積、生產原料所需的土地面積，煤和石油之所以一直是現代發電的主力，就是因為能量密度高，運輸較容易。天然氣的能量密度更高，但遠距運輸時必須先液化，到了當地再重新氣化。風力與太陽能則因為需要大量土地等原因，能量密度較低。此外，發電除了需要電廠，還需要傳輸用的電網。那些再生能源在最初開發時都需要投注大量資本，但太陽能電板這類零件的成本一旦降低，發電成本也會隨之下降。[13]

第三個要考慮的是間歇性（intermittency）。每種發電方法都無法全年無休，即使是最穩定的發電廠也需要定期停機維修，而設計瑕疵和人為失誤也會造成發電廠發生事故而暫停運作。一般來說，煤、石油、天然氣、核能電廠只要原料充足，就可以一直維持高發電水準。台灣電力的基本負載也來自這四種原料。水力、太陽能、風力電廠則得看天吃飯，在目前還無法徹底儲存電力供天候不佳時輸出的狀況下，它們的供電量較不穩定。此外，台灣土地面積小，風力與太陽能的安裝數量有限。因此，這三種再生能源目前不夠可靠，它們提供額外電力，但並不負責基本負載。

優秀的能源政策除了要撐住基本負載，還得維持一定程度的額外餘裕，稱之為備轉容量（Operating Reserve）。但台灣近年的備轉容量曾經好幾次降得非常低。像二〇一六年春季就曾經因為電力消費量增加，備轉容量降至二%以下，這樣的險情隔年四月又再次發生。[14]二〇一七年八月十五日，在一座燃氣發電廠的操作失誤引發停電之後，由於備轉容量過低，停電規模擴大，最後影響全國超過六百萬個家庭和企業。[15]這些事件都顯示了，台灣用電量增加後，發電能力沒有跟上。二〇一七年的用電量比二〇〇七年多了一六．一%，總發電裝置容量（total installed capacity）卻只增加八．四%。[16]

台灣的能源政策跟其他國家一樣，都是為了提供經濟活動所需的能源，並保障民眾能過著中產階級的日常生活。短期供給不足導致的停電，最容易激起民眾的怒火。不過公民團體則認為環保更重要。台灣在耶魯大學所做的環保績效排行榜（environmental performance list）上位居全球第二十三名，在東亞國家中僅次於日本；但許多地區依然被工廠排放的有害空氣所汙染，尤其是中部的大城市台中。[17]這類問題有時候會引發衝突，例如台中市政府和台電在二〇二〇年夏天就因為要不要重啟某台燃煤發電機而意見相左，台電認為應該先保障夏季的旺盛用電需求，市政府則希望限制空氣汙染，於是在台電恢復運轉之後課以罰款。[18]

此外，長期使用化石燃料的台灣如今也擔起了減緩氣候暖化的責任。中國的阻撓使台灣無法加入《聯合國氣候變遷綱要公約》（United Nations Framework Convention on Climate Change）的談判，但民眾依然相當關心全球暖化。台灣永續能源研究基金會二〇一八年的民調指出，九三%受訪者承認全球正在暖化，七〇%認為問題很嚴重。[19]二〇一五年六月，立法院通過《溫室氣體減量及管理法》，承認必須對抗全球暖化，並自願將二〇五〇年的溫室氣體排放量目標設定為二〇〇五年的一半。[20]

這表示台灣必須減少燃煤與燃油發電，增加其他電力來源（天然氣也是化石燃料，但主成分為甲烷，燃燒後的環境衝擊小很多）。風力、太陽能、水力不會產生溫室氣體，但發電量不穩定。中央研究院的學者在一份重要研究中指出，二〇一五年的《溫室氣體減量及管理法》是很好的開始，未來應該完全落實，但政府與社會都還得更進一步：「政府在規劃能源轉型時，必須仔細評估包括核能在內的各種發電方式優缺點，並且必須注意潛在的社會經濟問題⋯⋯政府應該更努力推動節能、提高能源效率，並考慮提高電價或徵收碳稅。」[21]

最後則是核電問題。核電廠不會產生溫室氣體，但會產生高放射性廢燃料，必須妥善儲存以免汙染。此外，核電廠可能會發生二〇一一年福島核災這類重大災難。日本位於板塊交界的斷層帶上，台灣也是。自一九九九年秋天以來，台灣發生過三次規模在七·〇以上的地震，以及七次規模六·〇至七·〇的地震。一九九九年的九二一大地震，更是奪走二、四一五人性命。其實台灣的核電廠從沒發生過重大事故，但可想而知，人們依然長期爭論要不要使用核電，想打造獲得廣泛支持的核電政策，在政治上也相當困難。

## 台灣的反核運動

台灣只有很少電力來自核能，原因就是政治。核電的原理，是核反應堆中的物質在控制之下裂變產生熱量，加熱大量水蒸氣，推動發電機發電。如果只考慮能源安全，台灣在一九六〇年代末大幅提高核電比例，減少依賴化石燃料，是很合理的。而在一九七〇年代的石油危機中，這種決策更是合理。當時台灣仍在威權體制下，政策制定都由技術官僚主導，民眾無從置喙，尤其能源這種技術相當複雜的政策更是明顯。

當時反對台灣發展核能的力量來自外部，也就是美國。華府擔心國民黨政權會一邊發展民生用核反應堆，一邊發展核武器，事後證實果然如此。中國在一九六四年引爆第一顆核彈之後，國民黨開始嘗試製造核彈，而所需的原料就是核廢料。核電廠發完電之後的高階核廢料，可以用來提煉引發核彈連鎖反應的鈽元素，而台灣當時已經掌握了這項提煉技術。一九七八年，美國試圖關閉台灣的核武計畫，但政府依然祕密進行。華府發現台灣欺騙他們之後，在一九八六年強制中止。[22]

巧合的是，一九八六年也是台灣政治開放的起點。那一年起，人民開始對那些以前專屬於技術官僚和安全委員會的議題發表意見，並組織人民團體。而經濟快速發展所帶來的土地、水、空氣汙染，以及跟不久前的日本一樣犧牲民眾健康的問題，使環保成為公眾討論的重要目標。那些守護手無寸鐵百姓的人，知道自己是正義的一方，鼓起勇氣發動了遊行示威。於是一九八六年與一九八七年出現了第一波大規模抗議，鹿港的居民集結起來反對美國杜邦公司（Dupont Corporation）在當地興建二氧化鈦工廠。[23]

至於反核運動，則大約誕生於蘇聯車諾比事件發生前後。[24]台灣在一九八〇年代中期已經啟動三座核電廠，分別是位於最北端的金山、國聖，以及最南端的馬鞍山，每座廠都有兩座反應堆。反核運動的主要目標，是阻止政府在如今新北市的貢寮區建造第四核電廠；此外也抗議在蘭嶼存放核廢料的問題。反核運動的先驅都是教授與知識份子，手中的科學知識足以反駁政府的政策，而在一九八七年七月解嚴之後，這類政治活動的風險也隨之降低。那年秋天，台灣成立台灣環境保護聯盟，這個團體參與了各種反對核能擴張的公共活動。

但早期反核運動的最大力量其實來自當時的主要反對黨民進黨，民進黨採納了與黨旗顏色相同的「綠色」訴求。台灣環境保護聯盟則和民進黨立委、看法相同的國民黨立委、貢寮鄉民一起結盟反核四。當然，民進黨在取得執政權力前無法實現反核政策，但與反核團體的結盟顯然讓它們離這個目標更進一步。到了二〇〇〇年，在一九九〇年代末當上民進黨領袖的陳水扁贏得總統大選，人們也開始相信這敲響了核四的喪鐘。

但核四沒這麼快入土為安。陳水扁政府在二〇〇〇年十月起草一份終結核四計畫的命令，後來卻搞砸了。當時在立法院過半的擁核國民黨，就藉此機會把民進黨逼入守勢。這個問題最後交給了大法官會議，大法官在二〇〇一年二月做出了不利政府當局的裁決，並允許續建核四；這項消息讓那些仰賴穩定大量能源的企業非常滿意，某些民進黨人士也希望藉此讓商界人士不再認為民進黨反商。[25]但反核人士就不開心了，他們覺得被背叛，反核運動也開始分裂。雖然扁政府後來續建核四，但台灣環保聯盟繼續和民進黨及扁政府合作；綠色公民行動聯盟則在二〇〇〇年成立，成為反核運動的領袖，多次發起抗議，同時反對民進黨與國民黨的做法。

扁政府在處理核能問題時還得考量另一個因素：民進黨大老林義雄。林義雄被民進黨奉為聖人，他在一九八〇年代初因為政治立場而被不義監禁時，妻子與兩個女兒被人殘忍殺害，*凶手可能是國民黨政權的特務，但真相至今未明。由於林義雄為政治信仰做出的重大犧牲，黨內和大眾給予高度尊重。他在重獲自由之後，希望讓台灣擺脫對核能的依賴，卻幾乎不關心這會對經濟帶來什麼影響。這讓民進黨高層陷入焦慮，他們必須在反核理念與商業利益之間取得平衡，但林義雄握有道德權威，甚至可能發動一場公共反核運動。

反諷的是，如果說扁政府壓低了核能爭議在台灣政治圈的地位、疏遠了之前的社運盟

* 編注：應為林義雄的母親與兩位雙胞胎女兒身亡，長女則身受重傷。

友；那麼二〇〇八年重新上台的國民黨，就是讓這些議題重新獲得關注。首先，馬英九政府相對保守的立場強化了社運能量，使關注各種議題的社運團體紛紛舉辦活動吸引鎂光燈，並逐漸開始使用社群媒體來動員群眾。其次，二〇一一年三月發生福島核災，雖說這場災害並非地震造成，而是該核電廠特有的設計瑕疵所導致，可能是與地震毫無關係的超級黑天鵝事件，但那些認為在地震帶上設置核反應堆很危險的人，依然以此佐證自己的觀點。第三，二〇一四年三月的太陽花運動成功撤回了與中國的服務貿易協定，證明社會運動有能力擊退技術官僚，選出政治人物去處理重大的政治問題。

國民黨與民進黨的大老都很快注意到，自己必須更積極面對反核運動。到了二〇一九年，全國已經有一百個以上的團體能夠動員群眾發動遊行示威；這些團體以全國廢核行動平台為核心，彼此間的連繫愈來愈緊密。[26]在建有核電廠的地方，縣市首長和官員開始擔心當地民眾的反彈會讓他們丟掉選票和官位。蔡英文在二〇一二年代表民進黨競選總統時，宣布反對啟用完工的核四，並承諾不會讓既有的三座核電廠延後退役。她試圖藉此重新與反核運動重新結盟，反核人士卻不為所動。

後來國民黨試圖側翼包抄民進黨。行政院長江宜樺在二〇一三年二月提議用公投決定核四存廢。這有點讓人意外，畢竟希望讓公投在決定重大公共政策上的權重超過立法院的政黨，一直都是民進黨而非國民黨。照理來說，國民兩黨這時候應該可以合作把這件事交給民眾決定，但立院黨團會議卻卡在公投的授權與承認門檻上，國民黨堅守既有的限制，民進黨試圖鬆綁，兩黨的討論永無止盡，提議最後也胎死腹中。

在太陽花運動結束之後不久，林義雄開始絕食抗議，試圖利用再次燃起的群眾能量終結核四。他的絕食很快在全國各地引發反核抗議，馬英九政府也在四月二十七日宣布，核四的第一座反應堆將在通過安全測試後進入封存，而且在獲得公投授權之前，不會打造第二座反應堆。

看來國外力量和國內政治動態已經關上了台灣的核電之路，但如果真是這樣，政府與社會要保障能源充足時所能選用的來源就會嚴重受限。在再生能源還不夠發達的情況下，決策者該如何遵照改善氣候變遷的承諾，減少使用化石燃料，同時供應愈來愈多的電力需求，並繼續維持經濟成長？

## 蔡英文的能源政策

蔡英文在二〇一六年五月上台後，充滿壯志的宣布，政府將根據民進黨的反核理念，徹底重組台灣的能源結構。她表示，到了二〇二五年，台灣五〇%的能源將來自天然氣，二〇%來自以風力和太陽能為主的再生能源，而燃煤與石油的比例會從八〇%降至三〇%，核電則會完全消失。現有的三座核電廠將在規定的最早時間退役，核四將在不會啟用的狀態下關閉，台灣將成為非核家園。[27]這項宣言吸引了反核人士和再生能源人士，而非那些擔心能源供給和需求之間差距愈來愈小的人。但更大的問題是，這項計畫在技術和政治上都困難重重，不知道能否實現。

推動再生能源不是從蔡英文開始的。馬英九政府早在二〇〇九年就促成了《再生能源發展條例》，資助研發再生能源；二〇一二年又定下目標，要在屋頂安裝一百萬片太陽能光電板，設立一千座風力發電機。根據經濟部能源局的報告，再生能源產業從二〇〇八年至二〇一四年成長了一九五％，年收入增至四、八八四億新台幣（超過一五〇億美元），創造近七萬個工作機會。[28]此外，社會也支持再生能源，台灣永續能源研究基金會的民調顯示，強烈支持再生能源的受訪者有四九％，支持的有三七％。[29]蔡英文上任後，也正是在這麼強的支持下，試圖推動民進黨的反核目標。

## ——太陽能

乍看之下，台灣是發展太陽能的完美地點：它有北回歸線通過，是熱帶氣候，位於島嶼北部的桃園機場一月氣溫平均攝氏十八度，四月平均二十五度，七月平均三十三度，十月平均三十一度。[30]另外，台灣自己可以生產太陽能板、太陽能晶片，以及太陽能發電所需的各種零件。投資者也明白太陽能產業可以獲利，準備好了所需資金。[31]二〇一六年秋，蔡英文總統表示太陽能電板的裝機容量要在二〇二五年達到二、〇〇〇萬瓩，比當時的九六．二萬瓩多出二十多倍。[32]

但這個遠大的目標得克服幾個巨大障礙。首先，台灣的天氣其實不太適合太陽能發電。台北市美國商會出版的《TOPICS工商雜誌》就說過：「大量的陰雨天氣把台灣太陽能設施的平均發電能力壓到一四％。相比之下，美國因為整塊西南地區陽光普照，平均發電能力接近三〇％。」[33]日照較少的台灣降低了實際能產生的電量，再生能源在二〇一六年占裝機容量的八％，卻只提供消費電力的三％。太陽能發電時有時無，無法用來分攤消費者必須穩定仰賴的「基本負載」。

其次，安裝太陽能電板時阻力最少的地方，大部分都安裝完了。至二〇一六年為止，台灣大部分的太陽能電板都裝在農場、工廠、政府大樓上。南部農村的太陽能板，則全都裝在穀倉的屋頂上。這些電板比較小，每塊的發電量通常低於五百瓩，因而擁有兩項優勢：它們的業主不像大型地面電板的業主那樣需要面對一堆監理，收入也比大型機組更高。二〇一七年，小型電板的躉購費率（feed-in tariff）是每度新台幣六．〇二元，大型機組每度只有四．三五元。[34]

第三，台灣地窄人稠，很難額外撥出土地安裝光電板。全島面積有三五、八七三平方公里，但三分之二都是陡峭的山脈，一碰到地震和颱風就很容易出現土石流，所以大多數人都擠在這小小的三分之一土地上工作、生活、耕種。台灣有二千三百萬人，人口密度在全球排名第十六名，大型的太陽能機組通常都得放在鄉下，要額外安裝二千萬瓩的太陽能電板，很可能就要撥出二至二．五萬公頃的土地，這接近台灣八十萬公頃耕地的三％。[35]

如果在鄉下屋頂裝設更多光電板的空間不大，台灣就得另找地點去實現大幅擴張光電的目標。有一種方法是把光電板的裝設擴及到都市地區。在璽柏顧問公司（Cypress River Advisors）擔任能源與氣候政策分析師，並曾在許多政府擔任環保科技顧問的林博史（Frank Hiroshi Ling，音譯）建議台灣每個城市都在住宅、公司工廠、學校與其他建築物樓頂安裝太陽能電板，各自建立社區規模的微電網（microgrid），「獨立於目前的全國電網，生產、傳輸、分配自己要用的電力」。他引用高雄金屬工業研究發展中心的學者所預估的結果，指出屋頂太陽能板的發電量可以滿足城市三分之一的用電需求。[36]但要採用這種方法，政府就必須修正建築法規，並改良非住宅的建築結構，讓產電更順利。

另一種方法是把地面機組裝在目前尚未使用的土地上。可惜的是，台灣的土地很少，而且即使地面光電板的發電成本較低，政府法規也未必會允許大規模架設。台灣目前已經有地面太陽能板，但都使用發電能力小於五百瓩的小型機組，因為架設五百瓩以上的機組就必須登記為發電廠，接受更嚴格的監理。[37]廠商如果想裝設大型機組，就必須先花大量時間、人力去應對政府的繁文縟節，並與各種利害相關人協商，這包括獲得能源局、農委會、環保署及環保署底下的環境保護監督委員會的許可，還得讓國有的台電公司允許你的電線連上它的電網。[38]

其中農地的問題最麻煩。農委會已撥出八〇三公頃無法耕種的農地給太陽能板，並考慮額外開放一、二〇〇公頃；但這些農地不是政府的，而是分散在數百個小地主手上，開發商想要使用就得一一談判。天泰能源公司估計，若想以光電板生產大約十萬瓩的電力，得先跨過七百位地主的阻礙，取得土地租賃權。此外，還得說服與農委會有連繫的當地村長及農會，這些人是農村的政治要角，而許多農會都反對太陽能。在原住民人數較多的地方，開發商還得跟原民會協商，但原民會的態度未必積極。因此，即使農民出租土地設置光電板，每年每公頃可以得到三十五萬新台幣，太陽能之路依然困難重重。[39]即使你不想冷嘲熱諷，也會認為這根本就是地方利益集團在利用中央政府的再生能源政策大舉尋租。

農委會管理農地的法規也是個問題。該條例*開宗明義表示，農業使用是農地的核心價

＊編注：應是指《農業發展條例》第一條：為確保農業永續發展，因應農業國際化及自由化，促進農地合理利用，調整農業產業結構，穩定農業產銷，增進農民所得及福利，提高農民生活水準，特制定本條例；本條例未規定者，適用其他法律之規定。

值。[40]農委會堅持農地主要用於耕作，行有餘力才能用來生產再生能源。因此，光電板最多只能覆蓋七〇％的農地，而且只能使用二十年，之後就必須恢復耕作。此外，農委會還會管理農民的作物種類。一名代表表示，農民「必須擬好作物生產計畫」，若是偏離計畫，就有可能被當地農業局吊銷許可證。農委會已經取消了一百多家農場生產太陽能的許可，因為這些農地完全沒有生產作物，或者沒有按照生產計畫來耕作。[41]它在二〇二〇年七月把規則修得更嚴，禁止在指定的農地和水產養殖區架設太陽能板；同時還提高農地種電的門檻，要求在二公頃以上的農地種電，必須先獲得農委會的許可而非地方政府的許可。這引發許多光電業代表強烈抗議，指責農委會根本就是在阻礙蔡政府的再生能源政策。這指責不無道理。[42]

不過，充滿創意的新創企業，正在設法化不可能為可能。太陽光電能源科技這家製造電池的廠商，開發了一種五公尺高的日光追蹤器，可以讓光電板時時面朝太陽，吸收更多陽光；同時也在雲林種咖啡，以光電板幫半日照的咖啡樹擋下直射陽光。[43]但它們的點子可能會卡在農委會的規定上。如果農民想種植某種作物，就得在種植計畫中提出過去種植該作物的成功紀錄；但太陽光電的創辦人兼執行長羅家慶指出這個兩難的困境：「在成功整合光電板和農作物之前，可能得先嘗試幾種不同的作物，而農委會的這條規定卻讓農民無法做這種實驗。」[44]

最後，環保團體也在阻礙相關發展。農委會列出的某些農地被鹽分嚴重汙染，無法耕作。但環保人士認為，這些土地已成鹽沼，是黑面琵鷺這類瀕危候鳥的理想棲息地，不應該用來開發太陽能。[45]

總之，雖然蔡政府大力主張提高再生能源的比重，實際執行卻困難重重。部分原因出於台灣的面積、地理、氣候條件；部分卻是政治體系所造成，諸如政府對光電板面積的規定、農委會的門戶之見與法規、地方利益團體的抵制（或貪婪），以及環保團體的反對等等。這些目光短淺的政治利益，阻擋了整體的公共能源利益。

## ——風力發電

蔡政府的另一個非核能源政策重點，就是在台灣西海岸建造大型風力發電廠。蔡政府想在海床上架設一整排風機，每一座風機都從水面下五十公尺的基座一直向上延伸到水面上一百五十公尺的塔頂，塔頂巨大的風力渦輪可以產生九千瓩的電力。[46]政府希望這些海上風力電廠的發電量能在二〇二七年達到三百萬瓩，二〇三〇年達到四百萬瓩。

這應該可以實現，但未必趕得上政府預計的時程。政府的總體政策目標和準備的綠色能源資金，讓這項計畫看起來非常樂觀。已經成功掌握相關科技的歐洲國家，會負責提供風力渦輪和相關零件。台灣則可以自行生產風車所需的鋼、用來製造葉片的碳纖維，以及電子設備、船隻等等。[47]台灣金融業者目前對這類大型計畫相當保留，但外資極為熱衷，部分原因是台灣的風力發電潛力在世界標準中名列前茅（前十年每產一度電只需〇．二三美元，約新台幣八元），而且西海岸風力豐沛，很適合收集風能。某些西方觀察人士甚至認為台灣政府太過保守，當地其實還可以再裝一千萬瓩的風機，政府最初的目標設得太低。[48]

不過，台灣想要快速增加風力發電，將面臨許多阻礙：

- 風機的投資成本很高，而且一開始建造和安裝設備時就要投入，廠商會因此提高躉購費率。
- 人們現在才開始研究台灣海峽的風電環境，也是現在才開始制定風力發電的相關規定。風力發電機最怕颱風引起的強風巨浪，必須先充分了解氣流模式才能成功收集風能。
- 風車必須把鋼柱釘在海床上，而有些海床並不好釘。此外，目前設定的水下深度最多五十公尺，但有些很適合發電的近海區域，海床位於水面五十公尺以下。
- 風機產生的電力必須連接到電網，但目前電網輸電能力最弱的位置，剛好都在風機製造大量電力的海岸邊。
- 環保團體聲稱，海底打樁的噪音傷害了極度瀕危物種台灣白海豚的聽力。[49]

交通部民用航空局在二〇二〇年否決了德商Wpd旗下子公司達德能源在桃園外海設置風機的計畫，因為風力電廠可能會影響進出桃園機場的商用航線安全。在冠狀病毒疫情爆發前，桃園機場每年有近五千萬的「旅客流量」。截至二〇二〇年九月，雙方依然沒有找到滿意的解方，最後將交由能源局定奪。[50]

在二〇一八下半年，蔡政府的風電計畫又碰上政治挑戰，因為國民黨質疑躉購費率圖利廠商。

這場動盪始於二〇一八年七月，一群監察委員彈劾負責開發風電的經濟部長沈榮津。根據憲法，監察院的地位和經濟部所隸屬的行政院相同，負責檢查政府的不法行為。監察院的使命完全正當，但也為反對黨提供了批評政府、扯政策後腿的好機會。

國民黨監委指控沈榮津在實施風力發電計畫時浪費公帑。監察院在二〇一八年十二月七日發布的報告中指出，經濟部的準備不足，風電躉購費率過高可能成為國家財政負擔，決定風力發電容量的時程也太過倉促。它呼籲經濟部重新審視風電計畫這項政策。[51]

在此同時，經濟部也許是預想到了監察院的報告內容，在十一月二十九宣布將未來二十年的風電躉購費率調降一二．七%。這讓廠商懷疑投資的長期回報過低，開始與經濟部曠日經久的討論躉購費率；同時也被迫在新費率開始生效之前，與彰化縣政府敲定六座風機的開發計畫。後面這項任務功敗垂成，因為民進黨在十一月二十四日縣市長選舉中丟掉了彰化縣，而新上任的國民黨縣長並不想幫蔡政府這個忙。至於躉購費率的問題，經濟部最後同意將調降幅度縮至五．七一％。台灣的一位觀察家說得好：「對外商投資而言，穩定的政治環境與能源政策非常重要。但離岸風電計畫顯示台灣的能源政策缺乏政治決心，而且藍綠兩黨直接在外商面前上演醜陋的政治角力。」[52]

不過風電還有一個問題很少人提，更少人討論，那就是躉購費率是不是最能吸引再生能源業者來投資的機制。卡內基國際和平基金會表示，「台灣的二十年期躉購費率機制，鎖死了政府或消費者必須支付的電力成本……當再生能源基載不斷增加，這些成本就會大幅影響台灣的經濟表現。」[53]電費未必只能躉購，也可以用市場導向的方式來形成，例如拍賣。許多國家都已經轉向這種機制，電價一旦能夠浮動，成本就很可能降低，太陽能對投資者而言也會更有吸引力。

## ——天然氣

除了石油、燃煤、核能，另一個發電的好選項就是天然氣。全球的天然氣夠多，價格也合理。但燃氣發電要注意幾件事，首先，未燃燒的甲烷是很強大的溫室氣體，萬一輸送管線洩漏，對環境的傷害可能就跟燃煤或燃油一樣大。其次，沒有人知道天然氣價格未來會不會繼續像現在這麼低，而這是制定政策的關鍵。此外，在台灣增加燃氣發電會碰到環保團體的政治阻力。[54]

但蔡政府還是認為，要在不依賴核電的前提下保障能源安全，就必須增加燃氣發電。因此全國唯一進口天然氣的國有電力公司：台電，就得增設一些燃氣發電廠。政府希望在二〇二五年將燃氣發電量提高至二、四〇〇萬瓩，而且由於有些電廠會在這段期間退役，該年的燃氣發電量最少必須達到一、三五〇萬瓩。

但台灣要實現這麼遠大的計畫，就得有夠大的空間存放從卡達、澳洲、美國等地買來的液化天然氣。目前台灣的儲存能力約為一千萬噸，儲存地點在高雄和台中。如果台電要完成蔡政府的能源目標，儲存能力就得每年增加八百萬至一千萬噸。目前台電打算把這些天然氣存放在桃園的觀塘，讓台灣最大的燃氣電廠大潭電廠擁有穩定的燃料。[55]

但觀塘剛好住著一些特有的珊瑚和藻類，這些生物在當地形成了大約七千五百年的藻礁供海洋生物棲息，其中某些海洋生物還是台灣的漁業資源。桃園的長期工業化以及產生的工業汙染已經破壞了這些藻礁，如果真的用來存放天然氣，破壞可能更嚴重，農委會為此展開研究，環保署的環境保護監督委員會也因此進行大量審議。知情人士表示，審議委員「從需要擴大進口天然氣的政府那邊獲得大量壓力，卻不知道該怎麼應付環保團體，這些團體找到了這項計畫的違法之處：藻礁」。[56]二〇一七年十月，環境保護監督委員會裁定，觀塘儲氣槽在進一步研究之前暫不興建。

但一年之後，環境保護監督委員會撤銷之前的裁定，批准建造儲氣槽。來自政府的委員全都投票贊成，其他委員要麼棄權，要麼根本沒有出席。一位批評者認為：「這種完全只由政府代表通過的投票，很難說是真正的同意。」並進一步批評道：「民進黨已經拋棄了環保形象……告別了綠色家園的理念。」[57]在此同時，蔡政府也取消了在新北市重啟燃煤發電廠的計畫，試圖安撫環保人士，但並未成功。[58]民間團體無法阻止政府去興建能源計畫中相當關鍵的儲氣槽，但還是成功拖慢了進度，也降低了政府的聲譽。

總之，蔡英文在第一個任期內穩定實現能源目標，[59]但各個領域依然困難重重，民進黨的非核政策也在二〇二〇年總統大選中遭到抨擊。[60]但蔡英文連任之後，台灣政府將繼續從核能轉向再生能源。只是還無法確定政府預想的能源結構能不能供應足夠的能源。

## 供需兩側調整

各方勢力都同意，降低能源供需落差的方法之一就是提高效率。例如馬英九在二〇〇八年上任時就制定了《永續能源政策綱領》，做法包括補貼產業升級、能源追蹤管考、全民教育、強制性法規與標準等等，成功讓台灣的能源密集度（energy intensity，生產一定數量GDP所需消費的能源）在之後的六年內每年降低二・四六%。民進黨上任後一直繼續推動這類改革，而台灣長期以來從製造業轉向服務業的改變也降低了能源密集度。[61]

但這些本質上很技術官僚的供給面修正，效果遠不如讓台電調整電價造成的需求面改變。當然，調整電價非常政治。民眾可能並不知道，台灣的平均電價其實在已開發國家中非常低。根據台電的資料，台灣截至二〇一五年為止的平均電價是每度〇・〇九美元；能源充沛的美國則從南方的每度〇・一一美元至新英格蘭的每度〇・二〇美元不等；日本平均每度〇・二二美元；南韓平均〇・〇六美元，但核電在能源結構中所占的比例比台灣高很多。台灣的低廉電價來自政府補助，這既能增進經濟競爭力，也是一種福利；但代價就是台電每年都注定虧損。再生能源高昂的躉購費率只會讓台電虧得更嚴重，短少的錢最後還是要從納稅人的口袋裡去拿。[62]

二〇一二年四月，馬英九在贏得連任的三個月後，政府就宣布把家用電價平均提高一六・九%，商業用電價提高三〇%，工業用電價提高三五%，同時也打算調漲燃油價格。這會讓電力的售價更反映生產成本，可能是一項很好的公共政策；但卻帶來了很慘烈的政治傷害。這惹怒了大部分的民眾，也讓反對黨和公民團體發動公開抗議。馬英九沒過多久就妥協，改成逐步提高費率，將家用電費漲幅降至六・八%，其他費率也相應調降，[63]兩年之後才開始重新調漲三%。以此估計，台灣的電價到了二〇二五年依然還是只有每度〇．一一美元這麼低。[64]

## 直接民主與非核政策

在蔡英文上任宣布非核家園目標之後不到三年，台灣的擁核團體開始砲轟民進黨的能源政策。在二〇一八年十一月二十四日的公投中，有三題跟能源政策有關，其中一題要求火力發電廠的發電量每年降低一%，以七九%支持度通過；另一題主張停止新建所有燃煤發電廠和發電機，以七六．四%支持度通過。這兩題都是要減少使用化石燃料，會對環境有益，但可能也會間接讓能源結構更仰賴核能。

第三題則是在攻擊政府的政策：「您是否同意：廢除《電業法》第九十五條第一項，即廢除『核能發電設備應於中華民國一百十四年以前，全部停止運轉』之條文？」這題獲得六〇%投票者同意通過，影響比其他兩題能源題目更直接、更深遠。[65]其他兩題只是反映選民的政策看法，這題直接要求政府廢除已頒布的條文。《公民投票法》規定，「經複決廢止之法律、自治條例，立法機關於二年內不得再制定相同之法律」，這意味著公投結束後二年內不能對相同事項再次提出公投。[66]不過法律並沒有規定行政機關必須根據公投結果做出哪些行動，也沒有指定任何執法機關去檢驗政府是否遵守。[67]

這些公投結果對民進黨來說十分諷刺。首先，正如本書第十三章所言，推動民主公投，在二〇〇三年確保《公民投票法》通過的正是民進黨領導人。其次，二〇一七年十二月，民進黨掌握的國會調降了公投門檻，將連署人數從選民的五％降至一．五％，通過的人數則從選舉人的五〇％降為二五％。二〇一八年的上述三項公投都通過了這些門檻，國民黨也利用這些公投結果來打擊民進黨的非核家園目標。

經濟部承諾會根據公投結果調整能源政策，但政府沒有放棄總體的非核目標。二〇一八年十二月六日，經濟部通過廢除《電業法》第九十五條的提案，交給立法院表決。[68]但立法院在兩個月後再次推出一項「新版」能源政策，要在二〇二五年前終結核電，轉而採用之前提出的能源結構：五〇％燃氣、三〇％再生能源、二〇％燃油與燃煤。國民黨立委高呼這是作弊，指出這項提案甚至是在經濟部修改風力躉購費率一天之後提出的。[69]

與此同時，民間團體也提出好幾項新的公投題目。這些題目在技術上和二〇一八年十一月通過的三個題目不同，但實質上還是在讓投票者選擇要使用化石燃料還是核能。其中一題來自「核能流言終結者」，呼籲重新啟用完工的核四廠，並將其投入商轉。另一題則來自某位台大教授，呼籲終結核四計畫，將廠址改做他用。還有一題來自「全國廢核行動平台」，要求在「高放射性核廢料最終處置場」啟用前，不得提出或執行新建、續建、擴建或延役核電廠之計畫。[70]

二〇一八年的公投結束一週後，中央研究院政治研究所的美籍副研究員鮑彤（Nathan Batto）為文諷刺台灣的政策公投結果：

所以台灣到底應該採取什麼樣的能源政策？……簡單來說，選民既不想要燃煤，也顯然不想要核能，不過後者我不確定。他們既不希望發電廠蓋在自己家附近，又堅決反對把自己家附近發出的電力送到其他地方。他們希望電力既便宜，供應又穩定。同時滿足這些要求應該不難吧。用全民公投來解決這些問題真是太好了。[71]

## 小結

台灣的能源政策已經制定了許多宏大目標，希望更依賴再生能源、減少燃煤與燃油發電、完全捨棄核能；也制定了相關的計畫。[72]但二〇一八年的核電公投結果再次顯示，台灣的能源政策政治困局雖然存在已久，但仍在不斷變化。因此，台灣需要一種政治體系去清楚客觀的分析各種選項的成本與效益，藉此選出適合的能源結構，堅定立場將其落實。這樣一來，無論其選擇的結構反映出哪種偏見，例如是擁核還是反核，政府與社會都會知道該結構可能帶來哪些損失，要採取哪些措施去降低風險。但現實世界可能不會這麼理性，現實中參與政策與政治辯論的勢力所提出的成本效益分析，往往都只對自己有利，而政黨輪替的過程可能也會讓政府做不出最後決定。

但不做決定也是一種決定。讓政府不做決定的原因很明顯，就連國民黨似乎也明白，如今核能在能源結構中的比例不可能回到過去那麼高；而利用進口天然氣來發電的方式能不能像蔡政府所希望的那樣撐起全台五〇％的電力，目前也有待觀察，畢竟全球天然氣價格如果大幅上漲，這目標可能就更難實現。至於再生能源，則是還需要一段時間才能知道它們是不是像目前所想像的那麼好，而且它們即使真的那麼好，也無法用來供應基本負載。此外，政治領袖顯然不想冒險提高電價，讓消費者支付的電價符合真實價值，那可能只會激怒大眾。只要這些現狀不改變，台灣就只能繼續以政府和民眾都討厭的方式，大量燃燒煤和石油去汙染環境，才能穩定供應足夠的能源。

# 第六章
# 歷史事件的政治問題

前蘇聯有個笑話：「未來早已確定，只有過去才不確定。」[1]無論在哪個地區，無論採取什麼政治體制，歷史真相的問題總會引發政治激辯。例如美國人至今還在辯論奴隸制遺留的問題，美國的政治人物也還在爭執雷根（Ronald Reagan）總統的歷史定位。重新評價歷史可能會影響人們對正當性的看法，因而改變當下政治勢力之間的平衡。而剛從極權或威權過渡到民主的社會，最容易產生這種爭論。過去曾被拉丁美洲、南非、東歐、亞洲的強權鎮壓的人們，在政治轉型之後都想要求加害者負起責任；加害者則通常都希望人們放下過去、開創未來。

台灣就是個好例子。它的政治史有很多值得爭論的地方。在民主化之前，人民對國民黨的統治，尤其是促進經濟成長的看法，都滿正面的。但國民黨的統治究竟真的是只有少數權力濫用，整體來說瑕不掩瑜；還是它本身就是一個殘酷的威權政權，系統性的鎮壓大多數台灣人民，在關鍵時刻不讓他們決定自己的命運？前面那種觀點會認為現在的國民黨既然已經捨棄了威權統治，就有資格在民主政體中和其他人一起爭奪權力。但後面的觀點會認為，民進黨這種聲稱自己代表被迫害者的反對黨才擁有正當性。某些學者甚至還提出第三種觀點，認為台灣自古以來就受列強殖民統治，從清國、日本帝國到中華民國，因此台灣需要的是民族自決。[2]

台灣的各大政治陣營除了對過去的事實看法不同，關於當下的國民黨應該對之前壟斷政權時期的作為承擔多少責任，觀點也各自有異。確定歷史紀錄以及釐清責任，都是轉型正義要處理的問題。國民黨領導人未必不承認該黨需要為過去的錯誤負責和賠償，但對於應該採取什麼方式，該黨的看法與民進黨不同。最終，上述歧見也會影響台灣整個政治體系。對這些歷史的辯論，最後究竟會讓台灣人未來彼此和解，找到共識，讓社會更團結；還是會讓社會更分裂，產生政治破口，讓某些台灣人心中最大的威脅「中華人民共和國」有機可乘？

## 轉型正義的定義

聯合國祕書處二〇〇四年發表了《衝突中與衝突後社會的法治與轉型正義》（*The Rule of Law and Transitional Justice in Conflict and Post Conflict Societies*），將轉型正義定義為「社會為了充分問責、伸張正義、促進和解，試圖化解過去大規模濫用權力所造成的遺緒，而採用的各種不同程序與機制」。[3]台灣大學法學院教授黃昭元，整理出一套成功的轉型正義所使用過的「程序與機制」，並將其分為四類：發掘真相、賠償受害者、追究加害者責任、體制轉型。[4]不過，這四類行動未必彼此相輔相成。中研院社會所研究員吳乃德指出，民主政府與民主社會落實轉型正義時，選用的方法經常有內在衝突：「有兩件事讓轉型正義變得更加棘手：不同的倫理原則和道德價值之間經常彼此衝突，鞏固民主和促進民族和諧的政治目標也經常彼此衝突。」[5]在美國和平研究所（U.S. Institute of Peace）主持一項轉型正義大型計畫的克利茲（Neil Kritz）也認為，與舊政權「宣示決裂」的決心和維護民主法治的意志，經常會彼此拉扯。[6]

台灣在轉型正義研究中是很特別的情況，這可以從兩方面來說：首先，台灣以協商的方式從威權體制過渡到民主體制，執政的國民黨繼續保有議會席次，並在過渡完成之後的數年裡，帶領著新的民主政治。至少在一段時間內，該黨可以控制轉型正義的步伐和範圍。事實上，它選了一條相對容易的路，只是提供受害者補償，卻迴避了尋找真相或向加害者究責。在陳水扁（二〇〇〇—二〇〇八）和蔡英文（二〇一六年至今）時期的民進黨執政時，這些問題才又重回政治議程。其次，與許多新興民主國家的狀況不同，台灣必須面對中華人民共和國這個敵人。如果民族團結是台灣在面臨對岸威脅進逼時的重要資源，那麼台灣就更需要思考轉型正義實行的方式，因為轉型正義可以促進團結，也可能加劇分裂。也就是說，轉型正義不僅要對過去的迫害究責，也要考慮到未來迫在眉睫的危險。

## 被剝奪的司法與民主

國民黨殘暴的接管了台灣，此後實行的制度是一黨專制，嚴格限制台灣人民實行公民權和政治權，並且為鞏固其控制而破壞了法治。國民黨實施過地方選舉，但這些選舉更多是要協助國民黨掌權，而非為了反映民意。政治體制更高層級的部分，除了一九六九年之後立法院有少量增補選，沒有進行過全民選舉。

一九四五年底，中華民國官員和士兵從日本人手中接管了台灣與周邊列島，同時也帶來了許多中國大陸的問題，包括經濟管理不善、腐敗、動盪、疾病和掠奪。不久之後，他們對島上的長期居民（台灣人）的壓榨對待，終於引發全島群起反叛。一九四七年二月二十七日，專賣局緝私人員和當地一位賣私菸的婦女發生衝突，過程中造成一人死亡。由於民怨積累已久，次日在各地陸續出現了暴力抗議活動，這一系列引發的衝突自此被稱為「二二八事件」。國民黨藉著與當地台灣人談判來拖延時間，總司令蔣介石從中國大陸祕密派兵前來鎮壓叛亂，試圖重新奪回控制權。很快的，國民黨政府的無差別暴力手段殘酷的平息了叛亂。許多台灣人家庭在這場鎮壓中失去了親人或好友，為台灣社會和政治留下了沉痛的影響。時至今日，還有一些台灣人認為這筆血債尚未獲得償還。[7]

事發當時，蔣介石軍隊與共產黨領袖毛澤東的軍隊在中國大陸的內戰正打得火熱。中華民國軍隊節節敗退，輸給了共產黨，到一九四八年底，國民黨在中國大陸的統治顯然已走到了盡頭，開始對其掌控的區域展開政治行動。一九四八年四月，國民議會在《中華民國憲法》之下，新增了《動員戡亂時期臨時條款》。這項條款實施下去，將暫緩一切在中國——包括台灣在內——原受到《憲法》保障的民主制度。例如：《憲法》第二章詳盡列出的政治權利和自由；第三章和第六章關於建立由選舉產生的國民大會和立法機構的承諾；第十二章確立的選舉、罷免、創制、複決機制。《臨時條款》暫停了以上所有公民權利，直到一九九一年才恢復。此外，國民黨政權一九四八年十二月在大陸部分地區，以及一九四九年五月二十日在台灣，實施了戒嚴法。那些被認定為對國家安全構成威脅的個人要接受軍事法庭審判，持不同意見者皆被定罪。[8]

一九四九年底戰敗的國民黨政府和軍隊播遷來台，國民黨黨國的各個安全機構開始剷除會威脅政權的目標，包括共產主義者、台獨支持者，以及其他的政敵。這就是所謂的白色恐怖。在這段期間，國民黨政府動用警察國家工具，在沒有合理理由的情況下逮捕人民，嚴刑逼供使其指控他人，並且在沒有正當程序的情況下進行審判，對被定罪的罪犯施以殘酷的懲罰。[9]一九五〇年代初，並非所有被捕和處決的受害者都是台灣人，事實上，在此期間有四

○%的受害者來自中國大陸，而當時從對岸來的人占全台灣人口也不過一五%。[10]

那段時間中華民國仍在與毛澤東的「共匪」交戰，只要站在國民黨政權的對立面，無論到底是不是真的共匪，都是必須鎮壓剷除的對象。因此，比保護公民權利與政治權利更重要的任務是，實現蔣介石收復大陸的虛幻目標。中華民國自稱為統御全中國的政府，立法院和國民大會成員也就是全中國各個地區的代表，而因為中國大陸處於共產黨的控制之下，不得不暫停選舉。

隨著時間的推移，國民黨政權任意行使國家權力的情況有逐漸減緩。吳乃德的報告指出，目前已知的白色恐怖案件大多發生在頭十年，自一九四九年到一九六○年之間占七六．四%，一九六○年代占一三．三%，一九七○年代占九．一%。[11]德州大學奧斯汀分校政治學者錢喜娜（Sheena Greitens）在她的書《獨裁者與他們的祕密警察》（*Dictators and Their Secret Police*）中，探討了台灣、韓國和菲律賓不同時期的國家暴力，並試圖解釋各自的差異。有關台灣的部分，她衡量國家暴力的標準，是依據因政治罪被判刑的人數，以及因政治罪被處決的人數。這兩類從一九四九年至一九五○年代中期的人數都很高，然後又相當急遽的下降。一九四九年至一九五○年，因政治罪入獄的人數超過六百人；一九五一年至一九六○年大約三百多人，平均每年約三十人左右；一九八一年至一九八七年之間則降成每年不到十人，此後戒嚴令廢除。至於處決的部分，一九五○年為一百五十人至二百人，一九五一年約一百五十人，一九五二年超過二百人，然後一九五四年及一九五五年約一百人，一九五六年約五十人，一九五八年至一九七二年間都在十人以下，後面幾年就降為零了。[12]

錢喜娜認為人數減少有兩個因素：一是將政權的各個安全組織合併，有利於協調各種行動，減少彼此競爭；一是政權透過一些方式，更有效的系統性滲透台灣社會，像是將台灣本地人納入軍事和安全機構，以及大大加強監視公民的活動。後者的策略是趁早給異議份子下馬威，讓那些異議份子的活動胎死腹中，在一開始就阻止了行動發展。[13]

溫克勒（Edwin Winckler）寫過關於一九八〇年代初的政治制度整體狀況，他認為台灣已經開始從「硬性威權主義」（hard authoritarianism）過渡到「軟性威權主義」（soft authoritarianism）。[14]政治上的轉變始於一九七〇年前後，當權政府開始開放增選台灣人加入原本由大陸人主導的體系，其中一人即是未來的總統李登輝。少數資深且忠誠的台灣人成為國民黨中常會成員。考慮到島內人口增長，台灣在立法院和國民大會的代表席次數量增加，而這些席位的競選活動也成了謹慎辯論敏感政治議題的場所。在關注焦點轉移到政治改革訴求之前，政府還算容許一九七一年底的一系列保釣活動。[15]國民黨中央高層利用縣市選舉來為政權表現測風向。

然而，台灣在公民自由和政治權利方面仍舉步維艱。一九七九年元旦，美國與台灣斷交，與中華人民共和國建交，黨外反對派政治人物發起了新一輪反政府的政治活動。當權政府原本還睜一隻眼閉一隻眼，結果在政府特務的煽動操弄下，高雄那次大型示威活動發生了暴力衝突，給了國安機關藉口，一舉將反對派領袖送進監獄，在美國政府介入之前，其中一些人甚至曾被列入處決名單中。

一些受到國民黨迫害的人，歷經了比被送進監獄還可怕的事。第五章描述了林義雄的案件，他的母親和兩個女兒在一九八〇年二月二十八日被殺害，凶手極可能是接受國安機關指示的黑道份子。一九八一年七月初，又發生了一起非法處決事件。美國卡內基梅隆大學（Carnegie Mellon University）統計系助理教授陳文成回國探親，卻被發現死在國立台灣大學校內。不久後，人們都知道台灣警備總司令部曾把他叫去問話，然後他就從幾層樓高的建物摔下後死亡，人們也知道國民黨政權在美國的間諜曾監視他參加台灣人社群聚會。林義雄案和陳文成案至今仍未解決。一九八四年十月，美籍華裔作家劉宜良（筆名江南）在加州戴利城的家中遭暗殺，很快就被調查出，凶手是中華民國國防部情報局派的人，目的是想要阻止劉宜良繼續撰寫批評國民黨高層政治人物的文章。真相披露之後讓中華民國政府非常尷尬，因為在台灣施行國民黨的「王法」是一回事，但在「王土」之外的美國，又是另一回事了。[16]早在一九八七年初，台灣有望過渡到民主的呼聲愈來愈大，美國國務院年度《各國人權報告》有關台灣的部分，開頭便寫道：「台灣的政體由國民黨主導……本質上就是一黨專政制度。」即便早期最嚴重的迫害已經過去，也承諾政治自由化，但那些將國家安全置於正當程序之上並打壓異議份子的機構，依然存在。[17]

## 台灣民主體制中的轉型正義

從黨國對二二八事件的反應，以及白色恐怖到陳文成死亡的那幾十年間的行動，都成了推動轉型正義的各種有利素材。但推動成效如何卻是另一個問題。《國家安全法》第九條就是早期碰到的負面案例。一九八七年七月一日，蔣經國總統公布執行《動員戡亂時期國家安全法》（後更名為《國家安全法》），取代了戒嚴令，施行於中華民國管轄的台灣地區（但中國沿海的金門、馬祖兩地則至一九九二年才解嚴）。而《國家安全法》第九條無條件承認軍事法院在戒嚴時期做出的判決，且禁止任何上訴，結果屏除了那些被軍事法庭定罪的人獲得平反的可能。[18]

台灣的民主化也不代表轉型正義的問題就一定更受到重視。國民黨在選舉中強調其成功創造經濟繁榮等功勞，讓自己贏得了選舉，同時繼續迴避為過去的侵害承擔完全的責任。一九八八年蔣經國逝世後，接替上任的李登輝開始施行轉型正義計畫，但僅限於補償受害者，建立博物館和紀念館，並正式以國家元首身分公開道歉。後來陳水扁帶領的民進黨政府，點名批評了幾位該為二二八事件負責的官員。許多遭迫害的受難者開始受到國家承認，名譽獲得平反，但是加害者仍未受到處置。

此外，正如黃昭元所言，截至二〇一〇年代中期，許多跟轉型正義相關的措施依然百廢待舉：

- 沒有成立真相委員會。
- 李登輝授權了一份關於二二八事件的正式報告，但沒有要求白色恐怖的部分。
- 查閱政府檔案仍然有限制。
- 要求重審的法律上訴被駁回。
- 私人回憶錄和文件被銷毀。
- 沒收的財產並未歸還（顛覆罪的判決都是要沒收財產）。[19]
- 濫用職權者受到《國家安全法》訴訟時效的保障，無須承擔法律責任，也無法對他們提出損害賠償。
- 未訂立「除垢法」，該法將有權解除曾在專制政權下任職的現任官員的職務。[20]

另一個黃昭元沒有提到的轉型正義措施是「追繳」，也就是從加害者手中沒收他們不義取得的財富，這個在後來二〇一五年實行轉型正義計畫時扮演相當重要的角色。[21]

二〇一六年蔡英文競選總統時，將轉型正義列為重要議題。在二〇一六年一日二日的總統辯論會中，蔡英文表示：「我要落實轉型正義。我要整理並公開歷史的檔案，讓真相重見天日，撫平受害者心中的傷痕……」接著她提出了國民黨持有的黨產問題，民進黨稱這些資產為「不義之財」，主張應還之於民。[22]一九四五年之後，黨國及與之相關的人士，獲得了台灣大量財產的所有權，包括日本殖民時期個人或機構所屬的財產。國民黨政權後來還沒收了戒嚴時期被判處顛覆罪的人民所擁有的私人財產。利用這些積累的資源，國民黨建立了新的企業，例如電視台，並成立投資公司來管理這些財產。

結果，國民黨一直是世界上最富有的政黨。但在民進黨的施壓下，國民黨意識到自己的資產已經成為一種政治包袱，於是它開始脫手，將一些財產歸還給政府，並處理掉一些事業。根據國民黨自己的資料，其資產價值從二〇〇〇年的六百多億新台幣（約合一八．九億美元）降至二〇一五年底的一百六十六億新台幣（約〇．五二億美元），大幅縮水了七五%。[23]此外，國民黨也累積了大量負債，例如其曾經承諾要給員工的豐厚退休金。[24]民進黨至今依然認為，這些資產和流向國民黨的收入，讓國民黨在競選期間具有結構性優勢。在競選辯論會上，蔡英文承諾「會追討不當黨產，我們會明訂政黨的收入來源，杜絕政黨投資營利事業，讓民主更深化，讓競爭更公平」。[25]

蔡英文二〇一六年勝選，民進黨成功在立法院贏得多數席次，這個局面創造出前所未有的機會，可以糾正過去的錯誤、營造公平的政治競爭環境。黨內一些人迫不及待想展開行動，首要任務之一，就是清除專制政權及其暴行的象徵，特別是蔣介石的銅像和半身像。但蔡英文在就職演說中，強調了和解：「新的民主機制要能夠上路，我們必須先找出面對過去的共同方法……追求轉型正義的目標是在追求社會的真正和解，讓所有台灣人都記取那個時代的錯誤。」她承諾在總統府成立真相與和解委員會，「用最誠懇和謹慎的態度，來處理過去的歷史。」在整理好事實紀錄後，預計在三年內完成調查報告書，並依此進行「後續的轉型正義工作」。蔡英文還說，政府將「挖掘真相、弭平傷痕、釐清責任。從此以後，過去的歷史不再是台灣分裂的原因，而是台灣一起往前走的動力」。[26]為此，立法院司法及法制委員會在二〇一六年六月底初審通過《促進轉型正義條例草案》。

然而，立法院的民進黨黨團希望優先處理國民黨的黨產。[27]二〇一六年七月，民進黨推動通過了《政黨及其附隨組織不當取得財產處理條例》（以下簡稱《黨產條例》），成立「不當黨產處理委員會」（以下簡稱黨產會）。[28]該法案將「不當取得財產」定義為：「政黨以違反政黨本質或其他悖於民主法治原則之方式，使自己或其附隨組織取得之財產。」[29]國民黨並沒有堅決反對該法案，願意將大部分資產捐給慈善機構。但其不願歸還「正當取得的辦公室及用於支付人事費用的資金」，並要求大法官釋憲，確認該法案是否違憲，大法官於二〇二〇年八月才做出判決。[30]

在民進黨老將顧立雄律師領導下的黨產會，想當然耳不會接受國民黨這番部分妥協的做法，努力要將國民黨據稱持有的任何資產歸還給政府，於是在二〇一六年九月二十一日下令凍結國民黨直接持有的資產，而國民黨為了能夠發放薪水和退休金，被迫向黨產會要求撥用款項的許可。此外，黨產會集中大量精力在國民黨的附隨組織上，像是中央投資股份有限公司、欣裕台股份有限公司（同樣也是投資公司）、中國青年救國團，以及中華民國婦女聯合會（簡稱婦聯會）。這些組織都是專制時期的黨國政權催生出來的；到了二〇一六年，這些組織與國民黨的關係變得沒有那麼近了，但是它們依然受到審查，其背景淵源成了黨產會凍結國民黨資產的依據，而國民黨的反擊做法是向高等行政法院聲請停止執行。

法院不意外的做出有利於國民黨的裁決，結果黨產會直接無視法院的命令，拒絕通知銀行解凍資產。[31] 黨產會還查封了其他十七處的財產，包括國民黨的智庫國家政策研究基金會，但這麼做不是因為掌握了證據證明上述財產為不當取得，而是因為早年政府於一九四〇年代末從日本人手中奪取資產後，國民黨於一九五七年至一九六一年間以「轉帳撥用」方式無償取得這些國產，並移轉給第三人獲利，黨產會判定為不當資產，處分追徵新台幣八．六五億元，國民黨拒繳，才因而遭黨產會查封多筆土地、建物。[32] 國民黨再次提出訴訟，許多黨產案件遭行政法院停止執行。截至二〇二〇年三月為止，大多數黨產案件仍卡在行政法院，追徵金額累計達七百六十億元。[33]

可想而知，國民黨自認是民進黨的死敵，所以黨產會不遺餘力的追討其資產，擺明是某種政治追殺。國民黨支持者認為，黨產會的作為已讓法治岌岌可危。《聯合報》一篇社論指出：「自（不當黨產處理委員會）開始運作以來，自以為凌駕於法律之上。它的行為完全無視正當程序與正義……黨產會的態度更令人吃驚，其以『舉證責任倒置』、『有罪推定』與『排除緘默』等手段，無視正當程序，為所欲為。」[34]前總統馬英九指控：「黨產會橫跨行政、立法、司法三權，明顯有憲法上疑義；《不當黨產處理條例》的訂定也違反了無罪推定、不溯及既往、禁止個案立法，以及一事不再理等最基本法治國原則。」[35]

來自綠營的記者金恆煒在二〇一六年十一月的《台北時報》上稱，已經可以預知法院會判國民黨勝訴：

> 在黨產會凍結了國民黨的銀行帳戶後，國民黨向台北高等行政法院聲請停止執行。正如許多不了解法律糾紛細節的人所預測的那樣，法院判決國民黨勝訴。黨產會很可能會對此一裁決提出上訴，但勝算很小，因為台灣司法體系的現實是：國民黨幾乎掌握了法院……國民黨欺負台灣將近七十年。在這段歲月中，國民黨德不配位，像一個狂熱貪戀權力的怪物，極其所能的吞噬所有擋在它前面的一切，將之吸收成為自己的東西。它吸收了軍事人員、公務員、公立學校教師和情報人員，並控制了

法院和許多民間團體。[36]

對金恆煒來說，最關鍵的因素是體制內的權力，而非法治。民進黨立委管碧玲對此表示認同。她指責法院竟然「漠視社會公益」，一再拖延不斷累積的黨產案件判決。她建議黨產會要「硬起來」向大法官喊話。[37]

不過金恆煒跟管碧玲都錯了。二〇二〇年八月，大法官對黨產會訂定的關鍵條款做出了有利判決。大法官宣告《黨產條例》合憲，其規範政黨財產禁止移轉等事項，既沒有違反憲法權力分立等原則，也沒有剝奪政黨賴以存續、運作的財產。結果輪到國民黨怪司法機關有政治偏見了：「大法官當初在民進黨立委護航下通過，所以國民黨對於釋憲結果一點也不意外。」聲明更表示：「大法官會議已經淪為民進黨的附隨組織。」[38]

黨產會追討國民黨黨產的行動也顯現了幾件很諷刺的事。第一，國民黨確實相對容易受到針對，但其實它也有辦法在一定程度上利用常規法律來自我保護。如果黨產會真的有不法情事，怎麼可能只追回國民黨全部黨產的鳳毛麟角；如果真有串通檢察官，那麼追回的財產應該會更多才對。第二，追回的財產充公後，受益者會是政府，過去因國民黨濫用權力而受害的民眾則無法拿回他們的財產。除非政府擁有或占有的某項財產有辦法追溯到原物主，才有可能歸還，大多數情況下皆因年代久遠、文件資料太少而變得不可能。[39]第三，國民黨實際上仍在二〇一八年十一月的地方選舉中取得重大勝利。國民黨一直擔心自己不再具有競爭力，而民進黨也期盼他們能夠公平競爭。但結果顯示，國民黨並沒有被查封財產導致收入減少的窘境所困住，反而還在這些選舉中獲勝，其主因是，公眾對蔡政府未能解決包括轉型正義等棘手問題感到相當不滿。國民黨自己後來也成功實施募款制度，並取得良好成果。[*][40]

## 回到正題談正義：適用範圍和合法性問題

蔡政府優先處理國民黨黨產問題，直到二〇一七年年中才回到轉型正義的核心問題上，但在這之前也不是完全沒有作為。二〇一六年六月，隸屬國家發展委員會的檔案管理局曾要求政府機關整理檔案，並移轉相關檔案，二〇一七年二月行政院批准了這項要求。[41] 面對民間團體要求政府更積極行動的抗議，蔡總統在二月下旬宣布，將解密所有與二二八事件相關的

* 譯注：不過依譯者搜尋資料後的了解，其實國民黨的募款狀況自二〇一七年實施以來，成果並不理想，為了提高繳納意願，內部甚至提出修正案，降低了部分公職人員的募款責任額。相關新聞請參見：https://www.cna.com.tw/news/aipl/202011180284.aspx；https://www.chinatimes.com/newspapers/20200405000373-260118?chdtv。

文件，並表示將向國家檔案局移轉近一百萬份的文件。[42]她在公開致詞中重申揭露威權時期濫權的目標，並承諾以最謹慎的態度來處理二二八事件責任歸屬的問題。[43]但抗議人士對這份表態並不滿意，五月的時候他們遊說立法院院長蘇嘉全，要求重啟停滯不前的《促進轉型正義條例》立法事宜，[44]該法案終於在二〇一七年十二月五日三讀通過。

《促進轉型正義條例》明定將設置「促進轉型正義委員會」，促轉會委員共九人，其任務有四：開放政治檔案，清除威權象徵，平復司法不公，以及提出有關威權統治時期歷史的完整調查報告。*威權統治時期涵蓋的時間為一九四五年八月十五日二戰日本宣布投降起，至一九九二年十一月六日外島解除戒嚴為止。促轉會於二〇一八年四月初成立，**由德高望重的黨外人士、民進黨元老黃煌雄擔任主任委員。但立法剛通過不久，其支持者就開始爭論前三項任務的優先順序。[45]

對八十四歲***的社團法人台灣戒嚴時期政治受難者關懷協會榮譽理事長蔡寬裕來說，當務之急是釐清歷史，「……最重要的是，我們政治受害者非常希望在晚年能看到過去判的罪被平反。」[46]

對《台北時報》評論人士金恆煒而言，最該優先處理的是清除「威權象徵」，特別是政治色彩濃厚的街道名字，以及蔣介石的雕像和紀念碑。據調查，全台灣共有一〇八三尊蔣介石銅像。他抨擊政府兌現承諾的決心不夠，也不相信那些不可行的藉口，例如會花很多錢，或是人民不希望他們熟悉的街道被改掉等等。他認為，這些問題在於「民進黨是否會退縮，變成說一套做一套，或是否有勇氣繼續推動執行。……專制的黨國已不復存在，唯一剩下的是它的符碼。如果國家無法消除這些符號，又怎麼有辦法擺脫它們所代表的威權體制呢？」[47]

一碰到要追究加害者責任，就有支持轉型正義的人立刻跳出來呼籲，復仇不是推動轉型正義的動機。[48]二〇一七年十二月九日《自由時報》一篇社論嚴正指出：「台灣沒選擇清算鬥爭的路數，而選擇真相和解的途徑，那就要讓真相盡其可能的水落石出，當過去的黨國附隨面對陽光脫胎換骨為民主公民，我們的國家才有機會加速和解，歷史的傷口才會綻放出芬芳的鮮花。」[49]新竹教育大學****退休副教授張國財認為，加害者最起碼應該要認罪。他寫道：

* 譯注：依據《促進轉型正義條例》第二條，規劃、推動下列事項：一、開放政治檔案。二、清除威權象徵、保存不義遺址。三、平復司法不法、還原歷史真相，並促進社會和解。四、不當黨產之處理及運用。五、其他轉型正義事項。條例第十一條則注明，應於二年內就第二條第二項所列事項，寫成總結報告交給行政院。細項可參見：https://law.moj.gov.tw/LawClass/LawAll.aspx?pcode=A0030296。

** 譯注：精確來說，四月七日行政院公布九位委員提名名單並送交立法院審查，五月三十一日促轉會正式掛牌成立。

*** 譯注：蔡寬裕出生於一九三三年，現年（二〇二二年）已八十八歲。

**** 譯注：原文National Hsinchu University，應為National Hsinchu University of Education之誤植，即國立新竹教育大學。該校於二〇一六年十一月一日與國立清華大學正式合併。

德國的轉型正義之所以成功，背後可以看到「知錯」、「認罪」的民族性，也就是說德國人有「恥」的文化！一個國家沒有「恥」的文化，人民被奴役欺壓就不懂得反抗，甚至於打落牙齒和血吞還選擇噤聲。[50]

如前所述，追究加害者時面臨的主要障礙是《國家安全法》第九條，即無條件承認軍事法庭在戒嚴時期做出的判決，除特殊情況外，一律禁止任何上訴。[51]《促轉條例》起草者試圖規避這項規定，讓促轉會委員有權聽取那些認為自己受到不公正定罪者的上訴，著手調查判決，並在有充分理由的情況下撤銷原來的判決。促轉會委員亦有權對侵犯人權的罪犯定罪，並在確認其身分之下對其判刑。

但接下來的問題是，所謂的**犯罪**的定義（「違反自由民主憲政秩序」的行為）是否太過模糊；促轉會在執行調查和司法職能時，所遵循的程序是否完備；其所調查的罪行時效，是否仍在可追溯的範圍內，以及促轉會可以施加什麼樣的懲處。[52]前總統馬英九對此再次出言批評，這項立法違反了無罪推定、法律不溯及既往等法治基本原則。[53]

國民黨會拒絕出席促轉會召開的會議也就不足為奇了。國民黨發言人洪孟楷表示：「促轉會是凌駕憲政五權分立結構上的怪獸，有嚴重侵犯人民財產權和隱私權等基本人權之虞，在大法官完成釋憲程序之前，國民黨不願意為一個違法違憲的黑機關單位背書。」[54]

## 務實的做法與嚴重的錯誤

促轉會自二〇一八年五月二十一日開始運作後，就選擇不去碰觸如何處理加害者這類棘手的問題，反而將重點放在爭議較小的任務上。首先，它收集整理與轉型正義相關的文件，大多數的政府機關都參與協助解密這些文件，包括法務部調查局，以及持有台灣警備總司令部檔案的軍事機關。這一切的努力成果是建立了一個線上資料庫，收錄了近一萬名威權時期受害者的法院檔案。這個供民眾搜尋閱覽的資料庫所登錄的受害者數量驚人，甚至也找得到當年參與受害者審判的軍官名字。[55]然而也有許多單位堅決反對解密。二〇一八年八月，促轉會要求國民黨在一個月內，交代有關二二八事件和白色恐怖的政治檔案的去向，國民黨拒絕配合，理由是時間太過倉促，缺乏人手協助完成檔案盤點。[56]

促轉會碰到更麻煩的狀況是，有二十一件相對較近期發生的政治案件檔案難以取得，包括一九七九年十二月的美麗島事件和隨後的逮捕事件、林義雄母親與女兒的血案，以及陳文成案。這些案件的相關檔案分別落在國家安全局、國防部、法務部調查局以及內政部警政署手中，而且各單位都聲稱檔案列為「永久保密」。最終，林義雄滅門血案的檔案有移交出來，陳文成命案的相關檔案也將由國史館出版。二〇一九年十二月，一些與高雄事件相關的情報文件被解密，但沒有對外公開。二〇二〇年五月，有關陳文成受監聽的報告出爐，但依然有更多內情還待揭露。[57]

促轉會依職權撤銷了一些白色恐怖時期入獄者的有罪判決。二〇一八年十月平反了第一批受難者共一、二七〇人；二〇一八年十二月又平反了一、五〇五人；二〇一九年五月則有二、〇〇六人。[*]最後一批平反名單中，包含了一九六〇年代，不斷大力批評當局而為政府所不容的國民黨自由派人士及新聞出版人雷震；也有因美麗島事件入獄的《美麗島》雜誌相關人士，像是呂秀蓮、陳菊、姚嘉文、黃信介，以及施明德。這三波獲平反的人共有四、七八一人，只占了已獲政府金錢賠償但未獲平反的約一萬三千名白色恐怖囚犯的三分之一多一點。[58]

但就在第一批有罪判決撤銷公告出來之前，轉型正義執行任務的合法性就因其副主委張天欽律師的行為而受到嚴重打擊，張天欽也曾擔任過大陸委員會副主委。[59]這個事件跟侯友宜有關。侯友宜大半輩子都在警察部門工作，曾任新北市副市長，二〇一八年是國民黨十一月地方選舉的市長候選人。同年八月底，在轉型正義的內部會議上，張副主委說，侯友宜是「是轉型正義最惡劣的例子」，沒有拿他的案子來操縱輿論對付他，很可惜。他特別要求與會人員想辦法以正在研擬的「除垢法」來對付侯友宜，並獲取政治利益。張天欽還將促轉會比擬為明朝的祕密警察和特務機關「東廠」。不幸的是，一名促轉會副研究員將張天欽的談話錄音洩露給媒體，引發公共議論。如果有人要批評蔡政府的轉型正義計畫就是某種政治報復，張天欽的這番發言給了他們最有利的把柄。[60]

在多次正式道歉之後，張天欽辭職，隨後不久，促轉會主委黃煌雄也辭職了。二〇一八年底，國民黨立委提出了廢除促轉會的提案，但由於民進黨占立法院多數席次而失敗，國民黨又試著在隔年一月初削減促轉會經費，結果也沒有成功。但從這一連串的大動作大概也可看出，如果國民黨在二〇二〇年立委選舉中重新獲得多數席次，可能會再捲土重來。[61]

二〇二〇年二月，適逢二二八事件七十三週年紀念，促轉會在網站上公布目前收集到的白色恐怖時期案件紀錄，被視為一個重要的里程碑。公布的資料中包含了參與案件的政府官員名字。[62]然而，這只是進展的一部分。在二二八事件紀念儀式上，蔡英文宣布，她已下令國安局在一個月內解密促轉會要求的政治檔案。[63]

＊　譯注：促轉會一共發布四次有罪撤銷公告，除了前面所列的三次，還有一次是在二〇一九年二月，共一、〇五六人。

## 評價

原則上，若構想得當，轉型正義既可以穩固台灣社會，也能加強民主。在台灣，有一大群台灣人和中國人，都因國家濫用權力而受到傷害，這些人被冤枉、定罪、監禁，被剝奪財產，有時甚至遭到不公正的處決，人生毀於一旦。理論上，國家根據客觀調查，依職權糾正這些錯誤，為侵權行為道歉，公開政治檔案，並提供相應程度的賠償，似乎滿合理的。平反受冤者，讓他們恢復名譽，可以促進社會與政治的和解。

廣義來說，民進黨的轉型正義採納了拉丁美洲和東歐前專制國家轉型正義的許多元素，但這些國家當中的許多案例牽涉到大規模的政權更迭，甚至消滅了前執政黨，跟台灣的狀況很不一樣，台灣比較偏向政權轉型。在台灣，過去不公義的始作俑者、前執政黨國民黨，願意在外界壓力之下，開始轉型走向民主，恢復公民權和政治權利，恢復法治，實行一些溫和的轉型正義措施。[64]這個黨依然健在，而且依然得到民眾的支持，這從定期選舉得勝的結果就可知一斑。

這種政權更迭與政權轉型的差別，可能導致民進黨在推行轉型正義時變得更為謹慎，一直在調整適合台灣社會民情的方式。然而，二〇一六年的勝選結果讓負責推行轉型正義的黨內高層得意忘形，無視潛在的阻礙，繼續勇往直前。

他們所犯的第一個錯，就是高估了民眾對轉型正義的支持度。二〇一七年底的台灣選舉與民主化調查顯示，只有一．九％的受訪者認為轉型正義是蔡英文應該優先處理的議題；只有三．五％的人認為這是第二優先的事項。年齡差異對回答結果影響不大，教育程度則影響大一些。但最高也只有不到六％的人認為這是一個重要優先的問題。而認為這是第一或第二重要議題的受訪者中：

- 二十歲至二十九歲之間的人占六．二％。
- 三十歲至三十九歲之間的人占四．〇％。
- 四十歲至四十九歲之間的人占三．七％。
- 五十歲至五十九歲之間的人占六．九％。
- 六十歲以上的人占六．七％。

由此看來，只有在最年輕和最年長的族群裡，有較多人認同轉型正義是首要問題。若以教育程度來看，受過小學或技術學院教育的人中，只有不到三．二％的人認為轉型正義是第一或第二優先的問題；而受過國、高中或大學教育的人中，只有五．四％至六．九％的人認為如此。

為什麼支持度會這麼低迷呢？其中一個原因是，其他問題像是經濟成長、兩岸關係、教育政策等，對一般公眾來說更為重要。另一個原因是，大多數的政治迫害都發生在很久以前，今天很多台灣人在當時都還未出生，這種時代差距很可能拖慢了轉型正義的推動。第三個原因是，今日的國民黨已經不是一九五〇年代和一九六〇年代的殘酷黨國，而其讓經濟起飛的功勞，仍頗受一般民眾認可。

這些歷史現實讓民進黨人在推動轉型正義的進展時困難重重，而這些人同時也將過去視為當代政治鬥爭的武器。對他們而言，一九九〇年代是最美好的年代，因為事件的記憶仍歷歷在目，許多受害者也都還在世。但那段時間仍是國民黨掌權，其控制了轉型正義的步伐和範圍，在在都讓運動人士寄望於二〇一六年的勝選，希望趁國民黨士氣最弱的時候推動轉型正義。不過，這麼積極的仍是少數，大多數人依然不認為這是要優先處理的議題。政治的改革動力通常來自少數的積極份子，但在台灣，像轉型正義這類議題，如果能得到更廣泛的人民支持，也許會更好。

其次，身兼民進黨黨主席的蔡英文總統，看來作風較為保守，強調推動轉型正義的目標，是追求真正的社會和解以及尋求真相。（她在就職演說中公開宣示，要「挖掘真相、弭平傷痕、釐清責任」。）[65]但立法院中的民進黨黨團則更加野心勃勃，其大刀闊斧，從國民黨黨產與附隨組織下手。直到二〇一七年底，轉型正義全面性的立法才剛通過，其中一項包含授權清除威權象徵，這個問題尤其具爭議性。[66] 究竟應以哪個任務為優先，其實內部並沒有共識，深綠媒體《自由時報》也直言批評了蔡英文第一任期的表現：「從受難者家屬的角度，所訴求『真相、懲凶、和解』這三個程序正義，也還停留在真相釐清的層次。」[67]

再者，那些推動轉型正義的人，本可以對任務優先順序有更好的安排，努力讓大眾和國民黨相信，民進黨不是要獵巫，而是要促進真正的政治和解。蔡英文總統似乎更偏這個走向，但她的黨太想要將國民黨黨產列為第一個目標。嚴格來說，這個議題已經超越轉型正義，而是要追求一個公平的政治競爭環境。國民黨黨員認為民進黨要摧毀他們的這種想法也是情有可原，因為當時國民黨剛歷經選舉大敗，士氣正弱。而且，黨產會被人批評不僅針對參加競選的國民黨，竟連沒有參與選舉的附隨組織也不放過。民進黨一直認為國民黨的黨產為該黨提供不公平的選舉優勢，其實這在很大程度上只是民進黨的一套說詞，並沒有什麼實證可以支持。

民進黨應該也有意料到，國民黨在黨產被民進黨奪走之後，會狗急跳牆。而且立法院賦予了黨產會體制外的調查權和司法權，國民黨也必然不會放過，一定對黨產會提起法律訴訟。二〇二〇年八月大法官釋憲的結果，可能為黨產會帶來了些曙光，但過程中已經浪費了不知多少時間。

轉型正義的推動過程之所以這麼曲折，很多是民進黨採取的策略，但在戰略上仍有個敗筆：民進黨的推動方式反而讓政體更加分裂。轉型正義的核心目標之一是和解，所以應該要做的事情是彌合造成社會分裂的鴻溝，而不是加深這些鴻溝，尤其分裂會帶來更多問題，台灣現在就是面臨這個狀況。中華人民共和國想要掌握台灣的未來，這是個攸關生死存亡的挑戰。要能應對這樣的挑戰，就需要民眾和政黨的團結。要實現這種團結，國民黨和民進黨就必須各退一步，而且國民黨必須更明確承認中國確實是個威脅（這個問題在後面章節會有更詳細的論述），民進黨則必須了解到，現在推動轉型正義的方式會讓國民黨害怕。

如果不正視中華人民共和國對台灣的威脅，就會忽視了北京試圖形塑和牽制台灣未來的各種動作。就像有些綠營人士也說，繼續以歷史控訴國民黨，認為國民黨是今日中共的統戰工具，這種說法有點言過其實。無論是有意還是無意，在台灣內部繼續加深這些分裂，都只是稱了北京的意。前國民黨官員胡文琦最近寫道：「無論人民是支持還是討厭民進黨，兩千三百五十萬台灣人就是在同一艘船上，就是生命共同體。唯有先停止國內的鬥爭，才能應對外部的威脅。」[68]一個分裂的台灣，也是脆弱的台灣。

# 第七章
# 北京的對台野心

台灣面臨很多問題：高齡化、經濟日益成熟卻缺乏自然資源、過去的政治留下許多問題、充滿各種內政難題。但其他特徵類似的國家也是這樣，重大目標往往經常彼此衝突。台灣真正獨特的困局來自中華人民共和國。該國政府一直想統治這座島嶼和住在上面的人民，北京的野心一旦成真，台灣的法律地位和人民的許多生活方式將徹底改變。[1]台灣會從一個自稱的主權國家，變成中華人民共和國的一省，政治制度也會變得更不民主。因此，中國因素把台灣的困境拉高了一整層，使台灣制定政策變得更困難。從一九八〇年代以來，許多台商的確在中華人民共和國找到致富機會。但人民解放軍在一九九〇年代末之後也陸續增添了先進軍備，並在二〇一〇年代改革體制，如果改革成功，北京就更有能力打下台灣。也許戰力愈來愈強的解放軍永遠都不會上戰場，但它光是存在，就改變了台灣領導人與台灣人民對中華人民共和國政治野心的看法。

## 統一的理由

中國共產黨在一九四九年十月建立中華人民共和國政權時，就宣布了要解放台灣。這麼做的動機之一，是希望新中國的疆域回到一六四四年至一九一一年清朝時期的幅員，收復台灣、西藏、新疆等地。另外則是希望擊敗過去二十年來大部分時間都在戰鬥的宿敵：撤退到台灣的中華民國政權。中華人民共和國希望台灣人民和國際社會都接受台灣是中華人民共和國的一部分，將台灣納入中華人民共和國的政治與行政體系。[2]最後，解放台灣的背後還有一種幾乎長達三百年的戰略思維。[3]十七世紀中葉，滿洲人擊敗了明朝，建立大清，逐步占領如今所謂中國大陸的核心省份，然後把注意力轉向台灣。台灣在那之前都不算是中國的領土，但南明政權被擊敗後逃到台灣，清帝國在一六八三年消滅南明的頑黨之後，占領了這座島嶼上的關鍵地點。

此時清廷也開始討論要怎麼處理這塊新領土。某些官員認為繼續控制這塊邊疆地區只會帶來更多麻煩；施琅將軍等人則認為，西方人當時以西班牙語稱為福爾摩沙的這個地方擁有戰略價值，可以當成中國大陸的保護傘，更能阻止外國勢力占領台灣並藉此威脅中國。皇帝接受了施琅派的說法，將台灣劃為福建對面的一省，從此閩粵兩省的漢族人逐漸來到台灣，從涓涓細流逐漸長成滔滔洪水，將原住民同化或趕進山地。那些一開始只是為了平定台灣叛亂的行動，最後都變成了在擴張中華帝國。在一八八七年日本和法國先後威脅要占領台灣之後，台灣已經完全成為中國的一省。一八九五年，日本戰勝中國之後要求割讓台灣，清廷簽訂合約，施琅的夢魘開始化為現實。

時間跳到一九四〇年代初，當時二戰打到一半，中華民國政府已經在一九一一年繼承了清帝國的統治權，也承認了台灣是日本的殖民地。但美國對日宣戰之後，中國的勝算愈來愈大，覺得似乎可以收復失土。自一九二八年以來一直領導中華民國的蔣介石，這時搬出了施琅的舊戰略，要求日本歸還台灣與滿州的東三省，讓中國能利用這些省份來保衛本土。小羅斯福（Franklin Roosevelt）自己也基於同樣具有戰略意義的理由，而主張日本歸還台灣，他在一九四三年底決定支持台灣回歸中國，並在一年之後的開羅會議上簽訂相關宣言。[4]一九四五年秋季，二戰結束後，中華民國的文官武將從日本手中接管台灣。當時國際上的看法是，同盟國將與日本談判簽訂和約，和約內容包括日本放棄台灣與附屬島嶼的主權，將其移交給統一的中國。

但這種看法沒過多久就出了問題，毛澤東領導的中國共產黨在內戰中勝利，占領了中國大陸，建立中華人民共和國政府；蔣介石的中華民國政府和戰敗的軍隊則逃到了台灣。於是自稱代表中國的政府從一個變成了兩個，如果毛澤東要擊敗對手蔣介石，消滅中華民國政權，成為國際社會唯一承認的中國政府領導人，就必須設法讓國民黨政權投降，或者直接讓解放軍占領台灣。但一九五〇年，北京已經開始準備進攻台灣的時候，金日成卻入侵了南韓並與美國發生衝突，解放台灣的大業只好延後。

韓戰還帶來另一個麻煩。一九五〇年六月二十七日，金日成入侵南韓兩天之後，杜魯門政府發布聲明，下令美國空軍與海軍協防台灣。這份聲明宣稱：「台灣未來之地位，必須等待太平洋地區安全重建，對日和平問題解決，或經過聯合國考慮後，再做決定。」[5]在那之前，美國都支持台灣屬於中國；但杜魯門卻宣稱台灣的法律地位尚未決定，這實際上等於宣稱美國協防台灣不是在干涉中國內政，而是在維護國際和平與安全。[6]北京政府和台北政府都堅決反對這種立場，因為這兩個政府少數的共識之一，就是台灣已經回歸了中國。

韓戰另一個牽制中國的後果，就是讓美國的國家安全戰略更著力於圍堵共產主義擴張。美國因此增加了對台灣的軍事支持，並在一九五四年的《中美共同防禦條約》中達到高峰，該條約明定，只要台灣受到攻擊，美國就會出手協防。[7]因此，中華人民共和國一開始有三個理由要統一台灣：第一是擊敗國民黨政權；第二是強調台灣是中國領土，只有中華人民共和國能合法統治；第三是結束美國干涉中華人民共和國內政。

一段時間之後，北京又額外提出了兩個理由。一個是台灣的持續分裂妨礙了中華人民共和國成為世界大國，中國國家主席習近平在二〇一九年一月二日發布對台政策的重要演講，認為「台灣問題因民族弱亂而產生」。[8]解決台灣問題，兩岸統一是「國家強大、民族復興、兩岸統一的歷史大勢，更是任何人任何勢力都無法阻擋的！」[9]習近平說的「勢力」當然是指美國，台灣問題對他的代表性政策——復興中華民族的大業，顯然比以前更重要。

第二個統一理由則是，愈來愈多人注意到台灣的地理位置對中國大戰略很重要。北京盤古智庫的中華人民共和國學者胡波認為，大國崛起時都得先建立本土優勢，中華人民共和國需要的本土優勢就是支配近海，盡量掌握第一島鏈從日本、琉球、台灣、菲律賓，一直延伸到澳洲的海域。根據胡波的觀點，中華人民共和國之後若想成為海權強國，統一台灣就非常重要。「如果中國依然無法決定台灣的前途，那麼任何海權的雄心都最終是巨大的肥皂泡。」

更直接的是，胡波認為守衛中國就需要掌握台灣。他和施琅、蔣介石一樣，認為「對於中國而言，台灣還是防護大陸沿海的天然屏障，是保護海洋交通線的理想支點，是中國海軍突破島鏈封鎖，向太平洋和印度洋延伸的一把鑰匙，戰略位置極為重要」。他認為中華人民共和國最大的威脅來自外界，因此必須確實掌控台灣：「台灣一旦落入他國之手，將會使中國建立強大海軍的前途變得愈發黯淡。」這裡的敵方當然也是指美國。施琅的觀念精髓至今仍在。[10]

## 如何統一：一國兩制

北京政府堅持最初制定的統一台灣目標，但究竟要如何統一？要武力征服還是和平說服？如果要以武力統一，在美國可能（甚至肯定）會協防台灣的前提下，解放軍的能力真的足以打下台灣嗎？如果想說服台灣接受統一，又有哪些基礎可供雙方建立都能接受的方案？中國能提供哪些誘因，讓台灣更願意達成共識？北京有多急著解決兩岸問題，而拖延是否會產生無法接受的風險？中國對這些問題的答案全都會影響台灣的求生之道。

毛澤東宣布，統一台灣是為了讓國內順利轉型，因此必須保持靈活和耐心。一九四九年後，解放軍無法拿下台灣，而美國宣布協防之後，這個目標又變得更困難。到了一九七〇年代，中華民國與中華人民共和國之間開始冷戰，和平協商的解決方式自然也不可能被認真看待。這段時期，中共定期喊話要「和平解放」台灣，但毫無效果。這可能也跟之前北京的慘劇有關，中共在一九四九年二月包圍北京的時候就說要「和平解放」，結果卻切斷了所有交通，餓死當地人民，逼當地統治者投降。[11]有了這樣的先例，要吸引台灣和談就更難了。

但一九七〇年代的幾項重要發展改變了兩岸局勢。首先，中華人民共和國逐漸壓低中華民國的國際地位。一九七一年，北京取代了台北，變成聯合國裡的中國；之後開始不斷和世上大部分國家，包括某些之前和中華民國有官方往來的國家建交。其中最重要的就是美國，美國在一九七九年把建交國家從台北換成北京，然後終止了《中美共同防禦條約》。美國在那之後依然有著協防台灣的曖昧承諾，但只剩下了政治承諾，不再有法律地位。到了最後，中華人民共和國逐漸在各種國際組織，例如世界銀行、國際貨幣基金，以及聯合國轄下的各專業組織中，取代了中華民國。台灣在一九八〇年代初已經被國際社會邊緣化。

其次，中華人民共和國的經濟政策在一九七八年底大翻轉，不僅開放外商投資，經濟成長戰略也改為出口導向。不久之後，台商就引進資本、技術、管理，雇用了大量員工，深入協助大陸發展，其中某些公司製造的還是蘋果（Apple）、戴爾（Dell）的零件。於是從中共執政以來，台灣與中國的利益終於開始重疊，雙方未來也可能因此進一步融合。中國領導人希望，兩岸經濟互相依賴之後，會有愈來愈多台灣選民想與大陸交好，這樣政治上就更容易統一。

第三，在一邊封死許多台灣邁向國際社會的道路、一邊向台商敞開大門之後，中國領導人如今直接向台灣領導人喊話。北京捨棄了帶有暴力意義的「**解放**」或「**和平解放**」，改以「和平統一」來描述統一。這意味著中國愈來愈相信他們的領導人可以說服台灣領導人以北京的條件結束兩岸分裂。

中華人民共和國也為此定義了一些相關詞彙，逐步規劃中央政府在統一之後和台港澳之間的關係。[12]這就是「一國兩制」的基礎，所謂的「兩制」不是政治制度，而是社會主義和資本主義經濟制度。

一九九〇年的《中華人民共和國香港特別行政區基本法》把一國兩制寫得最清楚。雖然香港是英國殖民地，中華民國則是另一個對立的中國政府，但中共認為兩者都適用一國兩制。因此，只要把香港的規定加上一些合理的猜測，就可以知道許多一國兩制套用到台灣之後的改變：

- 台灣會變成中華人民共和國的特別行政區。中華民國會消失，整個台灣都會改掛中華人民共和國的旗幟。
- 台灣特別行政區在政治和行政上都從屬於北京的中央政府。
- 某些台灣人認為台澎地區不屬於中國，未來的台灣不會承認這種說法。
- 台灣的外交與國防將交由北京的中華人民共和國政府掌控。北京政府將決定台美關係的規模與方向，這也表示不會再讓美國利用台灣對中國投射力量（power projection）。
- 北京方面聲稱，這些變化不會影響到台灣人的經濟與社交生活。
- 北京的中華人民共和國政府將根據「高度自治」原則，讓台灣人自己管理台灣內部事務。

- 根據最初的範本來推測，台灣人的公民權利、政治權利會繼續受保障，也會繼續保有法制和獨立司法體系。但台灣的政治領袖和政治勢力不能主張台灣在法律上獨立，而且北京有權判斷怎樣算是聲稱這類獨立。此外，台灣的選舉制度會改成讓主張台獨的人無法獲得最高行政職，反對一國兩制的政黨無法在立法院獲得多數席次。

不過這些推測都源自於香港的一國兩制規定，以及北京官方在解說通用的一國兩制如何用在台灣時的說法。中華人民共和國的政府官員多次放出風向，表示台灣的一國兩制條件會比香港更有利，但從未說明具體細節。尤其沒有說明台灣的武裝部隊會不會解散，將負責哪些任務；也沒有說明解放軍會不會駐紮在台灣。[13]不過根據北京政府在二〇一九年香港抗爭時，以維護國家安全的名義加強管控香港政治的反應來看，台灣的一國兩制所保障的公民權利和政治權利，應該會比香港在一九九七年回歸中國時更少。

中華人民共和國領導人在制定這種「中國特色的地方自治」時，似乎認為這是根本解決台灣問題的最佳可行方案。他們認為光是靠兩岸從一九八〇年代開始的經濟相互依存，以及大多數台灣人都跟中國人同文同種，就足以在物質和心理上讓台灣不再聲稱自己是中國的敵對政府。他們希望一國兩制在香港的成功，可以對海峽兩岸產生積極的示範作用。此外，中共領導人也希望國民黨領導人能夠自願接受這種讓他們不滿意的統一條件。

當時國民黨領導人的確基於意識型態、歷史、自尊而反對一國兩制；但這些人都來自大陸，具有強烈的中華民族認同，北京相信他們總有一天會同意。而且雖然模式和一國兩制差很多，但國民黨在一九九〇年代也宣稱追求統一。此外，中共制定一國兩制模式的時候，台灣還在國民黨的專制統治之下，國民黨領導人可以自己決定要不要跟中國統一，也有權力在台灣落實統一協議。簡而言之，北京領導人知道達成協議需要時間，而且如果想拿到北京想要的條件，可能就得對台北施壓；但正如中文所謂的「瓜熟蒂落」，當力量的平衡對北京有利到某個程度以後，台灣的領導人就會意識到局勢轉變而接受協議。

可惜中共領導人想像的甜瓜沒有掉下來。這四十多年來，小蝦米通常都打贏了大鯨魚。許多國際因素都對台灣有利，其中重大因素之一，就是美國在雷根上任之後重新開始保護台灣安全。而且蘇聯瓦解之後，中國的國際戰略價值跟著降低，華府不再需要像以前那樣在台灣問題這類敏感議題上對中國打保守牌。此外，蘇聯瓦解創造了一個尖端武器的買方市場，而台灣開始利用這點爭取自己的利益。

但讓中國的統一大業幾乎毫無進展的最重要原因，其實是台灣在一九八〇年代末至一九九〇年代初，從強硬的威權體制走向了完全的民主體制。這讓更多人開始參與政治，也讓新觀念開始傳播，社會開始思考台灣究竟是什麼樣的存在，要與中國及國際社會維持什麼樣的關係。這實際上讓台灣人民坐上了協商兩岸未來的談判桌。台灣內部一直都在激辯兩岸要維持什麼樣的關係，中國因素也一直是台灣政治中最重要的問題；[14]但各方人馬都有一項共識：不要以北京的條件和中國統一。國立政治大學選舉研究中心在二〇一九年三月的民調顯示，七九%的受訪者拒絕一國兩制，只有一〇．四%的受訪者接受。[15]中華人民共和國想以和談方式統一台灣的成功率滑落了一大截，之後一直沒爬回來。

從北京的角度來看，台灣民主化還帶來另一個麻煩。自一九九四年起的十多年來，中華人民共和國一直擔心李登輝與陳水扁會讓台灣走向獨立。無論這是不是杞人憂天，中華人民共和國政府都認為北京的利益和統一大業已受到挑戰。因此用北京的話來說，它暫時停止宣揚統一，開始轉向反對台獨。[16]蔡英文上任後，中華人民共和國仍採取一樣的態度。

## 中華人民共和國恐懼之物

其實北京擔心的並不是台灣領導人會在未來某年某日正式宣布法理獨立，而那一天從此就成了台灣獨立紀念日。他們一直相信台灣領導人很聰明，不會這樣莽撞的直接挑釁。北京擔心的是更廣泛的整體局勢。

北京的擔心其來有自，在一九四九年後，就有一小群旅日的台灣人主張建立台灣共和國，一九六〇年代初也有一群旅美台灣人做過類似的事。[17] 到了一九六四年，推動民主與台獨的彭明敏試圖在台北發表台獨宣言，讓北京更加擔心。雖然彭明敏之後被判入獄且隨後被軟禁，但後來逃到了美國，在美國出版回憶錄《自由的滋味》並試圖推動台獨。[18] 後來台灣逐漸轉向民主時，反對黨民進黨也將建立台灣共和國定為目標，只是因為當時幾乎沒有民眾接受，後來才逐漸擱置。

台獨對北京來說有多可怕？乍看之下，北京似乎過度擔心。民調顯示，其實台灣人不太支援直接獨立，這點在下一章會詳細說明。而且即使民眾真的支持台獨，修憲的程序也困難重重。但從某些因素來看，北京害怕台灣走向獨立似乎還是有點道理。

首先，在中國領導人眼中，台灣的選舉結果並沒有顯示出某種程度的民意，只是政客利用妖言惑眾的技巧讓民眾支持空頭支票的結果而已。這些政客可能會操弄民眾的情緒，點燃台獨的熱火，在選舉中壓倒過去的民調結果和台灣人長期以來喜歡的維持現狀。

其次，中華人民共和國認定的「獨立」包山包海。就連李登輝在一九九〇年代中期試圖為台灣拓寬國際空間的行為，在他們眼裡也算是獨立，但李登輝本人明明一直聲稱自己要追求統一（只是統一的方式與北京的方案不同）。

第三，北京相信李登輝、陳水扁、蔡英文所做的一連串行為，是在默默製造一個個既成事實，逐漸實現獨立。這種做法會讓北京更難回應，而北京的決策者也因此把許多台灣發生的事件，包括在教科書中增加台灣內容、推廣台灣文化、減少中華文化、把某些機構名稱中的「中國」改成「台灣」等等，全都當成台灣在偷偷搞法理獨立的證據。此外，李登輝、陳水扁、蔡英文都說過台灣已經是獨立的主權國家，並不需要宣布獨立。這種說法會像第十一章說的那樣，在法律上有點麻煩，但卻可以迎合台灣人喜歡的維持現狀。當然，這在北京眼中無疑就是讓台灣走向獨立的話術。而最讓北京擔心的一件事，就是陳水扁曾在二〇〇八年總統大選的同時舉辦全民公投，問選民是否同意以「台灣」的名義加入聯合國。該公投以失敗告終，但如果通過了，中華人民共和國可能就會說台灣已經正式宣布獨立。最近中華人民共和國則是愈來愈擔心蔡政府正在逐步逼近修憲門檻，最後走向法理獨立。[19]

不過北京的擔憂，和民進黨內部的現實有一段落差。民進黨裡面的深綠陣營的確是台灣最疾呼獨立的一群人，但整個黨近年的作為其實克制許多。例如二〇一八年的地方選舉，黨內的台獨派提出了一項公投，問選民是否同意以「台灣」而非國際公認的「中華台北」參加奧運；但蔡英文並不支持這題，甚至因為沒有參加投票前幾天的造勢大會而激怒了支持者。此外，民進黨縣市首長之所以能維持支持度，多多少少也跟他們讓該縣市能繼續和大陸維持經貿往來有關。

我個人的看法是，其實民進黨的主流人士都知道不能台獨，但中華人民共和國領導人拒絕承認。北京一旦接受，它就必須承認民進黨，並找出新方法與之共存，這會讓它離統一目標愈來愈遠，讓台灣事實上永遠分離下去。所以北京必須一方面把民進黨妖魔化，另一方面把雙方共存的門檻拉高到民進黨無法接受。此外，在解決台灣這種問題的時候，中共實際上的掌控能力其實沒有它以為的那麼高。若想成功統一台灣，中華人民共和國就必須跟有共同目標的台灣勢力結盟，孤立那些不利於中共的台灣人、鎖死他們、防止他們壯大。畢竟找一個共同敵人來抹黑集火，是列寧式統戰策略的關鍵要素。

有些中華人民共和國人士擔心中華民國修憲之後走向台獨，但事實剛好相反，修憲程序是阻止台灣法理獨立的內建障礙。無論是要修改中華民國領土還是憲法裡的任何東西，提案時至少都得有四分之三的立委出席，並獲得四分之三以上出席立委的同意，最後交由公民投票，同意票的數量要超過選舉人的一半以上。這表示，修憲如果要成功，修改的內容需要獲得廣泛的人民共識。修憲規則一方面讓台灣很難像中國領導人擔心的那樣宣布法理獨立，另一方面也讓台灣不可能照著中國開出的條件接受統一。

中華人民共和國政府不僅批評台獨，也反對兩個中國。畢竟打從一九四九年以來，北京就一直在消滅中華民國的國際曝光機會，而且它也的確有理由擔心兩個中國或**兩岸永久性分離**。台北在一九七〇年代努力繼續留在國際社會中，自一九九〇年代之後則不斷試圖拓寬國際空間。中華人民共和國官員明白，美國在一九五〇年代末和一九六〇年代初曾推行過兩個中國政策；[20]而中華民國至今仍是國民黨，尤其是該黨大陸籍成員的信仰。[21]

## 馬英九的機會

對中國而言，二〇〇八年馬英九當選總統之後，說服台灣和平統一的機會增加了。[22]之前由李登輝與陳水扁帶來的種種困境，讓中國被迫先把心力轉向反對台獨，但馬英九的上任似乎表示北京可以重回統一正軌，推動終極目標。馬英九出生在大陸，是個中國民族主義者。一九九〇年代初任職於中華民國大陸委員會，參與了最初促進兩岸關係的活動。他肯定台灣的成功，但並不排除統一。他的政黨在二〇〇五年與中共達成共識，暫不討論兩岸最終結果，改以「和平發展」的方式逐步推進兩岸關係。在中華人民共和國眼中，馬英九當上總統，表示中國成功阻止了民進黨政府，把民進黨掃進了被遺忘的角落。

馬英九當選總統後，接受了九二共識，推動兩岸關係正常化、擴大化、制度化。九二共識是海峽兩岸都承認一個中國的含糊說法，但馬英九重新定義了這個詞彙，把一個中國等同於中華民國。當然，北京方面認為中華民國在一九四九年就滅亡了，但馬英九向北京保證他的意圖不會危及中國的根本利益。馬英九的整體策略，是讓北京在積極交往中更為有利，藉而防止北京以武力解決台灣問題。對北京而言，這也表示兩個政府可以從簡單的問題開始談，逐漸談到困難的問題，從經貿合作逐步走向政治和談。台灣在這段時間拓展國際空間的時候，中華人民共和國並不阻止它參加世界衛生組織這類特定的國際政府組織會議，也不阻止它與紐西蘭和新加坡進行經貿談判。但北京的妥協空間有限，底線也很強硬，本質上它在告訴台北：「如果你希望我們給你更多國際空間，就得同意進行政治談判，進一步確定台灣的法律地位。」[23]

不過，馬英九受制於台灣的民意，而台灣人並不同意跟北京談判。此外，馬英九對中華民國的強烈信仰，也剛好跟北京對中華民國的看法衝突。他只要以中華民國為基礎，就不可能跟北京一直談下去，更不可能最後以北京希望的一國兩制讓台灣變成中華人民共和國的一部分。在這種情況下，政府之間進行政治談判其實為時尚早。北京至少兩次要求馬英九不要堅持中華民國，但馬英九全都拒絕，這段發展以及馬英九對於一個中國就是中華民國的堅持，讓中華人民共和國更擔心兩岸最後會永遠分離下去，變成兩個中國。畢竟如果連馬政府都拒絕走向統一和談，這種方式哪有希望實現統一目標？

後來，局勢對北京而言愈來愈糟。台灣的政治體系開始改變，政治不再只是政黨之間的競爭與互動。後現代思維和社群媒體，醞釀出了許多新興的社會與政治勢力，各自推動不同的目標。其中影響力最大的事件莫過於太陽花運動，不僅阻止了馬政府繼續與中國談判，更促成蔡英文和民進黨在二〇一六年贏得中央與地方選舉，讓國民黨淪為一個永遠的少數黨。北京十多年來的耐心，如今似乎完全付諸東流。

## 習近平的勸服統一大業

二〇一九年一月二日，習近平發表了自他二〇一二年秋季上台之後最重要的演講：台灣政策。[24]那天剛好是全國人民代表大會常務委員會發表《告台灣同胞書》，宣布台灣政策從解放轉向和平統一的四十週年；也是美國與中華民國斷交、與中華人民共和國建交的四十週年。至少某些觀察家認為，這份演講出人意料之處就在於，明明台灣的政權還在民進黨手中，習近平卻重申要以說服的方式達成統一。

這份翻成英文之後超過三千六百字的演講稿，是為了告訴台灣，統一對台灣有利，並陳述中華人民共和國對台灣問題的看法。它闡明了基本原則、劃定了台灣問題是什麼，也解釋了解決問題的目的和手段。稿件內文應該是多位官僚協商後的產物，但仍帶有明確的習近平風格。這份聲明相當權威，原因除了發表聲明的人是中華人民共和國最高領導人，也因為習近平在二〇一八年三月廢除了中國國家主席任期限制，在未來很長一段時間中，中國很可能會一直根據他的言論去制定政策。

講稿的第一部分都在回顧過去。習近平把台灣歷史納入北京版本的中國史，列為鴉片戰爭之後列強欺凌造成的傷害。一九四九年後的兩岸分裂，是「中國內戰延續和外部勢力

（當然就是美國）干涉」造成的「長期政治對立」。之後他說，中華人民共和國的國際政策和對台政策相當成功，「堅決挫敗各種製造『兩個中國』、『一中一台』、『台灣獨立』的圖謀。」他在這段也不斷重申「台灣是中國一部分，兩岸同屬一個中國」。此外正如之前所述，他還把中國的復興和兩岸統一連在一起。

當然，這種說法用北京版本的歷史以及對未來的樂觀態度，掩蓋了某些尷尬問題。身分認同就是個例子，習近平聲稱：「兩岸同胞都是中國人，血濃於水、守望相助的天然情感和民族認同，是任何人任何勢力都無法改變的！」但正如第十章所言，台灣的民調始終顯示，在台灣，認為自己既是中國人又不是台灣人的比例相當低。習近平明確指出兩岸未來將走向統一，它以共產黨常用的決定論說法堅稱這是「歷史大勢」，「台灣同胞」必須接受這種無可阻擋的趨勢，和北京攜手共進。

接下來習近平把統一大業分為五個部分。第一部分是重申中華民族復興和兩岸統一之間的關係，以及台灣在統一之後能為此做出的貢獻。解決台灣問題是復興中華民族的一步。國家統一是兩岸中國人「過上富足美好的生活」的前提。他建議台灣人反思自己的民族使命，「廣大台灣同胞都是中華民族一份子，要做堂堂正正的中國人，認真思考台灣在民族復興中的地位和作用。」當然，台灣還是有一些人會同意，應該以習近平的看法來定位自己的民族認同。台灣民眾的民族主義在一九九〇年代後已開始改變，但在政治上依然有影響力。

習近平在把台灣問題框進中華民族復興大業之後，就開始在第二部分講述如何統一。這是全文最重要的一段，他認為「『和平統一、一國兩制』是實現國家統一的最佳方式」，意思是統一只能透過這種方式。他不斷重申統一過程「會充分考慮台灣現實情況」，呼籲制定一國兩制「台灣方案」。文中的「制度不同，不是統一的障礙，更不是分裂的藉口」，可能是意指台灣是民主國家；只不過制度不同的國家雖然的確可以統一，但習近平忘記兩岸具體達成的統一協議一定得獲得台灣民主體制的認可，認可方式很可能是修憲，而修憲需要絕大多數的民意支持。台灣的體制在習近平的理論中可能不會阻礙統一，但台灣若真要實作起來，卻會困難重重。

習近平還保證，一國兩制「會充分照顧到台灣同胞利益和感情」。「在確保國家主權、安全、發展利益的前提下，和平統一後，台灣同胞的社會制度和生活方式等將得到充分尊重，台灣同胞的私人財產、宗教信仰、合法權益將得到充分保障。」[25]但中華人民共和國之前提出的條件可沒這麼少，當時除了這些，還保證台灣會繼續保有目前的政治體制和軍隊。習近平忽略這兩點肯定不是偶然。而且他加上了「在確保國家主權的前提下」，意思是台灣人民的權益只要威脅到國家主權可能就會不受保障，而且怎樣才算是威脅國家主權是由北京說了算。此外，「合法權益」中的「合法」一詞可能也是陷阱，因為權益是否合法也是北京說了算。除此之外，還有另一件事情令人難以忽視：雖然香港的一國兩制沒出什麼大問題，但到二〇一四年為止都只是部分民主，北京設計的政治制度會直接讓它擔心的政治人物和政黨沒有資格獲得重要的政治權力。[26]如果一國兩制台灣方案也是這個樣貌，就不可能獲得台灣民眾認同。

習近平花了很長的篇幅去說兩岸應該達成共識。在第二段又說了一次「兩岸同胞是一家人」，他說，「兩岸的事是兩岸同胞的家裡事，當然也應該由家裡人商量著辦」，說得好像這個家庭很和諧似的。他用過去一貫的說法承諾平等協商、共同協議；但這裡所謂的平等，只是在說各方代表團都能坐上談判桌，不表示各方談判時擁有平等地位。他甚至設置了參與談判的門檻，說「在一個中國原則基礎上，台灣任何政黨、團體同我們的交往都不存在障礙」，又倡議「在堅持『九二共識』、反對『台獨』的共同政治基礎上，兩岸各政黨、各界別推舉代表性人士，就兩岸關系和民族未來開展廣泛深入的民主協商」，這兩句話都表示他沒有承諾要跟民進黨和相關團體這些違反前提的人協商。

上述證據都表示，台灣不可能願意用習近平的條件開始談判。此外，習近平也從來沒有說過中華人民共和國官員未來會在任何時間點和中華民國官員一起解決兩岸問題，相當於否認了中華民國自認為與中華人民共和國對等的說法。在習近平的承諾裡，台灣體制內能保留的東西比以前的和談條件更少，這表示北京會試圖掌控那些沒有列在承諾中的部分。

接下來他從這裡無縫接到第三點：「堅持一個中國原則，維護和平統一前景。」再次提到「堅持寄希望於台灣人民」的方針，似乎是希望台灣人會比民進黨更聽話。[27]但他這一段要做的其實是警告所有「台獨」行為，他明確指出「『台獨』是歷史逆流，是絕路，」警告所有台灣人民「不分黨派、不分宗教、不分階層、不分軍民、不分地域，都要認清『台獨』只會給台灣帶來深重禍害，堅決反對『台獨』分裂，共同追求和平統一的光明前景。我們願意為和平統一創造廣闊空間，但絕不為各種形式的『台獨』分裂活動留下任何空間。」有鑑於北京認定民進黨在追求法理台獨，這段話其實是在要求台灣公民反對蔡英文政府和民進黨，請台灣人幫中華人民共和國達成目標。他還警告那些「極少數『台獨』分裂份子及其分裂活動」，雖說「中國人不打中國人」，但他對這些人「不承諾放棄使用武力」。

到了第四點，習近平呼籲「深化兩岸融合發展，夯實和平統一基礎」。這表示胡錦濤擔任中華人民共和國最高領導人時發展出來的「和平發展」概念後來有所演變。「和平發展」是指兩岸關係在討論統一問題之間逐漸改善，北京把馬英九執政時期視為「和平發展」，特別強調兩岸在經濟與社會關係的改善。「融合發展」這個詞則是北京在蔡英文勝選之後，從二〇一七年開始使用的，意思是希望台灣人民不要被民進黨執政所限制，繼續以社會及經濟管道與大陸人民更緊密相連。具體說來，習近平呼籲兩岸建立共同市場，在基礎建設、能源、產業標準、教育、醫療等項目上進一步合作。

他的第五點也在強調文化對於所謂「心靈契合」的重要性。因為兩岸同胞「同根同源、同文同種」，「親人之間，沒有解不開的心結。久久為功，必定能達到兩岸同胞心靈契合。」

但這種說法會碰到一個問題，光靠同文同種可能不足以支持政治統一，美國、加拿大、澳洲、紐西蘭都是很好的反例。更麻煩的是，習近平跟中共政治言論常見的說法一樣，都以民族和血統來區分哪些社會應該跟中國統一。習近平說的中國人其實是指漢人，但中華人民共和國裡面除了漢人還有其他民族；此外，以民族來論政治的說法，也無視了人們通常會同時擁有好幾種不同的政治認同。所以北京用這種說法來處理台灣問題時就會面臨一個困境：台灣人民的政治認同主要不是基於民族和血緣，而是基於台灣的政治制度和價值觀。[28]喬治城大學（Georgetown University）研究新疆政策的專家米華健（James A. Millward）就指出，「中國共產黨如今愈來愈常推崇『中華』這種泛中國式的身分認同，而不重視中國各種不同文化的獨特性。所謂的『中華文化』照理來說應該包羅萬象，實際上卻和漢族風俗文化完全一樣。」[29]。

整體說來，習近平這篇演講實在很奇妙。無論是他對統一的樂觀態度、相比之下對台獨的高度防備、不斷訴諸漢族民族主義，還是討論一國兩制時刻意繞過民進黨政府，都顯示他的說法無法真正反映台灣現狀。他一直不去面對一個問題：如果台灣人真像他說的那樣，蔡英文和民進黨在二〇一六年究竟是怎麼拿下總統府和立法院的？在這篇演講結束之後的發展也是一樣，如果中國的對台政策，尤其是反對台獨的政策一直有用，為什麼蔡英文和民進黨到了二〇二〇年還能再贏一次？

同樣奇妙的是，習近平和他的政府竟然幾乎完全不細談台灣統一之後會變成怎樣。他們承諾的項目隨著時間而改變，說法也很俗套，例如「台灣同胞的合法權益」云云，幾乎完全不列出細節。如果一國兩制台灣方案真有一張更詳細的藍圖，這張藍圖大概就是根據香港方案設計的，所以台灣統一後不會繼續保有目前的完全民主制度。台灣方案若與香港方案不同，對中華人民共和國官員來說當然很好，但也表示他們有責任巨細靡遺的向台灣人民詳細解釋方案內容。如果他們希望改變台灣現狀，就得負起責任向台灣人民解釋自己的做法，獲得廣泛民眾支持，讓台灣人成功修憲。然而，北京後來卻在香港實施了違反民主的《國家安全法》，危及香港人的公民與政治權利，讓說服台灣人民變得愈來愈困難。

此外，如果北京真要開始談統一，它要如何跳脫目前的僵局，從更小的事情開始逐步邁進？到目前為止，北京都把兩岸僵局全怪在蔡英文頭上，說得好像僵局是從她二〇一六年五月上任那天才開始的，但其實僵局早在馬英九時期就存在了。拒絕北京提出初步政治談判的人，其實是馬英九，民進黨立院黨團和太陽花運動擋下《兩岸服貿協議》，也是在馬英九任內發生的。習近平等人顯然完全無視台灣政治分裂的事實，以為只要民進黨以外的勢力拿下總統府和立法院，兩岸就可以開始和談。但馬英九第二任時期的政局清楚顯示，即使國民黨未來獲得政權之後試圖大幅推進兩岸關係，也一定需要民進黨的協助。

此外，香港的教訓證明習近平所提的條件並非台灣的最佳選擇。香港是一國兩制實施得最徹底的地方，但在二〇一三年至二〇一五年想把選舉制度改得更民主的時候卻失敗了。當然這不能全怪中華人民共和國領導人，香港的泛民主派人士也有一部分責任。改革發生到一半，發生了雨傘運動，群眾占領了三條重要街道長達數週，讓北京擔心香港的政治會脫離掌控。於是在選舉改革暫時擱置之後，北京就開始蠶食它之前允諾過的政治自由。[30]

如果習近平二〇一九年這場演講的目的，是要削弱他所謂的台獨勢力領袖蔡英文，那顯然適得其反。兩岸關係在還沒討論一國兩制之前的確遵守九二共識，但蔡英文在回應演講時，卻巧妙的把九二共識、一國兩制、統一說在一起，[31]而且習近平不斷強調一國兩制，也把台灣媒體嚇壞了，於是蔡英文就在台灣媒體的推波助瀾之下，不斷警告人民，她認為北京將帶來威脅，同時也藉此將國民黨逼進守勢。國民黨為了向民眾保證它守護的是台灣的利益而非中華人民共和國的利益，只好重申自己反對一國兩制。結果蔡英文的支持度在這整件事之後反而上升，二〇二〇年總統大選的勝算愈來愈穩固。

到了二〇一九下半年，香港又為了反對港府提出的引渡法草案而爆發一場大規模示威，某些群眾甚至使用了暴力。這給了蔡英文一個爭取選民支持的好理由：既然一國兩制在香港行不通，自然就不適用於台灣（當然，後者早就是大多數台灣人的共識）。就這樣，在二〇一九夏末，台灣二〇二〇年的總統大選早已大勢底定。二〇二〇年六月，中華人民共和國全國人大對香港實施的《國家安全法》，把香港人的政治自由縮得更小，使香港的政治制度變得與台灣截然不同。而北京原本想以香港為例推銷一國兩制的計畫，也進一步落空。[32]

所以最能合理解釋習近平為什麼會發表這篇演講的理由，就是他其實主要是講給國內人聽的。證據顯示，中共解放軍裡面有一些人對台灣目前的走向，包括蔡英文當選總統，以及之後能夠改善台美關係的事情感到不滿。例如解放軍退休將領羅援每隔一段時間就會警告說，台灣現況和台美關係的變化都正在威脅中國的利益。「這些影響都嚴重踏到了一個中國的底線，因此中國人民解放軍必須使用強力手段維持法律秩序，遏止『台獨』勢力」。[33]這表示習近平說服的主要對象很可能不是台灣人，而是在中國政權裡面批評他的人。他以振奮人心的民族主義言論捍衛過去的政策，證明他對台獨一直保持警惕，而且制定了兩岸統一計畫。即使如此，他依然只是在掩蓋過去的長期台灣政策並未成功，甚至已經失敗；而且蔡英文在二〇二〇年連任成功之後，這樣的失敗可能會更為明顯。

## 北京的戰略耐心：統一有最後期限嗎？

由於習近平不斷把統一台灣和「中華民族偉大復興」連在一起，某些人猜測二〇四九年會是統一台灣的最後期限。一位年輕的中國學者就跟我說：「這乍看之下沒有明訂期限，其實已經訂了。」不過雖然某些中國領導人可能相信二〇四九年是統一的最後期限，但在我看來，習近平的演講稿其實是刻意不把話說清楚。這種做法很合理，即使不指明最後期限，也能給台灣領導人帶來一定程度的壓力，還能在決策時增加更多不確定性。而且只要沒有公開指定具體時限，就不會發生過了時限之後台灣還沒回到「祖國的懷抱」，結果被迫採取行動的問題。

從長遠的角度來看，習近平這篇演講重提了之前的一種看法：「兩岸政治分歧終歸要逐步解決，不能將這些問題一代代傳下去。」這句話的含意之一，就是台灣問題拖得愈久，就愈有可能走向一種中華人民共和國無法接受的未來：兩岸和平分離。從它的角度來看，只要沒有出現某些事件讓兩岸大幅邁向統一，時間拖得愈久，中國人民就會愈懷疑政府能不能統一台灣，會愈擔心與台灣事實上已經和平分離。而且香港的一國兩制也到二〇四七年為止，愈接近這個日期，北京的決策者就會愈覺得不能繼續仰賴戰略耐心（strategic patience），必須針對台灣的特性來解決問題。

不過，中華人民共和國領導人與其煩惱統一的最後期限，還不如時時留意實現目標的可能性是在上升、下降，還是持平。如果統一的可能性正在降低，例如台灣領導人正在積極走向法理台獨之類的，北京就顯然必須做出回應。但如果他們認為長期趨勢有利於統一，就可以耐心等待瓜熟蒂落。只不過，台灣每一次的總統與立法院選舉，以及選後的政治格局改變，都會影響中華人民共和國對統一大業的信心。他們的信心在李登輝與陳水扁執政期間降低，馬英九上任之後有所回升，二〇一六年民進黨上台之後再次下降。[34]

在成功挺過陳水扁兩次任期之後，中華人民共和國很可能相信至少蔡英文的第一個任期不會出什麼大事。習近平二〇一九年一月的五點談話顯示，北京方面認為統一的大門不能關閉，必須繼續保持耐心。習近平的演講雖然明確點出統一目標和一國兩制，卻沒有說危險已經迫在眉睫，需要立刻解決問題。

## 小結

從實施方式來看，中國一九七九年之後的對台政策具有以下幾項基本特徵：

- 極有耐心的說服台灣接受中國提出的最終目標，不急著逼台灣決定。
- 近乎天真的樂觀相信，光是在兩岸交流中對台灣釋出的利益（主要是經濟利益），就足以說服台灣接受中國提出的條件。
- 堅決反對台灣改變自己的國際地位與法律地位（例如宣布法理台獨），在這部分寸土不讓。

- 對美國支援台灣的動機深表懷疑，同時過度誇大華府影響台灣對中政策的能力。
- 明明台灣的民情正在改變，中國設定的談判門檻，以及所推出的一國兩制條件，卻依然相當頑固。

不過，其實從一九八〇年代初宣布一國兩制方案以來，中華人民共和國的野心，就一直跟台灣政府與台灣人民對北京所提條件的看法衝突。雙方在一九八〇年代陷入僵局，是因為國民黨政權的反共意識；但一九九〇年代初之後的僵局，卻一直是因為台灣人民反對一國兩制，例如不願意讓台灣的民主體制因此消失；此外，人民本來就不會願意用已知的現狀去換取不可知的未來。

有人會說，中華人民共和國政府既然看到台灣在北京制定一國兩制政策之後有了這麼大的改變，看到台灣的公民在漫長的威權時期對兩岸政策無法置喙之後終於能夠對此大力發聲，可能就會考慮因應台灣民情去修改它提出的條件。在美國大學駐校的傑出學者阿拉戈帕（Muthiah Alagappa）甚至認為，如今的現況已經讓北京必須改變做法：「如果北京想要以和平方式解決台灣問題，就必須重新思考國家與主權的相關概念。它必須接受台灣是一個分離的主權國家，與中國的文化有許多相似之處，可以用這些相似處來增進密切互動。」[35]

但北京一直不願意因應環境的不斷變化，尤其是台灣的民主化，去改變做法。中國國家主席習近平甚至為了穩定國內政治等目的，而更為死守原本的條件。但北京之所以如此囿於成見，不只是因為固執，更是因為他們以某種態度去看待權力，以及行使權力的方法。北京相信，只要改變中國大陸與台灣之間、中國與美國之間的權力平衡，那麼即使沒有讓台灣領導人和台灣民眾相信一國兩制對台灣有利，依然可以實現統一大業。中華人民共和國的一位台灣專家告訴我：「中國愈來愈強，兩岸關係的發展規則將由中國來訂。」[36]這種對自身力量的評估改變，意味著北京認為，如今要實現統一大業，未必需要繼續把重點放在說服台灣，但這也會讓台北守護自身安全的方式變得更加複雜。

但這種新觀點也讓中華人民共和國必須思考，要如何把自己日益強大的力量轉化為影響力，使台灣不再反對一國兩制。中華人民共和國領導人以前都認為統一只有兩種方法：和談或開戰，所以台灣政策採用所謂的「兩手」策略。例如前國務院副總理錢其琛就在二〇〇〇年五月的演講中說：「鄧小平同志說過，我們應該運用『兩手』策略解決台灣問題，不排除任何一種方式。一方面盡可能使用右手的和平手段，但如果沒有效果，就也要使用左手的軍事力量。」[37]不過有鑑於北京現在既知道開戰會付出代價，又知道必須考量台灣的民情，他們會不會在和戰兩手策略以外找出「第三隻手」？我會在第十二章繼續討論這個問題。

# 第八章 台灣自保的方法

北京說服台灣的說詞符合鄧小平所說的「兩手策略」。習近平在二〇一九年一月的演講中，對台灣人民列出中國大陸與台灣的所有共通點，以及每一個他認為統一對兩岸最好的理由。他一方面提醒台灣聽眾，台灣企業可以繼續「分享大陸發展機遇」，一方面又堅決反對台獨，而且不排除對台動武。他既沒有設定解決兩岸問題的最後期限，又明確表示北京不會無止盡的等待下去。唯一不玩兩手策略的，只有明確說明北京的最終目標就是統一，而且一國兩制是統一的基本條件。[1] 兩者都是不變的根本原則。

這種目標很堅定、手段很柔軟的做法，讓台灣陷入巨大的兩難。它要如何從北京扮的白臉中獲取利益，同時不被北京扮的黑臉所傷？又要如何評估管理自身與中華人民共和國和解的風險，以及與中華人民共和國對抗的風險？簡單來說，如果中華人民共和國兩手策略的目的之一就是讓台灣領導人與台灣公民永遠無法安心，台灣究竟要如何盡量保障自己的安全？

## 安全這個概念

本章討論台灣的安全、目前可用的應對方案，以及大眾的看法。但台灣的安全，不只是能不能成功嚇阻解放軍發動攻擊，以及萬一嚇阻失敗時能不能守住國土而已；同時也仰賴讓美國繼續支持台灣，以及讓美國至少像之前暗示的一樣，在中華人民共和國對台動武時出手干預。有時候台灣必須以外交手段去緩解緊張局勢，增加國際合作。而且也必須在經濟、外交、軍事、資訊（也就是宣傳戰）這些領域，以非暴力手段阻止中華人民共和國的脅迫。但要說起來，妥協也是可以提高安全性。

雖然「安全」這個概念對國際關係來說很重要，但其實定義非常模糊。國際關係中的守勢現實主義（defensive realism）學派以「安全困境」（security dilemma）概念為核心，但使用這個概念的學者在意的重點其實都偏向困境是什麼，而非到底什麼是安全。我也是如此。[2]

當然還是有一些人例外。麻省理工學院的政治學家波森（Barry Posen）就把安全定義成：「通常包括維護主權、穩定、領土的完整，其中最後一個是實現前三個的必要手段。」[3]沃弗斯（Arnold Wolfers）則在更早的一九五〇年代初給了另一種更抽象的定義，說安全是「既有價值不受任何外在威脅」。[4]如果我們接受這種本質論的定義，就可以繼續追問，有哪些東西的價值，珍貴到國家和人民一旦損失，或者一旦可能損失，就會陷入嚴重的危險？答案可能有很多：例如不受任何軍事威脅、維持政治與社會自決、最佳的經濟福利（economic welfare）、防範自然災害、免於恐懼等等。[5]

所以安全的意思，以及安全所包含的內容，都深受脈絡影響。加拿大需要的安全和巴基斯坦需要的安全很不一樣。而讓台灣不安全的主因，就是中華人民共和國，以及兩岸共同的獨特歷史衍生出來的威脅。中華人民共和國政府在國際社會中代表中國，而且聲稱台灣是中國主權領土的一部分。它根據一國兩制模式，制定了「和平統一」的條件。北京一旦得償所願，台灣人民所處的現狀就會徹底改變。可以說，台灣擔心的是生死存亡的問題。

沃弗斯的本質論定義還可以延伸出另一個關鍵：國家在決定哪些東西的價值高到足以列為國家安全時，要用哪些步驟去守護這些東西的過程，往往會出現大量政治爭議。台灣目前就是這樣，光是檯面上就有好幾種觀點。在威權時期的時候，國家安全的關鍵決策都握在蔣介石和後來的蔣經國手上，當時連反對黨都沒有，唯一反對兩蔣政策的勢力就只有美國。但後來台灣民主化了，該珍視哪些東西以及該如何守護這些東西的問題，就變得人人可談。

另外，國家如果並不安全，領導人和公民評估對手意圖的方式就勢必會相當主觀。他們並不知道國家到底需要多少安全才夠，也沒有辦法知道自己的推估夠不夠現實。所以從極端的被害妄想，到極度天真的態度都說得通。此外，像台灣這種依賴美國等外部力量維持安全的國家，還得評估對華府的依賴程度，它會變得既擔心被美國捨棄，又擔心被美國綁住。於是從被害妄想到極度天真的各種態度就又都出現了。

## 台灣防範北京的策略

即使中華人民共和國的對台野心沒有變強，它的經濟與軍事力量還是在增長，還是會讓台灣領導人和公民因此擔心國安問題。兩岸權力平衡向北京傾斜的最明顯面向，就是包含軍事與經濟力量的物質權力（material power）。中國人民解放軍從一九九〇年代末以來，就一直有系統的穩定擴張及提升軍事能力，包括建立空中、水面、水下武器平台，打造遠距離精準打擊武器，建立一個監視、偵查、情報、通訊的整合系統，並培育聯合作戰能力。當然，能力不代表意圖，但中華人民共和國如今要是真的決定必須攻擊台灣並阻止美國干預，它的確更有可能做到。

另一方面，中國大陸從一九九〇年代初以來就對台灣的經濟相當重要。正如第四章所述，它既購買台灣的產品，又是台灣的生產與組裝平台。十多年來，它一直占台灣出口總額的大約四成；[6]提供的商業機會也讓許多（雖然不是全部）台灣人變得富裕。所以北京會不會利用兩岸的經濟依存關係，要求台灣接受它的政治條件？畢竟它已經在用口袋裡愈來愈多的錢，誘使那些跟台灣有外交關係的國家轉而支持中華人民共和國了。

此外也要考慮心理層面。台灣人愈不相信自己能夠阻止北京，北京就愈容易統一台灣。二〇二〇年大選期間有個熱門詞彙叫「芒果乾」，意思是亡國感：對於國家滅亡的焦慮或恐懼。有些民眾認為國民黨一旦重掌政權，台灣的活路就更窄；[7]另一些人則認為讓民進黨繼續執政，台灣才會死得更快。

所以台灣領導人究竟要怎麼做，才能既平衡經濟和國家安全，又維持民眾的支持和信心？即使中華人民共和國沒有明訂統一期限，也不能假設它會無止盡等下去。某些台灣人可能認為習近平二〇一九年一月的演講是認真的：「兩岸長期存在的政治分歧問題終歸要逐步解決，總不能將這些問題一代一代傳下去。」[8]中國領導人也可能不夠了解台灣民主制度的機制，對於兩手策略中的「強硬」手法過度自信，以為來硬的比說服台灣更有用。不過民調顯示，將近一半的民眾相信兩岸很可能統一，所以台灣領導人最好別對未來太有自信。[9]台灣領導人要好好思考每種選項的成本與效益，思考讓民眾對最佳選項或至少不糟糕的選項達成共識有多困難，以及繼續無所作為會產生哪些問題。台灣不能只是一直反對它不想要的東西，而是得花更多心思捍衛它擁有的東西。當然，台灣內部還是會爭論到底怎樣才能更安全。怎麼跟中華人民共和國打交道，一直都是台灣最重要的政治問題。[10]

## 問題分析

施韋勒（Randall Schweller）一九九九年在俄亥俄州立大學（Ohio State University）教書時，把崛起的大國危及其他國家的安全時，其他國家理論上的回應方式分成以下幾種。[11] 各種回應方式的優劣，由對手的核心意圖，也就是對手的修正主義（revisionist）程度，以及對手的風險趨避程度決定。

- 如果對手接受風險但會修改目標，你最明智的方法就是先發制人，發動預防性戰爭（preventive war）。你若相信雙方終將一戰，就該在局勢有利的時候先開戰。
- 如果對手厭惡風險而且會修改目標，你最明智的做法就是一邊圍堵，一邊維持力量平衡。
- 如果對手接受風險但目標明確不會修改，你適合的做法就有兩種：可以一邊圍堵對手一邊維持力量平衡，也可以鞏固好自己的實力之後跟對手交往（engagement）。
- 如果對手厭惡風險但不會修改目標，你適合的做法有三種：跟對手交往、利用既有的國際秩序困住對手，以及兩者並用。[12] 附帶一提，綏靖政策屬於交往。

國家會不會像上述理論那樣去回應對手，取決於兩個前提。第一個前提是，國家能否準確評估對手的意圖、能否準確評估對手的做法所帶來的威脅。張伯倫（Neville Chamberlain）就是因為評估這兩點的時候都錯了，才會決定姑息希特勒。[13]九一一事件後的美國則是可以說過度高估了海珊（Saddam Hussein）對美國利益的威脅，才付出了巨大代價發動預防性戰爭。

第二個前提是，即使防禦方清楚了解眼前的威脅，又有沒有能力和意願做出回應。例如一九三九年秋天的波蘭就想加入納粹包圍網，卻因軍事實力太差而沒有作用。此外，施韋勒可能漏想了一點，那就是對手怎麼看待時間，是願意繼續跟你拖下去，還是愈來愈想要跟你有個結果。這和對手造成的威脅有關，但會讓分析截然不同。[14]

此外，國家安全的主觀特質，也會讓決策者難以判斷國家要多安全才夠。判斷時可能會陷入心理偏誤，變得過度恐懼或者過度樂觀。最後，領導人即使知道自己的國安對策「已經夠好」，也未必能成功說服其他政治人物和公民一起來相信。[15]

## 台灣人的幾種觀點

上述分析對台灣有什麼意義？以下台灣常見的五種觀點列出來可以說明。其中有三種是少數人的看法，另外兩種則是主要政治勢力的觀點。若以台灣的政治光譜來分，則是有兩種觀點屬於深藍陣營，另外一種橫跨了淺藍、淺綠、深綠陣營。

## ——幾種非主流觀點

第一種是深藍陣營的觀點，深藍有好幾種，其中一種是新黨，一九九三年由一群反對李登輝政策的國民黨保守派脫黨之後另組的政黨。這個黨不認為北京的意圖會威脅到台灣利益，因此願意接受統一。新黨主席郁慕明在二〇一九年八月提出了一種對和談大有幫助的說法，呼籲和平統一。郁慕明認為統一後的中國本來就會是「一國兩制」，它將為中華人民共和國和中華民國所共有，兩邊都會尊重對方的政治與經濟制度。他認為台灣會繼續保有多黨競爭的政治制度，只是不會允許宣布台獨，不會允許台獨份子形成政治勢力。中華人民共和國的駐聯合國代表團中會出現台灣代表。雙方會終止技術上的對立，台灣的軍備會縮減，也不會再買美國武器。[16]

郁慕明的呼籲可能是在回應習近平的一國兩制台灣方案。雖然他也不願意放棄中華民國，但呼籲內容依然可說是一種綏靖。[17]這種方案在很多台灣人眼中已經算是投降，所以新黨的支持度很低。

另一種深藍陣營的看法來自台灣大學教授張亞中，他多年來一直思考兩岸該如何緩解彼此之間的懷疑與緊張氣氛，甚至在二〇一〇年代初擬了一份協議草案。該草案處理台灣法律地位的方式，可以稱之為「一個中國，兩種憲政秩序」。北京堅持世上只有一個中國，台灣則堅持自己是主權國家，這種方式可以調和兩邊的矛盾。兩邊都同意這個前提之後，就可以盡量擴大合作，包括讓台灣加入國際組織，同時降低彼此之間的軍事緊張局勢。只不過，他所謂的降低軍事張力，包括了兩岸都要承諾不向對方動武，也不用武力威脅對方，但北京從來都不打算這麼做。[18] 此外，張亞中還預設了北京願意接受兩岸在法律身分，也就是憲政體制上平等。他的看法跟郁慕明的方案一樣，在台灣幾乎沒人支持。

不過，雖然台灣的大黨和民眾都討厭某種類型的和談，台灣卻不該完全拒絕這個選項。因為如果哪天中華人民共和國的軍力遠遠超過台灣、美國協防的能力和意願變得非常不可信、台灣的經濟繼續大幅仰賴中國、北京領導人愈來愈不耐煩而且願意承受風險，當以上條件全都滿足，台灣人民還真的會願意去賭是否開戰？還是會冷靜下來以現實角度談判，在談判桌上盡量爭取多一點條件？上述想像也許不太可能成真，但台灣還是不該完全不去思考這種可能。

第二種非主流觀點則屬於深綠派，最早支持建立台灣國（Republic of Taiwan）的那群人。他們至今還是要追求獨立，而且無論從北京還是華府的角度來看，他們都會隨著狀態不斷修正目標。北京主張台灣是中國的一部分，不可能接受台灣國。對華府而言，推動台灣獨立則會妨礙美國在東亞和平和安全方面的長期利益。但從深綠派的角度來看，見風轉舵的一方其實是中華人民共和國，而且國民黨至今仍是敵人。他們認為最能夠守護心目中台灣的方法，就是直接宣布台灣獨立，如果可以透過全民公投就更棒了。那宣布獨立的風險怎麼辦？美國政治學家鮑彤說得好：「台獨基本教義派到了今天還是經常完全無視中國的威脅，並對美國信心滿滿」。[19]簡單來說，深綠派想做的就是以修正過的目標和非常願意冒險的心態，在對手出招之前先在政治上開戰。

## 主流觀點

剩下的兩種主流觀點，則分別屬於馬英九政府和蔡英文政府。這兩派都了解中華人民共和國的最終目標是統一台灣，也都反對北京堅持的一國兩制。他們都知道中華人民共和國的台灣政策會做某種程度的修正，也都明白台灣民眾反對統一。這兩個政權都了解，台灣需要軍事力量去墊高北京動武的代價，也都花了差不多的預算去打造軍力。兩個勢力都明白解放軍的軍力已經高到台灣跟不上，而且中華人民共和國領導人可能會運用軍事手段來實現政治目標。但雙方回應中國威脅的策略，卻有所不同。

馬英九的重點放在一邊跟北京保持接觸，一邊打造一個兩岸互相依存的經濟、社會、體制網絡，希望北京會認為破壞這個網絡的代價高到無法接受。馬英九認為在接觸過程中安撫對方相當重要，所以他願意明確接受北京的底線，利用九二共識讓北京願意繼續談。九二共識是一九九〇年代初為了促進互動，而對「一個中國」這件事的含糊表述。此外，馬英九在任時也宣誓他不會推行台獨政策。他認為自己的這些做法，都是為了迎合北京的表態要求：讓不在北京掌控中的國民黨明確表達自己的態度。[20]他相信台灣安撫北京的手法可以影響北京的行為，也相信北京在他任職期間之所以較為溫和，是因為他做出了這些承諾。也就是說，馬英九相信台灣其實可以把態度說得更明白，讓北京更願意維持現狀，而不要像民進黨的做法那樣，讓北京覺得台灣領導人對兩岸問題的意圖會改變。馬英九也基於國內政治理由而宣誓不會統一，但他本身並不排除統一的可能，甚至認為總有一天會發生。短期來說，宣布不統也是一種安撫手段。他卸任後就說過：「台灣永遠不該讓北京和大陸同胞覺得絕對無法跟台灣統一。」[21]他的策略可以稱為「安撫式交往政策」（engagement with reassurance）。

不過，馬英九的安撫手法掩蓋了幾個關鍵問題。首先，他宣布北京同意九二共識就是他說的「一個中國，各自表述」，同時表明他所謂的中國就是中華民國。但事實上，北京不僅從未同意「各自表述」，更堅稱中華民國早已滅亡。馬英九在二〇二〇年一月似乎是承認了這點差異，公開表示北京只說「一個中國」卻不說「各自表述」，「扭曲」了九二共識的意義。[22]第二，馬英九安撫中華人民共和國的方法，意味著九二共識可以用來處理兩岸的各種問題，包括政治問題。但對北京來說，九二共識卻是在還沒以政治談判釐清台灣的法律地位之前，專門用來解決兩岸經濟、社會、文化關係的框架。

所以其實馬英九只是在幫他和國民黨自圓其說而已。在他第二任總統的前半段期間，兩岸的確基於九二共識處理了許多經濟和文化問題，但這些都比政治問題簡單許多。中華人民共和國領導人之所以願意容忍馬英九口中的「各自表述」，很可能不是因為同意他的說法，而是因為信任馬英九願意談判。其實早在馬英九第一任期間，北京就已經開始推動政治談判了。只是當時馬英九知道台灣民眾和輿論都還沒準備好進行這類談判，所以沒有接受要求，但這也使我們無從檢驗九二共識到底是否足以形成兩岸談判的基礎。

## ——蔡英文、九二共識、維持現狀

民進黨領袖蔡英文在二〇一六年一月為了贏得總統大選，而不得不向台灣選民、美國、中國保證自己不會像之前的陳水扁那樣，因為意識型態而在當選幾年之後變成一個搗蛋鬼。但蔡英文的保證跟馬英九不一樣：她沒有公開接受九二共識。她像誦經一樣不斷重複一個模糊的概念：她不會改變現狀。有時候她會暗示這是什麼意思，例如二〇一五年六月在華盛頓智庫「戰略暨國際研究中心」（Center for Strategic and International Studies）演講時就說：「如果我當選總統，我將在中華民國現行憲政體制下，依循普遍民意，持續推動兩岸關係的和平穩定發展。」[23]

但北京想要的可不只是這樣。它不相信蔡英文和民進黨不會影響北京的台灣利益，所以要求蔡英文明確承諾中華民國會怎麼做。[*]具體說來，中國當局要求蔡英文如果要繼續像馬英九時期那樣跟中國大陸維持經濟與政治交流，就必須明確表態，而且要符合兩個條件。第一個條件跟它開給馬英九的一樣：堅持九二共識。第二個條件，則是要求蔡英文接受九二共識中的「核心內涵」和一中原則，接受台灣是中國領土的一部分。蔡英文至少有兩個理由去拒絕這些條件，首先，這兩個要求在民進黨黨內都有人反對，深綠陣營反對得最大聲。而最讓民進黨人反感的，正是把台灣當成中國領土的一部分。如果蔡英文照著北京的要求接受這項說法，就會失去許多民進黨人的支持，進而無法維持權力、統治國家。其次，民進黨長期以來一直不在兩岸互動之初貿然接受中華人民共和國提出的任何原則，例如一個中國原則，以免在日後的談判中畫地自限。[24]同時她也知道，如果北京政府與她的政權有任何共存的可能，她還是得在不損害自己政治前途的前提下，多多少少安撫一下北京。

勝選之後，蔡英文在就職演說中提到了北京提出的條件，但沒有明確滿足北京的要求。關於九二共識，她說中國的海協會和台灣的海基會在一九九二年十一月「秉持相互諒解、求同存異的政治思維，進行溝通協商，達成若干的共同認知與諒解」。並承認「二十多年來雙方交流、協商所累積形成的現狀與成果，兩岸都應該共同珍惜與維護，並在這個既有的事實與政治基礎上，持續推動兩岸關係和平穩定發展」。[25]

至於北京所謂的九二共識「核心內涵」，蔡英文在演講中的「我依照《中華民國憲法》當選總統，我有責任捍衛中華民國的主權和領土」可以理解成她接受一個中國；之後的「新政府會依據《中華民國憲法》、《兩岸人民關係條例》及其他相關法律，處理兩岸事務」也可以理解成「兩岸」同屬一個國家。[26]

蔡英文還用了其他方法緩解北京的擔憂。早在選舉之前，她就有了一個她相信可以用來聯絡中華人民共和國的管道，她從這個管道得到的消息，其實比北京的公開聲明溫和很多。[27]蔡英文就職之時，台灣官員相信她的演講足以讓兩岸關係從良好的起點開始逐漸建立信任。而且中華人民共和國官員也相信，以這種方式彼此遷就、建立信任，有時候是解決問題的好方法。例如中國外交部資深官員傅瑩就在北韓問題上建議過平壤和華府（尤其是華府），「都不要提出對方當下無法滿足的要求，讓自己陷入困境。」解決北韓問題需要「善意、耐心、毅力」，正如中文所謂的「冰凍三尺，非一日之寒」，美韓雙方都應該留出夠多空間，

＊　譯注：原文疑似將ROC誤植為PRC，判斷前後文意後，中文譯文翻成「中華民國」。

讓對方覺得舒服，才能繼續談下去。[28]

不過由於民進黨內部存在某些看法，中華人民共和國領導人其實是故意提出了蔡英文不會同意的要求。北京私底下透露給蔡英文的溫和態度可能並不是真意，也可能以為法理獨立是蔡英文抵死不退的核心目標，還有可能認為，既然如今局勢對北京有利，就不需要跟蔡英文和談。而且我個人認為，把蔡英文打成敵人，決定不跟她和平共處，其實會讓北京更能畫出自己對台灣的底線。不過無論真正的理由為何，北京都把「表態」的門檻拉到了足以確定蔡英文不會接受的程度。因此雖然蔡英文有嘗試安撫中國領導人，但她和她的政府其實對北京都更謹慎，也更仰賴以台美關係來制衡北京。

馬英九會批評蔡英文無視九二共識的價值，完全不讓人意外。他說自己在二〇〇八年接受九二共識之後，兩岸關係就從李登輝和陳水扁時期的一觸即發，轉為不再緊張的穩定狀態，「衝突引爆點就這樣轉為一條和平的大道」。而蔡英文拒絕接受中華人民共和國的條件，則是突然把「和平繁榮的兩岸關係變成了冷和平，然後又變成冷對抗」。[29]在二〇二〇年八月海峽局勢一度升溫時，馬英九又警告說，蔡英文拒絕接受九二共識，並與美國和美方的反中政策靠得太近，把開戰的可能性搞得愈來愈大。但蔡英文很快就駁斥了上述指控。[30]

不過蔡英文跟馬英九的國安政策並沒有徹底不同。她雖然知道經濟依賴中國大陸會帶來政治風險，但也知道與中國大陸的經濟合作目前仍是台灣推動經濟成長的因素之一。蔡政府沒有限制兩岸經濟關係，而是像第四章說的那樣推出新南向政策之類的方案，試圖擴大台灣的經濟空間。她試圖讓北京不再擔心她的意圖，但北京並不接受她的正面答覆。因此，她對中的經濟政策與政治政策之間產生了分歧。

此外，從蔡英文第一任總統任內的幾次重大演講，可以看出她在這段期間對中華人民共和國意圖的看法逐漸改變。她在二〇一六年五月二十日的就職演說中，提到北京所說台灣若要繼續維持馬政府時代兩岸關係必須滿足的先決條件。並表示兩岸執政黨「應該要放下歷史包袱，展開良性對話，造福兩岸人民」。[31]到了二〇一七年的中華民國國慶日演講，則改說她為維護兩岸關係和平穩定發展，「已盡了最大的善意」，未來會「努力維持兩岸關係的基本穩定」。但她也強調必須強化戰力，「捍衛台灣自由民主的生活方式，及台灣人民選擇未來的權利」。[32]

到了二〇一八年的國慶演講，她開始提到中國試圖挑戰區域現狀與台海和平現狀的野心，以及對台「單方面的文攻武嚇和外交打壓」。同時也承諾她的政府「不會貿然升高對抗，也不會屈從退讓」，「我不會因一時的激憤，走向衝突對抗，而讓兩岸關係陷入險境。我也不會背離民意，犧牲台灣的主權」，藉此同時安撫北京政權和台灣民眾。[33]而在二〇二〇年總統大選三個月前，她在二〇一九年的國慶演講上花了更多篇幅講中國威脅，「中國依然以『一國兩制台灣方案』，不斷威脅我們」，「身為總統，站出來守護國家主權，不是挑釁，而是我最基本的責任。」[34]

簡而言之，蔡英文愈到後期，就在演講中以愈多篇幅說中華人民共和國是一個威脅台灣安全，而且會修改目標的強權。她認為要保障台灣安全，就必須跟美國靠得更緊。她過去試圖安撫中國的做法已經被制衡中國所取代，但同時也展現出足夠收斂的態度，讓北京能合理推斷她不會挑戰中國的根本利益。[35]

## 美國因素和台灣安全

馬英九和蔡英文和兩人的政黨，雖然對於如何保衛台灣不受中華人民共和國侵略的看法有所不同，但長久以來都一直知道美國的支持是關鍵之一。例如外交部長吳釗燮在二〇一八年七月接受CNN採訪時就說：「如果台灣失去美國支持之後被中國發現弱點，中國就會開始規劃如何接管台灣。」[36]

自從一九五〇年六月韓戰以來，台灣的確一直仰賴美國的保護，但依賴的性質在不同時間還是有所改變。從一九五四年至一九八〇年，《中美共同防禦條約》明文寫出，只要台灣受到攻擊，華府就會出手協防。但在一九七〇年代和一九八〇年代初，隨著尼克森和卡特政府逐漸結束與中華民國的外交關係，又在一九七九年元旦與中華人民共和國建交，台北愈來愈擔心美國不會履行承諾。不過那一年美國國會通過《台灣關係法》之後，台北的信心也慢慢恢復。後來從雷根時代開始，華府開始以政策聲明和軍售之類的行動增強台灣安全。

台灣的民主化改變了台美關係，讓台灣領導人與政治人物的影響力比過去更大。如今台灣的政治勢力可以主張台灣獨立，或至少可以反對兩岸關係進展過快。李登輝在一九九六年就利用逐漸發展的台灣意識贏得連任，陳水扁則成了第一位由倡導台獨的民進黨提名出來的總統。北京和華府各自以不同的理由擔心這兩位總統，北京擔心他們會讓台灣脫離中國，柯林頓和小布希政府則試圖限制他們，藉此保護美國的和平穩定利益。

相比之下，二〇〇八年之後的馬英九和蔡英文政府就都幾乎沒有，甚至完全沒有理由讓華府認為會引發衝突。馬政府和蔡政府處理兩岸關係與台灣民族主義的問題時都相當克制。兩個政府處理長期問題的做法，也都反映了台灣人偏好維持現狀的民意。因此，這段時間的歐巴馬政府與川普政府都加強了美國與台灣軍隊之間的連繫，讓北京發動武力統一時必須付出更多代價。

## 台灣人民對中華人民共和國的看法

台灣人民如何評估台灣在中華人民共和國威脅下的安全，又該如何處理這種威脅？幾個不同的民調結果，分別從不同角度顯示台灣民主體制下的人民對這個問題的看法。他們的看法同時混雜了現實、務實、恐懼，和希望。[37]

## ——兩岸關係的發展速度

第一個問題是關於兩岸關係發展的速度。民眾認為腳步太快、太慢，還是剛剛好？[38]政大選舉研究中心從一九九〇年代起，就一直幫陸委會做這項民調，二〇〇九年四月至二〇二〇年三月的民調結果可見圖1，其中有幾個要點。

在馬政府時期，認為兩岸發展步伐剛剛好的比例一直在三六%至四八%之間波動，其中只有二〇一四年初太陽花運動那段期間維持低谷。蔡英文當選一年後，持這種看法的比例在二〇一七年一月跌至三一．三%，但到了二〇一九年的兩次民調又爬回大約四〇%。該選項在二〇二〇年三月的比例則為四五．一%。

認為進展步伐太快的人，在二〇〇九年約占三三%；到了太陽花運動前後提高至三六%左右。蔡英文當選一年後，該選項的比例穩定降至六．七%。二〇二〇年三月則來到一二．九%。

相反的，認為兩岸關係發展太慢的人，在蔡英文當選之前一直低於二〇%，在二〇一七

圖1　2009～2020年民眾對兩岸交流步調的看法[a]

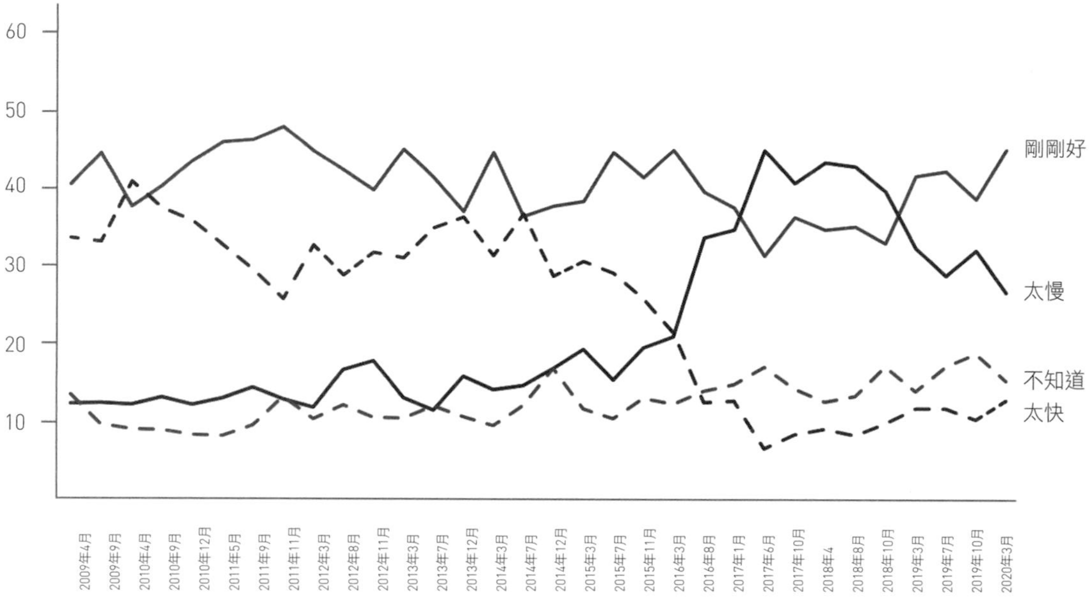

資料來源："Public's View on Current Cross-Strait Relations," Mainland Affairs Council, Re- public of China (Taiwan) (www.mac.gov.tw/en/Content_List.aspx?n=433E0B702064D807).

a.中華民國大陸委員會每年大約會做五次民調。其中大約有三次會問到台灣人對於中華人民共和國敵意的看法。

年六月升至四五％，並在二〇二〇年三月降回到二六．六％。

蔡英文在二〇一六年當選之後，認為兩岸關係發展得剛剛好或太慢的人，平均占七三．六％。不同民調的結果不太相同，但整體說來，大部分民眾認為她前兩年腳步太慢，後兩年剛剛好。這表示台灣人還是相當支持跟中國大陸進行經貿往來。

當然，兩岸交流涉及很多層面，而民調的問題並沒有問到受訪者認為的步調快慢是指哪些方面。不過保守來說，我們還是可以猜測他們在意的是最可能影響個人情況的兩岸經濟關係。有時候會有一些人認為這部分的步調太快或太慢，但大多數人還是接受目前的現狀。

## ——中華人民共和國的對台敵意

此外，政大選舉研究中心從一九九〇年代以來，也一直調查台灣人民對於北京對台灣人民與台灣政府友善程度的看法。[39] 二〇〇九年以後的結果如圖2所示，其中有幾個數字相當值得一看。

數據顯示，台灣人一直認為中華人民共和國對「中華民國人民」比較友好，對「中華民國政府」比較不友好。兩者之間的差距在馬政府時期不大，通常小於一〇％，但在蔡英文上任之後開始擴大，二〇一八年夏天達到二四．一％的高峰，平常則通常維持在二〇％左

圖2　2009～2020年台灣人對於北京對台敵意的看法[a]

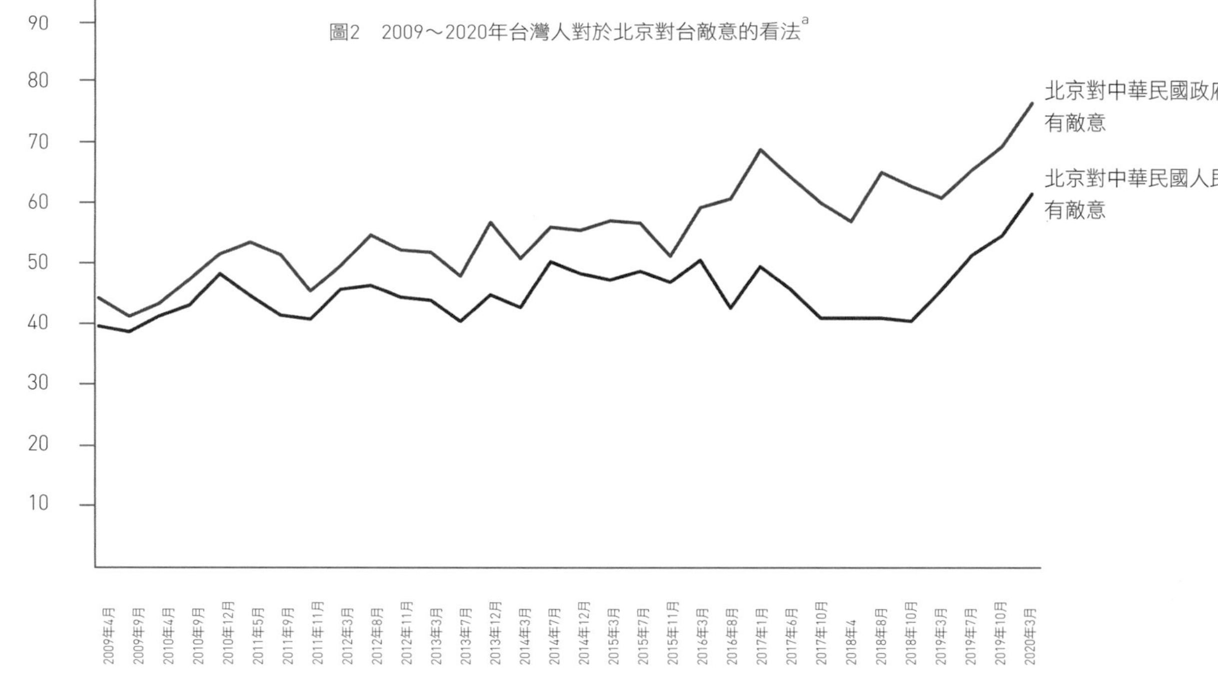


資料來源："Public's View on Current Cross-Strait Relations," Mainland Affairs Council, Re- public of China (Taiwan) (www.mac.gov.tw/en/Content_List.aspx?n=433E0B702064D807).

a.中華民國大陸委員會每年大約會做五次民調。其中大約有三次會問到台灣人對於中華人民共和國敵意的看法。

右。二〇一六年八月，認為北京對台灣政府不友善的比例超過六〇%，二〇二〇年三月更飆高到七六．六%。至於相信北京對台灣人民不友善的比例，這十年來通常則徘徊在四〇%至五〇%之間，只有二〇一九年八月攀升至五一．四%，二〇二〇年三月進一步升至六一．五%。[40]

總之，認為北京對台灣政府不友善的台灣人相當多。目前還無法確定為什麼二〇二〇年初有更多人認為中華人民共和國抱有敵意，但蔡英文連任後北京的回應方式肯定是原因之一。而二〇一九年的香港事件，以及二〇二〇年冠狀病毒疫情爆發後台北政府想把台籍企業高層與駐中民眾接回國時所遇到的種種阻撓，也可能都有關係。

## ——台灣應如何因應中國對台野心

這兩項民調顯示台灣面臨一個困境。台灣民眾很滿意兩岸互動步調，但也一直認為北京對台不友善，對台灣政府更是有敵意。所以台灣該怎麼辦？其中一項關鍵是台灣人想要什麼樣的長期未來。政大選舉研究中心從一九九〇年代以來也一直都有做另一種調查，以一系列的選項詢問受訪者比較喜歡獨立、統一，還是維持現狀；以及希望這些方向在多久的時間內發生。一九九四年至二〇一九年民調結果變化可見圖3。[41]而蔡英文上任十八個月後，二〇

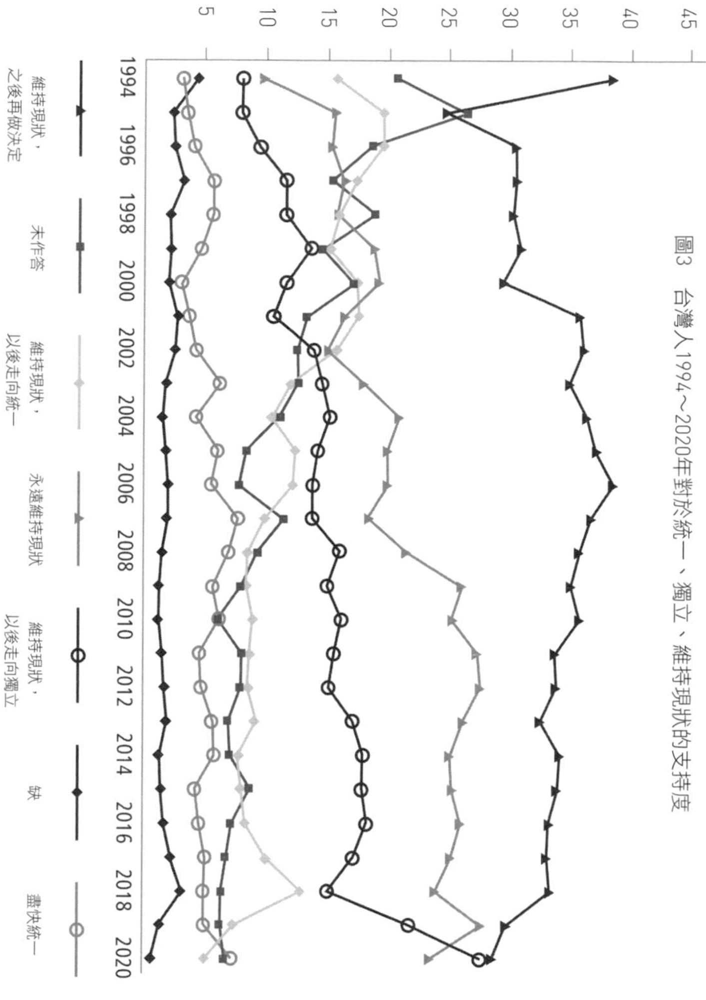


圖3　台灣人1994～2020年對於統一、獨立、維持現狀的支持度

資料來源：台灣民眾統獨立場趨勢分布（1994年12月至2020年12月），政大選舉研究中心，https://www.researchgate.net/figure/Changes-in-the-Unification-Independence-Stances-ofTaiwanese-as-Tracked-in-Surveys-by_fig3_327048040（譯按：https://esc.nccu.edu.tw/PageDoc/Detail?fid=7805&id=6962）。

一七年十二月各選項的支持比例則如下所示：

- 盡快統一：二．二％
- 盡快宣布獨立：五．○％
- 維持現狀，以後走向統一：一○．三％
- 維持現狀，以後走向獨立：一七．二％
- 維持現狀，以後再做決定：三三．二％
- 永遠維持現狀：二五．一％

這項民調有個很明顯的問題：它沒有定義相關術語。除了「現狀」的意思特別模糊，我們也無法判斷，那些支持統一的人，所想像的是不是一國兩制的統一（這樣解釋比較合理，因為台灣與中國都沒有討論過其他統一方式）。不過該民調依然顯示，反對統一的人大約是支持統一的八倍，支持立刻統一或逐漸統一的大約為一○％，而且比例相當恆定，過去十年來只有二○一八年那次提高至一五％。[42]

這種自二○○九年以來的民意分布告訴我們，大部分台灣民眾都支持維持現狀，反對統一。保障台灣安全的最佳方法，似乎是既不要向北京投降，又不要挑起戰爭，在兩者之間找出一條新路。這種規避風險的態度相當合理。畢竟台灣人為什麼要拿目前擁有的東西，去換一個不確定，甚至危險的未來呢？

不過北京之前還是有一線希望，根據二〇一七年十二月的民調，支持盡快法理台獨的人其實只有二二・二％；可惜到了二〇二〇年六月，這個比例卻增加到三六・一％，支持暫時維持現狀、之後再獨立的人也有二八・七％，支持維持現狀的比例下降到五一・三％，支援盡快統一的人降至一〇％以下。也許這只是北京從二〇一九年夏天開始對香港施行鐵腕政策所造成的暫時影響，但依然值得注意。

下面的表10則根據世代、不同教育程度、職業類型的差別，把台灣人對於兩岸關係的看法重新整理一次。可以看到，無論控制了什麼變因，維持現狀的呼聲都很高。唯一例外的是年輕人相當支持獨立：在二十歲至二十九歲的民眾中，有三五・四％支持盡快獨立；學生的支持度更高達四二・四％。此外，受過大學以上教育的人也有二六・九％希望獨立。這符合二〇一四年太陽花運動之後的狀況，那場運動之後，許多年輕人都變成了「天然獨」，不過他們年紀增長之後還會不會這麼想，目前仍未可知。

從二〇〇二年以來的台灣國家安全調查結果，更凸顯了大部分台灣人有多麼討厭風險。這項民調更仔細的詢問受訪者的不安全感，以及打算如何回應。我們可以從其中的幾個問題看出台灣人如何看待台灣的戰略形勢。[43]

表10　2017年，不同年齡、教育程度、職業的台灣人對於兩岸結果的支持度

| | 統一[a]（%） | 獨立[a]（%） | 維持現狀[b]（%） |
|---|---|---|---|
| 範例 | 13.9 | 19.4 | 59.8 |
| **年齡** | | | |
| 20～29歲 | 8.6 | 35.4 | 53.2 |
| 30～39歲 | 12.8 | 23.1 | 62.2 |
| 40～49歲 | 17.0 | 14.5 | 66.0 |
| 50～59歲 | 17.8 | 10.2 | 64.8 |
| 60歲以上 | 13.3 | 17.5 | 53.4 |
| **教育程度** | | | |
| 國小或以下 | 8.9 | 15.6 | 46.3 |
| 國中 | 13.8 | 10.3 | 72.3 |
| 高中 | 13.1 | 17.7 | 64.2 |
| 技術學院 | 18.0 | 16.3 | 63.9 |
| 大學以上 | 14.7 | 26.9 | 55.8 |
| **職業類別** | | | |
| 白領勞工 | 11.6 | 24.6 | 60.3 |
| 藍領勞工 | 8.2 | 22.1 | 61.8 |
| 學生 | 5.1 | 42.4 | 48.9 |
| 已退休 | 16.5 | 16.5 | 58.2 |

資料來源：總統滿意度電訪及手機調查案：第22次調查資料，政治大學台灣選舉與民主化調查，2017年12月（http://teds.nccu.edu.tw/main.php）。

a.指當下或盡快統一／獨立。

b.指拖得愈久愈好，或永遠維持現狀。

台灣人認為兩岸政治關係會影響台灣的經濟成長。根據二〇一七年的民調，六九．一％的受訪者認為，如果兩岸政治關係惡化，台灣的經濟會變糟；二〇．一％的人認為會維持不變；一．五％的人認為會變好。

然而，台灣人也認為，在經濟上過度依賴大陸，可能會讓台灣變得危險。在二〇一七年的民調中，超過五〇％的人同意台灣如果在經濟上過度依賴大陸，北京就會要求台灣在政治上退讓；不同意這種說法的則有三五％。不過，雖然加強兩岸經貿交流可能會讓台灣變得危險，還是有五三．三％的人認為應該加強，只有二一．六％認為應該減少。

中國的政治制度與經濟水準會影響受訪者的統一意願，但影響不大。如果兩岸的政治、社會、經濟差異很大，有五八．三％的受訪者反對統一，二四．五％的人贊成。但即使兩岸在這些方面的差距縮小，反對統一的比例依然有五二．七％，贊成的人也只增加到三三．一％。[44]

二〇一六年受訪的民眾，對於兩岸力量差異及如何因應中國解放軍威脅的看法相當現實。六六．八％的受訪者傾向以談判之類的溫和手法解決問題，只有二二．四％的人主張增加軍備，支持兩者並行的則不到四％。

不過這系列項民調中最令人驚訝的卻是二〇一七年所問的一個問題。該問題以零至十分的量尺請受訪者評估統一的可能性，二八．一％的人選擇中間值五分，認為兩岸統一的機率一半一半；三二．二％的人認為機率小於五成，二九．三％的人認為超過五成，所有人給出的平均分數為四．七三分，略低於一半。[45]不過另一方面，認為可以一直避免統一的受訪者也只有三分之一。

在台灣討論台北與北京的對話及談判時，最容易引發爭議的事情，就是台灣領導人是否應該以九二共識為基礎來與中華人民共和國建立互動。馬英九和蔡英文在這方面的做法不同，馬英九二〇〇八年當選總統時明確接受了九二共識，蔡英文在二〇一六年則沒有。民眾似乎偏好馬英九的做法。台灣選舉與民主化調查在二〇一二年，也就是馬英九任期到一半的時候，詢問民眾的看法，發現認為領導人應該接受九二共識的受訪者，是認為不該接受的兩倍。蔡英文四年後當上總統時，比例也沒變多少，支持使用九二共識的受訪者依然高達五九．八％。[46]

但如果你看看各族群的支持度，就會發現某些年紀的人改變了看法。在二〇一二年的民調中，每個年齡層的看法都差不多；但到了二〇一六年，意見就開始分歧。三十九歲以上的人依然有八分之五支援使用九二共識，但三十歲至三十九歲的支持比例就只剩下五三．四％，二十歲至二十九歲的反對比例甚至達到五四．一％。[47]會有這樣的轉變，可能是因為台灣人愈來愈擔心經濟依賴中國。

雖然支持接受九二共識的比例依然很高，但台灣人可能沒有像民調結果所說的那麼想跟北京進行建設性對話。因為這些民調都沒有定義「九二共識」，都讓受訪者自己去想。台灣人對九二共識的傳統看法是馬英九所說的「一個中國，各自表述」，可能很多受訪者也都這麼認為。但中華人民共和國並不接受這個定義，所以九二共識可能並不像民眾所想的那麼能保障台灣安全。

此外還有另一種歷史悠久的概念，可以維護兩岸安全，那就是雙方達成某種和平協議。例如中華人民共和國承諾不對台動武，台灣承諾不追求獨立。民調顯示台灣人相當支持這種做法，贊成這種和平協議的有七八・一％，反對的只有一六・七％。[48] 目前無法確定兩岸是否都能接受這種做法，但可以確定的是，如果台北和北京任一方在看到對方有所改變之後不做出回應，這種協議就勢必告吹。此外這還有個隱憂：無論台灣是否承諾不追求獨立，解放軍的整體實力都會繼續增強，其中許多部分都會影響到台灣的應變能力。所以台灣民眾在真的了解相關細節之後，是否還會支持和平協議，也是個問題。[49]

## 小結

台灣的不同領導人，以不同方式面對中華人民共和國的威脅。藍營著重妥協、安撫與交往；綠營的態度則較為疏遠，其拒絕接受北京的前提，一方面盡量讓台灣的經濟與政治不仰賴中國，一方面不去觸碰中國不能接受的台獨底線，依賴美國來制衡北京對台的力量。

這兩邊的做法都有缺點。馬英九以為安撫、遷就了北京的要求之後，中國大陸就不會繼續阻擋馬政府參與國際組織，就會讓台灣參加自由貿易協定談判；但中華人民共和國在這兩個戰場上都沒有額外放出多大空間，反而是堅持馬英九如果想獲得更多成果，就必須開啟政治談判，從北京的視角把台灣的法律地位說得更明確。蔡英文則是可能認為無論她拒絕照著北京的要求「表態」會帶來多大的傷害，台灣都可以承受；但她這麼做之後，北京可能會像扁政府時代那樣暫停兩岸的制度性交流，讓一、兩個與台北有外交關係的國家轉投北京，並去支援民進黨在國內的其他政治對手。而且正如第十二章所示，中華人民共和國在她勝選之後的回應比這還激烈很多。

馬政府與蔡政府保障台灣安全的方向差異，與中華人民共和國對台政策的根源有關。簡單來說，北京的對台政策究竟是出於恐懼，還是貪婪？[50] 如果是出於恐懼，那麼台灣提出保證去安撫北京的焦慮，就比較明智。但若是出於貪婪，台灣的最佳回應就是找美國當主要幫手，一起來嚇阻北京。因為如果北京是想吞併台灣，台灣的保證就只會養大北京的胃口。但如果北京是害怕台灣分離，台灣的嚇阻就會讓對方愈來愈擔心。[51]

從中華人民共和國對台政策的演變，可以看出恐懼逐漸轉變成貪婪。中國領導人從大約一九九四年到二〇〇八年，對台灣的看法似乎主要都是出於恐懼；不過在一九九四年之後的李登輝政府時期，以及二〇〇二年之後的扁政府時期，還是多多少少帶點貪婪。馬英九上任之後，在中國對自身實力日益強大十分自信的情況下對北京提出了保證，結果降低了北京的恐懼，使其更為貪婪。不過馬英九不只仰賴安撫，同時也拒絕了中國出於貪婪而提出的政治對話。蔡英文也是，她不僅嚇阻中國，也在當選前後都對北京提出過保證。不過真正重要的其實是這兩種方法之間的勢力消長。在蔡英文當選之後，北京一開始做了一些出自於恐懼的行動，例如提出了一些蔡英文不太可能接受的要求，堅持要她做出表態；但在那之後的行為，主要還是都出於貪婪。二〇二〇年高漲的台獨情緒（可能是暫時的），也許會讓北京再次開始恐懼。但如果事實顯示，台灣人的態度轉變，其實是中華人民共和國的政策如嚴厲壓制香港的政治自由所造成，那也只能說北京是自作自受了。

# 第九章
# 台灣的軍事防禦

中華人民共和國對台政策的目標很明確：讓台灣不再分離，以「一國兩制」模式納入中華人民共和國體制。如果可以不用打仗當然就別打，但它還是拒絕放棄動武，因為它相信還是要有武力威嚇，才能阻止台灣領導人走向法理台獨。這就會讓我們想到一個問題：人民解放軍現代化到什麼程度之後，中國領導人就會認為它不僅能消除恐懼，阻止台灣獨立；還能實現願望，逼台灣統一？當然，能力跟意圖是兩回事，但就像過去一樣，如果你的能力不夠，你的意圖也會受限。此外，台灣要以防禦還是挑釁的方式來回應中國的野心，對此也有影響。而美國是否承諾幫忙保衛台灣也是。不過目前的現實是，中國領導人已經愈來愈能以武力逼台灣接受統一。台灣當然會反對北京的目標，至少反對北京提出的條件，但能不能成功阻止才是重點。

## 中華人民共和國的軍事實力

解放軍已經有系統的現代化了二十多年，根據美國國防部情報局（Defense Intelligence Agency）二〇一九年的報告，如今解放軍發展出來的好幾種方法讓他們已經可以在中國境外開戰。報告的基本結論是：「解放軍的陸海空三軍與導彈部隊，無論在和平時期還是地區性衝突時期，投射力量的能力都日益增強。」解放軍會有這樣的決定，最初是因為北京一九九〇年代末認為李登輝正在推動台獨，阻止他的最好方法是讓解放軍現代化。情報局的報告甚至還說：「北京的長期利益就是逼台灣與大陸統一，並阻止台灣以任何方式宣布獨立。這是中國軍隊現代化的主要動力。」[1]

現代化的解放軍已經造出火力更強且可以航行更遠的船隻、在東海巡邏的高科技潛艇、更先進的空軍，以及射程更遠也更精準的導彈。同時正在研發遠程轟炸機、運輸機、航空母艦這些戰力投放距離更遠的設備。他們還加快了在台灣附近的海域與空域演習的速度，藉此將軍備轉化成真正的作戰能力。

此外，當代的網絡通訊對戰爭也日益重要。解放軍也在加強網絡戰（cyberwar），強化蒐集與處理情報的能力，設法在爆發衝突時掌握情報優勢、干擾台灣的防禦、提高正規軍武的效率。[2]中國的情報單位已經成功竊取台灣的國防機密，找出更多弱點。學者孟沛德（Peter

Mattis）表示：「北京一直努力滲透台灣最敏感的國安機構以及滲透社會，有時候還頗有成果；台灣領導人反而一直沒能推動反情報（counterintelligence）所需的法律基礎。」也因此，同時造成了法律問題與政治問題。「而且更糟的是，國民黨與民進黨明明都不想讓北京決定台灣的未來，卻一直無法在這方面獲得共識。」[3]

解放軍除了加強硬體，也有在體制上進行軟體轉型。這包括不再獨尊陸軍而更重視海軍、空軍、導彈部隊；將全國區分為幾個戰區，讓軍隊的組織方式能夠盡量處理國防危機；前所未有的用心整合各種機制，發展可靠的聯合作戰；以及讓指揮控制系統更現代化。[4]這些對台海戰爭都很重要。在二〇二〇年，解放軍還對台進行了更具侵略性的軍事演習。[5]

這些改革一旦成功，台灣就會更危險。台灣目前還有一個隱藏優勢，就是解放軍還不知道怎麼以聯合作戰的方式完成海上封鎖臨檢（naval quarantine）或者兩棲登陸作戰這類複雜的任務。但未來就不一定了，而且台灣不能認為解放軍永遠學不會。台灣國防部在二〇一七年的《四年期國防總檢討》中也認為解放軍正在變強，「此外，中共持續挹注高額國防經費，加速裝備現代化進程，積極推動軍隊改革與戰區轉型，已逐漸具備第二島鏈以西兵力投射能力，為區域安全環境添加不確定因素。」[6]

## 讓北京動武的底線

幾位中共領導人都說過他們對台的基本方針是「和平統一」，但也從未放棄使用武力。北京認為台灣是中國的內政問題，可以用武力解決。從技術上來看，大陸的毛澤東與台灣的蔣介石在一九四〇年代的敵對狀態至今依然存在。從中國的角度來看，更麻煩的是台灣內部的「台獨勢力」。如果這些勢力成功推動了獨立，北京就會認為自己有理由對台開戰。

過去二十年來，中華人民共和國政府曾兩度以權威的方式，宣布在什麼條件下會放棄「和平統一」，改為對台動武。第一次是國務院新聞辦公室二〇〇〇年二月發表的《台灣白皮書》，這份在台灣大選前一個月發布的文件最後幫助了陳水扁上台。第二次則是二〇〇五年發布的《反分裂國家法》。[7] 表11列出了這兩份文件的關鍵條款。

《反分裂國家法》敘述的動武條件極為模糊，二〇〇〇年的白皮書已經很不清楚，但比它更權威的《反分裂國家法》甚至更籠統。看看底下幾條就知道它寫得有多模糊：

- **條件一：「台灣從中國分裂出去的事實」**。照這句話，即使台灣不宣布獨立，還是會有其他行為算是分裂。但這樣的話，北京要怎麼決定台灣不可以採取哪些行動？

- **條件二：「發生將會導致台灣從中國分裂出去的重大事變」**。北京要怎麼判斷台美聯合軍事演習是否滿足這項條件？華府與台北可以假設聯合軍演不會踩線嗎？
- **條件三：「和平統一的可能性完全喪失」**。如果台北政府因為台灣領導人認為中華人民共和國提出的條件無法接受，以及台灣人反對與北京進行統一談判，而在談判中不願意談出結果，甚至拒絕進行談判，北京會認為這滿足條件嗎？即使這時候的台北政府是親中的也會滿足嗎？

從北京的角度來看，這些紅線不清不楚是好事。把紅線劃得模糊一點，威嚇能力就會更強。如果說得太清楚，願意冒險的對手就會認為是你願意讓對方逼進底線，只要不踩到就可以。陳水扁在二〇〇〇年至二〇〇八年期間就以這種做法讓北京陷入困境。北京不知道是該因為陳水扁的試探而搶先動手，還是應該為了避免開戰而往後退一步。也不知道是該說清楚自己到底不能容忍哪些事，還是別說太清楚以免真有人踩線時自己不敢冒險動手。到目前為止，北京一直以曖昧不清的條文來製造戰略模糊。

除了定義不清，《反分裂國家法》試圖規範台北行為的方式還有三個問題。首先，它把決定權完全留給中華人民共和國政府，只有中華人民共和國政府可以判斷是否滿足對台動武的條件。而北京判斷「台灣從中國分裂出去」和「和平統一的可能性完全喪失」的標準，卻與台北和華府都完全不同。

其次，中國的分析與政策機構，以及中國的最高領導人，一碰到可能挑戰中國基本利益的事情，就很喜歡把事態發展解讀成對其最糟的版本，因此容易把台灣或美國那些沒有踩線的行為誤判為踩線。例如台灣的綠營政府在修訂教科書，降低台灣與大陸關聯相關敘述時，北京就說台灣在奠定台獨基礎。中國學者則說，朝向台獨方向的公投與釋憲也是在擴大台獨基礎。[8]至於台美加強安全合作，也被中國領導人說成強化台獨勢力的證據。但既然北京因為台灣的綠營政府不

表11　中華人民共和國對台動武的底線

| | 2000年《台灣白皮書》 | 2005年《反分裂國家法》 |
|---|---|---|
| **條件一** | 發生台灣以任何名義從中國分離出去的重大事變 | 台獨分裂勢力以任何名義、任何方式造成台灣從中國分裂出去的事實 |
| **條件二** | 外國侵占台灣[a] | 發生將會導致台灣從中國分裂出去的重大事變 |
| **條件三** | 台灣當局無限期拒絕透過談判和平解決兩岸統一問題 | 和平統一的可能性完全喪失 |
| **採取行動的威脅** | 中國政府將被迫採取一切可能的嚴厲措施，包括使用武力，以維護中國的主權和領土完整，並實現統一大業 | 國家應採取非和平手段和其他必要措施保護中國的主權和領土完整 |

資料來源：《一個中國的原則與台灣問題》白皮書，中華人民共和國國務院台灣事務辦公室與新聞辦公室，中國駐美國大使館，2000年2月21日；《反分裂國家法》全文，中國駐美國大使館，2005年3月15日。

a.這種說法延續了中華人民共和國對於1978年前美台安全關係的描述。

滿足北京所設下的對話條件，而拒絕與該政府對話，上述的判斷其實都有可能搞錯。

第三，如果有一天，中國高層領導人認為台灣的做法無法接受，那麼無論《反分裂國家法》寫得多模糊，台灣的真實情況如何，結果都一樣。當然，該法律劃下的紅線至少還是點出了在二〇〇五年頒布該法時，中國決策者最在意什麼。

## 兩岸如果開戰

如果中國領導人認為非得開戰，中國會如何運用解放軍逐漸茁壯的戰力來逼台灣投降，或者逼台灣以北京的條件談判？美國國防部長辦公室（OSD）的年度報告列出中國領導階層可以要求解放軍採取的四種不同方案，這些方式可以分別進行，也可以彼此結合。[9]

第一種是封鎖台灣的空域與海域。根據解放軍的文件，這種做法一開始是先射出大量的導彈，然後封鎖空中與海上交通，並切斷台灣用來進口的關鍵管道。之後如果有必要，解放軍的空軍與海軍就會在各種電子戰與資訊戰的協助下，繼續鎮壓台灣。第二種是小規模戰役，由解放軍部隊進行「各種破壞、懲罰，甚至致命的軍事行動……同時可能也會以公開或地下的資訊戰，影響台灣民眾對經濟和政治的看法，或藉此削弱台灣當局的執政效能或正當性」。其中可能也會以網絡攻擊關鍵基礎建設，藉此降低民眾對政府的信心。第三種則是以空軍與飛彈破壞防空系統，「削弱台灣的防禦力，消滅台灣的領導階層，或擊碎台灣人民的抵抗意志。」

而最困難的方式就是第四種：對台灣發動兩棲登陸作戰。這種方式最常討論的版本，就是「以好幾場環環相扣、仰賴彼此協力的小型戰役，提供空軍、海軍、電子戰所需的後勤物資，藉此撐起一場複雜的作戰」。只要能夠攻破台灣的海岸防禦，並且建立灘頭堡，就能將軍隊與物資送到台灣南北的指定地點，繼續向前推進，奪取關鍵目標。

無論是哪一種方式，解放軍最有可能做的都是展開資訊戰，例如以網絡武器干擾台灣的通訊，以及癱瘓關鍵基礎建設。根據美國國防部長辦公室的報告，解放軍的文件「把網絡戰、電子戰、心理戰等各種資訊戰，視為獲得資訊優勢的必要條件，也視為抵抗更強大敵人的有效手段」。該報告警告，解放軍可能會以網絡武器攻擊後勤、通訊、商業活動，並在武裝衝突中以網絡武器加強其他軍事行動的力量。

假設解放軍已經將軍備轉化為作戰能力，而且台灣不會做出任何明顯的獨立行為，那麼中國領導人有多高機率發動以上任何一種行動？答案跟解放軍目前能不能成功兩棲登陸台灣有關。雖然其他三種行動可以打擊台灣的物質條件和人民心理，但大概都不足以逼台灣政府和談，部隊還是必須登陸才算是真正戰勝。美國國防部長辦公室的報告對於登陸的成功率相當存疑：「大規模兩棲登陸是最複雜、最困難的軍事行動之一。登陸台灣可能會讓中國的軍力顯得吃緊，誘使其他國家入侵。而這種威脅加上部隊登陸時的耗損，以及在城市作戰與鎮壓台灣反叛時產生的各種困難，更是讓兩棲登陸作戰在政治與軍事上都相當冒險。」[10]

不過美國國防部長辦公室的報告只提到解放軍很難成功登陸台灣，沒有討論其他三種狀況，這意味著它相信中國目前已經能夠成功發動其他三種軍事行動。台灣國防部也討論過這些問題，結論相當悲觀。它認為解放軍能夠封鎖台灣本島，能夠占領台灣控制的福建島嶼，能夠以更精準的短程與中程彈道飛彈及巡弋飛彈攻擊台灣全島，能夠以網絡攻擊擾亂台灣軍方的監控、偵查、指揮、控制系統。[11]

當然，判斷國安除了看能力，還要看脈絡。美國國防部長辦公室的報告根據中國的政治目標，認為「**中國只要繼續相信總有一天可以統一台灣，相信打仗的代價高於效益，似乎就不會立刻動武**」。也就是說，只要中國領導人認為統一的大門還沒完全關閉，就會認為還不需要開戰。而且他們也可以相信，「可靠的軍事威脅，對於維持政治進展及防止台灣走向獨立來說十分重要」，[12]畢竟就連台灣民眾的看法似乎也支持這項判斷。

中國在評估開戰的風險與效益時還有個關鍵因子：美國的干預。我個人一直認為，雖然美國宣稱的防衛台灣政策相當模稜兩可，中國領導人依然解讀為保守的版本，認為台海發生衝突時，華府會保衛台灣；因此他們投入大量資源，盡量設法阻止美國干預。[13]美國國防情報局在二〇一九年的報告列出解放軍的進展：

中國在防空與長程攻擊這類關鍵的戰爭領域，已經成功縮小了與其他國家的差距，藉此在區域戰爭中抗衡第三方的軍事力量。中國也自製或獲得了許多先進設備，例如潛艇、主力艦、飛彈巡邏艇、海上作戰飛機，以及控制新型精密反艦飛彈與地對空導彈的地面系統。中國為了攻擊航空母艦，甚至開發了世界上第一套能在公路上移動的反艦彈道飛彈。[14]

解放軍的網絡戰與太空反制能力，在對抗美國干預時也相當重要。[15]蘭德公司（RAND Corporation）在二〇一五年開發了一套計分卡，用來評估美國與解放軍雙方在台海衝突中的能力。評估結果顯示，美軍在台海對抗解放軍時的優勢，在二〇〇三年至二〇一七年之間有所變化。二〇〇三年，美軍在攻擊中國空軍基地、反艦作戰、網絡戰上都有大幅優勢，但在二〇一七年都縮小到僅具優勢。美軍位於東亞的空軍基地在二〇〇三年對抗解放軍攻擊時擁有大幅優勢，二〇一七年已淪為劣勢。美軍的空優能力與太空反制能力在二〇〇三年具有優勢，二〇一七年已幾乎與解放軍持平。美軍對抗解放軍反艦武器的能力在二〇〇三年具有優勢，二〇一七年淪為劣勢。美軍滲透中國領空的能力，從二〇〇三年至二〇一七年幾乎與中國反制的能力相當。美軍的太空反制能力在二〇〇三年具有劣勢，二

○一七年與解放軍旗鼓相當。

這些演變都會影響美軍嚇阻解放軍的能力與意願，影響北京願意承擔多大風險，並影響嚇阻失敗時將發生哪些衝突。隨著解放軍能力愈來愈強，美國協防台灣也變得愈來愈花錢、愈來愈耗時。而且即使美國軍事干預成功，中國、美國、台灣依然都會受到巨大的政治與經濟衝擊。[16]這也讓某些台灣人和美國人認為，解放軍有可能對台發動奇襲，在美國的文人政府下令美軍干預之前拿下台灣。[17]

## 台灣的國防任務

所以台灣到底該做些什麼才能墊高中國開戰的代價，讓中國領導人不想冒險發動大規模軍事行動？好幾屆的美國決策者都指出，台灣要達成這項目標，至少就必須解決國防開支與國防策略兩大難題。

### ——台灣的國防開支

台灣的民主化讓人民開始討論各種政策問題，也讓台灣社會形成不信任中華人民共和國的共識，反對北京提出的統一條件。但這樣的政治轉型也妨礙了國防能力。民眾重視醫療保健等社會福利需求，所以搶走了國防的資金。大部分的政治人物都不懂軍事，而且台灣的軍工業不像美國那樣具備強大的政治影響力，政治人物沒有誘因去支持國防開支，所以政府提出高價國防計畫時，反對黨都有辦法在立法院擋下來。此外，許多民進黨成員都記得軍方在威權時代的惡行惡狀，也不信任軍方真的會想保衛國家。台灣大部分的年輕人則都討厭軍事。[18]「台灣國防部相當了解自己在政治中很不利，「國人對台海仍處於軍事敵對狀態及戰爭風險並未消除的認知，漸趨淡化。部分國人易輕忽兩岸軍力持續失衡，中共對我威脅日增之事實，降低對國防事務的支持。」[19]

我們通常都以國防支出占GDP的比例來判斷一個國家的軍費是否足夠。川普總統以這種方法來判斷北約盟國的決心，這幾屆的台灣政府也一直努力想讓國防支出超過GDP的二％。但判斷國家軍費是否充足的合理標準，其實並不是國防支出是否達到該國經濟規模的某個人為制定比例，而是該國面臨的威脅有多大，因為如果該國經濟下滑，但國防支出總額不變，那麼防禦能力不會改變，但支出占GDP的比例卻會增加。麥修絲在討論美國國防支出時就提到，把GDP當成分母會讓人誤解，「衡量負擔能力的合理判準，是國防支出在聯邦可支配支出中占多少。」[20]

與其以國防支出占GDP的比例來判斷軍費是否足夠，還不如改以國防支出占政府總支出的比例來判斷，因為後者才能看出政府官員與政治人物如何分配資源。政府的財政收入與借貸能力都有限，所以在教育與社會福利上多花一塊錢，就等於在國防上少花一塊錢，反之亦然。表12整理了台灣的國防支出占總支出的比例，從馬英九第一年制定國防預算的二〇〇九年，到二〇一九年以來的變化。最低值是二〇一八年的一〇．八五％，最高則在二〇一五年的一一．五二％，平均值為一一．一四％。而馬政府提出並經立法院批准的國防比例，比蔡政府三年內的數值都來得高（蔡政府在二〇一七年的比例是一〇．九六％，二〇一八年是一〇．八五％，二〇一九年是一一．〇四％）。

比百分比更適合評估成效的指標，則是國防支出的絕對值。台灣在這段時期的國防支出平均為新台幣三〇一四．二九億。在二〇一五年前，只有二〇一二年的數字比平均值高，該年之後的數值則一直在三〇四〇億至三一五〇億之間。有鑑於台灣在二〇〇九年至二〇一九年間的平均通膨率為〇．九一％，帳面數字上升的那幾年，軍費其實沒有增加那麼多；而帳面數字下降的時候，軍費實際減少的幅度更大。就結果來說，在解放軍愈來愈強的這段期間，台灣的國防支出基本上停滯不前。蔡英文政府二〇一九年增加了國家總預算中的國防支出，將二〇二〇年的國防總預算提高到三四一兆。然而國會最後通過的數字為三二五兆，反而低於二〇一九年實際支出的三二六兆。一年之後，它為二〇二一年提出了三五二．三兆的數字，[21]這相當於中央政府預算（而非總預算）的一七％，而之前的比例都是一六％或更低。

表12　2009～2018年台灣國防支出占政府總支出的比例

| 年度 | 政府總支出（NT$） | 國防支出（NT$） | 國防支出占政府總支出的比例（%） |
|---|---|---|---|
| 2009 | 2,670,898 | 297,746 | 11.15 |
| 2010 | 2,566,804 | 286,929 | 11.18 |
| 2011 | 2,612,947 | 288,889 | 11.06 |
| 2012 | 2,677,984 | 303,903 | 11.35 |
| 2013 | 2,665,241 | 292,646 | 10.98 |
| 2014 | 2,645,712 | 291,418 | 11.01 |
| 2015 | 2,645,189 | 304,636 | 11.52 |
| 2016 | 2,745,305 | 314,847 | 11.47 |
| 2017 | 2,778,361 | 304,632 | 10.96 |
| 2018 | 2,844,538 | 308,571 | 10.85 |
| 2019 | 2,911,645 | 321,506 | 11.04 |
| 平均 | 2,705,875 | 301,429 | 11.14 |

資料來源：*Taiwan Statistical Data Book 2019*（中華民國國家發展委員會，2019），表9-3a，"Net Government Expenditures of All Levels by Administrative Affair."
說明：金額單位以百萬計。

除了正規國防預算，台灣的國防部還會用特別預算來支付美國重大軍購的費用。例如立法院在二〇一九年十一月就通過了一項新台幣二、四七〇億的預算，在七年內向美購買六十六架F-16 C/D Block 70戰鬥機。[22]但重要的是，台灣雖然不斷撥出特別預算，國防預算其實並沒有大幅增加，反倒是解放軍不斷現代化，讓台灣顯得更加脆弱。

另外，國防支出怎麼用也是個問題。台灣的國防支出在軍備與戰備以外的部分其實相當不平衡。因為台灣的政治領導人在二〇〇九年決定從徵兵制改為募兵制，造成軍餉費用暴增，在幾乎沒有人支持提高國防預算的情況下，只好降低常備部隊的規模，從二〇一九年的一八．八萬人逐漸降低至未來的一七．五萬人。部隊規模降低七％之後，軍事上能否抵禦日益強大的解放軍，反倒沒有討論。更糟的是，國防部開出的就職條件無法吸引夠多志願役。根據五角大廈的說法：「高得意想不到的轉換成本，已經迫使台灣從國外軍購、本土軍購、短期訓練與戰備抽一部分費用來招募部隊。」[23]

不過，提高志願役薪餉開支真的能提升台灣軍隊實力嗎？台灣在二〇一三年把強制性軍事訓練縮短到四個月，這麼短的時間幾乎不可能訓練出具戰鬥能力的士兵。許多人抱怨，這些強制訓練只是叫人去做雜事，根本沒有教導作戰技能。《台北時報》的社論就說：「四個月的訓練怎麼能打造出一支有使命感、有能力的後備部隊？這只不過是在浪費時間和金錢，而且這些訓練原本應該是要讓人學會如何守護台灣的自由與生活方式，實際上卻只讓人更覺得自己不知道在幹什麼。」[24]

國防預算的額度是一連串政治決策的結果。社會上有許多重要事項都會彼此競爭資源，例如高齡人口有其需求，年輕人也需要教育資金，這些需求都很合理，而政治決策正是為了兼顧各項需求而生。[25]但國防對國家也很重要，在政府適應了民眾通常反對增稅的偏好之後，解決資源不足的方式就是壓低國防預算的比例，把錢撥給其他事項。畢竟國防這塊餅在政治上太小了，即使中華人民共和國的軍事威脅愈來愈嚴重，台灣民眾依然不願意繳更多稅來應對這種危機。

## ——台灣的防禦策略

第二個問題是，在解放軍能夠投射的軍力愈來愈大，台灣的國防預算又有限的新局勢下，台灣軍隊是否選擇了最佳的防禦策略。長期以來，台灣的國防策略所想像的都是在台灣海峽跟解放軍進行空中與海上作戰。[26]所以勢必會「在對稱作戰中消耗水面艦艇、戰鬥機、坦克」。[27]這種想法以前很合理，因為台灣軍備的科技程度以前優於解放軍，而且島嶼是天然的屏障。但解放軍現代化之後，已經拉近甚至完全消除與台灣的科技差距，並且創造了另一個對其有利的條件。如今台灣打消耗戰已經不再是好點子。

台灣雖然無法生產先進武器，但理想上可以用美國的軍購來維持勢力平衡。然而即使華府願意以武裝台灣的方式來制衡中國，美國的武器也很貴。以台灣的預算來說，購買的武器數量不可能足以打消耗戰。此外，美國的武器擅長的是在進攻時投射力量，但台灣需要的是阻止強大對手入侵的有效防禦能力。而且有鑑於解放軍的導彈和轟炸機會轟炸台灣的機場，日益先進的防空系統已經覆蓋到整個台灣海峽，台灣空軍的弱點也愈來愈大。

國防部已經採取一些措施去彌補軍力日益落後解放軍的問題，例如儲備戰備物資、強化聯合作戰能力、加強軍官與士官部隊、建立後備部隊等等。但這些努力在美國國防部長辦公室的報告中，「都沒有完全解決台灣防禦優勢日益下降的問題。」[28]

此外，台灣的國防方案還必須考慮一個無可否認的現實：即使中華人民共和國無故攻擊台灣時，美國領導人決定武力介入，美國的軍隊也無法立刻抵達台灣，至少需要好幾個月。這種時候，浩瀚的太平洋站在中國這邊，就是因為這樣，華府近年來才一直鼓勵台灣國防部增強實力，希望台灣有辦法撐到美軍抵達。

國防部的「整體防衛構想」就源自這種戰略耐力的概念。該構想不打算正面對抗中國的強項，而是去找出解放軍在攻台過程中會出現的弱點。它不打算在整個台灣海峽對抗解放軍，而是要在台灣西海岸外大約一百公里的水域劃出一道外圍防禦圈，在該處部署水雷以及台灣可以自產的大型水面艦艇，在艦艇裝上反艦巡弋飛彈，藉此摧毀一部分的入侵部隊。接下來，它要在距離陸地約六十四公里的海灘上，同樣以水雷、快速攻擊艦、從海岸發射的巡弋飛彈來減少敵軍數量。這種戰役就只需要短程的防禦性武器，台灣大部分都可以自產。此外，水雷與飛彈還可以用來反擊敵方的封鎖。因此台灣在二〇一九年撥了大概六六〇億新台幣購買一〇八輛M1A2艾布蘭主力戰車，乍聽之下似乎不是很划算，但卻是最能對抗兩棲登陸作戰的方法。

「整體防衛構想」有兩個目的。第一是把解放軍入侵與封鎖的門檻墊高到北京認為不值得冒險的程度。第二則是拖延時間，讓美國在願意協防台灣時能來得及武力介入，能夠發動一些戰術去讓解放軍無法順利反制美軍的干涉。

美國國防部印太安全事務首席副助理部長海大衛（David Helvey）在二〇一九年十月的國防工業會議上表示，美國政府支持台灣的這項戰略。在談到對台銷售艾布蘭戰車與F16戰機時，他認為台灣的確需要「重新調整軍力結構中的某些元素」，例如F16就將強化台灣在和平時期的嚇阻力。但海大衛也提到台灣需要建立「整體防衛構想」，並確保「擁有一支精通不對稱作戰、兵力防護、濱海作戰的部隊」。[29] 他呼籲台灣要在正確的項目上投入夠多資源，擁有整個「散布各地的分散式機動部隊，也就是一大群即使電磁環境不佳、不斷受到飛彈和空軍空襲，依然能正常運作的小型部隊。這些部隊包括移動式的海防巡弋飛彈、短程防空武器、水雷、小型快速攻擊艇、自走砲、先進的監控設施」。[30]

台灣國防部軍備副部長張冠群將軍也在那場會議中發言，他認同海大衛著重「整體防衛構想」，以及必須好好利用海岸來做緩衝的概念。「我們將發揮創新及不對稱思維，未來軍事投資重點在於機動、隱匿、快速、價廉、量多、損小、效高之裝備。」[31] 張冠群把台灣軍隊分成基本戰力、不對稱戰力、戰力防護三類。儘管他支持整體防衛構想，五角大廈依然擔心台灣的陸海空三軍都太喜歡美國的主力戰車、F35戰機，以及台灣自產的潛艦這類基本戰力。雖然美國武器的費用是分攤在好幾年內支付，但這些設備的花費還是會搶走聘人、戰備、訓練，以及打造不對稱戰力所需的資金。

到了二〇二〇年的美台國防工業會議，海大衛又重申了一次上述事項的重要性，並新增了幾個要點。首先，他在武器方面特別強調「高度機動的海防巡弋飛彈」，並透露美國「鼓勵台灣盡可能採購這類飛彈，無論進口或自產都可以」。第二，他說台灣一直忽視後備部隊的重要性，後備役訓練不僅可以發揮國防功能，也能達成政治效果，有了後備役訓練，就能「以台灣人的創意、足智多謀、巧思、愛國心，讓人民了解台灣這塊土地與台灣的理念有多麼值得捍衛」。[32]

台灣國防戰略問題的核心，跟好幾個制度性的弱點有關。第一個弱點是軍方與政府關係失衡，無論是在國家最重視國家安全的一九四九年之前或之後，軍方都是國民黨政權裡的主要角色。即使中國的威脅在一九七九年之後降低，即使台灣的國防預算減少，軍方還是有很大的自主權去決定國防戰略，或者更精確的說，軍方還是可以用自己的軍購偏好而非國家面臨的威脅去決定國防戰略。此外，在蔣經國去世後，台灣的總統都沒有國防方面的專業，碰到戰略問題就只能聽軍方的意見。

第二個弱點則是，台灣的國防政策沒有像美國大多數時候整合得那麼好。由於軍方試圖繼續壟斷國安政策，台灣很難把國防與軍事戰略整合進更宏觀的國家安全框架之中。前美國空軍軍官、卡內基倫理與國際事務委員會（Carnegie Council for Ethics in International Affairs）研究員卡魯索（Philip Caruso）指出：「雖然台灣顯然需要建立不對稱防禦能力，但改革國防部與爭取群眾支持，目前在政治上都相當困難。國防部用整個體制堅決反對這些改變，批評國防部的做法失當也沒什麼作用，原因之一就是，要推動這些改革，就需要在公共討論中證明，除了目前國防部自稱最佳的戰略與結構，還有更好的選擇。」[33]因此，在台灣討論國安問題時，美國的影響力有時候很重要。

## 台灣人對國防的看法

台灣的政治與軍事領導人顯然還要走好一段路，才能讓國防資金與防禦戰略足以應付解放軍的威脅。找到正確的戰略與充足的資源，既困難又關鍵，表現每降低一分，台灣就更脆弱一點。提高國防預算的要件之一，就是讓民眾了解這件事的重要性。而要了解台灣人對戰爭問題的看法，最好的資料就是由杜克大學的牛銘實和政治大學選舉研究中心合作進行的台灣國家安全調查。[34]

台灣人的態度在好幾個基本問題上都很矛盾。第一個是意願與能力上的落差，大多數受訪者都認為，無論是什麼情況，台灣人都願意「抵抗」中國大陸的攻擊。同意這個看法的人在二〇一六年有六二・七％，二〇一七年（蔡英文當完一整年總統後）降至五二％，二〇一九年又回彈到六一・六％。令人吃驚的是，台灣人同時又非常懷疑國軍保衛台灣的能力，同意這個看法的人在二〇一六年有八一・五％，二〇一七年有七七・五％，二〇一九年有六九・六％。如果台灣人自己都認為國軍能力薄弱，請問平民要怎麼抵抗訓練有素、裝備精良的現代化解放軍？

台灣人想要的長期發展，跟他們預期會發生的未來也有落差。絕大多數受訪者強烈反對北京提出的終極統一目標，在二〇一七年十二月的民調中，只有二・二％的人希望該目標立刻達成，另外一〇・三％的人希望在未來某個時刻達成。但在同一年的台灣國家安全調查中，受訪者也嚴重懷疑台灣有辦法阻止這樣的目標。他們認為台灣大概有一半的機率，會在未來某個時刻照著北京的條件統一。

在國防細節上，台灣人則相當務實而謹慎。有很多受訪者認為台獨是兩岸關係中的危險議題。相信「統獨問題」會導致戰爭的受訪者在二〇一七年有四九．四％，二〇一九年有五〇．五％。另外兩個問題則更點明受訪者怎麼思考台獨與戰爭威脅之間的關係：如果台灣宣布獨立之後北京不會開戰，支持台獨的人在二〇一一年高達八〇％，二〇一六年、二〇一七年、二〇一九年的平均值也有六三．四％。如果宣布台獨之後會引發戰爭，反對獨立的人在二〇一六年就達到五七．一％，支持的比例降到三〇．九％，反對的人數大約是支持的兩倍；隨後的幾年也差不多，二〇一七年支持者有五九．一％，反對者有二六．三％；二〇一九年支持者有六〇．三％，反對者有二九．八％。除此之外，近一半的受訪者都同意台獨將導致戰爭，二〇一七年為四一．三％；二〇一九年為四九．九％。

台灣大多數人在這個關鍵戰略問題上，顯然都謹守克制原則。如果情況理想，民眾都希望台灣獨立，但他們都知道現實並不理想。當然還是有大約三〇％的人在可能引發戰爭的情況下依然希望獨立，這可能是因為他們認為北京的威脅只是虛張聲勢。但至少有一半的受訪者相信北京是認真的，如果台灣獨立，北京真的會開戰。

不過值得注意的是，台灣國家安全調查並沒有真正處理到北京那道模稜兩可的紅線。北京動武的第三個條件是「和平統一的可能性完全喪失」，也就是說，如果台灣領導人沒有宣布獨立，但也不願意以談判方式處理兩岸的根本問題，北京就有可能採取非和平手段。如果台灣拒絕像之前馬英九那樣與北京展開政治對話，會不會被北京當成動武的藉口？台灣人要小心北京的模糊用詞，而且可能得比現在更加謹慎。

此外，台灣人也開始了解，華府會不會干預兩岸衝突，取決於戰爭怎麼開打，具體來說就是取決於台灣有沒有先挑釁。在二〇一一年與二〇一九年的台灣國家安全調查中，都有五分之三的受訪者認為，台灣若在維持現狀（也就是不宣布獨立）的狀態下遭受中國攻擊，華府將出手干預。但如果是台灣宣布獨立而引發中國攻擊，相信美國會幫忙的比例就明顯降低，二〇一六年為四七．七%，二〇一八年為四〇．五%，二〇一九年為四八．五%。即使台灣一直維持現狀，也有二四%民眾懷疑美國會願意幫忙，而有一四．五%沒有作答，兩者合計將近四成。相信美國會出手干預的人則有七一．九%，相信不會的只有二八．一%。

有鑑於台灣人不信任國軍、北京動武紅線寫得模稜兩可、台灣人不是很信任美國會出手干預，以及美軍干預的門檻愈來愈高，大概會有人認為台灣人應該也要大力支持加強軍備，提高嚇阻力，藉此避免開戰吧？但台灣國家安全調查的結果並非如此，支持加強軍備者只有二二．四%，支持採取「更溫和的手段」者卻有六六．八%，希望兩者並行的則有三．七%。看來台灣國防部在二〇一七年的《四年期國防總檢討》中提到的「民眾欠缺國防意識」的確不是空穴來風。如果人民不信任台灣守得住、對國防戰略沒有共識，又限制國家的軍事預算，敵人的勝算只會愈來愈高。

## 第十章
# 台灣的政治防禦：民族認同

面對來自對岸的威脅，台灣人對於如何保障國家安全的看法仍無共識。妥協、安撫、保持距離、平衡力量差距，這四種策略應該各占多少比例？台灣與中國的軍力落差愈來愈大，即使美國承諾協防台灣，國軍又該怎麼做才能拖住解放軍以等待美軍抵達？台灣領導人能不能說服民眾增加國防預算來加強軍力？如果不幸嚇阻失敗，他們能不能讓民眾對國軍的防衛能力更有信心？這些問題都不容易，但想要讓台灣更安全，就都得認真思考。在發展國防戰略以防止中國利用軍事手段完成政治統一時，台灣最近的想法是不要試圖挑戰愈來愈強的解放軍，而是改以不對稱作戰專門打擊解放軍的弱點。

打從一九九〇年代的民主轉型以來，台灣的政府領導人和民眾就都一直在討論有沒有某種不對稱的**政治**方法能夠阻止北京的統一目標。這種策略有其道理，兩岸問題本質上是政治問題，雖然不能忽略它的軍事層面，但台灣同時也在打造政治上的防禦機制。這種防禦的重點，就是台灣的國家認同與民族認同。它讓人思考許多問題，例如這座島嶼上的人是台灣人、中國人，還是兩者的混合體？台灣是民族（nation）嗎？它在國際法律上的地位為何？它與中國的法律和政治關係目前為何，又應該為何？台灣是國家（state）嗎？它是一個叫做中華民國，在中華人民共和國以外的另一個中國嗎？還是一個台灣國？

從北京的角度來看，答案當然只有一個。世界上只有一個中國，而且大多數國家都承認中華人民共和國是中國在國際社會中的合法代表。至於中華民國政府，在北京眼中則從一九四九年後就消失了，台灣「當局」所控制的台灣島和其他島嶼，都是中國主權領土的一部分，這些島嶼上的居民都屬於中華民族。兩岸問題並不是主權或民族引發的爭論，只是長期政治對抗的結果而已。而要解決兩岸爭議，就必須依循一國兩制模式。

至於台灣民眾，有一些人拒絕上述的一部分說法，有些人則是全都不接受。此外，由於過去國民黨與民進黨的分歧，以及兩岸長期以來的敵對狀態，台灣人當然也會在其他問題上產生歧見。這些歧見會讓許多政治防衛手段都效果不彰。身分認同與法律地位的歧見，局限了台灣在國際間行動的能力。某一派所堅守的原則，在另一派眼中經常都是莽撞的挑釁。

政治防禦方法除了必須獲得廣泛民意支持，本質上也必須清晰可靠。但台灣人與台灣政黨除了受到過去的歷史和兩岸之間的猜忌所影響，也因其他因素而無法在上述的根本問題上達成共識。這些「台灣是什麼」的概念相當複雜，許多人心中想的都不一樣。有些概念就連分析專家都說不清楚了，那些既不是政治學者又不是律師的大部分台灣人會混為一談也情有可原。更麻煩的是，雖然已經有夠多數據去研究台灣人的民族認同這類問題，討論其他問題所需的資訊卻不夠多。但如今的台灣卻已經不能再像過去那樣，試圖以模糊的態度回應中華人民共和國的一國兩制統一訴求。

可以確定的是，如果打造民族認同與國家認同的方案可以有效對抗北京，那麼台灣人在這些問題上的歧見就可能會讓台灣更難獲得安全。因此我們值得深入探討這些問題，盡可能了解民眾的相關看法。

## 幾個基本概念

本章討論的是民族認同，下一章會討論國家認同。我們會先探討民族的概念與台灣的歷史背景，爬梳台灣的威權時代如何影響人民後來的態度，並回顧台灣認同在民主時期如何演變。首先，我們先來看看什麼是身分、民族、國家、主權，並看看國家和民族如何融合。

### ——身分

身分（Identity，或譯認同）是指個人或群體看待自己的一種方式，以及其他人定義他們的一種方式。身分指涉人們的社會存在（social existence）的各種面向，以及在社會中扮演的各種角色（social roles）。一個人會有很多種身分，例如我卜睿哲是個白人男性；是個老年公民；我為人夫、為人父，也為人祖父；我屬於中上階級；我是個博士學位的中國專家；是個退伍軍人；是個民主黨員；是個納稅人；是個無神論者……有些身分是環境丟過來的，我無法改變，例如我不可能改變我在哪一年出生；有些身分則是選擇和努力的結果，例如我的博士學位就是研究中國才拿到的。

而我們要了解的是，一個人具備的不同身分，會在某些地方相容，在某些地方互斥。有些人可以順利處理不同身分之間的關係，在不同身分之間保持一定程度的平衡；有些人就是沒辦法。

此外，我們也會以自己的判準，把各種身分的重要程度做出排序。而不同身分的優先順序，則會影響我們每天的時間分配，以及更長期的時間分配。我們還會在不同環境下改變身分的排序方式，並依此改變行為，例如已故的社會學家施堅雅（G. William Skinner）在研究泰國華人時就注意到，這群在二十世紀前原本來自中國不同地區、使用不同方言的人，到了泰國之後卻愈來愈重視共同的華人身分，並建立相應的組織。這種共同體意識使他們在思想與制度上都更加團結，得以抵抗泰國政府的不利政策。[1]人們在政黨內部和政黨之間的身分也有類似狀況，我會跟民主黨的同仁爭執應該推出哪些政策、推舉哪些候選人，但至少在黨派所造成的分歧上，我會跟他們團結一致對抗共和黨人。

在現代世界的形成中最重要的發展，就是人們發現民族認同比其他認同更重要。從歐洲和北美，到拉丁美洲、亞洲、中東、非洲，世界鼓勵每一個人都把某塊特定領土和某個政治單位當成自己最重要的身分，鼓勵每個人都認為自己是某個民族的人。

## ——民族

學者對民族的看法可以分為兩種：第一種是本質論（essentialism）或者原生論（primordialism），第二種是工具論（instrumentalism）。本質論的歷史比較久，它認為民族認同是自然形成的過程，「在你出生時就有某些『既有的』社會存在，會決定你認同哪些人。」[2]這些「既有的」社會存在可能包括語言、宗教、種族、歷史等等。北京領導人就是以這種觀點，主張中華人民共和國與台灣同文同種，應該統一。

工具論的看法則不同。根據安德森（Benedict Anderson）的定義，工具論認為民族是「基於一整套國族敘事和符號所想像出來的政治共同體」。[3]所以用社會學的說法，民族是社會建構（social construction）出來的，更具體的說，是政治鬥爭的結果。你若想自稱為民族，就得搶到思想上的主導權。例如殖民同時來自英法兩國的加拿大，就曾被稱為「有兩個民族在交戰的國家」。[4]搶到思想主導權的一方，就能要求其他人接受自己的民族定義，過程中會「消除政治共同體內部的分歧，使各方接受一種共同的符號、象徵、價值的霸權秩序」。[5]

例如所謂的聯合王國，就是英國人成功壓制威爾斯人與蘇格蘭人的身分，讓他們都變成不列顛人的結果（不過愛爾蘭就是另一個故事了）。[6]中國的民族認同則來自一連串的政治鬥爭：在十九世紀對抗西方的滲透，在十九世紀末、二十世紀初對抗滿人建立的清朝，在一九三〇年代及一九四〇年代對抗日本侵略，在韓戰對抗美國，此外當然也包括國民黨與中共從一九二〇年代一直對抗至今的過程。[7]

## ——國家

國家的概念可以指好幾種不同東西。它可以指涉管轄某塊領土的中央政體。也可以指涉國家被國際社會納為正規成員的狀態。例如《聯合國憲章》就說：「凡其他愛好和平之國家，接受本憲章所載之義務，經本組織認為確能並願意履行該項義務者，得為聯合國會員國。」[8]

福山（Francis Fukuyama）把國家描寫成治理機構時，引述了德國社會學家韋伯（Max Weber）的說法：「國家是成功讓某塊土地只允許自己合法使用暴力的人類社群；」並以此延伸道，「換句話說，國家的本質就是**強制力**：派人穿著制服、拿著槍去強迫人們遵守法律的能力。」[9]照福山的說法，國家也就是派稅務人員依法徵稅、派監理官員逼其他人遵守規則的能力。

國家一旦成立，就會建立各種機構來執行任務，現代國家更是如此。它會建立機構去維持國防與治安；建立機構去管理財政；建立機構去提供各種公共財，例如法治、財產權、年輕人的教育、公職職位、人們的經濟與社會生活；建立機構防止國家陷入貪腐而衰敗等等。每個國家都會選擇自己要執行哪些任務。執行的效果也有好有壞。此外，提利（Charles Tilley）從西方歷史看到的「戰爭打造國家，國家製造戰爭」還告訴我們，國家的任務先後有別，例如總是得先保障國防與治安，才能發展經濟、落實法治、確實問責等等。[10]最後，福山告訴我們，要把國家的運作範圍（scope）與能力強弱（strength）分開來看，[11]運作範圍是指國家承擔多少任務，能力強弱則是指國家能夠把它想做的任務做得多好。[12]

## 主權

主權和國家有關，同時涉及國家的好幾個不同面向。卡斯納（Stephen Krasner）列出主權的三元素，第一是內政主權，也就是「國家內部的權力結構與其實際能力」，在國內以內政機構的形式涵蓋的範圍和國家相同。第二是國際法律主權，也就是「值得承認，在法律上獨立的領土實體。享有國際組織成員的權利與特權……並能與其他國家和實體簽訂契約與條約等等」。這裡指的國家主權，是指成為國際體系的正式成員。第三個是卡斯納所稱的「西伐利亞主權」（Westphalian-cum-Vattelian sovereignty），「每個國家在自己的領土內決定自己的權力結構，避免彼此干涉內政。」[13]這很像是把主權等同於獨立，也就是把主權定義成：「使國家不從屬於任何外部勢力，而能行使其權力的基本權威。」[14]

## ——國家與民族

民族和國家在不同情況下，都能以不同方式結合成一個具雙重層次的概念，這概念通常稱為民族國家（nation-state）。兩個詞結合的順序，意味著民族先於國家，而國家符合民族。而且有時候，國家也確實來自於民族。從這個角度看，現代歷史就是各個民族（各個想像的共同體）一路打造、奪取，或接受與之並行的國家的故事。猶太民族，尤其是猶太復國主義者（Zionist），就是這樣在十九世紀決定自己必須建國。雖然不是所有猶太人都這麼想，但猶太復國主義者還是在二十世紀發起運動去爭取猶太人的家園，最後建立了以色列。

當然也不是每個國家都符合上述模式。語言和文化早在十九世紀歐洲就想像出了義大利民族和德國民族，但義大利要到在皮埃蒙特（Piedmont）建國才終於統一，德國也是在俾斯麥努力不懈的建立普魯士之後才誕生。一次大戰之後，威爾遜（Woodrow Wilson）想利用一九一九年的《凡爾賽條約》讓中歐與東歐的民族從舊帝國獨立為民族國家。

此外，日本專家麥克維（Brian McVeigh）也指出，「文化（也就是民族）與國家（也就是政體）應該完全一致」的想法其實只是個強大的迷思。[15]在現代歷史中，國家和民族的邊界經常有落差。例如《凡爾賽條約》就把某些德國人劃給捷克斯洛伐克，後來也成了希特勒在一九三八年使戰爭一觸即發的藉口。許多在二戰後經由解殖而生的國家都住著好幾個不同民族，有時候還因此爆發內戰和大規模暴力事件，例如印度的印巴分治。猶太復國主義者打造了一個國家，但不久之後原本住在那裡的巴勒斯坦穆斯林也想建國，不惜犧牲以色列。

有時候，國家則會比民族更早出現，美國就是個例子。哈佛大學美國史學家萊波爾（Jill Lepore）認為，一七八七年在費城建立的是一個聯邦國家（federal state）。「美國人」這個民族當時還沒誕生，原因包括當時的人分別來自不同的種族，而且各州的人在內戰之前都把自己居住的州，例如維吉尼亞州、喬治亞州等等，稱為「國家」（country）。萊波爾表示，「美國……是成為國家之後才變成民族的」，而且整個過程花了幾十年。[16]國家體制在打造美國人的過程中出了不少力，例如利用學校體制不斷灌輸美國的認同感。美國的各個政黨也都一波又一波的吸納各種族的移民，使他們都能參與民主制度，藉此建立共同的身分認同。

新加坡也是如此，它在一九六五年脫離馬來西亞之後依然是強大的統一國家。國內同時有華人、馬來人、印度人，以及其他人，但其利用教育制度、居住政策、義務役制度，以及執政的人民行動黨，打造了一個基於公民而非種族的民族意識。[17]其實中國也是一樣，有人甚至說，雖然中國的民族主義在二十世紀前半葉於國共兩黨的努力推動下蓬勃發展，但在中華人民共和國建國之前，中共一直都無法把民族主義推廣到菁英階級之外。

## ——台灣的狀況

上面這些概念都彼此相關，但應該分開討論。這對台灣更是重要，但台灣人卻經常在語言的歧義下把好幾種不同的概念混在一起，因此影響了自己如何看待台灣，以及如何看待台灣與中國之間的關係。

麻煩的是，中文讓人幾乎注定搞不清楚民族和國家之間的差異。在目前的漢英辭典中，「國」同時有「country（疆土）、state（國家）、nation（民族）」三種意思。「國家」、「邦」、「邦國」也是，[18]這些詞在日常中文裡都指同一個東西。但在社會科學中，只有「country」跟「state」一樣，「nation」則是別的東西。此外，中文的「民族」也同時指涉「people（某一群人）、nation（國家、民族）、nationality（構成國家中的民族）、ethnic community（族群）」。「nation state」在中文裡則譯為「民族國家」。[19]最後，海峽兩岸都很愛以簡練的幾個字表達複雜的概念，例如「一個中國，各自表述」或「一中各表」；台灣人甚至很愛以「中國」來稱呼「中華人民共和國」，讓這些概念更難釐清。

## 民族的台灣，國家的台灣

在一八九五年日本殖民統治之前，台灣主要有四群人。第一群是不屬於華人的非漢族原住民，從幾千年前就住在島上，各族都有自己的身分與領土。其他三群都是從十七世紀開始來台的漢人，分別來自華南的三個地區：福建漳州、福建泉州、廣東東部的客家地區。[20]多年來，這四群人不斷爆發社會衝突，以許多不同方式彼此對立。最後，從日本一九四五年結束統治到國民黨一九四九年撤退來台期間，又有大約二百萬華人從中國各地來到台灣。這些與國民黨統治的中華民國有關係的華人，從此和一九四五年就已經在台灣的大約六百萬人住在一起。台灣人把那些住得比較久的叫做「本省人」，最後來的那批叫做「外省人」。一九四九年之後的數十年來，本省與外省之間的差異就成了在界定民族時，區分你我的主要因素。[21]

## 「中華民國」的演進

國民黨政權一九四九年逃到台灣之後，明確訂出了各種任務的處理順序。[22]首要之務是國防，由於美國在韓戰的背景下與台灣加強合作，他們成功讓中華人民共和國放棄入侵台灣。在那之後是使國民黨重新獲得治國的基本能力，之前嚴重腐敗的國民黨以暴力掠奪的方式接管台灣，失去了許多民心，於是蔣介石授權兒子蔣經國處理貪腐、共匪滲透等諸多體制問題；[23]同時國民黨也透過土地改革、地方選舉、延續日治時期的小學義務教育等方式，推動社會轉型。但這些對蔣介石而言都只是實現「反攻大陸」這場幻夢的手段而已，那些著重進口替代的經濟政策都是為了籌募軍費，政府的大部分預算也都花在軍事上。而且他為了加強國防，還拿「國民黨還在打仗」做為理由，鎮壓國內的異議人士。

到了一九六〇年代，施政優先順序上的重大改變，擴大了中華民國政權的掌管範圍與施政能力。中華民國政權以國民黨的民生能力優於共產黨為由，把經濟戰略從進口替代轉為出口導向。這讓中華民國變成了一個經濟技術官僚所掌管的發展型國家，並以考試院來培養能力更佳的專業公務員。[24]它依然聲稱要反攻大陸，但整個國防體制其實已經把任務目標從準備開戰轉向保衛台灣。在政治上，蔣經國吸納忠心的台籍人士，讓更多人得以進入依然威權的中華民國體制之中。[25]國民黨也利用選舉制度來滲透地方社會、監控各地官員的表現，並加速延攬人才的過程。這些選舉也使人民逐漸習慣政治競爭，開始試圖籌組反對黨，並希望國家變得更民主。[26]但這時候，人民參與政治、制衡國家權力的能力依然極為有限。

這段期間，國民黨政權在某個議題上始終如一：它頑固的堅持世界上只有一個中國，那就是中華民國。有鑑於北京政府從一九四九年起也開始聲稱中華人民共和國是唯一的合法中國政府，這使其他國家無法同時跟北京和台灣建交，只能選擇中華民國或者中華人民共和國。但這種零和做法在國際法上毫無道理。美國外交官在一九五〇年代末和一九六〇年代初甚至找到了一些法律說詞，讓中華人民共和國與中華民國能夠同時在聯合國裡代表中國，並試圖說服台北這樣對它才有利，但台北就是不聽。[27]

## 中華民國與台灣人民

中華民國政府在威權時期最重要的成就，就是努力把台灣人變成優秀的中國民族主義者。國民黨政權在一九四五年秋天，二戰結束的幾週後，接管了台灣。當時的台灣人似乎完全認為自己是中國人，陶森大學（Towson）歷史系教授費世文（Steven Phillips）就說：「當時大部分台灣人在公開場合都歡欣鼓舞的支持台灣回歸國民黨政府的統治。社會上出現了學習國語（一種國民黨欽定的方言）的風潮。在蔣介石國民政府的領導下，接受孫中山思想成了忠於中國、對未來抱有信心的重要象徵。」[28]當時的台灣人也希望中華民國能讓這個「模範省份」的自治權比其他大陸省份更大。

但沒過多久，國民黨的表現就使台灣人徹底失望。正如第六章所言，當時國民黨的某些暴行，以及台灣人渴望他們受到制裁、甚至渴望復仇的心，如今都已經陸續出土。更慘的是，國民黨領導人一邊擔心政敵煽動台灣人，一邊又懷疑台灣人並不真正忠於中國。日本在一八九五年至一九四五年的統治中，促進了台灣經濟發展，使台灣人多多少少認同了日本帝國。但在國民黨眼中，日本帝國只是侵略中國、暴力占領大部分華東地區的敵人，那些協助日本統治的中國人則都是漢奸。反觀當時的台灣，則有許多年輕人被徵召加入日本軍隊。從這個角度來看，許多國民黨官員在一九四五年後會懷疑台灣人的忠誠也不奇怪。

於是中華民國政府在施政時，就希望在這些離開了中國五十年的台灣人腦中灌輸強烈的中國認同。華威大學（Warwick University）的胡克禮（Christopher Hughes）認為，這些行為還想要消除各個一九四〇年代之前便自大陸來台的華人族群間的差異。不過這些差異在政治上都比不過台灣人與外省人之間的差異。[29]國民黨先以宣傳體系和教育體系來重塑台灣人的思想，明明普通話和當時大部分台灣人使用的方言無法彼此溝通，它依然讓學校使用「國語」來教書。學生的課本裡寫著中國歷史，沒有台灣歷史；寫著中國大陸的地理，沒有台灣地理。全國只能討論一種政治綱領：孫中山的三民主義，而且只能討論它的意識型態層次。國民黨也要求全台灣年輕男子服義務役，藉此讓軍隊維持夠多的士兵，讓那些忠於中華民國與國民黨政權的軍官與士官覺得自己有一天能回大陸。

但國民黨在做這些事的時候，卻沒有去整合社會上的差異。例如它把「臨時」首都台北切割成台灣人住的地方跟大陸人住的地方；並使兩群人能受的教育和能做的職業落差甚大。[30]它要求國安單位時時刻刻監控每個人民的公共行為，只要看到可能親共或可能支持台獨的人就統統抓起來。[31]它完全以政權主導由上而下的方式孕育民族認同，希望台灣人認為國家比民族更重要。

國民黨強加在台灣人身上的中國民族主義至今仍留有餘緒，如今台灣人的生活裡也還有很多政治時空泡泡的痕跡。例如中華民國國歌其實是國民黨的黨歌，第一句開門見山就寫「三民主義，吾黨所宗」；國徽是國民黨的黨徽；新台幣一百元上面印了孫中山，二百元上面印了蔣介石。一九四九年之後的好一段時間中，台灣甚至不是使用西元紀年，而是使用民國紀年。中華民國建立於一九一二年，所以一九七五年是民國六十四年。

此外，它還在中秋節這類中國傳統節日之外，利用許多與國民黨，或者與國民黨在中國出現的時間有關的典故，另外訂立了很多國定假日。例如元旦是中華民國一九一二年建國的日子、植樹節（三月十二日）是創黨人孫中山於一九二五年逝世的日子、軍人節（九月三日）是二戰日本對太平洋盟軍投降的日子、國慶日（十月十日）是孫中山支持者在一九一一年加入起義推翻滿清的日子、台灣光復節（十月二十五日）則是台灣從日本回歸中國的日子（國民黨版本的歷史是這麼說的），此外還有國父誕辰紀念日（十一月十二日），以及慶祝中華民國剛好在聖誕節通過憲法的行憲紀念日。諸多國定假日中，唯一真正與台灣經驗有關的只有一九九五年設立的二二八和平紀念日，台灣人在一九四七年的那一天，大規模抵抗濫用權力的國民黨，結果遭到不分青紅皂白的屠殺。

他們甚至在路名裡塞滿了國民黨和中國大陸的影子。中華民國在一九四五年十一月廢除了日文的街道名和傳統的中文街名，改用許多與國民黨和中國大陸密切相關的名字。所以台灣每個城鎮都有一條中山路、一條中正路，很多地方還有用三民主義命名的民生路。此外，台北有很多街道在一九五〇年代初都換上了中國地名，根據城市的東南西北給予中國大陸相應區域的名字。[32]整個國家都在說，我們是中國的一部分。

不過大抵來說，他們沒有讓台灣民眾以保守的方式認為自己是中國人。已故的華安瀾（Alan Wachman）曾表示，中華民國政府早期的政策「直接或間接的強化了大陸人和台灣人之間的差異，破壞了國民黨整合社會的目標。兩個族群之間種種體制性的差異，反而助長或維繫了台灣人的身分認同……國民黨把台灣人當成必須強迫同化的目標，無意間讓台灣人發現了自己的獨特性，並使台獨運動因此而生」。[33]後來台灣人普遍反對統一，也是因此而起。

目前還不清楚台灣有多少人感受到上述台灣民族默默建構的過程，也不知道感受的深度有多深。但的確有許多人在看到了專制政權如何強加中國身分之後，選擇自稱為台灣人。其他人則決定為了維繫自己家人的安全，以及促進國家的經濟，而願意在公開場合照著政權的要求去聲稱自己是哪一國人，只要這樣能讓自己變得更安全就行。但如今我們知道，台灣人在民主化之後，已經開始自由表達之前不敢公開說出的思想。

政大選舉研究中心對民族認同的早期研究表示，國民黨的政策成效可能相當有限。選舉研究中心在立委全民改選的一九九二年做了第一次民調，當時只有二五．五％的人認為自己是中國人，而且其中某些可能還是一九四〇年代末來台的大陸人，他們當時約占總人口一五％。剩下的受訪者中，有四六．四％認為自己既是中國人又是台灣人，只有一七．六％敢說自己是台灣人。五年後，「中國人」的比例降到五．三％，「台灣人」的比例升到三四％，認為自己「兩者皆是」的比例降到四一．四％。這表示國民黨的中國化運動顯然失敗了，而且他們雖然灌輸人民「國家比民族更重要」的觀念，卻沒有磨滅台灣人的認同，反而使其崛起。

當愈來愈多人逐漸覺得自己既是台灣人又是中國人之後，一些政治領導人就開始在競選活動和政策中強調台灣意識，李登輝在一九九四年提到「身為台灣人的悲哀」，陳水扁自稱「台灣之子」。[34]另外也有許多人為了團結國家而努力消除兩邊的分歧，最吸引人的可能是支持台獨的民進黨資深領導人彭明敏首先提出、李登輝之後跟進的概念。這個概念引自何南

（Ernest Renan）的《民族是什麼?》（*What Is a Nation?*），認為民族既不來自血緣也不來自語言，而是來自一群人強烈認為彼此是「命運共同體」。李登輝將這概念稱為「生命共同體」（gemeinschaft），[35]甚至在一九九八年稱馬英九為「新台灣人」。

另一方面，中華人民共和國的行為也影響了台灣人的身分認同，它威脅台灣安全（例如解放軍演習），又讓台灣人覺得尊嚴受損（例如誘使許多與中華民國有外交關係的國家轉投中華人民共和國），無論感受到的這些威脅和冒犯是否正當，台灣人都更覺得台灣跟中華人民共和國不一樣。[36]而且二〇〇八年之後來台的陸客，也很快讓台灣人覺得又吵又粗魯。海峽兩岸顯然是兩個不同的社會。[37]

## 台灣人今日的身分認同

政大選舉研究中心在身分認同民調中問了這樣的問題：「我們社會上，有人說自己是『台灣人』，也有人說自己是『中國人』，也有人說都是。請問您認為自己是『台灣人』、『中國人』，或者都是？」各年度的民調趨勢如圖4所示，認為自己是台灣人的比例逐漸上升，中國人的比例逐漸降低，兩者都是則介於中間。這個分布在二〇〇九年之後漸趨穩定，中國認同的比例一直低於五％，台灣認同成為主流，介於五〇％至六〇％之間，既是台灣人

圖4　「台灣人／中國人」認同，1992～2020年

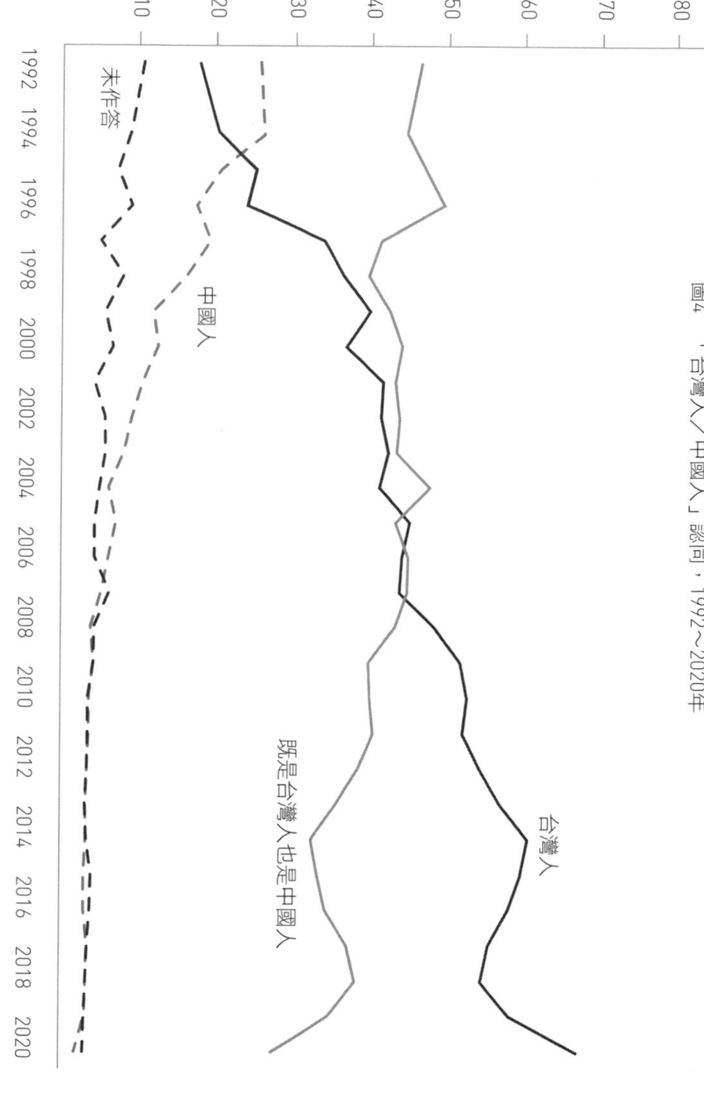


資料來源：國立政治大學選舉研究中心（https://esc.nccu.edu.tw/course/news.php?Sn=166）。

也是中國人的比例則在三〇％至四〇％不等，後兩個數字加起來始終保持在九〇％左右（不過在身分認同演變的過程中，大陸人和台灣人的舊區分在政治上不再重要）。[38]

年齡、教育程度、職業與身分認同之間的關係也很值得注意。表13列出二〇一七年台灣選舉與民主化調查結果，認為自己「只是台灣人」的比例以四十歲以下最高，六十歲以上次之，五十多歲的受訪者也大都認為自己是台灣人，但比例較低。在四十多歲的人裡面，認為自己既是台灣人也是中國人的比例，又比認為自己只是台灣人的更高。認為自己只是中國人的比例在各年齡層都很低，但在三十歲以下更是低得明顯。[39]

在教育程度方面，認為自己只是台灣人的比例以小學學歷最高（六九．一％），技術學院的比例最低（四六．七％）；整體來說，受過愈多教育的人愈容易同時認同兩個身分。而認為自己只是中國人的人，依然一直都不到五％。

在職業方面，學生和其他人的差異很大。認為自己只是台灣人的大學生有七二．九％，白領卻只有四九．九％，藍領是五六．八％，退休人士為五三．五％。認為自己既是台灣人也是中國人的學生只有二七．一％，在其他群體中卻有三七％至四二％。沒有任何學生認為自己只是中國人，但有六．三％的退休人士這麼認為，白領與藍領的比例則都低於五％。

戴維森學院的任雪麗以更仔細的方式分析世代之間的差異，根據不同年紀的人在認識到政治之後所經歷的事件，以及因此產生的觀點，把台灣人意識的產生分成幾個好世代。第一

表13　年齡、教育程度、職業與身分認同之間的關係

| 類別 | 只是台灣人 | 既是台灣人<br>也是中國人 | 只是中國人 |
|---|---|---|---|
| **年齡區間** | | | |
| 20～29歲 | 70.0 | 27.1 | 1.0 |
| 30～39歲 | 65.9 | 30.1 | 1.2 |
| 40～49歲 | 44.2 | 48.8 | 2.9 |
| 50～59歲 | 48.1 | 40.6 | 5.0 |
| 60歲以上 | 56.3 | 32.4 | 5.2 |
| **教育程度** | | | |
| 國小或以下 | 69.1 | 18.5 | 3.9 |
| 國中 | 58.2 | 34.2 | 1.9 |
| 高中 | 55.9 | 36.9 | 3.2 |
| 技術學院 | 46.7 | 45.4 | 4.8 |
| 大學以上 | 56.6 | 46.9 | 3.2 |
| **職業類別** | | | |
| 白領 | 49.9 | 42.0 | 4.1 |
| 藍領 | 56.8 | 38.0 | 2.1 |
| 學生 | 72.9 | 27.1 | 0.0 |
| 已退休 | 53.5 | 37.0 | 6.3 |

資料來源：總統滿意度電訪及手機調查案－第22次調查資料，政治大學台灣選舉與民主化調查，2017年12月（http://teds.nccu.edu.tw/main.php）。

代在日治時期長大到足以了解政治的年紀，第二代則是在威權時期，第三代和第四代則都是在一九八〇年代中期，也就是台灣開始與中華人民共和國來往，同時開始民主轉型的時候接觸到政治。第五代在一九八二年後出生，在二十一世紀初國民黨與民進黨第一次權力交接之後成年。任雪麗認為第二代與第五代之間差異甚大：

> 在威權時期長大的台灣人被逼著決定自己要認同台灣還是認同中國，但「第五代」從來不需要做這種選擇。對他們而言，認同台灣是很自然的，但與中國交流也同樣自然。在他們那些第二代的祖父母眼中，在台灣的中國（也就是民主化前的國民黨政權）比海峽對岸的中國給人的感覺更複雜，更同時攪和了困惑與懊悔、希望與屈辱、憤怒與恐懼。但對「第五代」來說，中國只是一個既有機會也有風險的隔壁國家，台灣則是一個安全的家園，讓他們可以安全的自由探索隔壁的鄰居。[40]

根據她的分析，第一代跟第二代都既反國民黨，也反中華人民共和國。第三代和第四代則都具備「第五代」對於中國大陸的務實觀點。

不過這些民調能讀出的東西其實有限。首先，民調沒有定義裡面的基本詞彙，全都留給受訪者自己詮釋。尤其是「既是台灣人又是中國人」這個分類最為模糊，它的意思可能是

「種族上是中國人，其他方面都是台灣人」，或者「種族、社會、文化上是中國人，但跟政治有關的部分都是台灣人」，也可以是「因為住在台灣所以是台灣人，但其他方面都是中國人」。「台灣人」和「中國人」這兩個詞本身也有問題，它把台灣跟中華人民共和國對等並列，卻沒有說明是根據什麼，是根據地理差異，還是政治差異？[41]此外還有許多因素可能都會影響民調結果，例如把「台灣人」放成第一個選項；以及台灣有許多人一聽到「中國人」就想到中華人民共和國以及所有與該政權相關的東西，但「中國」或「中國人」同時也有完全不涉及任何一個政權的文化意義。這些定義上的問題都讓我們難以確定選舉研究中心的民調結果到底測出了什麼。

更麻煩的是，「只是台灣人」和「既是台灣人也是中國人」的數字差異會依許多情況而改變。民眾在二〇一四年大力批評馬政府與北京經濟交流時，「只是台灣人」的比例達到最高峰的六八．六％；蔡英文上任之後，北京祭出一連串懲罰措施並對蔡政府施壓，該數字也隨之下降，「既是台灣人也是中國人」的比例則有所上升。不過重要的是，這兩個數字的總和從二〇〇九年以來就一直穩定在九〇％出頭。

為了更了解這些類別之間的差異，哈佛大學政治學者江憶恩（Alastair Iain Johnston）和達特茅斯學院教授尹麗喬用了另一種方法來調查。他們在《美麗島電子報》的民調平台上，讓受訪者把十個點數分配給這三種身分，這表示那些把十個點數全都配給「台灣人」的受訪者完全認同台灣，把十個點數全配給「中國人」的受訪者則完全認同中國。

結果大約有五三％的受訪者把點數配給「既是台灣人也是中國人」，數字比政大選舉民調中心近年來的結果高出大約二〇％。在這五三％的受訪者中，約有五〇％認為台灣人與中國人在自己身上的權重相同，在「台灣人」和「中國人」上各配給了五點。至於把所有點數全配給「台灣人」的受訪者則大約只有四七％，比政大選舉民調中心的近年結果大約低了一〇％。那些同時擁有兩種民族認同的受訪者，平均配給台灣人大約六分，配給中國人大約四分。最後，只有二．三％的受訪者把所有點數都配給「中國人」。

簡而言之，認為自己既是台灣人也是中國人的人，可能比政大選舉研究中心的結果多，而認為自己「只是台灣人」的比例可能更是比政大的結果低很多。不過，《美麗島電子報》的民調還是把相關詞彙交給受訪者去詮釋，使這方面依然不夠清楚。而且該民調只做了一次，無法了解身分認同在時間中的變化。[42]

二〇一〇年代有三份民調探討了台灣與中國在文化及種族上的意義。第一份是政大選舉研究中心的鄭夙芬，分別在二〇一三年、二〇一四年、二〇一七年、二〇一八年各做一次調查。這個調查問受訪者一個黑白二分的問題：你認為台灣文化和中華文化一樣嗎？結果如表14所示。[43]

大約有一半的受訪者認為這兩種文化一樣。而且認為這兩種文化相同的人數比例，跟執政黨的政策之間呈現中度負相關。也就是說，在馬政府執政最後幾年與中華人民共和國密切接觸時，認為這兩種文化相同的人比較少；在蔡英文上任並遭北京抵制時，認為兩者相同的人比較多。

第二份討論台灣人文化與族群認同的民調，則來自二〇一三年的「台灣選舉與民主化調查」。它沒有逼人二選一，而是讓受訪者選擇台灣文化與中國文化之間的關係比較接近於哪一項。五・三%的受訪者認為兩者完全相同，四七・六%認為大部分相同，三・四%認為一半相同一半不同，二六%認為只有少部分相同，一一・七%認為完全不同。[44]

第三份民調則是上海交通大學的鍾楊所設計，在二〇一四年由台灣指標民調進

表14　你認為台灣文化和中華文化一樣嗎？

| | 2013 | 2014 | 2017 | 2018 |
|---|---|---|---|---|
| 一樣 | 45.1 | 41.5 | 53.1 | 53.0 |
| 不一樣 | 45.4 | 36.9 | 39.5 | 40.7 |
| 未作答 | 9.6 | 11.9 | 7.4 | 6.2 |

資料來源：鄭夙芬，〈解析「台灣人／中國人」認同的持續與變遷〉，「台灣民主參與的理論建構與實踐暨選舉研究中心三十週年」國際學術研討會，政大選舉研究中心，台灣台北，2019年5月25日。

行。它的重點與前兩份不同，是以「血緣與文化」的角度探討「華人」的身分認同。它使用的詞是「中華民族」，「中華」是文化上的意思，「民族」則同時有「nation」（國家）、「people」（人民）、「ethnic community」（族群）的意思。民調結果顯示，五三．八％的台灣受訪者認為自己屬於「中華民族」，三．二％認為自己只是中國人，二五．二％認為自己兩者都是，一一％認為自己兩者皆非。在研究中把前三個數字加起來，認為「大多數台灣人並不排斥他們的中華民族文化認同」。[45]

那些忠心的台灣民族派則完全相反，他們強調台灣人的本質或起源，以證據指出當代的台灣人其實是十七世紀前後來台的大陸人，和當時西部平原原住民混血之後的子孫。因此台灣人跟中國人不是同一個種族，自然也不是同一個民族（不過有些原住民的後代並不同意以這種方式利用他們的遺傳特質）。[46]

無論是鄭夙芬的研究，還是「台灣選舉與民主化調查」，都有過半的人相信台灣文化與中國文化相同，或相當類似。鍾楊設計的民調則顯示，八〇％的受訪者認為自己是「中華民族」的一份子。這三份民調都符合江憶恩與尹麗喬的研究結果：大多數的人都同時認同兩種身分。而有多少人認為自己完全只是台灣人，則大幅取決於民調的提問方式，以及受訪者如何詮釋「台灣人」、「中國人」、「既是台灣人也是中國人」這類用語。

台灣人的政治認同顯然令人困惑，甚至會引起爭議。由於絕大多數民眾都多多少少認同台灣，北京想要統一沒有那麼容易，而且某些對台政策很容易引發民眾不滿。但同時也有很多人認為自己是中國人，因此台獨也有障礙。台灣人民知道自己反對什麼東西，但還相當不清楚自己支持哪些東西。在沒有外在干預的情況下，他們似乎都同時認同兩種身分，但這種認同本身就相當模糊。他們的認同可不可能變得更清楚？除了常見的民調問題，有沒有其他依據能用來定義什麼叫做「台灣人」？但我們至少可以肯定，如果台灣人民對於自己到底是誰更有共識，台灣的領導人一定更能應付中華人民共和國的威脅。

## 民族敘事與象徵

台灣境內有好幾種敘事，每一種敘事對這個社會的過去、現在、未來，看法都不同。如果台灣在政治上要變成安德森所說的那個強大而有效的想像共同體，大部分的人民就得都接受同一種敘事，但台灣有這種敘事嗎？至少在我這個外人看來，似乎不太有。關於台灣與其人民是否隸屬於中國文化與中國歷史，有許多不同說法。台灣民族主義者認為，台灣從種族上就跟中國不同；反對者則認為，台灣人民與台灣文化充其量也只是中華民族的一個分支變種，尤其是閩南與廣東東部的分支變種。所以我們究竟該把這座島嶼上的民俗，解讀成具有台灣特色的中國文化，還是具有中國特色的台灣文化？[47]在台灣看到的民間信仰，究竟比較像台灣，還是比較像中國？[48]

台灣民主化之後的教材也有相同問題。李登輝政府與之後的陳水扁政府，減少了教科書中關於中國大陸的比例，使其更為強調台灣；但馬英九上任之後又讓教材更有中國味。[49] 每個政治陣營都反對其他陣營修改的部分，像是蔡英文政府制定的高中歷史課綱就引發了國民黨的憤怒，理由包括新課綱認為台灣在二戰結束後沒有回歸中國，而是「地位未定」，與國民黨的傳統觀點衝突。[50]

這個例子顯示，台灣詮釋歷史的方式，通常都多多少少反映了歷史學者的政治觀點。其中最獨的學者史明，同時是馬克思主義者與台灣民族主義者。他成年後的大部分時間都居在日本，以台灣人的角度研究和敘述台灣這四百年來的歷史。[51] 他認為台灣人主要是「混血漢人」，混了一些馬來－玻里尼西亞語族的血統，建構台灣民族的基礎，是陸續被荷蘭人、明鄭、清朝、日本帝國、蔣介石政權這些外來領主殖民的經歷。這段時期的特徵，就是人民受到外來政權統治，經濟受到外國勢力的階級剝削。台灣人歷經了四百年的反殖民鬥爭，因此「台灣社會形成了獨特的經濟、社會、心理特徵」。[52]

民進黨和泛綠陣營也經常把台灣歷史視為受害者的歷史。在《台北時報》這份經常反映最親台民眾立場的報紙上，也常常出現「身為台灣人的悲哀」這種主題。我們可以從下面兩段社論看到他們對歷史的看法：

蔣介石就這樣占領了台灣，將其併入中國，完全無視台灣人的意願，使台灣人眼睜睜看著東亞各國在戰後一個個宣布獨立，自己卻無法選擇是否建國，只能活在蔣介石「大中華」態度的專制統治之下。這讓台灣至今處於中國威脅的陰影下，無法成為一個正常的國家。蔣介石不是守護了台灣，而是為每個台灣人帶來了災難。[53]二戰結束後，國民黨在台灣強加的大中華政策，使台灣元素在台灣社會發展過程中因此消失。無論是文化、藝術，還是時尚，只要是台灣的東西就貶低，中國的東西就稱讚。它從小學教育就開始植入大中華思想，在歷史、地理、語言學科的教材都隨處可見，彷彿在每個學生的腦袋裡都植入了大中華晶片。所以這個國家在人民、歷史、地理等面向上，都鄙視或輕忽了台灣特質。[54]

這些說法都主張台灣人被外來統治者支配，也就是說，台灣人被剝奪了自己的國家。

至於藍營，傳統上一直認為台灣人是中華民族的一部分。前副總統連戰二〇〇五年五月在北京大學演講時就用了「二千三百萬台灣同胞與十三億大陸同胞」的說法，意即兩者是同一個民族。連戰認為海峽兩岸的分離是「內戰思維」與其遺緒造成，因此應該「以善意為出發點、以信任為基礎，以兩岸人民的福祉為依歸，為民族長遠的利益來考慮」。[55]國立台灣大學教授張亞中對兩岸分離的原因也有類似看法，「雙方雖然都知道兩岸在政治統治上是分離的，卻也一致同意自己都是中國人，都代表中華民族」，也就是說，兩岸只是在統治上分開，在民族主義上其實都是同一個「大家庭」的成員。[56]

不過這種兩岸屬於同一民族的「大家庭」說法，許多台灣人並不接受，甚至連某些認為自己與大陸人同一種族的台灣人也不接受。

台灣政治人物當然不可能冒著得罪其中一派的風險，在這兩種互不相容的說法中選擇一邊。所以某些人試圖找到一種更開放的說法，去講述台灣人民的過去與未來。但這些說法必須證實自己站得住腳。

陳水扁試圖平衡或傳播台灣民族主義，通常這也是他的強項。他在二〇〇四年五月第二任總統就職演說中，就把台灣形容成一個移民社會：

> 回想數百年前，我們的祖先跨越黑水溝，渡海來台尋找安身立命的所在。不論先來後到，儘管來自不同的地方，使用不同的語言，甚至懷抱不同的理想，最後都在這裡落地生根，彼此命運相同、休戚與共。不管是原住民、新住民、旅居海外的僑胞、注入新血的外籍配偶，包括在相同的太陽底下辛勤流汗的外籍勞工，都對這一塊土地有不可抹滅的奉獻，也都是台灣新家庭不可或缺的一部分。不同的族群或許

> 因為歷史記憶與民族情感而有認同的差異，但是彼此應該相互包容、用心理解。[57]

不過這種移民國家論沒有成功，因為人民之間的彼此包容不是一朝一夕可成，而且陳水扁之後的作為完全沒有讓他想爭取支持的大陸人更為「理解」。馬英九在二〇〇八年當選總統時則面對另一個挑戰：他必須讓國民黨以外的人相信這個在香港出生、家人都來自中國大陸的人，並不是外來者。他在第一任就職演說中，成功把他自己的成就和中華民國在戰敗之後重生的功勞都歸給台灣：

> 英九雖然不是在台灣出生，但台灣是我成長的故鄉，是我親人埋骨的所在。我尤其感念台灣社會對我這樣一個戰後新移民的包容之義、栽培之恩與擁抱之情。我義無反顧，別無懸念，只有勇往直前，全力以赴！……中華民國也在台灣得到了新生。在我任內，我們將慶祝中華民國開國一百週年。這一個亞洲最早誕生的民主共和國，在大陸的時間只有三十八年，在台灣的歲月卻將超過一甲子。在這將近六十年間，中華民國與台灣的命運已經緊緊的結合在一起，共同經歷了艱難險阻與悲歡歲月，更在追求民主的曲折道路上，有了長足的進步。國父孫中山先生的民主憲政理想，當年在中國大陸沒有能夠實現，但今天在台灣終於生根、開花、結果。[58]

馬英九很小心的不像連戰那樣直接說海峽兩岸的人民同屬中華民族；而是說兩岸人民「都繼承了中華民族的遺產」，擁有「共同的血緣、歷史、與文化」。[59]

比馬英九更年輕一代的江啟臣也用了類似的說法，他在二〇二〇年三月成為國民黨主席，充分利用與「台灣」有關的各種模糊性，聲稱自己既是台灣人又是中國人。「我出生在台灣，所以我是台灣人。在血緣、文化、歷史上，我也是中國人。根據中華民國憲法，我是中華民國人。」[60]

蔡英文二〇一六年當選總統時，沒有在族群或歷史背景上著墨太多。她在二〇一六年與二〇二〇年的就職演說中都提過「台灣人」或「台灣人民」，但沒有將這些詞彙政治化。正如第八章所言，她承諾政府將遵從中華民國的憲法和法律，將台灣視為中國的一部分。但她以一種新方法來處理身分認同與團結的問題，那就是強調台灣的民主制度以及某些人所謂的「公民民族主義」（civic nationalism）。[61] 她二〇二〇年六月參加哥本哈根民主高峰會的演講中，以這種方式把她對身分認同的態度陳述得最為明確，她說，在二〇二〇年的選舉中，「台灣人民一起，選擇以民主做為我們的公約數……民主就是我們的DNA，我們之所以成為台灣人，也正是因為民主。台灣人的民族認同未必需要來自種族、宗教、社會背景，而是可以建立在對民主制度的信仰與連結上。台灣本身就是這種現象的重要例子之一。」[62]

馬英九也強調台灣民主體制的重要性。他在第二任總統就職演說中提到：

我們就是一家人，台灣就是我們共同的家園。我們深信，不管朝野之間有什麼歧見，我們都是一家人。即使過去幾年朝野和解存在不少困難，但英九相信，民主是我們的共同價值，在這個基礎上，我們一定可以尋求共識，合力解決問題。

民主的確可以成為凝聚台灣政治認同的主要基礎。台灣的民主是華人世界的驕傲，也是其他民主國家支持台灣的理由。台灣領導人無法任意處理兩岸關係，因為民眾強烈反對以北京的條件和中國統一，而且所有重大政治和法律變革都必須遵守憲政程序。而選出台灣領導人的民眾，以及中華人民共和國的人民，也不會讓台灣的談判立場更具正當性。雖然台灣民眾在「台灣人」、「中國人」、「既是台灣人也是中國人」的定義與判準上有問題，但對台灣民主制度的理解很有共識。

不過，把台灣認同建立在政治體制上也有其局限。馬英九和蔡英文在實質政策上的立場截然不同。這很正常，因為民主雖然希望民選領導人最終制定出來的決策具有政治正當性，但依然鼓勵衝突。真正麻煩的是，民選政府未必有效率；而且選舉、立法、司法的程序以及合法性規範，本身可能也會淪為政治鬥爭的目標。即使領導人都像馬英九和蔡英文那樣重視民主原則，他們可能也會在政策的基本立場上沒有共識。而當他們真的沒有共識，無論民主的優點有多大，也都沒意義了。[63]

台灣人民在身分認同、歷史敘事、政治象徵上的歧見，證明了他們一直都在爭辯台灣究竟是什麼，也一直在爭辯這個問題究竟該對政治認同具備多大的影響力。從一九九〇年代初以來，台灣這個「想像的共同體」應該包含哪些東西，至今都眾說紛紜，沒有定論。這讓台灣難以長出單一的主流民族敘事。這個困境可能有兩種解法。第一種是讓台灣的兩大政治陣營繼續互鬥，直到其中一方確定獲勝為止。採用這種解法，就是讓雙方繼續主打民族認同這個重要差異，並試圖支配對方，許多民進黨人會繼續堅持受害者敘事、強調國民黨和中華人民共和國之間的共通性，甚至說國民黨正在當中華人民共和國的內奸；國民黨則會警告民進黨的台獨目標，以及台灣不屬於中國的說法，將帶來許多傷害。第二種方法則是讓雙方強調兩者之間的共通點，例如一起成功打造了繁榮的社會和一個民主制度等等，並且共同承認中華人民共和國對台灣的威脅。第一種會讓台灣繼續充滿過去的政治問題。第二種則需要雙方都願意求同存異。

# 第十一章
# 台灣的政治防禦：國家（State）

台灣的國內制度從專制政權演變成現在的完全民主制度，對國家認同的想法仍爭論不休，而關於台灣的法律地位，在台灣自己內部的政治制度，以及在台灣當局和中華人民共和國政權之間，也有不同的論辯。這個論辯過程相當複雜，我在二〇〇四年出版的《台灣的未來》（*Untying the Knot*）一書中就有詳細論述。[1]這個過程之所以複雜，部分是因為其中牽涉到的議題並不簡單，部分是因為「台灣」的定義被迅速的政治化。北京和台灣之間的最大衝突點在於，台灣在國際社會中是否是一個主權實體（或國家），以及台灣要以何種角色與中國大陸進行任何政治談判。台灣主張自己是一個主權實體，北京對此如何詮釋也是一個影響因素。台灣內部要處理的議題是，民進黨究竟是會提倡法理獨立，為其想像中的台灣共同體建立一個國家，抑或是更偏向國民黨，採取更靈活的立場。

中華人民共和國自己提出的統一方案讓這個問題變得更重要。打從一開始，台灣政府就反對中共將台灣與香港和澳門歸為施行一國兩制的對象。從台灣的角度來看，香港和澳門一直是殖民地，不是主權實體，中華民國（台灣政府的正式名稱）則是自一九一二年起就存在了，而且是二戰中的抗日盟友以及聯合國的創始成員。但在一國兩制之下，台灣將只是中華人民共和國的一個特別行政區，擁有自治權，不會像其他普通省份那樣受北京當局統治。不過，自治跟擁有主權是兩回事。對中共領導人來說，中華人民共和國是一個統一的國家，主權完全屬於位在北京的中央政府，任何在它底下的單位，無論是省、自治區，還是特別行政區，權力都是由中央授權。

在台灣，國民黨和民進黨的官員都一直強調台灣擁有主權，只是各自的方式不盡相同。中華民國官員經常提及的一種說法，「中華民國／台灣是一個主權獨立的國家」。二〇〇八年九月，時任總統馬英九告訴來自墨西哥的記者，台灣和北京當局的爭端是在主權問題上，但現在還不是嘗試解決的時候。[2] 北京則反駁了這樣的觀點，習近平主席在二〇一九年一月將兩岸關係沒有進展歸咎於，一九四〇年代的內戰導致「兩岸長期存在的政治分歧問題」。[3] 言下之意是，主權問題的分歧是情有可原的。讓人驚訝的是，一直以來盡其所能努力改善兩岸關係的馬英九，竟然會直接挑戰中華人民共和國將爭端歸咎於政治分歧的觀點。這充分說明了，無論對哪個黨派來說，主權對台灣都有其重要性。

這裡可能需要先說明一下「主權獨立的國家」（independent sovereign state）這個詞。至少國民黨發言人使用這種表述時，並沒有主張中華民國或台灣是一個與中國沒有政治或法律關係的獨立國家。更精準的翻譯是「中華民國是一個主權獨立衍生的國家」（the ROC is a country whose sovereignty is independently derived），意思是，中華民國不屬於任何更高的權力機構，當然也不屬於中華人民共和國，類似於卡斯納所謂的「西伐利亞主權」（請見第十章）。[4]而且，這也不是最近才有的說法。最早（至少我所發現的）是出現在中華民國被迫退出聯合國時蔣介石的聲明中（不過當然，蔣介石並不倡議獨立）。[5]事實上，這種聲明經常是用來抗議台灣參與國際活動時碰到的限制，台灣人民有權控訴這類問題。

但這類表述無論對內還是對外都有其政治目的。一九九〇年代中期，民進黨已經成為台灣的主要在野黨，開始跟法理獨立的主張連在一起。李登輝領導的國民黨認為有必要淡化民眾對民進黨及其目標的支持，於是開始以另一種表述做為某種話術，聲稱中華民國已經是一個主權獨立的國家，不需要宣布獨立。後來，民進黨溫和派也開始以這種表述來「調整」深綠派的要求，表示要多做一些事情才能促進真正的獨立。北京似乎早對這種政治遊戲了然於心，因為它從來沒有隨之起舞對其大做文章。

台灣民眾非常贊同中華民國或台灣是主權國家的說法。台灣國家安全調查問受訪者是否同意「台灣已經是一個主權獨立的國家，它現在的名稱叫做中華民國，不需要再宣布獨立」，表15整理出三次調查的結果，顯示超過六〇%的受訪者在一定程度上同意這一主張。[6]不過關於他們對這一主張的理解程度如何，則不是很確定。

然而，台灣在國際上聲稱自己是主權國家，顯然讓自己陷入不利的處境。中華人民共和國長久以來一直以其國際組織成員的身分，或是藉由與其他國家建立外交關係，來阻撓台灣成為國際體系的正式成員。中華民國曾是聯合國創始國之一，並在一九五〇年代與世界上大多數的既有國家建立外交關係。但到了一九六〇年代，隨著非洲殖民地紛紛獨立，並傾向於承認北京為中國政府，動搖了中華民國的主導地位。一九七一年十月是關鍵的轉折點，中華人民共和國取代了中華民國，成為中國在聯合國的代表政府，當時大多數國家已與北京當局

表15　你是否同意台灣已經是一個主權獨立的國家，它現在的名稱叫做中華民國，不需要再宣布獨立？

| | 2016年 | 2017年 | 2018年 |
|---|---|---|---|
| 非常不同意 | 11.6 | 9.0 | 8.6 |
| 不同意 | 15.7 | 13.4 | 12.8 |
| 同意 | 37.3 | 38.5 | 38.9 |
| 非常同意 | 28.5 | 28.5 | 30.9 |

資料來源：《台灣國家安全調查》，杜克大學亞太安全研究中心（https://sites.duke.edu/pass/taiwan-national-security-survey/）。

建立外交關係。

不久後又出現了另一個轉折點。自一九四九年後，美國一直與中華民國保持外交關係，並維護其在聯合國的地位，但卻在一九七九年與台灣斷交，改與北京建交，承認後者是中國唯一合法的政府。除了少數例外，台灣被迫退出許多國際組織，失去了成員國身分。截至二〇二〇年秋天，台灣的邦交國包含梵蒂岡在內只剩十四個。

台灣在國際或兩岸關係上是否為主權實體的這個問題，在一九九〇年代初變得更加突出，因為在歷經了四十多年沒有任何互動之後，台灣和北京當局開始為建立經濟關係奠定基礎。台灣政府精心安排了前置準備工作，一九九一年二月發表《國家統一綱領》，一九九二年八月「國家統一委員會」（簡稱「國統會」）又通過決議，表達其開放的立場。綱領所持的原則是，大陸與台灣均是中國的領土，國家的統一應是所有中國人共同的責任。中國的統一應該要促進全民的福祉、發揚中華文化，並促進民主、人權及法治。此外，中華民國也應該參與國際活動。決議宣稱，「中國」指的是中華民國，中華民國的主權領土擴及整個中國，但目前管轄範圍僅及於台澎金馬，並且稱中國是一個分裂的國家，有兩個政治實體（暗示這兩個實體在法律上是平等的）。李登輝實際上提出的立場是一個國家、兩個主權政府，與北京的一國兩制方案形成對比。

北京當局完全拒絕台灣提出的立場，堅決反對「兩個中國」的說法，並重申一國兩制。不過，兩國政府依然建立了半官方組織，台灣成立海峽交流基金會（簡稱海基會），中華人民共和國成立海峽兩岸關係協會（簡稱海協會），這兩個單位儼然是兩國政府的代理人。一九九二年底，兩邊開始形成某種共識，讓雙方能展開會談，解決實際問題。該協議被稱為「九二共識」，實際上是兩套彼此獨立的概括聲明，雖然直接提到「一個中國」及統一，卻沒有實際談到台灣要如何納入這個統一中國的框架裡。

九二共識後來促成了一九九三年四月的「辜汪會談」，也就是海峽交流基金會董事長辜振甫與海峽兩岸關係協會會長汪道涵在新加坡的會談。他們當時達成了一些溫和的協議，未來兩岸關係有望能夠更進一步。然而，本章最關鍵的重點在於，起草九二共識的過程中，雙方並沒有達成協議解決台灣法律政治問題。

與此同時，民進黨正試圖表明自己對台灣現狀和對中華人民共和國政策的立場。一九九一年十二月國會選舉之前，民進黨通過了一項決議，呼籲建立一個台灣民族國家：[7]

依照台灣主權現實獨立建國，制定新憲，使法政體系符合台灣社會現實，並依據國際法之原則重返國際社會。……基於國民主權原理，建立主權獨立自主的台灣共和國及制定新憲法的主張，應交由台灣全體住民以公民投票方式選擇決定。[8]

也就是說，台灣的領土不是中國的一部分，其政府也不是中國的政府。民進黨提議建立一個新的主權國家——台灣共和國，擁有國際社會正式成員的所有權利。一九四九年以後，國民黨威權政府試圖將中國的民族認同強加給它所統治的台灣人，而民進黨希望能扭轉這個情勢，便在一九九一年呼籲建立一個新國家，這個新國家是奠基在該黨認為已經存在並受到壓制的台灣民族。（要求以公投來建立國家，就是解放這個受壓迫的民族的一種機制。）某部分因為這個提案遠遠超出了台灣主流輿論的接受範圍，民進黨在一九九一年底的國會選舉中遭遇重大挫敗。在往後至少十年的時間裡，民進黨淡化了其政治形象中的台獨元素。

然而，李登輝還是得面對一些壓力，首先，民進黨批評他的對中政策，並主張應該以更積極的方式重回國際組織，比如聯合國。其次，李登輝本人也愈來愈反對北京的對台政策，因為北京並沒有將中華民國視為一個主權實體，也沒有應台灣的要求，放棄對台使用武力。他尤其反對北京當局拒絕台灣參與國際活動。[9]第三，一九九三年的李登輝仍需要民進黨溫和派的支持，也需要國民黨溫和派繼續完成民主轉型，終於在一九九四年完成修憲，總統選制改為直接民選。最後，他開始準備參加一九九六年三月舉行的第一次全民選舉。

為了回應這些壓力，李登輝將自己與國民黨威權統治下的台灣人的苦難劃上等號，這也是台灣新興的敘事元素之一。他談到「身為台灣人的悲哀」，並試圖挑戰北京政府針對台灣參與國際活動的封鎖（在這個過程中的做法超越了民進黨）。重新加入聯合國於是變成國民黨政府的政策目標，這原來一直是民進黨的優先事項。李登輝還開啟了「高爾夫外交」，前往東南亞與各國領導人一起打高爾夫球。隨著選舉將近，他的首要任務是希望能順利訪問美國，並將在母校康乃爾大學（Cornell University）演講。為了達成目標，他藉友好的國會議員之力向柯林頓政府施壓，最終成果見效，訪問於一九九五年六月成行。李登輝實際上是在告訴北京當局，「如果你們不承認台灣的主權，也不承認台灣有權加入國際體系，那麼我也會不顧你的反對，去搶下一席之地。」

中華人民共和國對李登輝的外交之旅做了最壞的解讀，指責他鼓吹台獨。結果這趟旅行也讓兩岸和美台關係降溫。在選舉前後，中國人民解放軍進行了軍事演習，包括在台灣外海附近試射導彈來恐嚇台灣民眾。華府則不滿李登輝削弱其一中政策，破壞了兩岸和平與穩定。而台灣選民則以高票讓李登輝成功連任。李登輝在隨後的就職演說中展現和解的意願，甚至表示「沒有必要宣布獨立」。危機算是平息了下來，兩岸對話似乎又重回了正軌。一九九八年十月，辜振甫與汪道涵在中華人民共和國會面，雙方約定汪道涵將於一九九九年秋季訪台。

## 台灣主權的主張要素：領土

李登輝預期汪道涵訪台期間將會深入討論政治問題，這將有機會讓台灣好好確認其法律地位。北京在這議題上有明確的看法，是台灣所不能接受的，所以李登輝的看法也沒有模糊空間。他曾在幾個公開場合說道，台灣缺乏明確的國際地位。一九九八年六月，他說「兩岸應該要談國際法，如此一來我們也將談論主權」或國家地位。[10]他成立了一個專家小組來研究這個議題，其中一位成員就是蔡英文。小組提交了研究報告給李登輝，報告書中包括一份聲明草稿，載明他應該向汪道涵提起的關鍵政策原則，以及一系列後續行動的建議，例如修憲提案。李登輝認可了整份報告，將其交由高階官員審查。

接著在一九九九年七月九日，李登輝因等不及而提前公開，以這份報告的部分內容接受了德國電視台《德國之聲》（Deutsche Welle）來台專訪。[11]聲明中提及中華民國的法律地位和領土的問題，重點如下：

> 一九四九年中共成立以後，從未統治過中華民國所轄的台、澎、金、馬。我國在一九九一年的修憲，增修條文第十條（現在為第十一條），將憲法的地域效力限縮在台灣，並承認中華人民共和國在大陸統治權的合法性；增修條文第一、四條明定

立法院與國民大會民意機關成員僅從台灣人民中選出，一九九二年的憲改更進一步於增修條文第二條規定總統、副總統由台灣人民直接選舉，使所建構出來的國家機關只代表台灣人民，國家權力統治的正當性也只來自台灣人民的授權，與中國大陸人民完全無關。一九九一年修憲以來，已將兩岸關係定位在國家與國家，至少是特殊的國與國的關係，而非一合法政府，一叛亂團體，或一中央政府，一地方政府的「一個中國」的內部關係……中華民國從一九一二年建立以來，一直都是主權獨立的國家……[12]

這段話在用詞上偶有混雜，但其中點出了兩個要點。第一，李登輝很用心的區分了中華民國政府對台灣的管轄權，以及中華人民共和國對大陸的管轄權（請注意，主權和管轄權是兩個不同概念）。但這並非什麼新的論點，他後來說中華民國是一個主權獨立的國家的這個論斷也並不新。真正的新論點在於，他將進行選舉的地區（僅在台灣及其相關島嶼上）以及中華民國政府的正當性連結在一起。他從這種關係推斷出，有關選舉的修正案已將兩岸關係定位成特殊的國與國關係。

最後的推論邏輯是怎麼跳到結論的呢？我的猜測是，它奠基於一九九三年的《蒙特維多公約》（Montevideo Convention）對國家定義的四個條件：常住人口、界定的領土、政府、與其他國家建立關係的能力。在這四項條件中，台灣建國訴求中最薄弱的一項，就是中華民國領土範圍的界定。國民黨政權的傳統觀點是，大陸和台灣都是中華民國的主權領土，但是中華民國從一九四九年才開始治理台灣。李登輝強調中華人民共和國與中華民國各自持有完全獨立的管轄權，並稱中華民國政府的正當性來自於只在台灣舉行的選舉，事實上他是在重新定義中華民國的主權領土。[13]換句話說，如果主權是人民在選舉中投票所產生的，那麼人民在哪裡投票，國家領土的界定就在哪裡。（注意，李登輝強調選舉，表明了國家形成的基礎是人民—主權。）[14]

事實上，後來更能清楚看出，李登輝想重新界定中華民國主權領土。二〇一〇年代陸續有資料指出，李登輝的專家團隊補充了聲明中的原則，提出一些術語、法律和憲法的修改，其中包括修改並在最終廢除的「一個中國」代表文件《國家統一綱領》，停止使用各種假設或暗示「一個中國」框架的表述，例如「一中各表」、「一個中國就是中華民國」。最重要的修改建議還涉及到一九四六年通過的《中華民國憲法》第四條，有關中華民國的領土範圍。該條實際上並沒有從地理上規定國家領土範圍為何，但後來條文的要點則包含了中國大陸。修正草案寫道：「中華民國的領土是由本憲法實際管轄之地區」，即「台灣、澎湖、金門、馬祖」。[15]這項修正如果通過的話，中華民國領土將不再包含大陸地區。

然而，李登輝這樣突如其來拋出兩國論，引起了北京和華府強烈不滿，導致台灣與中美的關係下滑，這些修正也從未發生，甚至所擬的修正案也從未提交國民大會。除此之外，也很難看出這套國與國特殊關係的論述，如何在國際社會中獲得更多支持。

中華人民共和國政府一直宣稱，依據《開羅宣言》和《波茨坦宣言》，台灣領土的主權（或稱所有權）已經有效的移交給中國。這也是國民黨在一九九九年以前抱持的傳統觀點。北京當局的長期目標是終結中華民國政府及其政治訴求，將台灣納入中華人民共和國的體制。如果台灣繼續以國對國的論述行事，並爭取加入目前仍被排除在外的國際組織，中華人民共和國將利用其組織成員身分捍衛立場，堅稱中華民國和台灣都不是國家，並阻撓台灣所做的努力。美國所持的立場則是，台灣的法律地位必須經由北京和台灣的談判來解決（實際上是未定）。柯林頓政府也否定了李登輝的表態，因為李登輝沒有事先與華府協商，而且也擔心這可能加深兩岸衝突。

像這樣把領土問題當作維護台灣主權的途徑，李登輝並非第一人。民進黨以及泛綠陣營的許多人都把焦點放在，二戰後台灣混亂的法律地位上。他們指出，自韓戰開始後，杜魯門政府立即放棄了過去認為台灣是中國一部分的立場，宣布「福爾摩沙未來的地位必須等待太平洋地區恢復安全，依與日本簽定的和平條約或經聯合國的考量後決定」。[16]他們還說，在美國的指示下，日本戰後與台灣締結的和平條約中提到，日本放棄了對台灣的主權，但沒有說將主權轉移給誰。[17]基於這些觀點，一些台灣民族主義者宣稱，中華人民共和國的立場，與國民黨那套「台灣是中國主權領土的一部分」的傳統主張是毫無根據的，應該要允許台灣人民建立自己的國家。有些人認為，由於美國是日本的占領國，所以其對台灣主權的主張比任何其他國家都還要強勢。

這些台灣建國的方式實在有創意到不符合現實，因為實際上會碰到兩個基本障礙。[18]首先，國際法庭不會在沒有北京同意的情況下受理此類案件（北京當然也不會同意）。第二，有鑑於華府長期以來的法律立場，完全不可能支持這種新穎的主張。

關於李登輝在領土問題上的論辯，還有另一個故事。

二〇〇〇年四月二十四日，也就是陳水扁當選總統的一個月後，就職典禮前二十六天，國民大會通過了新的憲法修正案，並在其中列了變更國土的詳細程序。一九四六年的《憲法》只寫了領土變更須經由國民大會的決議，二〇〇〇年的修正案規定得更具體，而且將立法院納入決議程序。首先，立法院委員出席人數要達全體委員的四分之三，並且出席委員要有四分之三同意提議；其次，領土變更需要國民大會代表總人數的三分之二出席，並且有出席人數的四分之三複決同意。政治上來說，兩黨算是勢均力敵，如果沒有同時獲得立法院和國民大會中國民黨和民進黨的民意代表支持，這項議題不可能通過。[19]也就是說，這項修正案最終不太可能真的達成任何領土變更。

## 後李登輝時代台灣的法律地位

當李登輝政府正忙著制定關於兩岸關係的聲明，民進黨也忙著為二〇〇〇年總統選舉做準備。民進黨若想要有勝算，必須要發生兩件事。

第一件事，國民黨必須在李登輝的接班人選上出現分裂。[20]結果還真的發生了：李登輝希望其副總統連戰成為被提名人，但宋楚瑜也競相希望成為接班人而堅持參選。最後，連宋兩人瓜分了國民黨的選票，民進黨候選人陳水扁以不到四成的票數贏得了總統大位。倘若國民黨能團結一致，民進黨就不會有機會勝出了。

第二件事，民進黨要削弱自己在兩岸關係上的立場。一九九九年五月八日，民進黨宣布了《台灣前途決議文》，該決議一直是黨內激烈辯論的主題，[21]也確實幫助民進黨改善過去主張法理獨立而造成的選舉弱勢。當時沒有人注意到，至少美國政府就沒有注意到，民進黨為參加二〇〇〇年選舉，曾發出一句令人很不放心的聲明：「依照台灣主權現實重新界定台灣國家領域主權及對人主權之範圍」。[22]也就是說，民進黨清楚表明，要以李登輝一九九九年七月發表聲明後計畫採取的行動為目標（民進黨的英文版聲明則使用了較小的詞，「管轄權」〔jurisdiction〕）。

陳水扁當選後，設法進一步讓台灣民眾、北京當局和華府放心。他在就職演說中表示，只要北京不打算動武，他在任內就不會宣布獨立，不會更改國號，不會推動兩國論入憲，不會推動改變現狀的統獨公投，不會廢除《國統綱領》與國統會。（但陳水扁並沒有放棄領土變更的企圖。）陳水扁希望，這些保證能讓國民黨和中華人民共和國與之合作，可惜效果有限。他因此認為，若他要在二〇〇四年贏得連任，最好的辦法就是讓該黨的獨立傾向發揚光大。他知道美國希望在敏感議題上協商，所以他選擇瞞著華府做事，他認為，即使挑釁之後會收到美國的抗議，但從長遠來看依然有勝算。

因此好幾年來，陳水扁發表的言論和採取的行動，讓民進黨重回了早年對台灣未來所持的路線：

- 二〇〇二年八月，他提出「一邊一國」。
- 二〇〇三年五月，他呼籲就國內政策問題和台灣加入世界衛生組織一事進行公投，後者涉及主權問題。
- 二〇〇三年九月，他呼籲制定新憲法，希望藉此推動台灣成為一個正常國家。
- 二〇〇三年十月，他說，「一個中國原則」與台灣的主權相互矛盾。
- 二〇〇六年一月，他實際上終止了國統會。
- 二〇〇七年秋天，他推動「公投綁大選」，希望在二〇〇八年三月總統選舉時舉行公投，要求「以台灣名義加入聯合國」，這實際上就是在國際上宣稱台灣是一個新國家。

原本陳水扁在民進黨內以相對溫和的路線嶄露頭角，後來他的言論和行動，讓他的政黨與台灣民族國家的理念重新連繫在一起，這個理念在政治上與中華人民共和國走向完全不同的方向。

最終，公投失敗了，而國民黨總統候選人馬英九也以五八．四％的得票率擊敗了民進黨候選人謝長廷。這個結果在一定程度上反映了選民對陳水扁對中政策的看法，也確實在一定程度上反映了他們並不認同陳水扁。馬英九當選時的民調顯示，只認同自己是台灣人的比例是四八．四％，同時認同自己是中國人和台灣人的比例是四五．一％，只認同自己是中國人的只有四％。

儘管在陳水扁任內，國民黨和民進黨之間競爭非常激烈，兩黨仍在二〇〇五年六月攜手合作完成了修憲及變更領土的程序。二〇〇〇年之前的修憲，國民大會對立法院所提的修正與變更案仍有複決權力，這次的修憲則完全終止了國民大會的運作。此外，二〇〇五年的修正案讓整個程序變得更加民主。具體來說，憲法修正案要有四分之三的立法委員出席，並獲得在場委員四分之三的多數票，然後在公投中獲得超過半數的合格選民投票複決。同樣機制也適用於領土變更。[23]這些新的程序確保了修憲和領土變更需要更廣泛的社會共識。反過來說，這也可能讓中華民國領土更難以變更，李登輝一九九九年的期望也更難以達成，除非國民黨改變其在台灣與中國大陸法律關係上的基本立場。

## ——馬英九執政時期

在台灣的法律地位問題上，馬英九所持的是李登輝兩國論以前的正統觀點。台灣和大陸是一個中國的「兩個地區」，而非兩個國家。[24]他說，雙方都不否認對方政府在其統治下擁有管轄權，也不承認對方的主權。他對兩岸關係的底線是「不獨、不統、不武」。他接受了九二共識中的「一個中國」原則，認為至少在經濟與社會領域，九二共識是兩岸關係正常合作的基礎。但他對如何解讀「九二共識」的態度非常明確，他在二〇一二年五月的第二任就職演說中表示：

> 而我們所說的「一中」，當然就是中華民國。依據憲法，中華民國領土主權涵蓋台灣與大陸，目前政府的統治權僅及於台、澎、金、馬。換言之，二十年來兩岸的憲法定位就是「一個中華民國，兩個地區」，歷經三位總統，從未改變。[25]

馬英九也肯定台灣民主制度的基礎很健全。他希望與北京協商，而非繞過北京來拓展台灣的國際空間。

馬英九後來透露他之所以要強調「一中各表」的理由。他在二〇二〇年七月表示，九二共識是**讓中國（即中華人民共和國）「正視中華民國存在」最婉轉的方式**。[26]北京當局從未接受馬英九對九二共識的框架和對一中的解讀，因為它注意到馬英九的潛台詞。若以一句話概括馬英九的想法，應該就是「一個中華民族，兩個主權政府」。

馬英九重申的兩岸同屬一個中國，很顯然並不為台灣民眾所認同。上一章引用政治大學選舉研究中心鄭夙芬所做的調查，詢問受訪者是否認為中國（即中華人民共和國）和台灣同屬一個國家。[27]表16整理出四次民

表16　中國和台灣是同一個國家，還是不同國家？

| | 2013年 | 2014年 | 2017年 | 2018年 |
|---|---|---|---|---|
| 同個國家 | 20.3 | 18.9 | 23.6 | 22.7 |
| 不同國家 | 68.1 | 70.3 | 66.5 | 67.5 |
| 未作答 | 11.6 | 10.8 | 9.9 | 9.9 |

資料來源：鄭夙芬，〈解析「台灣人／中國人」認同的持續與變遷〉，台灣民主參與的理論建構與實踐暨選舉研究中心三十週年學術研討會，政大選舉研究中心，2019年5月25日。

調的回應。

雖然民調的題目並沒有具體指明領土範圍，但是如果認同中華人民共和國與台灣是同一個「國家」，那麼也就表示台灣與大陸就是同屬一個國家。如果兩者不屬於同一個國家，那麼台灣就不是中國的一部分。

馬英九在國家認同上的立場很有趣。他非常肯定與讚揚台灣的經濟與政治成就，他說，中華民國是在台灣重生的，但又說，在他當選之前，「台灣人民……找回了善良、正直、勤奮、誠信、包容、進取這一些傳統的核心價值。」[28]這些正好是傳統的儒家價值觀。他呼籲中國和台灣應在「兩岸人民同屬中華民族」的這個基礎上，為國際社會做出貢獻。馬英九毫無疑問的自認為是個愛國的中國人。

然而，馬英九在有關國家和民族的問題上，並沒有做出什麼重大突破，而只是選擇了鞏固及改善現狀。他試圖以一些說法來讓北京當局和台灣民眾放心，但當北京為了超越目前兩岸關係基礎的九二共識，多次試圖要與他展開政治談判，馬英九都以政治和實質理由拒絕了。馬英九很了解，台灣民眾似乎並不樂見他進入政治談判，而自一九九〇年代初期以來，台灣領導人在界定台灣法律地位這方面就一直困難重重。馬英九卸任時，五四·三%的受訪者認同自己只是台灣人，三·六%認同自己只是中國人，三八·五%的人認同自己既是台灣人也是中國人。

## ——蔡英文執政時期

如前所述，蔡英文在二〇一六年大選前後都有試圖讓北京放心，而北京也堅持要她在某些原則問題上明確表態，其中一個就是台灣地位的界定。中華人民共和國認為，台灣地理上是中國主權領土的一部分，而且堅持若兩岸關係要像馬英九執政時期那樣繼續下去，蔡英文就必須公開聲明台灣是中國的一部分。但是如果她真這麼做，很可能會使民進黨陷入分裂。蔡英文在就職演說中化解了這個難題，她承諾會以《中華民國憲法》與《兩岸人民關係條例》為基礎來處理兩岸事務。對此，北京卻依然不買單。

蔡英文上任後，她對兩岸關係的基本態度是謹慎而溫和的。她允許一些計畫低調進行，照顧黨內的基本教義派，例如跟轉型正義相關的事務。大陸觀察人士認為這就證明了蔡英文的實際目標是法理獨立，不過這種指控沒有什麼說服力。一些民進黨人士推動本土語言和文化方面的政策，反映出更原生的國族意識，可惜沒有得到多少支持。[29]在政策的基本問題上，包括國家和民族問題，她都沒有公開挑戰過北京的立場。她的路線顯然太過溫和，讓自詡「務實台獨工作者」的賴清德在卸任行政院長後，決定出來挑戰二〇二〇年總統大選的民進黨黨內提名。最終以賴清德落敗告結。

## 小結

本章與上一章的主題是台灣領導人和公眾的自我認同為何，以及如何定義台灣民族和國家，才能夠更加強台灣的安全，防禦中國的野心。有鑑於北京當局對台灣是什麼、不是什麼的定義相當明確及一致，且對自己有利，台灣需要有一套同樣明確且一致的自我理解。

民調顯示，台灣民眾在民族和國家問題上有廣泛的共識，而在看待國安環境與如何處理這部分的罩門也同樣有共識。總結以上四章的研究結果，大多數台灣民眾有以下傾向：

- 對台灣有強烈的認同感，但這份認同感與中國人的身分認同以一種未明的方式鑲嵌在一起。
- 反對統一也反對獨立，大多數傾向於各種意義的維持現狀。
- 了解到台灣的繁榮取決於與中國大陸的貿易往來和投資，而且無法脫離政治關係，這種經濟上的相互依賴為北京製造了政治施壓的機會。
- 相信未來兩岸關係的發展會比現在的發展速度更快。
- 意識到中華人民共和國對台是友好還是敵對，取決於是民進黨還是國民黨執政。

- 認知到宣布獨立會導致戰爭，而美國可能不會站在台灣這邊出手干預。
- 相信如果台灣繼續維持現狀，哪天受到人民解放軍的攻擊，美國很可能會來保護台灣。
- 嚴重懷疑台灣是否具備自保的軍事武力。
- 台灣領導人傾向於走溫和路線來跟北京互動，不隨意觸碰北京的紅線，並且更仰賴外交手段而非軍事手段。
- 認為台灣是一個主權國家，與中華人民共和國是兩個不同國家。

然而，囿於民調的方法論問題，台灣人的身分認同很可能實際上會更為分歧。比如說，當一個人說自己既是台灣人又是中國人，或者說具有雙重認同，具體而言是什麼意思呢？這種雙重認同中的哪一部分，是影響政治以及台灣與中華人民共和國關係的主要因素？當人民只認同台灣的時候，可能看得出他們對中華人民共和國想要統一以及其攻擊行為很反感。然而，要針對北京制定任何政策，這種雙重的身分認同可能需要更明確的定義。

在國家問題上則有更多的不明確性。民調顯示，包括民進黨人士在內的絕大多數人都同意，中華民國或台灣是一個主權獨立的國家，名字叫做中華民國，即使他們對這項說法背後的國際法都不一定很了解。國民黨和許多民進黨人士對於台灣是否是中國主權領土的一部分，則有相當根本的分歧。大多數民眾跟民進黨的想法一致，並不同意兩岸屬於同一個國家的一部分，但這可能反映的是兩種政治制度本質的常識性看法，而非法律觀點。

台灣近期兩任總統所遵循的政策路線沒有違反國內民意，也沒有引起北京和華府的強烈反彈，這固然是一件好事，但是對模糊的現狀所做的承諾再怎麼讓人安心，也無法更具體說明，台灣應該如何應對中華人民共和國持有成見的對台政策，以及如何動員廣泛民眾去支持自己的應對方式。

先不談李登輝的「兩國論」，台灣領導人為了緩和國家爭論，總是想辦法以不同方式把「中華民國」和「台灣」湊在一起。李登輝自己就常提到「中華民國在台灣」。民進黨在一九九九年《台灣前途決議文》中寫道：「台灣是一個主權獨立的國家……名字叫中華民國。」[30] 馬英九在二〇〇八年就職演說中指出，「中華民國也在台灣得到了新生。」[31] 蔡政府先是使用「中華民國，台灣」，後來改用「中華民國（台灣）」；深綠媒體《台北時報》在社論上反對這種用法，認為應該要寫成「台灣（中華民國）」。這篇社論寫道：「把『台灣』跟『中華民國』的順序顛倒過來，雖然只是一個小小的改變，卻能造成深遠影響，幫助國家提高國際知名度，值得政府全力以赴。」[32]

換句話說，台灣民眾心中那些講不清楚，有時甚至彼此衝突的觀點，反而讓台灣更能擋住「中華人民共和國一國兩制的統一方案」，不過這也讓人們更難了解台灣實際上應該追求什麼。台灣人民很認同台灣，當然很樂見從事實上的獨立變成法理上的獨立，但這是不可能的，因為就像台灣拒絕一國兩制那樣，中華人民共和國也拒絕台灣法理獨立。

北京當局為了將來能夠實行統一大業，試圖拉馬英九參與政治談判，釐清台灣的法律身分。馬英九算是台灣有史以來最親中的領導人，但依然得體的回絕了這些提議。不過，這也透露出一個警訊，中華人民共和國的野心企圖是不會消失的。

台灣領導人不能再靠各種修辭來定義民族和國家，而是必須要深入釐清這些術語的實質意義，以便在需要的時候能夠站穩談判地位。他們還需要教育公眾了解這些複雜的問題。如果想要以新思維擋住中華人民共和國的政治野心，那麼就必須在民族和國家的內涵上達成更大的共識。

# 第十二章
# 中華人民共和國的不對稱進犯

一九八〇年代初，我聽過一則軼事，是關於中華人民共和國的人民如何看待他們政府當時的對台政策。當時正逢卡特政府與台灣斷交，並終止了《中美共同防禦條約》，而雷根政府與北京當局簽訂了《八一七公報》，內容是要限制美國向台灣軍方出售武器。正好那時北京開始推動「一國兩制」的統一方案，北京當局想當然耳希望台灣很快就認輸，可惜這件事並沒有發生。台灣總統蔣經國斷然拒絕了「一國兩制」，而雷根政府在沒有外交關係的情況下也採取措施加強台灣的安全。

在這個背景時空下，大批官員聚集在北京聆聽中華人民共和國最高領導人鄧小平演講。我記得那次演講是關於國內問題，而不是台灣問題。鄧小平演講結束後，現場聽眾發表了幾句讚許的話，然後一個聲音從座位後面響起：「台灣怎麼樣？」潛台詞是要問：「為什麼我們沒有在統一的方面取得任何進展？」

至今隔了將近四十年，這個問題仍有人提起，很可能未來還會繼續存在。循循善誘的勸說統一並沒有成功。事實上，要實現統一的目標，可能比一九八〇年代初或一九九〇年代來得更加遙遠了。台灣的民主化，讓島內的領導人不再有權利做最後定奪，而是交在人民手中。關於台灣的身分認同與國家的定義，社會仍爭論不休，這種不對稱的防禦有效反駁了北京呼籲統一的理由。對岸當局稱，台灣海峽兩岸的人都是中國人，台灣理所當然要納入一國兩制，成為中華人民共和國的一個特別行政區。中華人民共和國領導人過去對馬英九當選的態度很是樂觀，但在發生太陽花運動以及蔡英文和民進黨在二〇一六年選舉大勝之後，已經轉為悲觀。他們得不斷向國內民眾證明其對台政策是正確的。事實上，習近平在二〇一九年一月二日發表的長篇演講，[*]算是在回應那句短短的「台灣怎麼樣」。

## 北京手中的對台選項

台灣為加強自身安全，在軍事、政治等多方面做了相當多努力，再加上民進黨有持續贏得選舉的能力，皆為北京帶來嚴重的困境。簡單來說，北京是否要做出抉擇，到底是要跟強烈反對統一的台灣妥協，還是發起代價高昂的戰爭呢？選擇妥協的可能性不大。中華人民共和國的領導人將統一做為政權的主要目標，不太可能接受台灣的現狀並放棄這個目標。理論上，北京可能會保留一國兩制的口號，但從根本改變其內涵，使其對台灣民眾變得更有吸引力。然而，目前還看不到往這個方向走的跡象。這樣的轉變可能會讓政府臉面無光，畢竟是政府自己提出要統一台灣的，並且可能導致香港和澳門也開始有意見。另一方面，為逼迫統一而開戰其實充滿了不確定性。中國人民解放軍自一九七九年越戰以來，從未進行過大規模的軍事行動，其戰鬥力將是如何？台灣軍事武力的首波防禦能力如何？美國是否會介入，效果如何？打下台灣的戰爭是否會讓其他東亞國家陷入恐懼，並且使中國共產黨在國內的統治複雜化？這些不確定性都非同小可。

在蔡英文二〇二〇年一月連任後的幾個月，開戰的可能性似乎在增加。有鷹派人士認為需要對「台獨勢力」的活動做出強力的回應，但卻沒有提供任何客觀可信的證據，證明這些台獨活動確實在發生，以及證明蔡英文的目標是法理獨立。解放軍空軍的飛機一反過去寬鬆時期的做法，更加頻繁的越過台灣海峽中線。[1]二〇二〇年九月，解放軍空軍在兩天內兩次侵入台灣防空識別區，飛機數量也比以往任何時候都多。至少可以說，解放軍空軍在利用這些飛機來測試，台灣空軍在碰到真正的衝突時會有什麼反應。[2]

雖然一些美國評論家也發出了戰爭警告，但有實戰經驗的分析人士認為，全面開戰的可

---

＊譯注：當天即《告台灣同胞書》發表四十週年紀念會。相關新聞與演講全文可參見：https://news.ltn.com.tw/news/world/breakingnews/2659618。

能性很低。駐台學者寇謐將（J. Michael Cole）認為，「軍事行動的威脅雖然嚴重，但仍有些遙遠。」[3]美國防衛領域研究員易思安（Ian Easton）表示贊同，他指出，中華人民共和國不斷宣稱戰爭迫在眉睫，然而「現實是，中共應該不會以這麼激進和高風險的方式攻擊台灣」。[4]馬里蘭大學教授卡斯特納（Scott L. Kastner）說：「台灣海峽最近的趨勢正在降低兩岸發生衝突的可能性；二〇〇八年以前最令分析人士擔憂的是，持修正主義的台灣會踩到中共當局的紅線，進而引發軍事反擊。」[5]美國戰略暨國際研究中心的葛來儀（Bonnie Glaser）與福納樂（Matthew Funaiole）則認為，北京鷹派人士以蔡英文即將走向獨立做為開戰理由，其實是自己嚇自己的幻想。兩位學者認為，「北京已經有效阻止了台灣政府宣布法理獨立。」[6]

儘管中華人民共和國無力影響台灣領導層和大眾輿論來推進自己的統一目標，也無能削弱美國對台灣防禦的支持，北京確實還有一個妥協或開戰以外的選項，那就是它從蔡英文第一個任期以來就開始實施的不對稱策略。我稱之為「非武力脅迫」（coercion without violence）。北京利用其權力來懲罰、施壓或邊緣化沒有滿足其前提的蔡政府，並且試圖吸收一些對中華人民共和國有利的台灣各階層人士，以及想辦法干預台灣的民主制度。這種不對稱的進犯手法，比戰爭的風險要小，隨著時間推移或許還能以可接受的代價達成其想要的結果。它的目標不是台灣的軍事武力和領土，而是打擊台灣民眾的信心。邁阿密大學政治系教授金德芳（June Teufel Dreyer）將此稱為「蟒蛇策略」（Anaconda strategy），中國大陸會一直施壓台灣，直到台灣被迫投降為止。[7]

台灣官員對於北京的策略相當了然於心。在軍事方面，二〇一九年十一月台灣國防部長嚴德發在立法院表示，過去幾年，解放軍每年都會派出約二千架次偵察機和戰機飛越台灣海峽，另有航空母艦活動。[8]這不是在使用武力，而是在展示武力，目的不是要對台灣進行物理攻擊，而是要提醒台灣人，解放軍有能力在中華人民共和國領導人一聲令下就發動攻擊，藉此消耗公眾的信心。例如：二〇二〇年九月十四日，中華人民共和國在台灣上空發射了一枚火箭，不過這不是軍事演習的一部分，而是為了發射衛星，讓火箭直接從台灣上空飛過。雖然這麼做很可能有技術上的原因，但是否會讓台灣人民感到不安，負責對台政策的中華人民共和國領導人很可能不會介意。[9]這類武力展示和其他形式的恐嚇和操弄，考驗著人民在面對敵對但非武力的行動時的耐受程度，並可能讓人們在情緒上漸漸認為抵抗是徒勞的。西元前五世紀，戰略家孫子就說過一個策略，「不戰而屈人之兵」。[10]這不是說台灣的軍事不用備戰來阻擋攻擊，而是必須備戰，跟西方「備戰典範」（*para bellum* paradigm）的策略思維「如要和平，需先備戰」不謀而合。[11]解放軍空軍在台灣附近積極巡邏，中華民國空軍戰機也出動保護台灣空域，兩者碰在一起，極可能導致意外衝突，而且可能愈演愈烈。二〇二〇年七月，台灣外交部長吳釗燮提出警告，軍事衝突的風險「很不穩定的升高」。[12]然而台灣領導人和許多人民都明白，他們已經陷入了另一種戰爭，北京可能希望不開一槍就能實現其政治目標。

前文列舉的一些開戰場景確實有重要的心理學目的。海上封鎖臨檢就是一種；空中轟炸台灣關鍵節點是另一種；奪取台灣轄下的福建沿海小島和馬祖又是一種；但每一種都有可能引起美國的軍事干預，這依然是中華人民共和國的大罩門之一，而採取「非武力脅迫」可以降低這種風險。因此，北京玩的把戲就是製造足夠的對台脅迫，加深島內的「亡國感」，但避開可能引發美國決定加入戰爭的暴力行動。[13]

中華人民共和國統治者早就深諳「影響作戰」（又稱「影響力作戰」，influence operation）在戰爭和政治鬥爭中的價值。據報導，中華人民共和國學者試圖以「認知領域作戰」（cognitive domain operation）深化「影響作戰」的概念基礎。美國防務政策分析學者莫小龍（Nicholas Beauchamp-Mustafaga）歸納了這個概念，「認知領域作戰的目標是『制腦權』（mind superiority），利用心理戰塑造甚至控制敵人的認知思維和決策。……認知領域作戰是未來前線作戰模式。」[14]

二〇一九年十月，台灣國家安全局副局長陳文凡在華府智庫詹姆士敦基金會（Jamestown Foundation）舉辦的會議上發表演說，證實了北京偏重於「非武力脅迫」，並盤點出中共歪曲台灣政治輿論的行動：「中共的台灣政策……要求中國人民解放軍實施軍事脅迫、對台灣進行外部孤立、滲透和顛覆、統一戰線互動、網絡活動和假訊息傳播。所有這些活動都被納入中國旨在塑造台灣思維模式的宣傳框架，最好是在不流血的情況下吞併台灣。」[15]陳文凡報告稱，北京還組織了一個跨部門的工作組，藉由「資助親中政黨和支持大陸配偶團體、地區性脫口秀主持人和網站作家」來影響二〇一八年和二〇二〇年的台灣選舉。中國人民解放軍戰略支援部隊負責協調宣傳、網絡活動，並與中國各省的台灣事務辦公室及統戰部聯手進行「認知戰」，來影響台灣輿論。親中的傳統媒體和社群媒體都被利用來帶風向，左右國內的政治輿論。中共政權還與自己的「資訊科技公司合作，將選民分類，以他們期望的方式描述問題、評估操縱措施和修改策略……這些活動構成了中共對台認知戰的新模式或新趨勢，對台灣的應對能力提出挑戰」。目標是：「在不流血的情況下吞併台灣」。[16]

## 多管齊下打擊台灣的信心

蔡英文在二〇一六年總統大選中勝選，同時民進黨成為立法院多數黨，這種情況下北京肯定會對新政府和台灣人民使用「非武力脅迫」，否則太被動會讓人以為是妥協或甚至姑息。因此，為了消磨台灣的信心，北京動用了經濟、外交、民間力量、網絡戰、社群媒體和軍事武力展示等各種手段。蔡政府有辦法彌補或是抵禦其中一些行動，但有些則無法。北京在蔡政府執政第一年選擇的懲罰其實遠遠多於陳水扁兩個任期，這一點很驚人，卻很少有人注意到。更別說，陳水扁時期那些挑戰北京利益的作為，在客觀來說其實更為挑釁。

## ——暫停兩岸制度性交流

二〇〇八年五月馬英九上任不久，台灣的海峽交流基金會與中華人民共和國的海峽兩岸關係協會，這兩個負責兩岸制度性互動的半官方組織，開始了定期會晤。雙方各自代表自己的政府，在各種議題上達成了二十三項協議，大部分是經濟方面。[17]二〇一四年二月，台灣負責對中政策的中華民國大陸委員會（簡稱陸委會），與中華人民共和國負責對台政策的國務院台灣事務辦公室（簡稱國台辦），進行了第一次首長會面。二〇一五年十一月，馬英九在新加坡與習近平會面。兩岸領導人上一次會晤是一九四〇年代。這些半官方和官方互動都是奠基在馬英九願意表態支持「九二共識」。甚至在二〇一六大選前，北京當局就表示，唯有蔡英文保證承認「九二共識」及「兩岸同屬一中」，兩岸的制度性互動才能繼續下去。蔡英文沒有採用北京的語言，選擇以她圓滑的方式解決這些問題；自此之後，海峽交流基金會與海峽兩岸關係協會之間的互動就形成了暫停的局面，更不用說陸委會和國台辦了。中華人民共和國在二〇一六年六月宣布暫停兩岸互動。

## ——外交突襲

在馬英九任期結束時，仍有二十二個國家承認中華民國是中國政府，並保持外交關係。這些國家幾乎都在非洲、拉丁美洲、加勒比海地區和南太平洋地區。馬英九與中華人民共和國領導人達成共識，北京和台北都不會挖走對方的邦交國，讓台灣繼續維持既有的外交夥伴。在蔡英文當選總統的兩個月後，她甚至還未宣誓就職，北京就宣布與甘比亞恢復邦交。甘比亞早在二〇一三年就與台灣斷交，當時台灣是國民黨執政時期，中華人民共和國沒有做出任何回應。在北京看來，如今民進黨的勝選，讓它不再有理由克制，此後，它又挖走了台灣七個邦交國：二〇一六年十二月的聖多美普林西比（Sao Tome and Principe）、二〇一七年六月的巴拿馬（Panama）、二〇一八年五月的多明尼加共和國（Dominican Republic）與布吉納法索（Burkina Faso）、二〇一八年八月的薩爾瓦多（El Salvador）、二〇一九年九月的索羅門群島（Solomon Islands）與吉里巴斯（Kiribati）。

有各種因素牽扯其中，至少影響了這些外交關係變動的時機。甘比亞宣布與中華人民共和國建交的時間，是在北京召開非洲領導人會議的時候。* 薩爾瓦多左派政府準備將轉移政權給右派政黨之際，在蔡英文訪問中南美洲後不久就宣布與台灣斷交，轉而與中華人民共和國

* 譯注：原文如此。但甘比亞於二〇一三年與台灣斷交，在二〇一六年三月跟中國建交。在北京召開的非洲領導人會議，應是指二〇一八年的「中非合作論壇」，甘比亞總統首次受邀出席。

建交。*然而，最主要的影響因素還是金錢。中華人民共和國現在有大把鈔票，可以用來誘使有需求、甚至有時是腐敗的政府改變其外交關係；相對來說，台灣資金較少，也不再像二十世紀那樣參與競標戰。這意味著，如果北京想奪走台灣剩下的邦交國，是早晚能做到的事。唯一可能的例外是梵蒂岡，因為對該國而言，錢不是問題，該國更在意的是，教宗方濟各希望能結束北京和梵蒂岡之前的分歧。而這取決於中華人民共和國是否願意讓羅馬教廷可以參與任命中國大陸所有天主教主教的過程。

## ——拉高經濟成本和提供利益

北京試圖利用那些仰賴大陸經濟的特定群體，來對台灣社會施加壓力或提高誘因。馬英九執政初期開放的旅遊業就是其一。後來，無論是團體還是個人行，中華人民共和國旅客來台的數量出現了跳躍式的增長。據台灣政府旅遊統計，二〇〇九年至二〇一五年（馬英九執政的那六年）對岸赴台旅遊人數從二〇〇九年的九五三、〇〇九人，躍升至二〇一五年的四、一四三、八三六人，平均二、九九六、〇九四人。這六年中的後面四年，來台人數累積的平均數為三、三七〇、一一二人。但在蔡英文任內有數據可查的兩年（二〇一七年和二〇一八年），平均人數是二、六七八、八四九人。[18]也就是說，從馬英九後期整整四年到蔡英文任期的前兩年，每年平均減少二〇．五％。恰好在二〇一九年一月至九月又增加到二、三七五、二五二人，按年計算的話很可能會超過三五〇萬，遠高於蔡政府時期的平均人數。[19] 或許這就是中華人民共和國政府會在二〇一九年八月宣布暫停發放赴台自由行許可證的原因，為的就是要傷害台灣旅遊業。但另一個原因可能是，當時台灣即將舉行大選，中華人民共和國不想讓太多自己的公民目睹台灣的選舉。[20]

蔡英文上任後，中華人民共和國遊客數量減少，蔡政府採取了一些措施來減輕旅宿、餐廳和奢侈品商店等旅遊業者受到的經濟影響，像是讓其他國家的旅客更容易來台旅遊，例如擴大台灣的免簽計畫。事實證明這個做法有效。二〇一五年馬政府最後一年，旅客總數為一、〇四〇萬，到了二〇一八年，人數上升為一、一一〇萬，增加了六％。

中華人民共和國對台灣民眾大方祭出的優惠措施也是在經濟，二〇一八年二月底推出了

* 譯注：原文如此。二〇一八年八月二十日，蔡英文結束對巴拉圭、貝里斯訪問的「同慶之旅」回到台灣後的隔天（八月二十一日），薩爾瓦多即宣布斷交，當時執政黨為較親中的左派政黨「馬蒂民族解放陣線」（FMLN），而斷交時間點距離總統選舉不到半年。二〇一九年二月的總統選舉結果是由比較親台的右派政黨「國家共和聯盟」（ARENA）勝選，新總統當選人曾表示要重新審視與中國建交的決策過程。

所謂的《惠台三十一項措施》。這項措施由中共三十多個機構起草，宣稱目的是要為台灣個人和企業在中國大陸營造一個更公平的競爭環境。實際上，這些措施給了台灣人跟大陸人同等的國家待遇，表面上是為了給台灣企業和個人提供更好的機會。在商業方面，這些措施瞄準的是製造業、基礎建設、金融、專業技術、娛樂和藝術。在教育方面，新政策使台灣學生更容易進入大陸院校就讀。這個新政策在二〇一八年讓台灣官員和經濟學家更加擔憂人才流失的問題。[21]大約有五十萬台灣居民移居中國大陸工作。[22]這些優惠措施可能會讓台灣人在未來的選舉中更不會把票投給民進黨。二〇一九年十月，距離台灣總統大選還有三個月，北京宣布再加碼二十六項優惠措施。[23]

台灣政府先對第一批的三十一條惠台措施做出回應，宣布自己的措施。二〇一八年三月十七日，行政院宣布了「四大面向、八大強台策略」。這些政策包括提升學研人才獎勵、加強保護營業祕密，以及強化產業創新升級等。目標是鼓勵優質的學校教育和就業，留住人才，維持台灣在全球供應鏈的優勢，促進資本市場擴張，強化文化影視產業，尤其是電影。[24]這個計畫很有意義，特別是因為台灣人才正在面臨外流問題（問題是為什麼沒有在更早之前施行這個計畫）。台灣政府還向台灣民眾公開宣稱，很少台灣人利用北京的優惠政策，而且北京之所以提供這些優惠其實另有目的。他們認為，是因為中國大陸的商業環境變化讓外國投資者不滿，迫使北京得向台灣尋求協助。這些措施很可能讓經濟和政治因素更加相互影響。再說了，自川普上任以來，中美之間的貿易爭端更促使台商要麼回流台灣，要麼將其供應鏈移轉到其他地方。[25]

## ──訪中的台灣公民被拘留

二○一九年九月，海峽交流基金會公布，自二○一六年五月蔡英文就任總統以來，已接獲一百四十九名台灣公民在大陸失蹤的案件。公布當日，還有六十七人依然音訊全無，其中一人是屏東枋寮鄉政顧問李孟居，他最後一次對外連繫是二○一九年八月在香港，他曾在自己的臉書頁面上表示支持香港抗議運動。南台灣兩岸關係協會聯合會主席蔡金樹在二○一八年七月赴廈門後失蹤；一個月後，台灣師範大學退休副教授、曾任某企業集團經濟學者的施正屏也失蹤了。一名國台辦官員證實了他們被拘留，稱他們的「罪名」是「涉嫌危害國家安全」。中華人民共和國對此罪名的定義很寬，連在民主體制下會被視為和平行使政治權的行為都算在內。[26]

其中最有名的案子是李明哲案。李明哲是在文山社區大學工作的人權運動人士，以前也曾在民進黨服務。根據他的妻子李淨瑜的說法，他在二○一七年三月前往中國大陸，「向他的中國朋友分享台灣的民主經驗」，最後在澳門失去蹤影。十一月底，他被隔離關押，然後以「顛覆國家罪」受審。在做了很可能是逼供出來的自白後，他被定罪，判處五年監禁。李明哲在台灣的支持者向蔡政府施壓，要求對北京做出強硬回應，這讓政府陷入兩難，因為政府也不希望加重李明哲的困境。[27]

香港後來的局勢發展，讓人更加恐懼會被抓進監牢。二〇一九年下半年，香港頻頻出現示威活動，有時還演變成暴力事件。抗議的導火線最初是因為香港政府提議通過一項引渡法，讓香港人擔心自己的政治權利會受到該法的侵害。但這場運動後來擴大到抗議警察濫權，以及香港本身的一國兩制。北京確信香港政府無法自行恢復秩序，於是決定實施國安法。[28]

新國安法規定的其中一項罪名「勾結外國或境外勢力」，最可能會影響到台灣。這一條禁止香港居民在從事一些活動時向外界尋求協助，例如：「一、操控或破壞選舉；二、對香港或中華人民共和國進行制裁或『採取其他敵對行動』；三、以『各種非法方式引發』香港居民對中國或香港政府的憎恨等活動。」正如喬治華盛頓大學（George Washington University）法學教授郭丹青（Donald Clarke）所強調，「這種表述方式跟許多關鍵法律術語一樣，顯然可以用很多不同方式來詮釋。」[29] 中華人民共和國官方報紙《環球時報》警告台灣民眾，「香港《國安法》針對『台獨』亂港危害國家安全的行徑做出明確懲罰規定，使這部法律正式成為斬斷民進黨當局亂港黑手的法律利劍。」[30] 台灣陸委會也警告，根據該法，北京有權要求與之簽有引渡協議的國家，將參與香港或香港相關活動的人士，從該國引渡到中華人民共和國。[31]（值得注意的是，雖然有一些台灣人可能有試圖協助抗議運動，但並沒有證據表明台灣政府參與其中。這項規定只是顯示，中共政權總是傾向把自己的政策失敗歸咎於像美國這樣的外來者。）

## ——假訊息：傳統媒體

傳統媒體可謂中華人民共和國「塑造人心與思維」的目標之一，最成功的案例就是旺旺中時媒體集團。蔡衍明旗下的旺旺最初是一家面向大陸市場的台灣食品公司。二〇〇六年至二〇〇八年（陳水扁執政的最後兩年），該公司收購了中視及中天電視兩家電視台，以及老字號《中國時報》。《中國時報》在一九八〇年代支持過溫和的政治改革，在民主轉型之後支持藍營。但自從被旺旺收購之後，英國《金融時報》記者席佳琳（Kathrin Hille）寫道：「《中國時報》已從主流報紙，轉變成了評論者口中的中國共產黨喉舌。」[32]中國旺旺控股有限公司的財務紀錄顯示，從二〇〇四年至二〇一八年，該公司獲得了五．八六七億美元的政府補助金。[33]雖然旺旺否認這筆款項是播報親中新聞的交換條件，但據報導稱，《中國時報》和中天的編輯部主管曾收到國台辦交代的報導任務。[34]正如美國國務院二〇一九年有關台灣人權問題的報告中所指出的那樣，中華人民共和國向一些公司施壓，要它們從那些不符合其政策的台灣媒體那邊撤回廣告。[35]

二〇一九年五月，蔡衍明率了一支反蔡英文的媒體高層代表團前往北京，受到在習近平底下負責台灣政策的中共中央政治局常委汪洋的接見。汪洋在談話中取笑蔡英文，現場眾人則聽得哈哈大笑，接著汪洋提醒現場人士要扮演好中共政策工具的角色：「現在我們要實現『和平統一』，實現『一國兩制』，仍要靠媒體界的朋友們共同努力。……歷史會記住你們。」[36]汪洋也解釋了台灣之所以不應該再依賴美國，是因為美國既沒能阻止共產黨在一九四九年的取勝，也沒能夠贏得韓戰。「那時候的中華人民共和國還是飢貧積弱呀，還是一窮二白呀，尚且能如此。今日之中國，美國有這個勇氣和我們打這一仗嗎？」[37]汪洋這一席話大概是最直白的證詞，直接承認了中華人民共和國為了自己的修正主義目的，有意干預台灣政治，並且絲毫不尊重台灣的民意。後來，中華人民共和國媒體的報導一發布在網際網絡上就被刪除了，這一點不是很令人意外。

## ——社群媒體傳播假訊息

二〇一六年的美國總統大選讓人看到了外部對手如何有效藉由社群媒體平台扭曲和破

壞民主政治制度。在這方面，台灣可能比美國更脆弱，因為它給了破壞者有機可乘的開放空間。二〇一八年，台灣的網際網絡普及率是九二．七八％，手機用戶率為一二三．六六％。[38]還有，加害者（在此指北京當局）和受害者（台灣）基本上講同一種語言，即西方所謂的普通話，使用同一種書寫系統只是版本（簡、繁體）不同，相較於俄羅斯對美國的干預，這些特點都讓中國大陸更能輕易操控對台灣的線上輿論。

事實上，根據瑞典哥德堡大學（University of Gothenburg）二〇一九年有關世界民主國家的年度報告，台灣的民主制度是全球最容易受到外國輸入假訊息攻擊的第一名。[39]其他獨立觀察人士也證實了這一點。駐華盛頓的中國問題專家王洛伶（Lauren Dickey）在一份研究報告中詳實描述了中國大陸人士操控台灣民意的各種可能途徑。她認為，成功的假訊息造謠活動，通常會利用「早已存在的分歧」，將訊息提供給既有受眾。

> 就台灣問題上，中國發動假訊息活動，目的是進一步分化任何對親台綱領的支持，並且創造出某種敘事，支持北京統一的政治目標。這些行動都是把民進黨列為頭號打擊目標，因為在北京當局眼中，民進黨的政綱是「頑固的〔堅持〕『台獨』」……而國民黨……是這些據信源自於中國的假訊息和社群媒體造謠活動的受益者。[40]

無獨有偶，駐台北的自由記者黃柏樟對二〇一八年高雄市長選舉中的社群媒體操弄手法也做了一些分析。韓國瑜在這場選舉中乘著民粹主義浪潮勝選，影響因素有很多種，但黃柏樟認為，「韓國瑜從無名小卒崛起成超級明星，得力於中國某個神祕的專業網際網絡集團所策劃的社群媒體操弄活動。」[41]

美國在台協會主席莫健也發表了最具權威性的說法。該協會是美國在沒有邦交關係之下與台灣進行實質外交的組織。莫健在高雄大選前兩週接受TVBS電視台採訪時表示，「顯然有外在勢力，試圖在台灣改變輿論風向，並散播不實資訊，這是很危險的。」偏藍營的TVBS在官網發布了這段採訪，但幾天後又撤了下來。美國在台協會台北辦事處隨後自行在官方臉書上發布了這項訊息。[42]

台灣政府指控中華人民共和國正在進行大規模造謠活動，並且想辦法努力應對，結果不出所料，反民進黨的勢力反駁了這些指控。二〇一八年大選後一個月，一篇《中國時報》社論摘錄寫道：「政府掌握了全體公民納稅積聚的龐大資源，許多部門還以公帑維持新聞與公關發言人員……無法提供正確的資訊，得到人民的信任，卻只想反過來限制公民的言論與新聞自由，正確認了政府的無能。」[43]要在言論自由和限制出於政治動機的假訊息之間求取平衡，實非易事。該如何確認假訊息的來源，這一直是個問題，而且未來會一直碰到。即使來自對岸的勢力不再介入台灣社群媒體上的輿論，國內依然會出現假訊息。在民主政治的坎坷路上，這一直是很常見的問題（不過，要論斷究竟是誰在塑造這些言論，《中國時報》的話可能也不是最可信的）。

台灣政府內外都在努力限制假訊息帶來的影響。在政府內部，打擊假訊息成了各單位的優先事項，尤其是負責國安的機關。事實查核成為一道重要防線。例如：行政院官網上有一區叫「即時新聞澄清」，專門蒐集與政府機關相關的錯誤報導，然後和受影響的機關合作迅速發布澄清。行政院和立法院都修改了既有的法律，讓政府更有權力來打擊假訊息。一些電視台沒有經過事實查證，就散播不實新聞而損害公共利益，政府也就此訂定了罰則。私營的社群媒體平台已經開發了篩選假訊息的機制，兩個民間組織創建了「台灣事實查核中心」，對不實內容進行即時糾正。[44]根據一項評論，「台灣利用公民建立和營運的平台，以主動檢舉的方式來檢查和反駁假說法。台灣公民還在選舉前合作設計課程，迅速推出媒體素養課。」[45]

總的來說，假訊息造成的影響依然是個問題。這些訊息並不是選民唯一的資訊來源，很可能也只是強化大多數人已經持有的觀點。最主要的影響對象可能會是在激烈選戰中仍搖擺不定的選民。此外，這些令人頭痛的假訊息並非全來自於台灣外部，各種政治運動也可能有誤導選民之嫌。然而，國內的假訊息及其對選舉結果的負面影響是一回事，外部勢力干涉並試圖決定誰在台灣掌握權力以及他們如何處理這些權力是另一回事，兩者有根本性的差異。

## ——統一戰線

每當列寧式的集權政黨遇到一些它無法直接控制的政治勢力，而制度性的手段又想來間接干預時，它就會設法與該政治勢力中贊同自己的派系建立「統一戰線」，進而從內部削弱這股政治勢力。因此，中國共產黨在一九四九年贏得政權之前，就成立了中共中央統戰部，試圖在國民黨所控制的城市地區爭取盟友，例如學生、知識份子、企業主等，並且孤立那些反對中華人民共和國新政權的人。[46]

甚至早在中共政權建立之前，中國共產黨就與香港社會中反對英國殖民統治的人攜手合作。而一九四九年以後的台灣，因為在國民黨專制政權的統治之下，對中共來說是更困難的挑戰，可是如今的民主化卻創造了新的可能性。在中國大陸工作的企業管理人士成了他們的下手對象。而那些對李登輝將國民黨台灣化不滿的保守派政客，以及他們分裂出去建立的其他小黨，對統一的態度更開放，則成了另一個目標。北京希望這些團體能與之並行不悖，先反獨，後促統，盡其可能的將新盟友吸納進統一戰線，並且妖魔化，甚至孤立任何反對統一戰線的敵人。如果在一國兩制下實現統一，曾加入統一戰線的台灣人將成為代表北京當局治理台灣的候選人。[47]

北京在馬英九總統任內不需要強調台灣的統一戰線，因為馬政府的對華政策有利於北京所謂的「和平發展」，這是統一前的中期階段，要為統一鋪平道路。但在馬英九卸任之後，統一戰線成了中華人民共和國對台政策中最核心的部分，就跟當年陳水扁擔任總統時一樣。統一戰線策略的第一要務就是妖魔化對手，所以北京對蔡英文本人發動了源源不絕的抨擊。以下引文出自二〇一九年中華人民共和國兩年一次的國防報告，這只是眾多攻擊之一：

> 民進黨當局頑固堅持「台獨」分裂立場，拒不承認體現一個中國原則的「九二共識」，加緊推行「去中國化」、「漸進台獨」，圖謀推動「法理台獨」，強化敵意對抗，挾洋自重，在分裂道路上愈走愈遠。「台獨」分裂勢力及其活動始終是台海和平穩定的最大現實威脅，是祖國和平統一的最大障礙。48

這篇冗長的文章嚴重歪曲現實，無視蔡英文一直以來的謹慎行事，北京也拒絕承認一國兩制其實並不受台灣民眾的歡迎，尤其是投票給蔡英文的人。

在妖魔化蔡英文之後，北京的統戰主要是要在台灣內部爭取盟友，阻止蔡英文走向獨立，並努力將她的政黨趕下台。關於這些活動的風聲，自她上任之後就不絕於耳，想想也並不奇怪。中華民國國家安全局的陳文凡稱，北京正與非綠營執政的縣市建立連繫，向他們輸送利益。

中共還與台灣二十四名商界、媒體和半官方代表建立了廣泛的連繫，他們當中有些人從事的活動已經超出了原來宣稱的使命。至少有二十二個親中組織和政黨，我們已經確定其中一些成員與有組織的犯罪有關，他們進一步將網絡延伸到當地的寺廟、大陸台商或台灣青年。[49]

在這些政黨中，最有意思的是中華統一促進黨，該黨領導人是前黑幫老大張安樂，綽號「白狼」。一九八〇年代，張安樂是台灣三大犯罪集團之一「竹聯幫」的成員，該組織與台灣維安部門有關係。一九八四年十月，張安樂參與了一項密謀，殺害了住在加州戴利城的美籍華裔作家劉宜良（筆名江南），當時作家正在撰寫一本批評國民黨領導人的書。案發之後，美國情報單位得到的證據表明，這不是一起隨機的謀殺，而是受到台灣政府機關的指揮。這項發現讓雷根政府採取了動作，美國國會也提出批評。[50]在國民黨政權中，維安部門主張繼續嚴格控制國家，另一派則是支持政治改革，這起謀殺也打破了兩者間的僵局。蔣經國總統站在改革派這一邊，削弱了維安部門的權力，促使台灣走向民主的道路。[51]

二〇〇五年，張安樂成立了中國統一促進黨，顧名思義，目標就是促進統一，而且接受一國兩制方案。甚至於還參與了擾亂台灣社會的政治活動，例如二〇一七年，一群台灣大學的學生在抗議校園內出現中華人民共和國主辦的活動，*結果被統促黨黨員攻擊，最後其中六名黨員因襲擊、恐嚇等罪被起訴。[52] 包括陳文凡在內的蔡英文政府官員，提出了可信的報告指出，這些政黨活動背後都有中華人民共和國資金的支持。據稱，大陸台商也是這些資金流動的管道。[53]

國民黨在北京眼中，是最有可能贏得政權的政黨，也最有可能將台灣的兩岸政策引導到它期望的方向發展，堪稱統一戰線的最佳合作夥伴。一九九〇年代初，李登輝政府曾願意與北京當局合作消除障礙，改善經濟關係。國民黨受到企業界那些將業務移到大陸的人士的支持，而在改善兩岸關係上取得最大進展的，是後來的馬英九政府。然而，正如前文所述，台灣國內的政治打亂了北京當局的計畫，北京開始懷疑馬英九和國民黨是否真的願意將經濟問題轉向政治問題，並在最終走向統一。國民黨受到黨內親台派系的掣肘，在二〇一六年和二〇二〇年大選中的表現也相當悽慘，更讓人懷疑它是否真能持續維持權力。

偶爾，中華人民共和國也會有自己搞砸統戰策略的時候。其中一次發生在二〇二〇年九月，國民黨高層受邀參加年度「海峽論壇」，這次率團的人是王金平，他是南部本土派的國

＊　譯注：即「二〇一七『中國新歌聲』上海・台北音樂節」。

民黨大老，也是北京需要培養的人選。結果中央電視台一位主播提及這次訪問時，將國民黨代表與會稱為「來大陸求和」，立刻在台灣引起軒然大波，國民黨無奈之下只好取消以黨員身分出席論壇，但並沒有禁止黨員以個人身分參加。[54]

如前所述，統戰不是只瞄準台灣政黨而已，中國大陸還想拉攏宮廟及農漁民系統，他們在台灣政治中相當重要。前者能夠加深與信奉相同神祇的對岸姊妹宮廟之間的連繫，後者則獲得了以高價向大陸市場銷售產品的優惠。[55]學校也會收到邀請和資助，到對岸進行實地考察。所以這部分的費用，北京國台辦的分支網絡是省不掉的。

北京還利用文化來達成政治目的。二〇一九年十一月，與中華人民共和國有關的表演團在高雄演出，國民黨總統候選人韓國瑜當時還是市長，舞蹈團還去了另外三個藍營執政的縣市。該表演團是由中共統戰部轄下的團體所組織的，[*]在台灣登記為藝術教育交流團體，由隸屬於國民黨救國團底下的基金會所資助，[**]演出的標題是「親情中華、歡聚台灣」。標題的前半段聽起來很像習近平對台政策的核心主題之一：兩岸一家親。這種定調表示，台灣人是中國人，不是另一種不同的身分；同時可能也意味著，台灣人也應該接受「大家長」習近平的領導。在台灣總統大選前三個月安排這種表演，很可能不是巧合。[56]

為了阻斷並反制中華人民共和國利用傳統媒體和統戰聯盟以各種形式干預台灣政治體制，立法院在二〇一九年的最後一天通過了《反滲透法》，目標是「為防範境外敵對勢力之滲透干預，確保國家安全及社會安定，維護中華民國主權及自由民主憲政秩序」。該法特別關注外部勢力指導或資助台灣內部的政治活動。[57]蔡英文稱該法案為「民主防衛機制」，但商業界大老卻稱該法規範含糊不清，檢察官可能會誤解公司在中國大陸的金融交易，恐傷害兩岸日常經濟關係。中華民國全國商業總會理事長賴正鎰認為，「若法律條文不夠明確，台商擔憂將無端亂扣帽子，也讓雙邊交流產生寒蟬效應。」[58]國民黨也對該法提出抨擊。兩週後，蔡英文勝選連任，她試圖平息日益增長的擔憂，承諾該法不會影響到正常的兩岸交流，只會限制「受到中國政府指示、委託或資助，違法提供政治獻金、違法從事競選活動、違法進行遊說、破壞集會遊行和妨礙選舉」的行為。[59]

## ——網絡戰

北京當局所能掌握最有效的非暴力武器，可能就是網絡活動，這也是台灣防禦能力相對

---

* 譯注：即「中國全國歸國華僑聯合會」（中國僑聯）。

** 譯注：即「財團法人中國青年大陸研究文教基金會」。

薄弱的部分。台灣很可能是全球網絡攻擊的首要目標之一。二〇一七年，台灣ＩＴ設備感染惡意軟體的機率成長了兩位數和三位數的百分比，物聯網受到的攻擊也增加了六〇〇％。雖然中華人民共和國不是攻擊的唯一來源，但肯定是大宗來源。二〇一七年，中共網軍負責了二一％的物聯網攻擊，並負責對台灣政府機關發動了二百八十八次成功的攻擊。台灣資安科技新創公司奧義智慧科技（CyCraft）的研究人員就發現，某個從中華人民共和國來的駭客攻擊活動，在二〇一八年至二〇二〇年間至少攻擊了七家台灣晶片公司。他們的目標是盡可能竊取智慧財產權，包括原始碼、軟體開發套件和晶片設計。[60]

二〇一九年九月在台北的「好好駭：ＡＩ與資訊安全論壇」上，美國在台協會處長酈英傑（Brent Christensen）演講時，稱有證據顯示，在二〇一八年由中共支持、對台灣科技產業進行的網攻，數量比二〇一七年多了七倍之多，預計二〇一九年的攻擊數量會再增加二十倍。[61]酈英傑說，有人在試圖利用網際網絡的開放性來製造分裂、鼓吹兩極化，甚至是散播徹頭徹尾的謊言，使人們開始對民主體制失去信心。中華人民共和國還進行網路攻擊，威脅台灣經濟，尤其侵害了半導體、智慧機械及電子元件產業。[62]

然而，最危險的可能是台灣政府及私人的關鍵基礎建設。二〇一九年六月，有近二十五萬筆公務員個人資料遭駭客洩露。二〇一六年，某個東歐駭客集團侵入第一銀行的內網，導致該行在台灣各地的ＡＴＭ自動吐出鈔票，讓銀行損失八千多萬新台幣。二〇一七年十月，遠東銀行遭電腦病毒與駭客入侵系統，盜走了約十八億新台幣。有人已對台灣電信業使用華為等中國公司製造的元件提出警告，這些公司的控制系統通常繼續使用過時的軟體，使得基礎建設變得更加脆弱。63

台灣政府已經採取了幾項措施來減輕網絡威脅，像是推出一部《國家資通安全戰略》，將相關產業納入更廣泛的產業發展計畫中，並建立一支優秀的白帽駭客團隊。蔡英文總統宣示了資安就是國安，蔡政府試圖訂立規範和簡化政府機關的網絡安全協議，在二〇一八年十二月草擬並在隨後通過了專門保護關鍵基礎建設的《資通安全管理法》。蔡政府也在國防部成立了「資通電軍指揮部」，擔負起整合過往分散在各部門的任務，並設立國家通訊暨網際安全中心（NCCSC）來保護關鍵的基礎建設。行政院草擬了《各機關對危害國家資通安全產品限制使用原則》，要求中央和地方政府機關減少使用中華人民共和國的資通設備，並在二〇一九年四月發布生效，為政府各單位部門建立了安全審查制度，因為它們所處理的資訊都很敏感。最後，還加強了與美國在網際網絡安全方面的合作。64

但台灣核心基礎建設和公眾信心依然面臨著重重危機。台灣國防智庫「國防安全研究院」學者曾怡碩表示，中華人民共和國對台灣進行網絡攻擊的方式有兩種。第一種是切斷海底纜線及其四個登陸站，藉此不讓台灣與使用這些電纜的外界通訊。第二種是迫使台灣關閉國內網際網絡服務，因為台灣被迫要去處理中共的網際網絡攻擊，以及網絡服務中斷所造成的大規模混亂。[65]

北京不需要讓這些攻擊持續很長時間，只需要展示出它有關閉電力，或禁用ＡＴＭ，或中斷電子支付能力，就能對民眾產生心理影響。

## 小結

對使用「非武力脅迫」戰略的人來說，求的不是立即奏效，而是削弱目標社會的信任與信心。如果能夠迅速見效，固然不錯，但最重要的是打長期戰，只要目標社會喪失能力和意志採取行動，攻擊者最終就能取得勝利。

以台灣來說，中華人民共和國不對稱進犯的中長期目標，就是讓台灣民眾意識到最終必然會被統一，所以必須接受統一。無論中華人民共和國怎麼宣傳，其實台灣走向法理獨立的危險性很低。因此，北京當局在短期內有兩個目標：一是明著懲罰蔡英文政府，並暗示二〇一六年把票投給他們的選民也同罪；二是把民進黨趕下台。但到目前為止，這還不確定能不能讓未來任何一個藍營領導人採用類似馬英九的政策。然而，如果國民黨在二〇二〇年取得勝利，將增強北京對未來的信心，可以讓北京從脅迫轉回說服。從中華人民共和國的角度來看，一個弱小的藍營領導人會比蔡英文更可控。

可惜事與願違。蔡英文在二〇二〇年贏得了總統寶座，比二〇一六年得到的票數還要高。民進黨保住了立法院的多數席次。然而，這對北京來說並非完全是場災難。如前所述，「非武力脅迫」有時會在短期內奏效，但是更適合長期的策略。只要蔡英文還在任，不對稱進犯就是中華人民共和國最合理的牌。這個策略風險低，潛在效益高，針對的是真正的弱點：人民對政府的長期信任與信心。至少在蔡英文的第二個任期內，北京當局可以好整以暇的觀察台灣的民情是否有轉變，以及多大程度朝向它想要的方向轉變。它在陳水扁的八年任期結束後，也做過一樣的事。

中華人民共和國領導高層最擔心的大概是連任的任期。蔡英文在第二任期挑選了前台南市長、二〇一七年至二〇一九年擔任行政院長的賴清德為副總統。外界普遍認為賴清德比蔡英文更致力於法理獨立。他很可能會嘗試在二〇二四年競選總統。如果他勝選，北京當局很可能會認為：無論如何，台灣民眾都將不會重回藍營的路線，統一的機率將愈來愈小。台灣的領導人和公眾不能再對中華人民共和國的意圖抱持幻想，也不要認為對方會收手。北京當局在蔡政府執政的第一年，施加的懲罰政策數量遠高於陳水扁的兩個任期。然而在客觀上，陳水扁其實以更為挑釁的方式挑戰中華人民共和國的利益。我認為，兩相對比之下，更反映了北京對台策略的動機從原來的恐懼，轉變為食髓知味。

這又引出了一個問題，那就是，在面對中華人民共和國食髓知味時，台灣如何以目前國內的政治和政策加強自己的國安。綠營深信北京是食髓知味，但藍營至少有部分人認為，北京依然抱有恐懼，而台灣必須減緩對岸的恐懼，因此他們才一直批評蔡政府的對中政策。北京當局對蔡政府採取的軍事行動以及「非武力脅迫」，都是對台灣發出的警告。一方面，台灣必須以不加重目前困境的方式加強軍事防禦，藉此嚇阻北京不要採取軍事攻擊。另一方面，也必須繼續發展反制北京不對稱進犯的措施，維持公眾對政府國安政策的信任與信心。台灣的政治讓這兩項任務的執行變得更加複雜。以下哪一種策略更能成功呢？是讓國安政策隨著民進黨或國民黨的政權輪替而來回搖擺？還是讓兩大黨在政治和政策上逐漸趨同，無論哪個黨贏得總統大位都能形成更大的共識，獲得更持久的安全？

# 第十三章
# 台灣的民主制度

台灣有個獨特之處是把民主制度也納入國安機制的一環。每四年一次的投票選舉，加上定期的民調結果，都讓北京在面對台灣時需要努力克制和調適策略，也讓美國有理由支持台灣。因此，蔡英文二〇二〇年贏得連任，可以看做是台灣大眾在回擊先前四年裡，來自中華人民共和國的種種文攻武嚇；同時也可以認為是台灣人不苟同國民黨迎合中國的傾向，而偏好蔡英文採取的政策路線：政治與經濟分離、避免和中國的挑釁針鋒相對，並在某種程度上仰賴美國來平衡北京影響力。胡佛研究所的祁凱立（Kharis Templeman）認為：「最後……台灣的民主制度還是撐住了。台灣政府展現出其潛在的優勢，比如監理機構應有的權力俱在手中、檢察機關獨立且積極，但最重要的還是選舉管理制度非常傑出。」[1]

對台灣來說，民主可以用來引導兩岸的關係。但北京似乎把民主解讀成台灣政府操縱輿論的手段，把選舉定調成對一國兩制的公投。李登輝在二〇二〇年九月逝世時，中國《環球時報》上的一篇社論就聲稱，李所策劃的民主化過程「大大增加了中國崛起的阻力……李登輝把台灣推向了一條絕路，以畸形的民主幫著『台獨』飲鴆止渴。」2

## 台灣與其民主制度的挑戰

本書目前已經有了幾個結果。首先，台灣面臨著一場中長期的存亡挑戰。中華人民共和國想要改變台灣的存在現況，讓它成為像港澳一樣的特別行政區。就算屆時還能享有香港曾經的一國兩制，島上的政治仍會處處受限，中華民國亦將不復存在。

其次，民調顯示，對於社會文化和政治事務兩方面的某些議題，比如國家認同、國家定位、國家未來等等，台灣人民的態度都還算一致。就算扣掉民調用詞不精確的部分，受訪者也傾向認為自己算是某種台灣跟中國的混血；雖然中意民主，但也不避諱其缺陷；而且眾人也都偏好維持現狀，不太想走向未知的統一或是獨立。

然而第三個結果就是，台灣人對某些公共政策議題仍有分歧。政府單位、政治人物、公民社會和大眾，看待預算分配、能源、經濟和轉型正義等議題的觀點都有所摩擦。如果議題和中華人民共和國直接相關，除了有關政治認同和「統一、獨立與維持現狀」的基本題，分歧就更嚴重了。但這也很好理解，因為這些政策議題相當複雜，北京的威脅又事關存亡，要決定如何處理，自然不是件容易的事。

第四，從一九七九年起，中華人民共和國的領導人就一直要台灣相信，一國兩制才是最有利於台灣未來的方案。但中國的百般呼告都徒勞無功。短期來說，只有極少數人會支持統一。對北京來說，更糟的是，從一九九五年到二〇〇八年這段時間，台灣領導人似乎正在將台灣帶向法理獨立。於是在一九九〇年代末，解放軍就開始加強軍事實力，以阻止這種事情發生。

第五，二〇〇八年後，台灣獨立的可能性從客觀看來就下降了——反正大概沒有以前高。馬英九和蔡英文兩人都選擇對北京讓步，盡可能安撫對方的恐懼，只是兩人做法有所不同；馬的身段比較柔軟，而蔡對北京比較警戒。北京接受了馬的做法，卻把蔡的當選解讀——或是誤讀——成分離主義的新起點，選擇不相信蔡英文維持現狀的承諾。

第六，客觀來看，北京想說服台灣的努力一直沒什麼成果。比起一九九〇年代初，台灣大眾並沒有更願意接受一國兩制。同時，中華人民共和國的領導人也沒有改以武力達成目標；因為這麼做其實非常冒險，除了無法排除美國介入的可能性，北京也沒有自信可以旗開得勝。

第七，在蔡英文的第一任期內，中華人民共和國對台灣採取了各種威脅、施壓、孤立、吸納，和干預內政的手段。對一面拒絕走向統一、一面又聲稱擔心蔡英文有意獨立的台灣人來說，這種非武力脅迫正中要害。比起接受台灣民意就是反對獨立，這麼做風險更低，也更容易達成目的。因為非武力脅迫瞄準了台灣的軟肋，也就是百姓擔憂本島和守軍成為軍事攻擊目標的心態。如果台灣人民不相信自己能抵擋來自對岸的挑戰，北京就獲勝了。如果台灣領導人和公民在應對方針上產生分裂，北京也獲勝了。

蔡英文在二〇二〇年一月連任，或許也意味著中國領導人會繼續使用非武力脅迫手段。但是就算二〇二〇年由國民黨的韓國瑜勝選，並像馬英九一樣接受九二共識，兩岸關係大概也沒辦法回歸馬英九早期的模式太久了。早在馬的第一任期內，北京就開始施壓要求政治對話。北京的想法顯然是，既然中國的物質權力比台灣強，而且只會愈來愈強，那麼面對中國的權力，台灣遲早都要投降。雖然還沒有得逞，但北京相信自己已經頗有能力實現理想了。

協調政策孰先孰後的爭議，之所以成為台灣的挑戰，一方面是因為政策議題非常複雜，另一方面則是因為其中的兩難如果真有辦法解決，就必須以島上的民主制度解決。威權時代只有極少數官員可以做出關鍵決策：國安議題由軍官和外交官負責，經濟議題取決於技術官僚。但民主的意義就是將更多主張和利益關係納入決策圈，這必定會讓分歧變得更難解決。

單是提起這些問題，都像是在詆毀台灣民主的美名。畢竟它是一九八〇年代和一九九〇年代「第三波」民主化的模範生。社會和經濟現代化、反對派勢力成長，加上國民黨領導人蔣經國在一九八五年所做的決定，讓當權者和反對派之間得以和平談判，逐步走向自由的全民共治。[3]自一九九六年民主轉型完成以來已經過了二十多年，台灣仍受到外界的高度讚揚。

美國政府官員也經常稱許台灣的政治進步。根據美國國務院的年度《各國人權報告》，台灣的公民權、政治權和法治都維持得很好，自由之家的年度自由度排名也同意這點。台灣的選舉不但公平自由，競爭也很激烈，[4]目前已經換過三任總統，顯示民主已經鞏固。政黨制度已經確立而且穩定，兩大黨的領導者和核心支持者都同意投票是選出台灣領導人的正當手段。[5]有份研究以國家能力和民主程度為全球的民主政府評分，台灣的兩項表現都獲得高分，在排行榜上和歐洲民主國家、日本及南韓並駕齊驅。[6]

此外，台灣目前為止也逃過了「全球民主衰退」帶來的大劫。這場衰退發生於二〇一〇年代初，包括了政變、選舉健全性下降、法治和民主自由衰弱、貪腐濫權導致治理品質下降、威權復辟等等。[7]而且從國際透明組織（Transparency International）的調查看來，台灣對抗民主大敵——貪腐——的成果還有所進步。二〇〇七年，也就是陳水扁政府的最後一整年，台灣的清廉印象指數（Corruption Perceptions Index）只有五十七分，全球排名第三十四名。十二年後，台灣進步到了六十五分，全球排名第二十八名。[8]

儘管台灣的民主制度備受讚譽，但也別忘記它面對的挑戰和危險。加拿大的政治制度如果運作不良，對國家安全的影響可能也不大，因為不管講得再誇張，它要面對的外在威脅也就是那樣而已。然而，以色列如果發生國家失能，就會損害該國在強敵環伺之下求存的能力。[9]前美國國安顧問萊斯（Susan Rice）在二〇二〇年九月寫道：

> 我一直認為國內分歧是我們國家安全最大的罩門。政治兩極化讓其他威脅加重數倍，也癱瘓了我們對抗威脅的能力。有些政治人物藉著政治兩極化獲利，他們刻意激化分裂，令我們難以有效面對致命挑戰……美國人之間的嫌隙，也讓俄羅斯更容易設計我們懼怕彼此，以社群媒體散布假訊息和不信任，侵蝕我們對民主的信心。[10]

勝負的後果愈嚴重，政治制度所面臨的挑戰也愈大。而中國的野心對台灣來說，就是一場後果足以永遠決定島嶼未來的挑戰。那麼，台灣的民主制度在面對這場挑戰時，究竟表現如何？它會緩和還是加劇政策困境？面對未來的挑戰，它能促進共識，還是強化分歧、造成僵局？

## 台灣民主制度概觀

台灣的民主制度承襲了四份不同的政治遺產：孫中山的政治理念、一九四六年的《中華民國憲法》、列寧式威權政府和隨後民主轉型的特徵，以及講究名正言順的儒家思想。也就是說，一九八〇年代末和一九九〇年代初的政治領袖，並非靠著憑空想像在推動民主轉型。

## ——孫中山

孫中山創建了國民黨，在一九二五年逝世前一直領導著國民黨，身後也被稱做中華民國國父。在為中國構思新政府時，孫中山借用了許多美國的制度。他模仿一七八九年《美國憲法》的三權分立，設計了行政院、立法院、司法院，但又加上負責選拔公務員的考試院，和檢查舞弊的監察院。後兩院是仿造中國帝制下的科舉制度和御史台。孫中山也受西歐和美國實行直接民主的方式啟發，提出了選舉、罷免、創制、複決等機制。孫中山的接班人蔣介石在一九二八年完成北伐、順利統治中華民國後，就實行了孫中山的「五院制」，並增加了總統做為國家元首。

## ——一九四六年的《中華民國憲法》

但一九二八年取得政權後，由於軍閥割據和對日抗戰，國民政府一直到一九四六年才將這些體制寫入憲法。[11]這段過渡時期曾有一些嘗試，但都沒有開花結果。要為政府的最高領導人設計合宜的權能無疑十分困難，尤其是蔣介石身為最高軍事領袖，不但和其結果利害相關，而且無論官方職銜為何，往往主宰著整個制度。一九四六年制定的憲法納入了孫中山的五權分立，授權民選的國民大會負責選出總統和修憲，另外還確定了選舉、罷免、創制、複決等公民和政治權利。[12]由於國共內戰的關係，這些憲法上的公民和政治權利都在一九四八年五月被《動員戡亂條款》給凍結，直到一九九一年才在台灣恢復。國民黨退台後，國民大會和立法院大部分的席次都停止改選，理由是中華民國是全中國的政府，只是未能控制大多數選區所在的中國大陸。一直到一九九二年，台灣才舉行第一次立法委員普選，首次總統普選則要等到一九九六年。而有關行使創制權和罷免權的法律，一直到二〇〇三年才終於生效。

目前除了立法院長由立法委員投票產生，其餘四院院長都是由總統提名。立法院也負責同意總統對行政、司法、監察和考試等院的人事提名。大法官同樣由總統提名，立法院同意。立法院是唯一的立法機關，其中七十三席是由各地選區普選產生；另外三十四席由每個政黨提出候選人名單，根據另一張選票上的政黨得票率分配席次。還有六席保留給原住民族群。

國民黨領導人在一九四〇年代末凍結的，只有憲法上關於選舉、公民和政治權利的條文，而沒有廢除整部憲法，這點在四十多年後造成了重大的影響。當國民黨高層決定展開轉型時，就已經存在民主的雛型了。有些條文，比如關於公民和政治權利的部分，只需廢除一九四八年凍結憲法的《動員戡亂條款》，就能開始詳細定義這些權利。有些條文則必須因應時代背景修正，比如一九九〇年代和二〇〇〇年代通過的修憲案，就將選舉限定在所謂的

「自由地區」，也就是台灣本島和離島上。如果一九九〇年代初，國民大會必須起草新憲法，就很可能激起有關國家和民族內涵的進一步討論。民進黨當然樂見這樣的討論，但原本已經夠複雜的民主轉型，大概又會變得更加複雜。

## ——國民黨的威權統治與後來的民主轉型

台灣從威權走向民主的過程中最特別的一點，就是當初的威權統治者國民黨不但參與其中，還成了政治進化的受益人，在解嚴後繼續執政十三年，然後又於二〇〇八年贏得總統大選，再次執政八年；而且直到二〇一六年，才終於失去立法院多數。這種轉型方式和其他威權體制大不相同，大部分國家都是先推翻統治政權、解散過去的威權政黨，然後再從零開始打造新制度。國民黨能僥倖維持這麼久的權力，背後有幾個重要因素，諸如經濟發展的良好成績、社會基層的深厚組織，當然還有龐大的資源。[13]但是威權統治的歷史也造成了兩個長期影響。

首先，部分台灣人依舊無法忘記國民黨在威權時期造成的苦難。由於國民黨仍然存在，轉型正義也在二〇一六年大選過後成為重大議題。

其次，國民黨當初在意識型態上雖然反共，組織架構上卻是列寧式政黨，這點也影響了民主化以後的政治。國民黨組織的觸手在威權時代就以列寧主義的方式深植於行政機關、軍方和其他政治與社會機構中——比如大學校園裡可以看到軍官出沒。這套制度也讓公務員、軍方人員、教師等職業更容易為了展現忠誠，還有出於職涯考量，而加入國民黨。結果就是行政部門下的各種機構，包括軍隊和情報單位在內，都缺乏政治中立的傳統。

當民進黨在二〇〇〇年勝選時，陳水扁總統提名的部會首長都很擔心公務體系會不會遵循自己的政策方向。另一方面，國家機構的員工也都質疑新的政務長官夠不夠格、對中華民國忠不忠誠。當然，在每個民主制度裡，考選出身、負責從技術上解決問題的技術官僚，和出於政治因素任命的部會首長之間，關係難免都有點緊張。但台灣的歷史又更加劇了雙方的不信任。一旦民進黨打算回頭檢視國民黨的壓迫，國民黨不管有沒有根據，都會覺得民進黨是打算要搞獨立。

## ——正名

最後一點是深綠台灣民族主義者常常強調的，官方文件和組織名稱都應當盡可能使用「台灣」，「中國石油」改名「台灣中油」就是一例。這麼做是希望自己的家園能不要再跟中國、特別是跟中華民國連在一起。而會有這種需求，也是因為國民黨在威權時期為了主張中華民國才是正統中國政府，而無處不稱「中國」。隨著國家從威權走向民主，名字在民進黨人看來，也成了一個政治議題。

比方說，台灣很多國營事業，因為早期的國民黨統治，名字裡頭都有「中國」，於是民進黨的陳水扁政府就十分積極幫這些企業改名。二〇二〇年又有一些民進黨立委打算重拾這項做法，提議將一九二八年成立於南京的全國最高研究機構「中央研究院」的英文名稱，從「Academia Sinica」（字面意思為中華研究院）改為「Academia Taiwan」或「Taiwanica」（字面意思為台灣研究院）。[14] 之後不久也有一些民進黨立委提案，在台灣的國家航空公司（flag carrier）中華航空飛機上，以及護照上的「台灣」字樣都要加大；其中修改護照一舉在陳水扁政府時期也有類似的行動。立法院最後通過的方案則是鼓勵行政院採取這些做法，但並未刻意要求。不過政府還是在二〇二〇年九月宣布將會按計畫修改護照樣式。[15]

民族主義者支持這些措施的理由，包括：厭惡台灣政府以中華民國做為正式名稱，暗示著這片島嶼屬於中國；對中華民國政權在威權時期製造許多苦難的記憶；對國民黨高層不顧人民利益、協助北京推進統一目標的擔憂。使用「台灣」一詞，最起碼可以清楚宣告台灣認同，和中國做出區隔。基於這個精神，民進黨內的台派在二〇〇三年創立了台灣聯合國協進會（Taiwan United Nations Alliance），推動台灣加入聯合國會員。該組織最根本的目標，是建立名實合一的「台灣國」。[16] 不過諷刺的是，名實相符其實是儒家最重視的原則之一，而儒家思想剛好就是最道地的中華思想。17

## 體制動態

我們可以從不同的角度切入，把台灣的制度圖像化。比方說從憲政觀點切入，就會著重於各大部門，特別是行政和立法之間的關係。從政治視角來看，就會聚焦於各個陣營和黨派在上述部門中、尤其是在選舉期間的碰撞。而從功能的角度來看，我們可以把台灣的制度畫成一個又一個的同心圓。最中心的圓代表了政府高層，包括總統以及由其任命、負責領導行政機關的部會首長。他們的權威主要是來自贏得大選。第二圈則包含國防和國安機關在內的各種機關，每個機關都各有自己的政策和任務、負責執行任務的技術官僚，以及負責依照既定程序推進任務的核心專家。第三圈則是問責制度，工作是監督政府高層和技術官僚。其中最關鍵的就是立法院，不過法院、監察院和大眾媒體也都能發揮問責效果。投票則是最後一層的裁決程序。

同心圓之間可能會以各種方式角力。比如說在陳水扁時期，立法院是由國民黨掌控，加上技術官僚系統也傾向國民黨，政府高層就不得不退居守勢。馬英九上任以後推出了和中國大陸交往的政策，以團結官僚和國民黨主導的立法院。到了蔡英文任內，技術官僚在面對政府高層和民進黨掌控的立法院時，就顯得無力反抗。

政治制度會如何處理特定議題，取決於議題的性質、為議題交鋒的各個勢力，以及周圍的政治環境。前幾章討論的那些議題都說明了，每個議題下各有各的政治角力，其中又以下列五個為甚：預算分配、經濟政策、能源政策、轉型正義、對中關係。

在預算分配方面，總統府某種程度上可以根據政府高層的目標調整優先順序，但真正主導預算分配的，還是行政院主計總處和財政部。預估稅收、各類社會福利（entitlement program）所需的資金、過去分配預算大餅的方式，都會決定每一年的預算要如何編製。立法院只能刪減具體的額度，這多少讓民選立委無法為了呼應大眾和政黨的偏好而擅改預算。畢竟要是亂改退休金之類的政策，可是會爆發大型示威的。

在制定經濟政策時有許多孰先孰後的問題，比如成長與平等、大企業和小廠商的需求、老人與年輕人的需要，都會讓抉擇變得困難，有的限制更是幾乎無法改變。政府高層是否願意在政治上配合北京，不只有可能影響到台灣的經濟成長，也會影響達成雙邊貿易協定、參加《區域全面經濟夥伴協定》等多邊協定的能力。這些政策都由總統和經濟部主導，而立法委員會想方設法為自己的選區從中謀取利益。經濟是選民最關心的因素，如果政府沒能達成他們心裡對經濟的期待，就會在選舉中落馬。

在過去，台灣的能源政策是由政府高層提出構想，並由行政院各部會實施。從一九八〇年代起，這種由技術官僚主宰的做法就飽受民進黨和公民社會抨擊，其中最大的爭執點就是核能的安全。資訊科技產業原本也支持核能，因為這比較容易滿足穩定供電的需求。隨著政權在國民黨和民進黨之間轉移，相關政策也有所變動；台灣目前的能源政策是追求徹底廢除核能，不過再生能源是否能填補這塊空缺，看起來暫時還未明朗，只是政治人物也沒有膽量干犯眾怒調漲電價。

民進黨在二〇一六年的選戰中提出了轉型正義計畫。蔡英文將此設定為重要議題，而在民進黨上台後，她顯然也配合立法院民進黨團的強烈期待，將轉型正義列為優先。這時民進黨已經掌握了國會多數，能指派計畫負責人和設計相關規範。行政院對此幾乎無法置喙，因為它過去從未負責此等議題。國民黨在這場困戰裡唯一能指望的「盟友」，只剩法院還能幫忙擋下黨產會和促轉會的部分提案。

而關於對中政策，各政黨和政黨領袖間最主要的爭論點，在於要對北京妥協到什麼程度。工商業界希望相關政策能促進海峽兩岸的貿易投資，其他群體則擔憂經濟上的依賴，會一路導向政治上的屈從。大眾傾向支持不會引起北京敵意的克制政策。軍方對於防禦策略，以及哪些先進裝備可以形成足夠嚇阻力，都莫衷一是。而且要增強嚇阻力，又會牽涉到格局更大的預算政治——稅收過低和支出分配都是阻礙。

二〇二〇年初，台灣的政治制度又遇到了二〇一九冠狀病毒的考驗，不過台灣的表現好得出乎意料。直到二〇二〇年中，台灣的申報病例只有四百七十三人，死亡人數僅有七人；[18]成功的邊境管制、篩檢、接觸者追蹤和隔離措施，把病例數量壓得極低。這份成果要歸功於台灣政治制度在回應挑戰時的一些特徵。蔡政府的領導團隊相當團結、認真而且透明。大眾也本來就習慣在天氣冷時戴上口罩，碰到疫情根本無需政府苦口相勸。立法院成員大概也了解其危險性，沒有把這件事政治化。換句話說，台灣在這個議題上無論領導者還是追隨者都很優秀。但最重要的因素，或許是台灣的公共醫療機關應對傳染病的措施已經大有進步。他們在二〇〇三年初ＳＡＲＳ爆發時的表現並不理想，但隨後就找出不足之處，修正了標準作業流程，並做好高度準備。簡單來說，台灣是靠著政府高層、技術官僚、政治人物和大眾的合作，才有今天堪稱模範的防疫成果。

## 公民對台灣民主的態度

台灣民眾對現行政治制度的看法憂喜參半、十分複雜。在這領域最細緻的資訊來源「亞洲民主動態調查」總共對台灣做過四次調查：民進黨首次贏得總統選舉一年後的二〇〇一年夏天、二〇〇六年冬天、國民黨重新執政兩年後的二〇一〇年冬天，以及二〇一四年夏天。[19]表17是對民主整體觀感的調查結果，並附上二〇一五年對南韓的調查以為對照。

二〇一〇年和二〇一四年的調查顯示，整體來看，台灣公民強烈同意民主不管有什麼問題，都是最好的政府形式（分別拿到九〇%和八八%）。大家也排斥諸如強人統治、軍政府、一黨專政和專家統治等民主以外的方案。這些方案最明顯的共通點，就是很類似一九八〇年代以前的台灣，還有現今中華人民共和國的威權體制。

最近一波對台灣的調查發現，有六四%的人滿意現在的民主運作方式，超過四分之三的人覺得民主適合台灣。不過也有一些地方差強人意：

- 只有六〇%的人說台灣的政治制度完全民主，或是僅有一些小問題。
- 只有四七%的人回答民主一定比較好。
- 只有一九%的人表示民主比經濟發展重要。
- 只有二一%的人認為政治自由比減少經濟不平等重要。

二〇一四年底，台灣受訪者對某些關於國內民主制度的答案，也不如其他國家在同時期的答案那麼肯定。舉例來說，只有六一%的台灣人同意民主可以解決社會上的問題，而這麼認為的日本人有七七%，南韓人有七六%，印尼人有八七%，馬來西亞人有八二%，菲律賓人有六五%。

表17　台灣與韓國對民主的觀感，2001～2015年不同年度調查（%）

| | 台灣<br>夏季<br>2001 | 台灣<br>冬季<br>2006 | 台灣<br>冬季<br>2010 | 台灣<br>夏／秋<br>2014 | 南韓<br>秋季<br>2015 |
|---|---|---|---|---|---|
| **對民主的整體觀感** | | | | | |
| 民主儘管有問題，但仍是最好的政府形式 | | | 90 | 88 | 89 |
| 我們應該拋棄國會和選舉，由更強硬的領袖來決定一切 | 22 | 18 | 17 | 16 | 20 |
| 只有一個政黨有資格參選和擔任官員 | 18 | 12 | 10 | 8 | 15 |
| 國家應該由軍隊來統治 | 8 | 7 | 5 | 4 | 9 |
| 我們應該拋棄選舉和國會，由專家為人民做出決定 | 17 | | 14 | 12 | 21 |
| **對台灣民主制度的觀感** | | | | | |
| 對民主運作方式的滿意程度 | 53 | 59 | 70 | 64 | 63 |
| 民主可以解決社會上的問題 | 58 | 62 | 65 | 61 | 76 |
| 民主適合我們國家 | 59 | 68 | 74 | 78 | 84 |
| 我們國家有多民主？（完全民主或是只有一些小問題） | | 53 | 63 | 60 | 68 |
| 民主比經濟發展重要 | 11 | 16 | 16 | 19 | 23 |
| 維護政治自由比降低經濟不平等重要 | | | 17 | 21 | 16 |
| 民主一定比較好 | 45 | 50 | 52 | 47 | 63 |

資料來源：Yun-han Chu, and others, "Re-assessing the Popular Foundation of Asian Democracies: Findings from Four Waves of the Asian Barometer Survey," Working Paper Series 120 (Asian Barometer, 2016).

二〇一二年的「世界價值觀調查」要求受訪者回答，哪些元素對民主最重要。最低為零分；滿分是十分，代表絕對不可或缺。普遍認為最重要的元素是「人民在自由的選舉中選出領導人」、「人民有公民權利可以抵抗政府的壓迫」，以及「男女平等」，這些元素平均都有八分。次之則是「讓財富和收入更平等的政策」和「協助失業者」，平均分別為六・四四和七・三三分。[20]

台灣學者朱雲漢與黃旻華分析了二〇〇七年「亞洲民主動態調查」的數據，想衡量受訪者對民主的整體支持度，以及他們對民主價值的信仰。這些受訪者可以分成四組：高度支持民主和自由價值的「堅定民主人士」、兩者都不支持的「非民主人士」、口頭支持民主但反對許多自由價值的「表面民主人士」，以及相信自由民主原則，但對於民主在特定歷史脈絡下是否可取、適合、有效或優越比較保留的「批判民主人士」。結果顯示，台灣受訪的公民有一半屬於批判民主人士，四分之一屬於堅定民主人士。也就是說，四分之三的受訪者相信自由民主價值，但其中有三分之二對於民主價值的實踐抱持懷疑。（另外有六分之一的人屬於非民主人士，八％是表面民主人士。）[21]

「世界價值觀調查」詢問的則是台灣人對國內機構的信心。該研究在二〇一二年發現，受訪者對於有關民主的機構都不是很有信心，但對於其他機構卻有「高度」或「很大」的信心。

- 銀行，七六・一％
- 環保團體，七三・六％
- 中央政府，四四・八％
- 公務體系，五九・四％
- 宗教團體，六六・七％
- 警察，六二・一％
- 軍隊，五二・九％
- 法院，四七・五％
- 媒體，二八・四％
- 立法院，二七・六％
- 政黨，二二・四％[22]

人民對媒體、立法院和政黨缺乏信心，並不令人意外，這些機構本來就沒什麼好名聲。但人們對環保團體的信心遠勝過警察和軍隊、對宗教團體的信心高於法院、對公務體系的信心大於立法院或政黨，就很令人玩味了。另一個有趣的地方是，至少在二〇一二年，二十九歲以下的受訪者比年紀更大的族群更信任政治機構。不過值得關注的是，像立法院和政黨這些負責幫台灣解決問題的機構，還是不容易招人信任。

台灣立委不太受尊敬的原因之一，是他們素來有貪汙的惡名，這點似乎也當之無愧。前面說到，台灣在國際透明組織的清廉印象指數上，從二〇〇七年起就不斷進步。二〇一九年，台灣在全世界排名第二十八名。在整個東亞，除去澳洲和紐西蘭，台灣的排名就僅次於新加坡、香港和日本。滿分是一百分，台灣得到了六十五分。新加坡有八十五分，香港有七十六分，日本則有七十三分。[23]和新加坡、香港之間的差距顯示台灣的確還有進步空間。

當然，清廉印象指數調查的不只是大眾對國會議員的印象，但許多事件都證明這個不是小問題。舉例來說，台北地檢署在二〇二〇年九月，就以涉入商業糾紛為由，依《貪汙治罪條例》起訴了三名現任和一名前任立法委員。*其中兩人是國民黨員，另外兩人分屬民進黨和時代力量。[24]這種行為的嚴重性在於，如果政府官員利用職務之便來充實個人財產，就可能會疏忽該處理的議題，影響到台灣的未來。而且這種行為也會損害整個制度的誠信。台灣當然不是唯一受到貪汙所累的民主國家，美國同樣絕非政治誠信方面的模範生。然而處境獨特的台灣，真有本錢承受政治人物忽視大局，把時間花在尋租（rent-seeking）**上面嗎？

「世界價值觀調查」也指出，台灣人對不同類型的政治參與也有不同看法。台灣人確實很重視選舉投票：五九．六％的受訪者說自己一定會參與地方選舉，固定參與全國選舉的更有七〇・六%。說自己完全不參與地方和全國選舉的，分別只有一〇・三%和五・二%。另外也有八一・八%的人認為，選民在幾乎每一場，或至少大部分的選舉中，都有真正的選擇，更有多達八五・九%的人相信，如果想要讓全家人擁有更美好的生活，選舉就相當、甚至絕對重要；換句話說，台灣人會把政治和經濟願景連結在一起。然而，這些受訪者中也有七一%對政治興趣缺缺，簽過連署書或參加過和平抗爭的，大概只有四分之一。[25]

值得注意的是，只有六一%的台灣人同意民主有辦法解決社會問題，四七%的人認為民主永遠是比較好的制度。[26]張佑宗和朱雲漢兩位參與「亞洲民主動態調查」的政治學家警告：「大眾對於總統、中央政府、立法院……和政黨等民主制度的關鍵機構，正快速失去信賴，這點很令人擔憂……每次權力交接後都會發生的劇烈鐘擺效應，已經重創了民主政權的正當性基礎。」[27]前幾章對於政治無能解決各種政策議題的分析，也指出這個調查結果其實有跡可循。另外，如果更深入探究的話，就會發現台灣當前的民主有些特徵足以影響大眾的信心。

＊　譯注：涉入並遭起訴的立委一共五人，民進黨一位、國民黨兩位、無黨籍一位、時代力量一位。可參見：https://www.rti.org.tw/news/view/id/2080014。

＊＊　譯注：意指壟斷資源後不事生產獲得利益的行為。比如政府將重要資源的經營權兜售給特定企業。

部分是來自整個系統的設計方式。部分則是因為公民想要規避代議制度與其程序。

## 導致國家績效差強人意的制度

自從民主轉型以來，台灣的政治就一直是受制度所左右。選舉決定了政黨間的實力高低，而行政權和立法權的互動則是決定政策時最重要的因素。正是這些制度的設計，造成了某些台灣的政治問題，比如兩極分化、多數主義、第三勢力難以成形，還有反對到底（veto player）就天下無敵。

### ——兩極分化

在《分裂的民主：挑戰全球的政治兩極化》（*Democracies Divided: The Global Challenge of Political Polarization*，暫譯）一書中，卡洛瑟（Thomas Carothers）和歐唐納修（Andrew O'Donohue）對許多民主國家的零和政治提出了系統化的比較分析。當然，由於民主制度中的各個政黨要努力和對手做出區隔，難免會產生某種程度的兩極分化（polarization）。競爭並非壞事，尤其是可以提升政治制度績效的競爭。但《分裂的民主》一書作者所在意的，是他們所謂的「負面分化」（severe polarization），也就是彼此的分歧不再交錯，只有漸行漸遠。各政黨內部成員對所有重大議題都有高度共識，而政黨之間的差異則超越了「議題上的原則差異，變成一種（分裂的）社會認同」。[28]

台灣算不算負面分化的民主國家？如果你有在追台灣政治，大概會覺得那算是一種體育競技，而且有時候根本就是。政治人物總是以君子之心看待自己人，揣度對手動機時又盡往最壞的地方想。在很多政策上，個人真正的立場往往會被黨派關係左右。政治論述的重點幾乎都是在爭論身分認同和政治忠誠。藍綠雙方很難達成妥協。只要一有衝突，大眾傳媒便見獵心喜，加劇了政治圈的分化。結果就是你死我活的零和競爭。中國因素的確讓這問題又更加複雜，但這並非分裂的唯一緣由。

## ——多數主義

說到兩極分化，就不能不提到台灣政治制度從二〇〇八年以來就有顯著的多數主義傾向。票多者勝的總統選舉制度，意味著當選者更容易贏得絕對多數。二〇〇五年立委選舉制度改革後，單一選區制取代複數選區制也產生類似的影響。從二〇〇八年以來，總統府和立法院的都是同時由相同政黨執掌。即便內亂頻仍，二〇〇八年至二〇一六年間的國民黨依然大權在握。二〇一六年民進黨從國民黨手中贏下了總統府和立法院，之後將會一路掌權到二〇二四年。

多數決制度有一些內建的優勢。由於勝者全拿，這種制度的政黨數量通常比較少，最起碼大黨會比較少。政黨較少意味著選民要挑選的政策路線也較少。對於像台灣這樣生存面臨挑戰的國家，少幾個互相競爭的路線可能會比較好。方向太多只會造成僵局和混淆。立法機關裡的政黨數量少，也代表可以少花一點時間組成執政聯盟。此外，比起複數選區制，單一選區制中的立法委員也比較容易回應選民需求和接受選民問責。如果採用複數選區，同一個選區會有好幾名立法委員，這時每個委員關心選民需求的誘因，就比不上整個選區都由同一個人代表時來得大。

但是多數決系統也有缺點。首先是國會選舉對勝選政黨格外有利。在二〇一六年，民進黨的區域立委只贏得了四四・六％的選票，卻擁有六八・五％的席次。台灣立法委員選舉的多數決制度讓政治趨於零和競爭，勝者全拿的總統大選在同一天舉行，又加劇了這種狀況。[29]為了緩解多數主義，台灣的立委選舉還有三十四席是以比例代表制，也就是以俗稱的不分區政黨票來選出。不過比例失真的問題依然存在。比如二〇一六年，民進黨得到了四四・一％的政黨票，卻獲得了五二・九％的不分區席次。[30]

在問責方面，行政權和司法權充斥多數主義時最糟糕的問題，也就是當下的執政黨會有機會和動機，在執政期間盡全力推進議程，期待自家的政策可以在下次權力轉移後盡可能延續。在台灣，這段期間至少會持續四年，總統如果連任就會長達八年。

當權力以多數決的方式配置，特別是加上行政院和立法院多數黨團密切合作，可能會讓少數黨充滿挫折。因為他們很難，甚至根本影響不了行政政策；萬一多數黨鐵了心要闖關通過法案，也沒有選票能改變或是阻擋。街頭抗議或是來自部分媒體的支持，多少可以彌補權力的失衡，卻無法振奮反對黨的士氣。

這等於是刺激反對黨不斷搗亂。比方說在二〇二〇年六月，立法院本來預定要審核蔡英文總統提名的監察院長和監察委員。蔡提名曾在一九七〇年代因反對國民黨政權而入獄的陳菊出任監察院長。近年來她當選了兩任高雄市長，後來又出任蔡的總統府祕書長。國民黨團認為這次人事案是挑戰民進黨的大好機會，於是提出陳菊任內的高雄市府有許多人被控失職，監察院正是她最不適合領導的機構。為了表示抗議，一些國民黨立委在六月二十八日星期日下午占領了議場。他們以鐵鍊鎖上議場大門，堆起椅子充做第二道防線。隔日近午，民進黨立委切斷鐵鍊進入議場，結果發生了一場混戰，並在一個多小時後奪回主席台。[31]經過一番攻防，民進黨終於靠人數取勝，通過這次人事提名。[32]

當然，民進黨也不是從來沒採用過這些做法。過去他們長期處於劣勢時，就曾多次使用這種手段。二〇一四年太陽花運動，公民團體在占領立法院的過程中，也得到民進黨團不少幫助。不管這些衝突是不是因為發起人對政治感到挫折，也不管發起人是怎麼吸引媒體報導他們的目標，正常立法程序的規範都沒有得到尊重。而立法權所象徵的代議政治，也將漸漸不為人所尊重。

## ——過止兩極分化和多數主義

最能證明台灣飽受負面分化和多數主義戕害的，就是藍綠內部明顯不如表面上那麼團結。前面提過這兩邊的內部都可以依據理想和務實的程度，再區分成不同的次級陣營。整個政治光譜從最支持統一的深藍、比較務實的淺藍和淺綠，再到主張獨立的深綠。每個陣營內對於某些議題也存在許多鬥爭。

不過在兩大黨內部，鬥爭的方式各有差異。國民黨內的淺藍派系以本省人為主，他們往往試圖阻止深藍的黨中央採取過度親中的政策。而在綠營，也是淺綠政治人物比較容易當選總統，原因之一是他們通常可以吸引中間選民贏得選戰。因此，他們會遭受來自深綠要求加快獨立腳步的壓力，以及其他主流大眾期望之外的目標。不過執政黨也會擔心，一旦太過偏離主流大眾的期待，就會被選票制裁——這層擔憂也是最後的制衡因素。二〇〇八年和二〇一六年的大選都反映了，在選民看來，陳水扁和馬英九的路線雖然方向相反，卻同樣過頭。

只是，就算有這道制衡因素，執政黨也會有四至八年的時間可以留下好政績，不過他們也可能在被選民趕下台以前，就造成許多傷害。

第一個黨內權力鬥爭的例子，是馬英九在第二任內，為了剷除立法院長王金平所做的指控。這起政爭表面上是因為關說和洩密，*實際上卻是因為淺藍陣營的王金平頻頻利用職務優勢，打擊馬英九的立法計畫。王金平也做出回擊，並擊退了馬英九。

接著在二〇一五年，國民黨在總統大選期間更是選得處處艱辛。主流看好的候選人似乎都認為蔡英文勝選已成定局，一個個都放棄努力。眼見無人願意承擔，深藍陣營裡籍籍無名的洪秀柱只得毛遂自薦，最後不戰而勝，贏得提名。然而她的政見卻親中到就算在國民黨員聽來也都覺得愈聽愈有問題。於是以南部本省人為主、奉王金平為首的淺藍陣營，決定動員起來反對洪秀柱。終於在二〇一五年十月，也就是總統大選的三個月前，國民黨決定撤換洪秀柱，換成新北市長朱立倫。整個提名過程在國民黨內引起的爭議，也是蔡英文能大勝朱立

＊　譯注：二〇一三年九月六日，最高法院檢察總長黃世銘指特別偵查組在監聽民進黨黨鞭柯建銘時，發現王金平打給柯的電話有關說嫌疑。馬英九以黨主席身分譴責王金平，國民黨考紀會也決議撤銷王金平黨籍。王隨即向法院提起「確認國民黨員資格存在」的民事訴訟，最終獲得勝訴。在調查過程中，特偵組曾監聽立法院總機，黃亦違法將偵查機密向馬英九報告。

倫的原因之一。

另一場政黨內鬥發生於民進黨在二〇一八年地方選舉的慘敗之後。黨內深綠派系責怪蔡英文，認為她採取的政策過於溫和，特別是對待有關獨立的議題不夠積極，面對北京的對台政策也應該要做得更多。美國在川普政府治理下對台灣展現出空前的支持，更是加深了這種看法。有些深綠派系甚至施壓蔡英文，要她放棄連任；於是他們鼓動當時蔡的行政院長賴清德出來挑戰總統提名。最令蔡英文支持者瞠目結舌的，是賴清德背後深綠大老們不擇手段的惡毒宣傳，「尤其是他們竟對『黨內同志』使出這種手段。」最後的結果是蔡英文贏得提名，賴清德則成為副總統候選人。[33]

民進黨內對中華人民共和國在看法上的差距，也反映在其他問題上。黨內領袖如果想要掌握和保有權力，就不能讓人覺得自己不在乎經濟。因為中國大陸對於台灣的繁榮影響重大，而經濟是選民最優先的考量，所以民進黨必須想辦法區別意識型態和促進商業。民進黨的縣市首長必須了解到，自己的行政績效有部分是取決於能否讓轄區和中國之間維持正面的經濟來往。一九九〇年代與民進黨結盟的公民團體也是類似的情況，這些團體在二十一世紀之初紛紛拋棄民進黨，因為它們看到陳水扁政府選擇犧牲人民的利益，向大企業低頭。

簡單來說，國民黨想要贏得全國大選，就要能夠團結黨內的本省人與外省人、北部與南部、黨中央與地方黨部。而民進黨如果要贏，就要平息淺綠和深綠之間的爭執，才能收穫更多選票。

有這些分歧存在，總統府和立法院被同一個黨掌控所造成的影響，也能得到限制。馬政府無法強硬推行自己的政治議程，一部分就是因為沒能讓立法院的國民黨團同心協力支持這些目標。立法院長王金平體現了立法權的獨立性，不過他只是做得最明顯的一個。[34]民進黨二〇一六年勝選時，也打算通過《兩岸協議監督條例》，讓立法院更有權力監督兩岸的經濟協議，這份條例的草案正是兩年前太陽花運動後，經王金平斡旋後所提出來的。不過整個立法過程毫無進展，原因之一正是綠營的分裂。[35]

這些插曲顯示，立法院的性質和規範中還是有些方法可以限制多數黨的優勢。國立政治大學的政治學者黃士豪和盛杏湲曾記錄過「不同規模的政黨，以及無黨籍立法委員」如何運用各式各樣的手段「在立法過程中發揮影響力」。因此，立法院裡的提案很多，完成的卻相對很少。「各黨影響立法的能力其實相對平衡，行政權與多數黨能在立法院掌握的優勢其實很小。」[36]

除了兩大陣營內部不如表面看來團結，也有證據顯示，大眾其實不像政客那麼分化。比較嚴謹的國族認同調查都指出，人們不認為自己是徹底的中國人或台灣人，比較像是兩者的混血。「世界價值觀調查」發現，受訪者對於收入不平等、企業應該由私人還是政府經營、人民福祉是政府還是自己的責任，大致來說都抱持中立的態度。[37]

此外，關於政黨忠誠度，「台灣國家安全調查」也發現有一大部分的民眾並沒有強烈認同民進黨、國民黨、綠營或是藍營（見表18Ａ）。該調查的提問是，受訪者「強烈支持」、「大致支持」，還是「比較傾向」各個主要政黨。如果只看支持某個政黨的受訪者，分布確實很兩極，有七三％到八三％的人強烈支持或大致支持自己的政黨。大約有五〇％的受訪者大致認為自己「中立」或是沒有回答，不然就是也認同另外一個黨（大部分年紀很小）。要是把後面這一半的人也算進去，大量的中立或獨立選民就會讓整個分布集中許多。不過分布圖只能用來輔助說明，我們不可能知道，回答「中立」的人裡面，有多少真的不會考慮政黨因素。政治大學的游清鑫對這點提出了更精確的看法，他根據二〇一二年以來的大選，推算真正的獨立選民至少占二五％。

最近一次大選似乎證實了，台灣死忠藍營、死忠綠營和真正的獨立選民，確實是按這個結構分布的。游清鑫所估計的政治認同分布，再加上政治情境的變遷，就是影響總統大選結果的主要因素了。像是二〇〇八年，經過陳水扁八年執政以後，馬英九就以五八％得票率當選總統。二〇一六年的大選沒有人尋求連任，國民黨的票基又嚴重縮水，難以對蔡英文造成威脅，因此她贏得了五六％的選票。接著在二〇一八年地方選舉，扣除獨立參選人和小黨，國民黨候選人贏得了五五％選票，民進黨候選人拿到了四五％。[38]不過，十四個月後，蔡英文又獲得連任，而且得票率還超過二〇一六年。這個模式顯示，雖然有些選民無論情境如何都

表18A　藍綠支持者和中立選民的政黨忠誠度（2017年）

| | 支持度 | 總數（%） |
|---|---|---|
| **藍營** | | |
| | 堅定[a] | 16.7 |
| | 微弱 | 6.2 |
| | 總數 | 22.9 |
| **綠營** | | |
| | 堅定[a] | 19.6 |
| | 微弱 | 3.7 |
| | 總數 | 23.3 |
| **中立**[b] | | 50.5 |

表18B　藍綠支持者和中立選民的政黨忠誠度（2017年）

| 支持度 | 藍營（%） | 綠營（%） | 總數（%） |
|---|---|---|---|
| 堅定[a] | 33.7 | 39.6 | 73.3 |
| 微弱 | 12.5 | 7.5 | 20.0 |

資料來源：Taiwan National Security Survey, Program in Asian Security Studies, Duke University (https://sites.duke.edu/pass/taiwan- national- security- survey/).

a.「高度」或「大致」支持該陣營。

b.中立或支持另一黨。

會投給自己的政黨，但仍有很大一部分會根據執政黨的政績來投票。就如游清鑫所說：「當選舉勢均力敵時，最後的結果往往取決於獨立選民。當社會較為兩極分化時，他們也是重要的平衡力量。對於像台灣這樣政黨體系尚未穩定的初生民主國家來說，他們的意義格外重大。」[39]

## ——第三勢力

從大黨分支出來的小黨（splinter party）就像楔子一樣，往往要找到大黨的空隙才有辦法施力。因此對於議題立場上最接近的陣營，它們往往會削弱內部連繫與團結，在某種程度上導致整個政治體系更形破碎。第三勢力的存在也會凸顯藍綠各自陣營並不如表面團結，以及兩極分化不如乍看之下嚴重。

小黨的出現有很多原因。其中一種是大黨的意識型態分裂。舉例來說，深藍保守派就在一九九三年脫離國民黨成立新黨，因為他們不喜歡李登輝更加強調台灣認同的路線。政治經歷也是一個因素。二〇一四年太陽花運動後，就有一批年輕人成立時代力量，希望將這場運動的成功化做政治資本。這些政治領袖認為，主流政黨不重視工薪階級利益的空缺，正好可以由時代力量補上。而在某些情況裡，新政黨只是被主要兩黨邊緣化的政治人物用來繼續留在政壇上的手段。像是二〇〇〇年卸任後，李登輝就成立了深綠的台灣團結聯盟。同年，宋楚瑜也創立了深藍的親民黨。

因此，無論是國民黨還是民進黨，都無法指望內部的政治領袖和派系會絕對忠誠，他們隨時都可以選擇自立自強。二〇二〇年大選時，又有一個叫做台灣民眾黨的小黨誕生。該黨除了是無黨籍台北市長柯文哲的組織工具，也反映了日漸昌盛的民粹情緒。

第三勢力通常在甫剛成立、自命為兩大黨以外的好出路時最受人支持。但從一九九〇年代中期以來，有不少第三勢力崛起，卻沒有哪個能成為一方之霸，這是因為小黨的成長天生就相當受限。它們通常缺乏當選總統或地區立委所需的組織能力。所幸除了地區立委，選民還有一張投給不分區立委名單的政黨票，可以讓小黨有機會發揮影響力。如果小黨能獲得超過五％的政黨票，就能按得票比例分配席次。比如說，一直到二〇二〇年，親民黨都能靠深藍選民的支持衝過門檻，贏得幾個立院席次，黨主席宋楚瑜也一直藉由參選總統拉高支持率。小黨的立法委員也會為了選票，跟兩大黨進行談判和交易。

在二〇二〇年的不分區立委選舉中，大黨和小黨間的相對力量出現了變化。民進黨只得到三四％政黨票，比蔡英文的得票率低了二三％。國民黨拿了三三％，剩下三分之一則由其他政黨分食。親民黨和台灣團結聯盟都沒有超過五％門檻，因此沒有分到席次。時代力量的席次從五席減少至三席，但柯文哲的台灣民眾黨得到了一一％選票，獲得五個席次。這個結果最有可能的解釋，大概是有很大一部分選民（可能是年輕選民）希望蔡英文連任，或阻止韓國瑜當選，但不滿意民進黨的政績。把票投給民眾黨正是為了傳達這個訊息。

當兩大黨都無法在立法院握有絕對多數，就是小黨最能發揮的時機。這種時候，多數黨必須和小黨妥協，拿議題做交易以掌握國會中的多數票。正如《台北時報》的一篇社論所說，小黨團結在一起，才能形成真正的第三勢力，讓立法院的文化更為正面。「兩黨互相阻撓，甚至在議場和各委員會裡上演丟臉的全武行，讓整個國家的政治難以發揮作用；非把每個議題都往對立方向帶的部落主義作風，又讓政治變得更為滯礙。有小黨的票可以左右政府提案的成敗，或許能促進更為理性的辯論。」40

## ——反對到底的政治

除了投票，反對派想阻礙執政多數的施政計畫，還可以利用各種不同的制度漏洞。最惡名昭彰的一種就是操控立法院的程序，以拖延、解散或是妨礙立法提案。這些手法在馬英九時期最常出現，當時國民黨據有立院大多數的席次，照理說可以恣意通過任何想要的法案。但是在最終投票以前，法案需要先進入黨團協商會議討論。在黨團協商時，凡是超過三席的政黨，都會推出兩名代表，這時最大黨到底占了多大比例就一點也不重要。諷刺的是，黨團協商還是由立法院長王金平主持，他不但是國民黨副主席，也是黨內本省人的領袖。他利用這些角色抬高自己相對於馬英九和行政部門的權力，同時民進黨也從中得利。[41]二〇一六年民進黨控制立法院後，就將這些協商對外公開，以減少對手利用黨團協商抗衡多數決的機會。

能夠挫敗多數派提案的方法還有很多。反對黨，甚至多數黨內的派系，都可以在定期質詢或委員會質詢時公開批評行政院官員。立法委員可以威脅要刪減特定計畫的預算。公民團體也可以發起示威遊行或其他行動，讓政府採取守勢。大型抗爭也有一樣的效果，還能藉由大眾媒體宣傳訴求。

由此我們可以看出反對勢力的強大。每一年的預算大餅，切法大致上都差不了多少，這暗示著各路機構、立法委員和利益團體的聯盟，都有能力保住屬於自己的那一塊，阻止其他人分走更多。任何政府想要改革政策都會受到限制，因為企業和大眾最討厭的就是加稅和漲電費。國民黨也是利用法院來阻礙部分轉型正義的進程。

而且要制衡政府的行動，甚至還可以超前布署。最好的例子就是二〇一九年五月，立法院通過的《台灣地區與大陸地區人民關係條例》增訂條文。增訂條文建立了一套程序，用以審核每一份和中華人民共和國之間的協議草案是否「具憲政或重大政治衝擊影響」。會通過這項條文，是因為民進黨擔心會在二〇二〇選後失去執政地位，而接下來的國民黨政府會跟北京討論和平協議。[42]該條文要求任何協議都需要經過以下步驟才能簽訂：

- 首先要評估該提案是否「具憲政或重大政治衝擊影響」；這段話本身沒有明確定義，也沒有程序來判斷協議是否符合。
- 接著，行政院至少須在協商開始的九十天前，向立法院提交「締結計畫」和「政治衝擊影響評估報告」。
- 然後該計畫必須在四分之三立法委員出席的會議中，獲得四分之三出席委員同意。
- 一旦開始和北京對話，負責機關應「適時」向立法院報告。如果行政院判定協商無法依計畫進行，可以中止協商。如果立法院達成相同結論，可以經多數決中止協商。
- 如果協商草案完成，應於十五天內由總統簽署。
- 協議要生效，須在四分之三立法委員出席的會議中，獲得四分之三出席委員同意，再經由公投獲得半數選民同意。[43]

實務上來說，這一系列程序造成的結果，就是任何協議只要無法獲得所有主要政黨支持，就無法生效——因為如果主要政黨都支持，就意味著立法院和大眾都比較有可能同意。

（這條法案並非王金平為了請太陽花運動領袖結束占領立法院所承諾的立法。那條關於經濟協議的立法目前仍混沌未明。）

在美國，如果有人鐵了心反對到底，同樣可以發揮超常的力量。史丹佛學者福山就批評過，這種「否決政治」（vetocracy）很有可能讓發展中的政治制度走向衰亡：「政權如果要擁有正當性且運作順暢，政府的權力和限制政府的制度之間就需要取得平衡。如果沒有足夠的力量制衡政府，或是每個社會群體都濫用權力反對到底，整個國家就會失衡，阻礙任何集體行動的可能。」[44]在福山看來，台灣政治制度的失衡很有可能就屬於第二種失衡。

## 規避制度

台灣在一九九〇年代初建立起民主制度時，是假設政治會依循制度、特別是政黨制度和立法院來運作，選民也會以投票來幫政績打分數。但我們沒有理由相信這些制度能永遠受到尊重，特別是如果政府績效還差強人意的時候。這時就會產生新的政治模式，如果要讓既有制度繼續發揮功能，就不得不順應新的模式。[45]舉例來說，資訊科技的變化就改變了人們參與政治時偏愛的方式。黃旻華發現，台灣的投票和示威等公民行動之間存在某種交換條件：

社會傳播的變遷……明顯影響著政治參與：既有的參政管道已經無法滿足人們，所以人們開始使用更直接的手段來表達政治觀點和影響政治……網路的興起加速了資訊流通，打破了溝通的時空限制。這些因素加在一起，讓集體行動變得更容易。相較於傳統的選舉，人們參與政治事務的手段變得更加積極、迅速。這個趨勢在年輕世代裡特別明顯。[46]

二〇〇八年以後，有三種規避制度的方式變得更為普遍：抗爭文化（激進的行使政治權力）、大肆運用公投權力來決定政治議題，以及選民對民粹、非傳統政客的偏愛。

## ——抗爭文化興起

台灣在威權時期的最後幾年，除了定期投入選舉爭取開放政治的黨外運動，社會上的抗爭運動同樣風起雲湧，補充了前者不足之處。其中最重要的一起運動，發生在一九八六年的鹿港。當地人擔心杜邦公司在彰濱工業區設立二氧化鈦工廠所造成的汙染將會傷害漁業、寺廟和旅遊業，於是發起抗爭。抗爭持續到一九八七年初，最後迫使杜邦公司將設廠計畫從鹿港北遷至桃園。[47]從此以後，各式各樣的社運團體就相繼誕生。民進黨的其中一個派系，正好也在一九八六年創立，他們主張，和社會運動合作，是最快獲得政治權力的途徑。

不過從民主轉型完成，到二〇〇〇年代末這段時間，政治往往是政黨之間，特別是民進黨和國民黨的事情，政黨以外的力量甚少參與。民選總統和立法委員所組成的代議民主才是主流，而非倡議、公投和罷免等直接民主。政策辯論發生在立法院內，以及立法和行政部門（的技術官僚）之間。公民社會雖然存在，並且對立法和行政兩端都略有監督之能，但還是相當孱弱。雖然二〇〇〇年民進黨政府上台時，公民團體曾寄望能發揮更多政治影響力，但他們很快就發現陳水扁政府並不在乎公民團體的議程，反而愈發配合企業的利益。[48]陳水扁把公投用在政治層面，但公民團體抗爭的議題多半著重於政策，而非政府權威。

以政黨為中心的政治，在馬英九二〇〇八年上台以後有了改變。二〇〇六年，台灣的大小抗爭曾多達八百場，二〇〇八年和二〇〇九年就掉到只剩四百多場。接著又開始攀升，二〇一二年和二〇一三年分別有五百場至六百場。在後面這兩年，有三十多場抗爭的參與人數超過一千人。自二〇一〇年起，總共有大約上百場和警方發生衝突的「激烈抗爭事件」。[49]

新生社運團體關懷的議題非常多樣，包括食物安全、環境保護、歷史保存等等。這些團體的領袖往往不是專業政治人物，而是受理想推動、被社群媒體所號召的年輕人。[50]「快閃」成為最主要的政治行動，取代了傳統公民團體那些呆板、被台灣政治習以為常的記者會和示威遊行。而這種新型態政治能夠興起，最大的功臣就是過度積極放大運動訊息的台灣媒體，以及便於動員支持者的社群媒體。比如說在二〇一三年，就冒出了一個叫做「公民一九八五」的團體，號召大眾在八月四日星期六晚上，帶著蠟燭到總統府前追思死因可疑的洪仲丘下士。就連該團體都沒料到會有超過二十萬人到場響應，導致國防部長迅速下台，為這場命案負責。[51]

漸漸的，社會上湧現出一群投身體制外政治行動的社運領袖、組織和網絡。每一場行動都會留下一些教訓，傳承給下一場行動，這些經驗不斷累積淬鍊，最後誕生了太陽花運動。[52]不過，就算我們認為代議民主無法有效處理政治議題，直接民主也不會更有效。大型抗爭很適合阻擋人們反對的東西，卻很難推動人們想要的目標（就算有計畫也是一樣）。政黨、立法院、行政部門、大眾傳媒和二十一世紀的社會運動之間的互動，已經複雜到不管達成什麼結果，都難以得到廣泛的政治支持。

## ——太陽花運動

公民團體能夠重獲生機，有部分原因是馬英九政府保守的意識型態傾向，還有力圖正常化兩岸經濟關係、開放中華人民共和國貿易投資，以強化相互依賴的政策使然。[53]在二〇一三年六月的《海峽兩岸服務貿易協議》之前，馬政府已經簽署了超過二十份兩岸協議。而《服貿協議》之所以引發反對聲浪，是因為以下幾個原因。

最重要的原因是，該協議裡提到的許多經濟部門，在面對中國競爭時會變得非常不利。比如說印刷業者就表示，如果中國的審查制度會限制哪些題材可以進入大陸市場，就不該讓中國資金進入台灣印刷業。馬政府沒有事先解釋協議內容，又加深了這種恐懼。

此外，民進黨和公民團體也認為，馬政府和北京的經濟交流只能讓少數富人和大企業獲利，代價卻要由其他的人民承擔。反對者害怕這樣會掏空台灣的經濟；即便馬政府已經拒絕過北京開啟政治對話的嘗試，很多人仍認為如果在經濟上進一步依賴中國，將會對政治方面的談判很不利。二〇一五年底的一次調查也發現，有六二％的受訪者認為台灣的經濟已經過度依賴中國大陸。[54] 於是一些既有的非政府組織集合起來，組成了反黑箱服貿民主陣線。其中一個關鍵團體，就是由學生組成的黑色島國青年陣線。

馬政府的錯誤，是想在程序上逃避審查該協議的詳細內容。他們宣稱該協議是行政命令，只須提交立法院「存查」，藉此拒絕更全面的審查。有些國民黨立委也從制度面反對以這種方式通過協議。當時正與馬英九激烈相鬥的立法院長王金平就認為，協議應當逐條審查，並在兩黨黨團間斡旋確立了共識。[55]

從二〇一三年七月開始，《服貿協議》一共召開過二十場針對不同開放項目的公聽會，其中十二場由國民黨立委主持，八場由民進黨立委主持。到了公聽會結束、協議準備交付二讀的二〇一四年三月中旬，國民黨和民進黨的歧見終於到了攤牌時刻。但諷刺的是，民進黨民調中心的調查卻發現，大眾其實比較偏好國民黨的兩岸政策。舉例來說，在「哪個政黨的經濟政策比較接近你的立場？」這題，有四四．七％受訪者選擇國民黨，只有二五．五％選擇民進黨。[56]

不過這份民調結果絲毫不影響負責審查《服貿協議》的兩黨立委繼續爭執。國民黨團突然在三月十日宣布，依照立法院運作相關規定，該協議早就超過了審查期限。民進黨團則以該規定不適用於本案為由反對；這個理由或許也沒錯，而且獲得了一些國民黨員支持。[57]民進黨呼籲應該以開放市場能否互惠、競爭是否公平，還有全民生計、國家安全為原則來審查，不過這些原則都不利於通過《服貿協議》。[58]

此外，三月十日那天，對於該由哪個政黨主持逐條審查的全體會議，也有一番激烈爭執。[59]根據立法院規定，委員會主席應由最大多數黨（當時是國民黨）和最大少數黨（當時為民進黨）輪流擔任。負責該協議的內政委員會，在一系列公聽會結束後，正好是由民進黨立委擔任主席。國民黨團認為，負責審查協議的全體會議，不適合由反對黨來設定議程，因此刻意拖延程序，直到黨內立委張慶忠站上主席台。

民進黨被這個招數給惹火了，於是以馬政府和中國的「黑箱談判」為由，發起程序杯葛。[60]三月十一日晚上，民進黨占領會議室，讓國民黨立委張慶忠無法站上主席台。[61]

根據《台北時報》報導，三月十二日由民進黨立委主持的會議充滿了混亂、衝突，以及泛綠與泛藍陣營間的對峙，此時張慶忠也搶走簽到表，讓民進黨委員無法登記發言。[62] 同日，民進黨又呼籲重新談判協議。[63]

三月十七日的會議同樣是一片混亂，數名民進黨立委架住了試圖召集會議的張慶忠。爭執持續了三個小時後，張慶忠一把抓起旁邊的麥克風，引用一條不知是否適用的立法院議事規範，宣布二讀通過，協議將交付院會等待最終討論。[64] 三名民進黨立委決定在隔日絕食抗議。

這裡最主要的問題是，對於立法程序要如何應用於此情況，沒有清楚的共識。再加上一直以來的慣例，都是由國民黨和民進黨共享召集會議的權力，這也削弱了多數黨對議程的控制。對於爭議不大的議題，這還不會有什麼問題；然而一旦事關重大，問題就嚴重了。國民黨在二〇一六年成為立院少數黨後，也是以同樣的策略來妨礙議事。[65]

黑島青原本並不高調，因此被張慶忠快速闖關一舉攻得措手不及。但他們很快反應過來：三月十八日稍晚，黑島青動員的人力即占領立院議場，直到四月十日才撤出。黑島青發起行動最主要的理由，是讓陽光照進馬政府處理《服貿協議》的黑箱，把整個過程變得透明。這場運動因此被命名為「太陽花運動」。王金平院長有權下令警方清場，卻選擇不動用權力，這或許是因為前面提到過，他和馬英九在個人和政治層面上都有糾紛。

眼見學生已經發起行動，民進黨就順勢調整了立場，放棄在院會辯論上討論，決意反對整個《服貿協議》。為了讓太陽花運動的參與者能持續占領議場，民進黨立委便輪班守住立法院的各個入口。黨工也確保參與者能獲得需要的物資。

三月二十三日星期日的晚上，黑島青決定升級行動，在行政院前廣場靜坐抗議。一些示威者隨後闖入行政院大樓。警方不久便進入清場，場面隨即變得暴力。直到四月十日，王金平未經詢問馬英九和行政院便承諾：在立法院通過《兩岸協議監督條例》以前，將不會對《服貿協議》採取任何行動，以此換取占領者撤出立法院。如前所述，該條例到了二〇二〇年底仍未通過。

同樣拖了六年的，還有關於政府和抗議行動，以及誰該為哪些行動負責的法院判決。二〇二〇年四月，七名率領群眾闖入行政院的太陽花運動人士，被台灣高等法院宣判二至四個月的有期徒刑。但在前一級審判中，他們原本是被宣判無罪。同年九月，被民眾控告在行政院事件中過當使用武力的馬英九、時任行政院長江宜樺，以及另外兩名高階警官，則在台北地方法院獲判無罪。[66]

太陽花運動引來了許多分析和評論，[67]畢竟這是近十年來最重要的一場大型社會運動，也是過去公民團體對政府一系列抗爭的高潮。最重要的是，它還成功擋下了協議。評論家回顧這場運動時多半抱以同情的態度，認為這是在反擊馬政府的施政不透明、社會被中華人民共和國滲透的威脅漸增、民進黨等反對黨無能監督國民黨政策，還有警方屢次使用暴力讓人回想起威權時期的過往。

但這些評論僅是責備民進黨沒有能力和意願推動公民團體的目標，以及監督馬政府的政策，卻完全無人提及這樣的直接民主會如何影響台灣現有的間接民主與法治。無論反對《服貿協議》的人喜不喜歡，台灣選民對於馬英九職掌總統府、國民黨成為立院多數黨都投下了兩次信任票。政府的確沒有好好解釋這份協議對台灣的經濟有何好處，以及為何不會讓台灣陷入危險。但代議制度的規範就是，如果少數派無法藉由合憲的監督手段改變多數派政策，就只有贏得選舉才是取得權力的正道與王道，儘管這在短期內或許很難有效。無論民選代表的表現再怎麼糟糕，由相對少數的公民來取代他們的工作，都等於是在踐踏民選代表的終極權威。[68]發起這種行動只會開啟先例，讓公共辯論中的另一方也跟著這麼做。此外，這群相對少數的公民不管有多麼相信自己的大義，占領公共設施，特別是代議制度運作的設施，嚴格來說是在褻瀆法律。

撇開立下不良先例的事情，像太陽花運動這樣的社會組織，不可諱言是反映了「人民對主流政黨政治的幻滅」，以及立法院程序和規範的退化。公民團體要求立法機關和主要政黨善盡職責，可以讓民主更為堅韌。[69]但不管目標再有價值，使用可議的手段都會損害民主，想要強化民主就必須讓有效的手段獲得合法地位。

無論大眾對政治人物再怎麼不滿，他們都是民選代表（民調顯示，只有二七．六％

的受訪者對立法院抱持「高度」或「相當程度」信心）。代表各地選區的立法委員只占了五六％，剩下的大部分都反映了民眾的政黨傾向。那麼我們不禁要問，這些占領立法院議場的人，究竟是代表了誰呢？最有可能的是，他們真心相信自己的行動可以代表全民，對抗馬政府和立法院的國民黨團。但這麼宣稱的根據何在？馬總統和所有立法委員既然當選，就是贏得了民主制度中的正當性。太陽花運動的參與者可沒辦法這樣宣稱，他們頂多只能妄稱自己有權發起這種極端的政治行動。運動退場後，有些參與者選擇從街頭投身選戰。年輕人動員起來參與二〇一四年的地方選舉，向民進黨投注支持。不久後，一些太陽花的領導者組成了時代力量，在二〇一六年贏得了五個立法院席次，但到了二〇二〇年又僅剩三席。二〇一九年，其中一名領導人林飛帆坦承，太陽花運動沒能和他們所要代表的大眾建立連結。「我們沒有和草根群眾建立對話，所以大眾依然保守、排斥改革。」70

## ——複決權

孫中山在構思中華民國政治制度時，主張中央政府應掌握行政、立法、司法、考試、監察五權。不過他也提倡要降低選舉、罷免、創制、複決四種直接民主機制的門檻。他稍微研究過這些機制在瑞士和美國某些州的運作，相信有了這些機制，即使政府及立法機關是由專家組成、以效率為優先考量，也能受到人民監督與制衡。因此一九四七年頒布《中華民國憲法》時，會有第十七條的「人民有選舉、罷免、創制及複決之權」，又在第一百三十六條說「創制複決兩權之行使，以法律定之」，也就不足為奇了。[71]只不過，在後來四十年的國民黨威權統治下，這些條文一直未能正式啟用。

台灣在一九九〇年代初期的民主轉型裡，著重的是建立間接民主所需的代議制度，還有選舉規則。其他三種直接民主的機制一時還未能立法實現。在這三種權利中，複決權，也就是公投，又是最關鍵的一種；但如果沒有一心提倡獨立的蔡同榮，公投立法也不會發生。所以他又有「蔡公投」這個外號。這讓我不由得想回憶一下他推動《公投法》的奮鬥。

蔡同榮在一九三五年生於東石郡布袋庄，也就是今天的嘉義縣布袋鎮。嘉義是二二八事件後，國民政府軍隊鎮壓最慘烈的地方之一。當時的蔡同榮正就讀小學五年級，他的老師曾反抗國民政府軍隊，接著就失蹤了。就像許多台灣人一樣，國民黨鎮壓帶給蔡同榮的不只是內心的痛苦，更改變了他的一生。一九六〇年，他前往美國攻讀研究所，並在幾年後加入反國民黨的政治活動。但真正的轉捩點是一九八二年，他和一些流亡台灣人組成了台灣人公共事務會，以改變台灣的政治制度為目標，在美國支持重視海外民主的國會議員，讓這些議員直接或是敦促美國的行政部門對國民黨政權施壓。其中一個是來自布魯克林的民主黨議員索拉茲，他在一九八一年一月成為了眾議院亞太事務小組（House Subcommitee on Asian and

Pacific Affairs）的主席。索拉茲不打算推動蔡同榮理想中的法理獨立，但他非常樂意看到台灣民主化與積極保障人權。我曾在一九八三年到一九九三年間擔任索拉茲的小組成員，正好是蔡同榮想結交的人脈。

一九八八年四月，蔡同榮建議索拉茲提請國會決議，呼籲以公投決定台灣是否應成為中華人民共和國的一部分。這份對公投的執著，是因為蔡一直希望台灣人民可以決定自己的命運。不過兩岸的社會和經濟交流日漸頻繁，才是他最迫切擔憂的事。我相信推動公投對於台灣是弊大於利，但索拉茲還是按照建議，在一九九〇年春天提出了一項附帶操作性條款（operative clause）的決議：「美國國會認為，在決定台灣未來命運時，應該考量島上人民以公投等有效民主機制所表達的意志和期望。」[72]好在，除了這項決議，就沒有更進一步的行動，台灣也沒有真正受到傷害。

但蔡同榮的公投大夢依舊未醒。一九九〇年六月，國民黨政府基於人道因素，允許長年名列海外異議人士黑名單的蔡同榮返台奔喪。他一到台灣就決定設籍，加入民進黨，積極參與政治。從一九九一年《民進黨黨綱》裡的這句話，就可以看出蔡同榮的影響力：「基於國民主權原理，建立主權獨立自主的台灣共和國及制定新憲法的主張，應交由台灣全體住民以公民投票方式選擇決定。」[73]

將複決權制度化的另一個理由，是許多民進黨人相信現有的制度對他們處處都是滯礙。

在一九九〇年代，行政、立法、司法三權都掌握在國民黨手裡。會形成這種狀況是因為國民黨占了許多便宜，比如有巨額黨產可以資助選舉活動，還有遍布各地的樁腳。掌握了選舉，自然就掌握了政府的政策。像蔡同榮這樣的台灣民族主義者相信，大眾對國民黨的反彈其實更勝表面上的選舉結果，所以只要能舉行公投，就能以民主政治中的正當手段，制衡國民黨的權力和政策。[74]更重要的是，他和深綠黨員都認為，公投可以阻止國民黨政府採取任何朝統一邁進的舉動。但公投能做的絕不只是打擊國民黨的支配地位。

首先，我們常說的公投，只是「公民投票」的簡稱。但它要實踐的，其實是《中華民國憲法》裡的複決權，這項權利的意涵其實是以全民直接投票來重新審議立法院提出或通過的措施。此外，《憲法》第十二條增修條文也規定，修憲案經立法院同意後，還要經中華民國「自由地區」（也就是台灣和離島）的選舉人投票複決。[75]但這些最積極提倡複決權的人卻認為，這項權利應該用在其他目的，而不是審核法案，或立法院通過的《憲法》修正草案，比如界定台灣與中國在法律上的關係。[76]

另外要注意的是，台灣的「公民投票」可以指複決投票（referendum），也可以指全民表決（plebiscite），但這兩個詞在英文裡其實有一些差異。複決投票的用途是審核法案。而全民表決雖然意思差不多，但主要是用於重大政策，特別是影響深遠的政治決策上；也就是說，它指的是整個政治群體的成員一起決定自己的未來。包括蔡同榮在內，複決權的積極提倡者談的都是後面這種目的。

隨著二〇〇四年大選將至，陳水扁重新提起了公投這個議題。他的目的主要是動員民進黨的深綠基本盤，因為這些人對於他任期頭兩年裡相對溫和的政策路線並不滿意。但在北京聽來，利用公投擺脫國民黨在立法院施加的牽制，根本就是朝獨立邁進的哨聲。二〇〇三年五月，陳水扁呼籲將核能議題、立法院規模和台灣加入世界衛生組織等議題付諸公投。最後一點觸動了北京的神經，因為這個議題的措辭很可能會觸及台灣的法律地位。同年九月，陳水扁又呼籲制定新憲法，讓台灣成為一個正常國家（也就是獨立國家），並舉行全民公投批准新憲法。

二〇〇三年秋天，蔡同榮和另一名民進黨立委在立法院提出一份《公投法》草案。該草案除了授權公投能變更國界、國旗和正式國號，對於公投要有多少人投票才有效的規定也十分寬鬆。國民黨和分支出來的親民黨可以靠選票扼殺該法案，但他們擔心這樣做會在隔年三月的總統大選中遭到選民制裁。所以雙方達成妥協，提高了投票率門檻並將國號等議題排除在外。[77]接著，陳水扁利用法案中授權「防禦性公投」的條款，提出了有關國家安全的公投題目。然而這種擬定題目的方式，自然會讓大眾覺得他提出公投是為了赤裸裸的政治盤算。結果這次公投連投票率都未達門檻，也就沒有生效。[78]二〇〇八年大選時，陳又嘗試提出公投案，想要拉抬民進黨總統候選人的聲勢。這次的題目更具爭議，是提議政府以「台灣」而非

「中華民國」的名義加入聯合國。這不但算是變更國號，更是在無端挑釁北京。最後這次公投也因為投票率過低而遭否決。

二〇一六年民進黨重新執政後，又再次面對黨內要求讓公投更容易改變政府政策的壓力，於是立法院在二〇一七年十二月通過了修正案。這次修法後，公投提案的連署門檻從前次總統選舉人總數的千分之五，調降到萬分之一。第二階段成案的門檻，也從選舉人的五％減少到一·五％（大約二十八萬人連署）。而公投通過的門檻，則從先前要有五〇％總選舉人投票，調降到二五％，並採相對多數決。（主權和憲法方面的敏感議題，比如兩岸議題和國土變更，依然不允許公投。）此外，公投的投票年齡也從二十歲下修至十八歲。[79]

結果，這款深綠夢寐以求的武器，卻被國民黨和其盟友利用來對付他們。由於公投題目的審查規定寬鬆，這次總共有十個公投案。其中三個是關於民進黨的能源政策，特別是核能政策。還有五個是關於同性婚姻，其中三個背後有資金充足、組織嚴密的保守選民撐腰，另外兩個支持婚姻平權的題目則是在最後一刻才達成連署門檻。還有一個關於食物安全的題目要求禁止進口二〇一一年日本三月核災相關地區生產的食物；這些食物只是來自核災相關的地區，沒有任何科學證據支持它們有受到汙染。最後，深綠政治人物也提議要求台灣的奧運代表隊以「台灣」名義出賽，放棄一九八四年以來，由國際奧林匹克委員會（International Olympic Committee）批准、得到中華人民共和國同意的「中華台北」之名。

除了最後一題，所有公投的結果都重創了蔡英文政府的施政計畫，因為當時民意對其表現普遍持負面看法。三項能源公投全數過關，其中最嚴重的就是廢止二〇二五年停用核能的計畫，因為這是蔡政府最優先的目標。三項反對同性婚姻的保守提案也全都通過，支持同性婚姻的另外兩項遭到否決。[80]禁止日本受核災影響的食物進口，也阻礙了蔡政府增進台日關係的目標。奧運代表隊改名的提案遭到否決，這個結果倒是不用想也知道，因為國際奧委會早就講明，如果不以「中華台北」為名就不能出賽；然而深綠支持者卻對蔡英文和民進黨中央一直對這項公投不置可否而大為光火。

民進黨也覺得這次公投是自找罪受。發言人周江杰表示，這些行動「違反了公投的精神，讓原本為了促進公共對話的制度，淪為撕裂社會的道具」。[81]於是在二〇一九年夏天，民進黨主導的立法院又再次修改《公投法》，希望使公投更難用於政治操作。全國公投不再和大選一同舉行，而是改為每兩年在八月底舉行一次。中央選舉委員會查對連署人身分的時間從三十天延長到六十天。最後，公投內容的公告時間，也從投票前二十八天提早到投票前九十天，好讓大眾有更多時間討論。[82]

這些行動扭曲了所有原本為了反映民意而設計的政治程序。單一選區的立委選舉反而有利於贏得多數選票的政黨。公投圖利積極的少數派，而非消極沉默的大多數。住在台灣的美籍政治學者鮑彤認為，二〇一八年十一月的能源政策公投犯了三個重大錯誤。第一點是這些公投沒有逼選民考慮利益交換。第二點是這些公投要求選民為需要長期研究才能解決的議題，選出一個短期方案。第三點是這些公投需要擁有大量資訊才能判斷，而實際上能取得的資訊少很多。最後他說：「公投非常不適合用來做公共選擇（public choice）。」[83]在另外一篇名為〈公投是否能反映民意〉（"Do Referendums Reflect Public Opinion?"）的長文中，他評論道：「再怎麼說……多數人對於具體的政策問題，都沒有足夠的知識和心力來做出好決定。跳過民選政治人物，把問題直接交給人民決定，聽起來或許很高尚、很民主，但直接民主實際運作起來就是災難。」[84]

## ——民粹主義

在西方民主學者看來，當前肆虐全球的民主失靈，最主要的原因之一就是民粹主義。國家民主基金會（National Endowment for Democracy）的普拉特南（Marc F. Plattner）就是抱持這種看法的學者之一，他對民粹主義的定義是：政治人物傾向於自命為大眾意志的代表，不重視「自由主義所講究的程序細節和保障人權」。[85]普林斯頓大學的穆勒（Jan-Werner Mueller）認為，民粹主義除了反對菁英政治，也反對民主賴以存續的多元社會，民粹主義者最渴望的就是把自己的敵人從政治生活（political life）中驅逐出去。他寫道：「民粹領袖並不反對代議政治的原則：他們只是堅持，只有自己才具有代表人民的正當性。」[86]荷蘭政治學者穆德（Cas Mudde）則說，民粹主義是「一種意識型態，主張社會追根究柢可以分成『老實百姓』和『腐敗菁英』這兩種同質且互相敵對的群體，而且政治應當徹底呈現人民的公共意志（volonté générale）」。[87]

台灣的知名社會學者蕭新煌也有類似的看法。[88]他主張民粹主義包括能動員群眾的感召式領導風格，還有以修辭或話術來訴諸「人民」——特別是「庶民」——做為「政治」的絕對原則，反菁英的情結甚濃。他也提到，民粹領袖的追隨者常被「容易聽得懂的空洞誘人口號」吸引或是動員。[89]鮑彤也同意這些觀點：「民粹主義將政治競爭定性為**道德**問題，而民粹領袖是為了品性純良、同心同德的**真實**人民而戰……至於誰才是真實人民，往往由民粹領袖的一己心意決定。」[90]

自從民主化以來，台灣政壇上就不乏民粹脈絡。李登輝和陳水扁兩人在選舉宣傳裡，都曾操弄台灣認同（也就是，決定誰才是「人民」）。許多政客也熱心策劃公投，認為只有「人民」不必透過總統或地區立委，就能直接表達自己偏好什麼政策，才可以精準呈現民意。太陽花運動的領導者也自認有資格代言大眾在《服貿協議》中的利弊得失。

不過，在太陽花運動過後，台式民粹主義才真正湧現。首先是台大醫院的外科醫生柯文哲參選台北市長。他主打「有話直說、不假修飾」的風格，和多數政治人物洗練的做法有所區隔。不過他並非煽動家。在二〇一四年和二〇一八年角逐台北市長期間，柯文哲都選擇利用社群和電視媒體，以淺白的口號取悅年輕選民和中產階級專業人士。[91]他並未明確主張自己能代表人民對抗菁英。但他的聲量已經夠他晉身台灣三大民粹政客，並足以挑戰各大主流政黨，以及總統蔡英文本人。

第二位民粹領袖是韓國瑜。他曾幾度代表國民黨參選，後來在二〇一八年被徵召為高雄市長候選人，但沒有人指望他能拿下這塊民進黨的根據地。然而他靠著獨樹一格的口號，為複雜的問題提出單純的解決方案，以及操弄「庶民」的挫敗感，最終贏得了市長之位。他靠著激進的粉絲軍團相助，席捲了社群媒體，並獲得在地政治盟友的協助來動員群眾。當選之後不久，他就開始策劃在總統大選中挑戰蔡英文。第三位民粹領袖是郭台銘，他創辦了富士康公司，是蘋果等資訊科技企業在中國的契約製造商。身為一個億萬富翁，他其實不太像民粹領袖，但他的話術是自己擁有才幹和人脈，能翻轉台灣的經濟；這在年輕人和高成低就的族群聽來，也十分受用，何況他確實也跟習近平、川普都見過面。柯、韓、郭這三人，把二〇一九年的前九個月都用來謀取總統大位。韓、郭兩人和其他比較傳統的政治人物一起競逐國民黨的提名，最後由韓國瑜勝出。郭台銘也曾與柯文哲商量過結盟獨立參選，不過最後兩人都放棄了。[92]

對於韓國瑜的民粹訴求以及韓粉的特質，政治分析家提出了各種觀點。太陽花運動的領袖之一林飛帆認為這是一場反對政府的運動：「許多人是因為對政府感到失望，才加入這場民粹運動。」[93]不過有人注意到，韓國瑜的「庶民」，主要都是軍公教這些傳統上的國民黨支持者。但也有人看到的韓粉是中老年人，以及僅有中學學歷的年輕人。還有人認為韓粉多半是年紀較大的勞工和農漁業等藍領階層，以及軍人家庭背景出身者。這些族群的共通點，似乎是他們都懷念單純的過去，並有著希望中華民國政治清廉、經濟發達的愛國心。[94]

不過這場民粹風潮對蔡英文的總統職位，以及整個政治體制形成的挑戰，平息速度卻快得驚人。韓國瑜在七月二十八日獲得國民黨提名，到了九月初，蔡英文已經取得兩位數的領先幅度，並隨著大選將至逐步拉開距離。根據《美麗島電子報》在十月底所做的一份完整民調，不管在哪個年齡層和教育程度，都是由蔡英文領先。[95]也就是說，韓粉已經不如之前那麼熱烈相挺韓國瑜了。

在很多台灣人看來，韓流瓦解最主要的因素就是中華人民共和國。習近平當年在一月二日的重大政策演說中強調統一和一國兩制，讓國民黨和覬覦國民黨總統提名的人都十分尷尬。習近平清楚表達統一的意向後，國民黨的政治人物就很難告訴選民：只要國民黨重新執政，兩岸關係就能回復到像馬英九第一任內那樣，北京也不會逼台灣在政治上一再讓步。同年六月，一份立法草案讓香港爆發大型示威。根據該草案，如果有人在其他司法管轄區被控有罪，並且被香港拘留，即便該地和香港沒有引渡協議，香港政府也可以將他引渡出境。蔡英文利用了這些一國兩制的負面結果，打得國民黨難以還手。最後，她也成功證明自己擔任總統的政策，比韓國瑜擔任高雄市長的政績更有利於百姓。96

到了二〇二〇年一月的總統大選，韓國瑜總共輸了蔡英文一百六十五萬票。接著他又成為罷免目標，並在六月敗選，卸任高雄市長。但可以想見，民粹或許只是暫時蟄伏而已。柯文哲仍有可能在二〇二四年總統大選時再造一波民粹熱潮。他在二〇二〇年成立的台灣民眾黨，或許能為柯文哲創造目前所缺乏的組織基礎，進一步推進這股浪潮。至少在目前看來，把政治和治理簡化成菁英和「庶民」之間的對立，依然是現在進行式。

## 小結

兩極分化的問題，在藍綠政客之間，比在大眾之間更強烈，但還算不上嚴重。每個政治陣營內部都會有所分歧。自從二〇〇八年以來，台灣的政治制度就出現了多數主義的優點和缺點，不過反對派的人還是有些施力點可以擋下執政者的倡議。但反對勢力和抗議領袖也要面對相同的困境：他們也許能擋下自己不喜歡的東西，卻沒有辦法順利推行自己的目標。創制權和複決權的提倡者原本以為這些機制將是民主的奧義，卻沒有預料到這些工具也會被對手拿來對付自己，以及自己支持的政府。民粹主義雖然旗開得勝，但是當香港展開示威後，就失去了影響總統大選的力量。

因此，台灣的政治制度，目前仍然是以代議政府為基礎，而且確實不像某些民主或是偽民主國家那麼缺乏效率。不過大眾對某些地方一樣相當不滿。雖然大眾之間未必有兩極分化的問題，不過政治陣營之間的確存在這個情況。當代議政治出現失能的跡象，人們就會想要規避這些制度。一旦制度沒能發揮更好的效能，就會有新的挑戰接踵而至。

值得一提的是，二〇一四年的「亞洲民主動態調查」顯示，只有一九％的受訪者回答民主比經濟發展更重要、二一％的受訪者認為政治自由比經濟漸趨不平等重要（見表17）。[97]這些發現無疑反映了台灣有多重視經濟發展和減少不平等。但另一個意義是，在程序和績效這兩種政治制度的正當性來源之間，可能存在著拉扯（正當性一般是指統治者有權利統治、公民有義務遵從的依據）。[98]程序正當性指的是如何選出政治代表（包括行政和司法權的代表），以及他們有多遵守職位相關的規則和規範。績效正當性則是關於政治代表完成了哪些目標，以及他們是否能回應社會的需求。[99]這份調查結果指出，對台灣的公民來說，比起政治代表經由什麼程序產生，以及按照什麼程序制定政策，更重要，或至少一樣重要的是，他們達成了哪些成果。

這並不令人訝異。每個民主國家的公民都希望選出來的代表可以實現承諾，並解決社會正面對的問題。台灣人或許不打算像新加坡一樣捨棄民主，走向以結果為重、輕忽民主程序的英才政治（meritocracy）。[100]不過對於能源安全、經濟成長與平等、預算規模與分配、歷史對未來的重要性，還有面對中國如何保全自身社會等議題，台灣人一直以來都缺乏共識，這顯示出民主制度的表現仍有待加強。

當然，面對兩極分化、反對到底、抗爭示威、民粹主義等問題的政治制度，也不是只有台灣而已。制度的績效差強人意，以及人們想方設法規避制度，都是先進經濟體（包含美國）發展成功以後會遇到的問題。但台灣跟南韓、日本、美國、加拿大、西歐國家不同的地方在於，它還面臨一個特別的威脅：中華人民共和國。北京的目標十分明確，也沒有無窮無盡的耐心。過去威脅蔡政府的那些非暴力手段，就顯示出北京不但想要、也能夠撼動台灣人民所偏愛的現況。這種獨一無二、攸關存亡的挑戰，對於要負責應對的民選領導人來說，也一天比一天艱鉅。如果台灣要面對的只是後現代社會共通的問題，整個社會或許還能靠馬馬虎虎的制度得過且過。但面對北京祭出的非凡挑戰，台灣只要沒有做到最好，就會讓北京更容易得逞，那也就算不上好。

# 第十四章
# 美國的政策

美國沒辦法幫台灣減少政治制度上的問題。說實在，我們連自己國家的失能都救不動了，竟然還有人敢找美國開藥單，這也是滿離奇的。不過自從一九五〇年代以來，台灣為了在中華人民共和國面前自保而在政治制度上所做的努力，就常常會影響到美國的利益。從一九五四年到一九八〇年的《中美共同防禦條約》，到後來的政策宣言與各種行動，華府都一直在承諾會保護台灣。雖然台灣的政治制度是威權還是民主，並不會對美國的政策有什麼重大影響，不過確實會改變美國要怎麼處理政策產生的效果。而台灣要怎麼保護自身安全，一直取決於美國怎麼做。外交部長吳釗燮在二〇一八年七月接受CNN專訪時就承認，如果中國認為台灣得不到美國支援、暴露出弱點，很可能就會展開奪取台灣的計畫。[1]也就是說，就像前面指出的一樣，台灣內部對於遷就和嚇阻中國該做到什麼程度、要花費多少預算充實國防、該怎麼利用國防資源最有效率，都存在著分歧。這些分歧也都和美國的利益緊緊相連。此外，關於要對台灣採取什麼政策，在美國內部也有所分歧。

台美官方近來常說，兩邊的關係從未如此之好，而從二〇〇八年以來也確實如此。台灣的領導人對於安全政策的政治已經熟爛於心，美台雙方的利益也愈來愈一致。不過如果仔細審視，就會發現川普政府的對台方略中有一些要素足以讓人懷疑「從未如此之好」是真是假，而台灣領導人也該思量美國民主的變遷，對台灣利益會有什麼正面和負面影響。

## 歷史背景

一九五〇年代初，杜魯門政府原本打算放任毛澤東的兵力吞下台灣。但北韓在一九五〇年六月入侵南韓，讓華盛頓的決策者重新評估起台灣在美國的東亞戰略所占的分量。他們和國民黨政權重新建立起安全合作關係。一九五四年，艾森豪政府正式以共同防禦條約承諾協防台灣本島和澎湖群島。但美國從未履行承諾，因為中國也沒有能力進攻台灣。[2]在一九七〇年代和一九八〇年代初，尼克森與卡特政府逐漸終止和中華民國的外交關係，並在一九七九年元旦和中華人民共和國正式建交，讓台灣非常不安。與此同時，華府也終止了共同防禦條約，取而代之的是聲明美國的利益始終在於「和平解決」海峽兩岸的爭議。國會在一九七九年的《台灣關係法》中加入有關安全關係的措辭，建立起非正式對台關係的框架。表面上這份框架取代了正式條約中的承諾，但實際上並沒有。[3]卡特政府和《台灣關係法》承諾，對台軍售將會繼續，不過雷根政府下的美國顯然想要終結這些關係。[4]

然而，台灣的安全和信心還是隨著時間逐漸恢復。華盛頓的聲明力道增強，軍售額度也不減反增。一九九〇年代末，美台軍方又重新展開一九七九年後幾乎斷絕的實質交流。北京並未成功改變美國的意向。而在整個一九九〇年代，美軍實力也明顯優於人民解放軍。

台灣的民主化為島嶼的未來帶來全新的想像，也改變了北京和華府對此地的盤算。在一九九〇年代中期以前，美國和中華人民共和國都可以假設，國民黨的領導人會一直同意台灣屬於中國政府的主權領土，統一的目標終究會以某種方式實現。但是如今，儘管——或者正因為——台灣和中國大陸的經濟關係遍及各個領域，島上各方政治勢力卻有了主張台灣獨立，或者至少反對統一的自由。李登輝剛就任總統時，原本還願意和北京共商各種政治議題，但他後來就因為選舉考量而需要服務內部迅速成長的台灣認同。這讓北京擔心李登輝將走向獨立之路。到了二〇〇〇年，至少在表面上支持獨立的民進黨派出陳水扁競選，並且當選總統，又進一步加深了北京的擔憂。[5]

相反的，自從二〇〇八年以來，無論馬英九還是蔡英文政府，都讓華盛頓沒什麼理由認為台灣會引發衝突。兩者對兩岸關係和台灣民族主義都十分克制，也明白第八、九章引用的調查中，大眾偏好現狀、排斥風險的心態。台灣選民希望的是政府以克制的方針來應對北京。面對台灣的中庸之道，歐巴馬和川普政府都加強了台美之間的軍事合作，讓中華人民共和國打算發動武力統一時必須付出更高的代價。但蔡總統的謹慎作風也讓她必須克服黨內深綠派系的挑戰，因為這些人相信她可以利用美國的支持，讓台灣走向獨立。

## 川普政府的各式對台政策

這裡刻意說「各式」政策，是因為川普政府對台灣同時採取了好幾個不同方向的方針。而且最重要的畢竟不是政府說了什麼，而是做了或是不做什麼。

### ——聲明政策

在公開發言裡，政府高層通常表示美國會和台灣站在一起，面對台灣和北京之間緊張的關係。二〇一八年十月，副總統彭斯（Mike Pence）因為三個國家和台灣斷交轉向北京而譴責「中國共產黨」。另外他也證實：「雖然我們的政府會依照三份聯合公報以及《台灣關係法》，繼續維持『一中政策』，但美國仍然相信，台灣對民主的堅持，能讓所有中國人民看到一個更好的方向。」[6]

二〇一九年二月，五角大廈高階官員薛瑞福（Randall Schriver）聲明，美國會「持續支持台灣，忠實貫徹《台灣關係法》，確保台灣擁有嚇阻中國侵略所需要的能力……《台灣關係法》允許我們靈活提供台灣足以自衛的防禦性武器」。對於海峽對岸逐漸增強的威脅，他則表示：「我們和台灣的合作性質自然也會進化。」[7]

同年三月，曾被川普政府提名為國務院亞太助卿的史達偉（David Stilwell）告訴參議院外交委員會：「中國……應停止施壓和脅迫，與台灣的民選當局重拾對話。」[8]

十月，副總統彭斯聲明：「我們一直支持台灣守護得來不易的自由。現任政府授權了額外的對台軍售，也認同台灣在全球貿易中的地位，以及為中華文化和民主制度所點的明燈。」[9]

在二〇二〇年七月的國會聽政會上，副國務卿比根（Stephen Biegun）保證：「美國對於履行《台灣關係法》的承諾，就如同我們對一中政策的承諾一樣堅定，我們同樣堅持兩岸問題應當和平，而非依靠威脅或強迫手段來解決。」他特別提到華盛頓期望台灣可以更全面的參與國際社會，並且這座島嶼的國防也需要有人協助改進。[10]

## ——自由開放的印太戰略

川普政府最重要的政策宣言，或許就是美國國防部在二〇一九年六月提出的《印太戰略報告》（Indo-Pacific Strategy Report）了。[11]這份報告比二〇一七年底的《國家安全戰略》和二〇一八年初的《國防戰略報告》更詳盡的說明了美國的政策，後兩者基本上只是一般性的原則聲明。此外，這份文件也把台灣納入了更廣泛的印太地區戰略和政策之中。

這份戰略評估的出發點，是相信中國的意圖具有高度威脅性。報告以代理國防部長夏納翰（Patrick Shanahan）的轉達函開頭：「影響美國國家安全的首要因素，是在自由與高壓的世界秩序觀之間，由地緣政治對立所引發的國際戰略競爭。其中最重要的，是中國共產黨所領導的中華人民共和國正藉著軍事現代化、影響作戰和強加於他國的掠奪性經濟，積極重新制定東亞地區的秩序。」[12]此外，這份報告在關於中國的段落，也提到中共是一個「亟欲改變現狀的強權」，該段落清楚指出了中國的目標：「在維持經濟和軍事力量成長的同時，中國的短期目標是在印太地區建立霸權，最終的長遠目標則是支配全球。」[13]

至於台灣的部分，該報告這麼看北京的擴軍目標：「解放軍一直在為嚇阻台海情勢生變做準備，並在必要的時候強迫台灣放棄獨立。解放軍也正準備在需要的時候以武力統一台灣，同時嚇阻、拖延或是拒止第三方為了台灣出手干預。」對於解放軍的實力成長，該報告認為美國的政策應該「確保面對脅迫的台灣能保有安全、信心和自由，並有能力和平、有建設性的自主與中國交往」，做法包括相應的加強和台灣之間的國防交流，以及提供防禦物資與勤務。[14]

報告並沒有言明在美國和中國的軍備競賽中，台灣具備什麼重要性，但的確間接提到了這點。裡頭將台灣定位成跟新加坡、紐西蘭和蒙古國同樣的安全夥伴，而非盟友，並說明了盟友和夥伴可以達成什麼貢獻：「互利的聯盟和夥伴關係對我們的戰略至關重要，這些關係為美國提供的長期、非對稱戰略優勢，**沒有任何競爭者或敵人**可以企及。」[15]因此，在這個框架下，台灣就是美國的戰略資產。

在這個脈絡裡，川普政府提出「自由開放的印太戰略」還有相關文件，都是要以政治修辭來合理化政府的行動。這些文件和歐巴馬總統的「亞太再平衡」（Rebalance to Asia）有許多相似之處。兩個政府最大的戰略差異，是怎麼看待跟中國的關係。歐巴馬希望華府和北京能在氣候變遷、伊朗和北韓等領域維持並強化合作，把競爭控制在東亞領海權等範疇。在歐巴馬看來，合作本身當然是好事，也能為彼此的關係帶來平衡，不致翻覆成為互相衝突。然而，川普政府對美中關係採取的是零和的方針，而這對台灣來說不只是一樁好事。

儘管五角大廈的報告清楚將台灣列入美國的戰略夥伴，川普總統本人的看法卻是另一回事。在二〇一八年四月到二〇一九年九月擔任國安顧問的波頓（John Bolton）就在回憶錄《事發之室》（*The Room Where It Happened*）中揭露過，川普認為台灣對美國的戰略價值了不起也只能說是很低。他寫道：「川普最喜歡用的一個比喻，就是指著簽字筆尖說：『這是台灣』，然後指著橢圓辦公室裡歷史悠久的堅毅桌說：『這是中國』。這就是美國對一個民主盟邦的承諾和義務。」他還強調，台灣「特別不對川普的胃口」。[16]

## ——安全政策

除了聲明政策，川普政府也不斷設法維持台灣的安全。首先是和台灣的指揮高層合作，確保台灣能有效調整國防策略，回應所處環境中瞬息萬變的威脅。再者是持續軍售。迄二〇二〇年二月為止，川普政府總共同意了價值九十五億美元的軍售，其中最重要的包括F-16戰鬥機、主力戰車和反戰車飛彈。[17]第三則是增強美國海、空軍在台灣周遭的布署，在這座島嶼因解放軍不斷演習，脆弱感與日俱增之際，展示美國對台灣的支持。最後，也最重要的是，川普政府持續安排了一系列專為提升台灣作戰能力而設計的美台軍事交流。一如前幾任政府期間，川普時期的五角大廈仍不斷增強和台灣之間的安全合作，只不過多數都在悄然無聲中進行。雙方都假設北京知道這些事的存在，只是想避免引起公開的外交爭議。

最大的問題在於，如果中國開始進攻，美國的意向究竟如何？華盛頓在台灣的利益，一直以來都是維持周圍地區的和平與安全。美國和台灣在檯面下的種種安全合作，背後目的也是要更進一步減少武力解決台海爭議的好處，藉此嚇阻北京。但如果北京認定華盛頓不會介入協防台灣，就很難嚇阻對方了。

無論在台灣、中國還是美國，都有人以為《台灣關係法》要求一旦解放軍進攻台灣，美國就要出兵協防。在法律層面，《台灣關係法》並未如此規定。在政策層面，該法說的是美國期望台灣議題可以和平解決，但它也只要求行政部門在衝突爆發時應向國會報告。[18]況且在《台灣關係法》起草之際，立法者只有考慮中國單方面進攻的情況；他們沒有想到戰爭的爆發，也可能是因為台灣領導人的行為被中國領導人認為是在挑戰其基本利益，所以要以武力回應——無論這種判斷是對是錯。

直到看見中華人民共和國怎麼判斷和回應李登輝的行為，柯林頓政府才修正了這種假設。時任國務卿克里斯多福（Warren Christopher）詳細闡述了美國對此議題的政策。他在一九九六年五月的演說中提及：「我們已經向雙方強調過應避免挑釁，也不要單方面採取改變現況或是會使重大議題難以和平解決的行為。」[19]陳水扁在二〇〇四年總統大選前的挑釁發言，也讓小布希政府在同年四月的國會聽證會上，進一步重申美國的態度。當時的國務院亞太助卿柯立金（James Kelly）表示：

> 我們最關心的是維持和平與穩定……由於美國非常有可能捲入台海衝突，總統知道這有可能攸關美國人的生命。採取一中政策所要表達的是：只要海峽兩岸存在無法調和的分歧，美國就會繼續致力於維持台海和平……布希總統在去年（二〇〇三）

十二月九日發表的訊息……重申了無論是中國或是台灣，美國政府都反對任何一邊單方面改變現狀。這段訊息是同時針對雙方的呼籲。一如既往，總統和政府高層呼籲中國領導人，美國會依據《台灣關係法》中規定的義務，協助台灣自衛。同時我們也非常擔憂，如果北京逐漸認為台灣要走向獨立、永遠脫離中國，並決定盡一切手段阻止台灣，美國為嚇阻中國脅迫所做的努力就很有可能失敗。[20]

克里斯多福和柯立金兩人的聲明都在暗示，如果華盛頓判斷是台灣的行為刺激了軍事衝突，美國未必會出兵干預，但若是由中國單方面發起進攻，美國就會介入。這樣的姿態是為了同時嚇阻雙方。當然，美國的嚇阻目標取決於台灣和中國哪一邊對和平穩定的威脅比較嚴重。二〇〇八年後的台灣領導人持守中道，因此美國就不需要再警告他們避免挑戰北京的利益。另外，川普政府針對中國的實力與意圖，又發表了更為嚴峻的聲明（「解放軍也正準備在需要之際以武力統一台灣」），這都意味著美國一天比一天需要嚇阻北京，而且只需要嚇阻北京。

同樣的，這裡的未知數仍是川普本人。至少從一九八〇年代末開始，川普就十分厭惡美國的聯盟，以及隨之而來的協防承諾，他同樣抗拒在海外布署美軍，以及在伊拉克、阿富汗等地的干預。[21]面對台灣，這份由來已久的厭惡也同樣不變。伍德華（Bob Woodward）在二〇一八年一月十九日出版了《恐懼：川普入主白宮》（*Fear: Trump in the White House*），他回憶川普政府的第一年，自己在白宮看著川普和他的國安團隊討論美國到底為什麼要協防盟友和夥伴——這不是第一次了——針對這件事，川普首先問：「一直在朝鮮半島派駐大量軍隊對我們有什麼好處？」接著他又冷不防問道：「還有那個，我們保護台灣又能得到什麼？」[22] 這裡有三點值得注意。第一點是，川普總統實際上似乎認為，過去的政府對台灣的防務曾有過一些承諾，當然整件事比這還要複雜。第二點是他以「得到」這種市儈的說法來評估美國保護台灣的保證。第三點是這暗示了，就算北京選擇掀起台海戰爭，川普也會猶豫是否要為了台灣出兵干預。

## ——外交政策

川普政府執政下的國務院特別願意和台灣打好關係。訪台文官的層級提升了。合作也拓展到數位安全等議題上。面對北京引誘其他國家放棄中華民國，改與中華人民共和國建交，華盛頓也積極妨礙剩下的邦交國「投靠」北京。負責和台北維持實質關係的非政府組織「美國在台協會」也終於在二〇一九年有了新的辦事處大樓，將美國的承諾化為實際可見（而且要價不菲）的標誌。但國務院依然可以合理主張，他們仍然遵守美國一中政策的限制，承認中華人民共和國是中國唯一的合法政府，只會在非官方的基礎上與台灣維持往來——雖然這些做法都是在擴大解釋什麼叫「非官方」。況且，美國採取這些步數時也都非常安靜輕悄。

同樣的，川普總統有時會自行其是。當選之初，他即在二〇一六年十二月二日接起台灣總統蔡英文的賀電，這讓他看起來似乎傾向支持台灣，不過他不久就後悔了。九天以後，他就說得好像只是想把台灣當作跟北京談判貿易和北韓問題的籌碼。之後，川普對於台灣事務，就似乎打算處處尊重中華人民共和國的國家主席習近平。二〇一八年九月六日，羅金（Josh Rogin）在《華盛頓郵報》的專欄刊載了一段來自「高級政府官員」的話：「就我個人看來，這個政府擁有史上最鷹派的台灣團隊……但如果習近平打電話來抱怨，總統的直覺就是悉聽尊便，因為我們總是有些議題可以從中國人那裡討到些什麼。」[23]對台灣更不利的，或許是川普可能會希望習近平在他個人的利益上退讓，這將讓習有機會要求川普也做出讓步。比如在波頓的回憶錄中，川普就曾在二〇一九年六月請求習近平購買更多美國農產品，好拉抬二〇二〇年的選情。[24]

## ——經濟政策

美國在外交和安全政策上的正面態度，並沒有反映在經濟政策上，這點也教人不解。台灣人口雖然只有兩千三百萬，卻是世界第十五大出口國和第十九大進口國；[25]二〇一九年的台灣是美國的全球第十大貿易夥伴，對美國的出口額是五四三億美元，進口額則是三一二億美元，分別位居第十三名和第十四名。[26]自一九六〇年代起，台灣的經濟策略就是滿足先進經濟體中的大型零售商，其中最主要的客戶就是美國。遵循這套策略的企業先是在台灣生產，接著很快就適應了外在需求的改變。從一九八〇年代起，這些公司就把生產和組裝等作業流程，遷移到其他地方以維持國際競爭力，其中最主要的流向就是中國大陸。因此，台灣對美國的出口數據其實被低估了，中國銷往美國的產品裡，有很大一部分完全是由當地台商所生產。台灣也是留美學生的第七大來源，單是二〇一八至二〇一九這個學年，就有二三、三六九人。[27]台灣資訊科技產業中許多最優秀的人才都是在美國受訓、在矽谷就業。

然而美國幾任政府的經濟部門對台灣所採取的政策，和其他政府部門對台灣的戰略定位之間，卻有著嚴重的脫節，這在川普政府時期又特別嚴重。台灣這邊倒是一直亟欲大幅增進和美國的經濟關係。在二〇一七年初，川普政府退出《跨太平洋夥伴協定》以前，台灣一直期望華府會在第二批成員國的入會談判上降低入會門檻。最近，台灣也努力和美國達成自由貿易協定，但展開談判的可能性卻非常微薄。[28]據美國企業研究院（American Enterprise Institute）的席瑟斯（Derek Scissors）所言，即便川普政府有這個意思，基於「貿易平衡保護主義」（trade-balance protectionism）的立場，台灣對美國高達五三〇億美元的貿易順差也會使得任何對話都難以展開。[29]不過話說回來，既然按照報導，川普政府為了「反制中國對非洲的影響力」，都願意在二〇二〇年和肯亞討論自由貿易協定，為什麼同樣的邏輯會妨礙跟台灣談判自由貿易協定呢？[30]

此外，從馬英九時代開始，美國貿易代表署（U.S. Trade Representative）就一直主張台灣違反了開放牛肉和豬肉市場，特別是進口含萊克多巴胺之肉品的承諾。儘管這些肉品的萊劑含量，已經低於科學認定可以安全食用的上限，但提倡嚴格管制以確保食品安全的民間團體，仍然反對進口豬肉；加上豬農在台灣和在美國一樣，都是重要的票源，所以台灣政府雖然有權像之前放行牛肉進口一樣，取消對豬肉進口的限制，卻還是一直拖延決策。二〇二〇年初，美國貿易代表署仍堅持要先解決牛肉和豬肉的議題，台美達成重大經濟協定的可能性似乎十分渺茫。相反的，台北市美國商會卻主張這種做法「不會有正面的結果」，他們呼籲展開自由貿易談判，「只是要清楚，這些農業議題也需要在談判中解決。」[31]（美國對於和台灣談判的立場，也被他們塑造成是貿易代表署在擔憂和北京的對話會因此變得複雜。）

二〇二〇年八月二十八日，蔡總統大膽出招，只要外國豬肉的萊劑含量低於國際專家設定的人體安全攝取量，就允許進口。[32]她跨過了貿易代表署為自由貿易協定及其他前瞻性經濟對話所設的門檻，將談判的球打進美國法院的大門。

說句題外話，這一著也刺激了國民黨，暴露出上一章所提到的那些台灣政治制度的失能之處。立法院國民黨團利用程序漏洞，阻止閣揆蘇貞昌在新會期的一開始提出施政報告。為了爭取更多曝光，他們在會議期間把一隻大型道具豬帶進議場。[33] 他們也呼籲採取直接民主，將蔡英文依法所做的決策交付公投。[34] 但國民黨最惱人也最凸顯台灣政治分化的舉動，是呼籲黨員在執政的地方政府立法禁止在轄區內販售含有萊劑的豬肉。[35]

川普在競選時承諾要大幅增加進口中國貨物的關稅，以減少美國對中國的貿易逆差，也成了台灣要面對的經濟挑戰。他不了解，要平衡一段經濟關係中的成本和獲利，從兩邊的貿易收支下手，既不是唯一也不是最好的做法。他也不明白，很多美國「從中國進口的產品」，其價值都來自世界各地的生產，只是因為最後在中國組裝，才被美國海關認定為中國貨物。舉例來說，一台標著「中國製造」的山地自行車，可能是台灣公司的產品，多數零件都在台灣生產，最後也由該公司在大陸的子公司組裝。

川普政府也威脅要提高諸如iPad和iPhone等電子產品的進口關稅，這些產品同樣是在中國大陸組裝，可是零件卻來自美國、台灣和其他地方，而整個供應鏈則是由台灣廠商富士康所經營。提高這些資訊科技產品的進口關稅，對美國和台灣公司的傷害，可能遠甚於中國公司。直到二〇二〇年一月和中國達成「第一階段」的貿易協議，川普政府才撤除調漲關稅的威脅。[36]

除了雙方龐大且持續增長的貿易逆差，川普政府的官員對於和中國的經濟關係還有其他目標。其中一個是逼中國改變目前對外國公司所施加的經營環境。北京的產業政策正逐漸走向重商主義，這對包含台灣在內的所有先進經濟體都是傷害，所以讓競爭更加自由的確有意義。然而很多專家相信，川普政府提高中國貨物的關稅，甚至光是威脅要提高關稅，都沒辦法達到目的。他們認為更有效的做法，是動員所有受中國政策影響的公司團結一致。

川普政府的另一個目標是製造壓力讓全球供應鏈移出中國大陸，常見的說法就是「美中脫鉤」。這個目標取得了一些成果，其中一部分是因為外國公司在中國的生產成本已經攀升，而美國調漲關稅可能也是一個誘因。就川普政府的立場來看，如果台灣或韓國公司願意把供應鏈移出中國大陸，那就再好不過了。調漲部分關稅和威脅進一步調漲所造成的不確定性，也足以誘使台灣公司將廠房移出中國大陸。這樣做可能會牽扯到其他問題，但對台灣整體而言仍有好處。這些廠商本就打算將供應鏈重新布署到包括台灣在內的其他東亞經濟體，減少依賴中國這個生產平台。截至二〇一九年八月，「脫鉤」的公司已經對台灣當地的經濟投資了大約五千億美元，創造出大約三萬九千個職缺。[37]

蔡政府也跟上腳步，解決土地、水和電力的短缺，確保這些資金不會流入房地產市場。台灣的經濟短期間也為之一振。不過正如第四章所述，由於重新布局台灣的公司是以硬體生產為主，對於軟硬體的長期整合或許會產生不利的影響。此外，台灣也沒有那麼多勞工可以滿足所有回流的公司。

川普政府會採取這些政策，最深一層的意圖還是牽涉到科技發展。經濟和國安官員都認為，美國正和中國進行一場攸關經濟和軍事地位的殊死搏鬥，如果美國想要獲勝，就要掌握二十一世紀的決定性科技，同時阻止中國獲取這些科技，以免它縮短差距甚至迎頭趕上。面對這場殊死戰，美國最關鍵的利器就是管制技術出口，禁止特定的中國「實體」取得美國科技，並規定美國或其他國家的實體必須取得許可，才能對中國客戶出售這一長串清單上的關鍵技術。不過這種政策也是雙面刃。像華為這樣的中國通訊巨頭，也有很多零件和元件要仰賴美國、台灣和其他國家的生產商才能取得，所以後者公司的收入，有部分其實要依靠中國市場。以世界最大的晶片代工廠台積電為例，對中國的出口大約占了該公司收入的一七％。斬斷來自美國等地科技公司的供貨，很可能為中國的公司敲響喪鐘，但供應商的利潤也會受損。38

川普政府採取的出口管制又更複雜，不只是禁止美國生產商把硬體零件賣給特定的中國客戶。美國已經無法繼續壟斷最先進的科技創新，那麼華盛頓的禁令要波及多少華為等目標企業與海外供應商之間的交易，就是問題所在了。比方說，華盛頓禁止出貨給福建晉華集成電路後，台灣的聯華電子就在美國政府的壓力下，於二〇一八年停止和福建晉華繼續合作。39

另一個方針是聚焦在由台積電等公司生產並出貨給中方實體的半導體，特別是晶片裡用到美國科技的類型。二〇一九年中，美國祭出政策，要求台積電等公司若沒有取得許可執照，賣給華為的零件只能含有二五％以下的「美國成分」。有傳言說此門檻還會降至一〇％，但最後沒有成真。不過，更嚴重的禁令是根據半導體在哪裡生產還有生產設備的來源，來判斷能不能賣給中華人民共和國的公司。川普政府一開始是要求美國的晶片生產商需要向美國商務部（Department of Commerce）取得證照，才能出貨給華為等公司。但這樣會有一個漏洞：包括美商的國外子公司，只要廠商不在美國境內，並遵守終端產品所含美國成分低於二五％的限制，就毋需取得晶片生產執照，也可以使用美國設備生產。但是在二〇二〇年五月，川普政府堵上了這個漏洞，開始要求使用美國設備的境外廠商，無論是從何處取得設備，都要取得執照才能生產。撈過界到這種程度，川普政府實在很離譜。台積電為了分散風險，決定在亞利桑那州蓋一座晶片廠。[40]不過台積電董事長劉德音也警告，提高關稅和限制資訊流通都很危險，這兩者正是川普政府的施政特徵。他說：「一是競爭將會變得更為激烈，二是生產或開發成本會增加，因為未來的世界已經不像過去一樣沒有國境。」[41]

美國政權更迭會如何影響對中科技政策，目前猶未見輪廓。但台灣公司已然先暴露於友軍的砲火之下，被川普政府的強硬政策逼到不得不在美中兩方客戶之間二選一，[42]未來的不確定性在在影響著這些公司高層的考量。即便我們需要收緊規範，限制所有先進經濟體將某些科技產品輸往中華人民共和國，採取的做法也應該要能增強美國和友伴間的關係，而不是傷害我們的盟友與夥伴。[43]

## 國會

不少國會議員在川普任內都對台灣表露支持之意，通過許多相關決議與法案。這些作為主要是因為國會山莊現在瀰漫著反中國的氛圍。而北京眼裡看到的，則是美國國會正積極響應川普政府的親台政策。不過要討論國會的行動，就得細讀條文，才能找出其中重點。這些立法多半是鼓勵性質，缺乏對行政權的實際要求。台灣人民也有清楚接收到美國議員在情感上的認同，但不時會誇大這些措施對美國政策執行的影響力。

舉例來說，馬侃議員的《國防授權法》（National Defense Authorization Act）中，共有兩個條文提到台灣。[44]首先是第一二五七條，這段條文雖然對川普政府有約束力，但也只是要求評估台灣的軍事實力，在特定領域提供「針對台灣的自我防禦，應如何改善其效率、打擊力、備戰能力、恢復力等之建議」，並提出落實這些建議的計畫。所謂「計畫」，具體要求包括增加「高階軍事人員之交流，與美台軍隊共同訓練之規模」，這個想法在認同提升台美防禦關係的國防專家之間，已經醞釀了好一段時期。要是真舉行這樣的高層交流和共同訓練，中華人民共和國的反應可想而知，最起碼用詞一定會很激烈。但該條文也沒有要求執行這些行動，只是要求五角大廈提出報告。而且行政部門原本就有權主動採取這些行動，只是出於政策需要而不做罷了。

至於第一二五八條，則是叫做「美國國會的對台意見」。裡頭列出一些行政部門應當採取的作為，但這些要不是現行政策，就是現在還沒有意義。其中最有爭議的條款，是提出美國國防部「應考慮支持美國醫療船訪問台灣，做為年度『太平洋夥伴』任務中救災計畫及準備的一部分」。這一條的敏感之處在於，就算只是醫療船，軍艦訪問也會打破台美僅有非正式關係、不得正常化的承諾。不過行政部門沒有一定要奉行國會的意見。

另一個例子是國會在二〇一八年初通過的《台灣旅行法》（Taiwan Travel Act）。其立法理由是為了「鼓勵美國和台灣之間各個層級的訪問」。這是一份政策聲明，宣示美國所有層級的官員前往台灣都應能獲得批准，而台灣高層官員也應當得到允許前往美國。如果行政部門執行了這項政策，就等於是撤除了歷屆政府採用非官方關係讓雙方高階政府人員彼此往來的做法。這樣一來，「非官方」一詞實際上也就沒什麼意義了。中華人民共和國一直堅持台灣和華府不得有官方互動，一旦他們認為美國背棄承諾，說真的很難預料他們會有什麼反應。撇開實質上的狀況不談，這項法案只是政策聲明及國會意見，不具約束效果，[45]總統本來就有權從事法案中的行為。

最後一例是克魯茲（Ted Cruz）參議員在二〇二〇年二月中所提的《台灣主權象徵法》（Taiwan Symbols of Sovereignty, S. 3310）。[46]這份法案裡選擇使用「當」（shall）一詞，表達對行政部門的命令之意。具體條文是這樣的：「國務卿與國防部長當允許中華民國（台灣）

或台北經濟文化代表處之軍隊及政府代表，為（b）款中所述官方目的，展示中華民國之主權象徵；所謂象徵包括（一）中華民國（台灣）之國旗，和（二）所屬軍事單位之標誌或徽章。」這將會違反美國只能與台灣進行非官方來往的政策。

之所以要以不具約束力的方式表述這些方針，原因之一是，如果不這樣做，可能會侵犯憲法賦予總統的最高統帥及外交權。川普總統在簽署二〇一九年《國防授權法》時，也發表了書面聲明，其中有一段就和第一二五七條有關：

> 法案中的一些條文，諸如第一二〇七、一二四一、一二五七、一二八九條，都表達美國在海外軍事及外交事務中的定位。面對這些條文，我的政府將會遵守憲法**明文**授予的最高統帥，以及首席國家代表的權威，包括決定是否承認他國主權、接受外國代表，以及執行國家外交的權威。[47]

如果克魯茲議員的法案送上川普總統的辦公桌，就會挑戰憲法賦予白宮的權威。行政部門很可能會無視這些措施，克魯茲參議員就得上法院控訴他們的無所作為。（這個提案並未付諸表決。）

國會議員多半也清楚，新法案不太可能改變美國政策，但通過這些法案還是為他們博得台灣之友的美名。台灣人民可能會相信美國變得更挺台灣，但其實改變並沒有那麼大，不過台灣政府大概清楚這些法案真正的影響。中華人民共和國政府則擔心，無論這些措施有沒有意義，結合起來都暗示著美國政策將吹起逆風。但這有點言過其實了，至少在美台關係上，比起認真的政策規劃，目前還是演戲的成分居多。

## ——混亂的政策

美國對台政策的分歧，有部分是因為貿易機關的官僚組織，和外交與安全機關的官僚組織一直在相鬥。這算是美國政府組織的一大怪異現狀。美國貿易代表署隸屬於總統內閣，所以在規劃和執行政策時，不太需要面對國務院和國防部等機關的壓力。而當國會議員特別關心起進入其他經濟體的市場時，貿易代表署又回應得特別熱心。除非總統直接下令，貿易代表署才會從更大的戰略競爭來處理對台貿易政策。

而在川普政府時期，制度的問題又進一步加深了。從一九四〇年代末開始，制定政策的標準程序就有以下特徵：

- 過程講究包容。不同機關如果在任何議題上存在利害關係，都可以也需要互相商討，尋找政策上的共識。

- 由下而上。待決議題要一層一層往上討論，直到提案送到總統桌上。
- 由下而上的決策程序需要有第一線官員的專業意見。因此，高階官員會比較清楚任何決策的後果和其中利害交換。
- 這套程序已成為正式制度，會向每一任新上台的政府說明整套規則。

這套程序在川普政府時期整個故障了。決策沒有經過協商，行政機關各行其是。結果就出了一堆差錯。台灣和中華人民共和國都容易誤判美國政策的平衡點。使用正確的程序不見得可以擬出正確的政策，但如果要解決美國對台安全政策和貿易政策之間的衝突，就不得不這麼做。不然的話，華府百分之百會繼續以這種精神分裂的方式對待台灣。美國總統如果太看得起自己和中華人民共和國主席習近平的私人關係，忽視台灣的戰略意義，以為可以拿台灣來跟習近平談判，又常常選擇迴避制度化的程序，將會造成非常嚴重的危機。

## 台灣的視角

總的來說，台灣大眾對美國抱持正面看法。二〇一六年，「台灣國家安全調查」請受訪者幫美國打分數，零分代表「超級不喜歡」，十分代表「超級喜歡」。平均分數為五．五三分，代表受訪者大致上喜歡美國。有三分之一的受訪者不置可否的給了五分，而有四一．六％給了六至十分。在二〇一九年的同一個調查中，受訪者也普遍相信，如果台灣沒有宣布獨立，美國將會馳防台灣。扣掉拒絕回答和表示不知道的人，有一〇．五％說美國「一定不會」介入，一七．五％認為「不會」介入，三四．二％覺得「會」介入，還有三七．七％相信「一定會」介入。整體觀感平均下來是二．五六至一分。[48]

川普政府對中和對台政策裡頭矛盾的風向，讓台灣人對於如何回應產生了各式各樣的觀點，而知情人士的看法又更為兩極。有些聲音認為，在美中關係逐漸緊繃的時候，過度依賴美國保障安全會有風險。馬英九的國安會祕書長蘇起就是其中之一。他在二〇一九年十月撰文批評蔡總統在川普政府所謂和北京的「戰略競爭」中，選擇了美國這方。他認為如果台灣選邊站，就會失去保持中立姿態所能獲取的「操作空間」。而且太清晰配合美國的過度承諾，北京就不得不做出回應，這會導致競爭愈演愈烈。如果中華人民共和國像蘇起的看法一樣，選擇正面對抗台灣與華府，美國就將面臨考驗。如果華府選擇迎擊，戰爭就會爆發，台灣也「一定會遭受不堪設想的後果」。要是華盛頓和北京妥協，蘇起認為民進黨所推動的獨立，就會「讓統一直接實現」。（蘇起應該是認為，一旦中華人民共和國能施加此等壓力，台灣終究會屈服。）無論怎麼發展，台灣都會加劇美中競爭，並在過程中讓自己陷入「更加凶險的處境」。[49]

曾在賓州大學任教多年，後來加入陳水扁政府的張旭成卻對這股戰略動態有不一樣的解讀。做為深綠陣營的一份子，他相信台灣應該利用美中競爭和川普政府看來強烈的支持。二〇一八年八月，他投書《紐約時報》，建議台灣應敦促華府徹底重新檢視對台政策，因為他認為結果對台灣只有好處。他呼籲美國國會應達成決議，授權總統出兵協助防衛台灣。他不認為美國有任何法律或政治上的因素要拒絕和台灣建立正常關係。提到台灣為何沒有對華府採取這些行動時，他雖然沒有明講，但確實把矛頭轉向蔡英文：「為什麼？有位和川普政府關係密切的美國專家指出，台灣一直太過含蓄收斂，不向美國表達自己的期望，也沒有提出能在印太戰略中承擔什麼角色。這是不是因為有人害怕觸怒北京？」[50]

台灣大眾對這兩種看法的態度似乎又更加分裂。二〇一九年的台灣國家安全調查問了這麼一個問題：「有人說，台灣應該和美國跟日本加強合作對抗大陸，你是否同意？」四六．六％的受訪者回答同意，四五．四％回答不同意。[51]

蘇起和張旭成兩人都沒有考慮到習近平對川普的盤算會有什麼影響。說真的，習近平如果要阻止美國採取他不喜歡的對台措施，最有效的武器就是電話。假設蔡英文放棄在北京和華府之間維持某種程度的平衡，或是川普政府想讓她擺出更反中的姿態，習近平只需要私下向川普總統表達反對就好了。當然，川普會怎麼回應還是取決於當下情境，但絕不能排除他為了取悅習近平而犧牲美國在台灣問題上的利益的可能性。

## 華盛頓該怎麼做？

說二〇二〇年的台美關係是史上最好，其實漏掉了一個前提：「從什麼時候算起？」兩邊的官方都會承認，台美關係曾有過一段波濤洶湧的歷史，未來也不排除會再度惡化；具體來說會怎麼惡化，本章也已經舉了一些例子。而且，雖然雙方利益在最近幾個政府任內漸趨一致，改善了二〇〇八年後的局勢，但這段關係還是有可能更進一步。

### ——政策的形成和執行

川普政府傷害了美國擬定和執行外交與國安政策的方式，這些問題要從程序面開始盡速修正，這問題不是只有影響台灣，還牽涉到每一個層面。不過台灣依舊是特例。美中關係的發展確實讓台灣撈到一些好處，特別是在安全議題方面。但是其他互動，比如技術轉移政策，或者川普和習近平分分合合的基情，都可能讓台灣蒙受其害。過去的政府不論共和黨還是民主黨，都講究制度、包容、由下而上、重視專家意見的程序，回歸這種風氣絕對有必要。這不能保證美國政策完美無缺，但一定能減少犯錯，避免對台灣利益造成不可抹滅的傷害。

美國政府對北京的政策，不可避免會影響到對台灣的政策。這不代表美國在規劃、經營和中華人民共和國的關係時，台灣一定會被犧牲。有可能會，也有可能不會。有鑑於北京—華府、台灣—華府、台灣—北京的複雜關係，拜登政府最好能以全方位的程序來評估和協調其中的利害交換。好的程序不能保證有好的政策內容，也不一定能適當保障台灣的利益，但殘破、缺乏條理的程序絕對辦不到。

## ——經濟關係

貿易、投資和科技這三個領域的優先順序必須有更巧妙的平衡。從戰略上來看，台灣要有串連全世界的強大經濟，才會有更美好的未來。除了社會繁榮，經濟發展也能堅定大眾的自信。北京正竭盡所能阻止台灣和第三國談判自由貿易協定，還有加入多邊經濟聯盟，意圖控制這座島嶼加入全球經濟的管道。其中的潛台詞就是：台灣如果要前進國際，路就只有北京這條。這些邊緣化作戰的確影響了台灣的經濟，把原本有可能留在台灣的公司逼得逃進其他經濟體的關稅高牆。但邊緣化作戰也影響了台灣的政治和精神。藉著展現這種控制力，北京成功打擊了台灣政府的權威，還讓民間瀰漫著一股絕望的氣氛。

於是，北京悄悄改變了經濟現況。美國高層官員說過，華盛頓反對任何一邊單方面改變現況。在我看來，這個警告也該要適用於經濟層面，所以美國應該制定一套對台經濟政策，以抗衡這種發展，減少台灣遭受的邊緣對待。如果美國打算認真以戰略競爭之名圍堵中華人民共和國，這就是理所當然的一步。既然中華人民共和國是台灣的敵人，那台灣就是圍堵的夥伴。就算美國不採取圍堵一詞所暗示的零和政策，接受在某些領域仍有和中國合作的可能甚至必要，協助台灣強化經濟、帶領台灣加入國際經濟，也還是符合美國的利益。

要做到這些，最有效的辦法就是利用自由貿易協定，或是其他功能相當的措施，也就是達成一系列相當於自由貿易協定各章內容的協議。就算只是宣布展開談判，都能振奮台灣政治人物和大眾的士氣。不過這些協議真正的價值還是在成功談判的過程中建立信賴，並藉這些協議牽動台灣經濟調整結構。就這兩個目標來看，一系列個別的協議，可能會比一整份自由貿易協定更有效。對於每次負責談判的機關來說，這種做法的壓力比較小。從簡單的議題起步，也比困難的議題更能帶來成就感和進步感。

採取這種「一磚一瓦」的心態還有另一個理由。因為授權美國行政部門和其他經濟體談判自由貿易協定，接著交由國會無動議直接表決（no-amendments, up-or-down vote）的《貿易促進授權法案》（Trade Promotion Authority），即將在二〇二一年七月一日到期。在這之後，由於美國期中改選將至，華盛頓就幾乎沒機會再跟台灣談完整的自由貿易協定了。該法案到期後還能不能延長，仍是未定之天。[52]

## ——聲明政策

制定聲明政策時，最重要的就是遵守《希波克拉底誓言》：首先，不要造成傷害。長久以來，美國的聲明政策累積了許多規矩，每個規矩各有目的，不過重點還是「有規矩」這回事；而且在特定的時間點，有些規矩會比其他規矩更受重視。放棄任何一個規矩，多半沒什麼好處，只會帶來麻煩。舉例來說，重申信守《台灣關係法》，卻不提「美中三公報」，傳達出來的訊息就會令北京莫名緊張，又害台灣過度期待。[53]

距離美國和中華民國斷交，改與中華人民共和國建交，迄今已有四十餘年，所以二十一世紀的外交人員未必清楚台美關係中各種用詞的來龍去脈。正因如此，美國才需要有完整的程序制定政策，以便官員能夠口徑一致。但如果川普不配合他的政府所下的決策，考慮到他和習近平的互動一直很特立獨行又帶著交易成分，很有可能一不小心，川普就會在習近平的誘惑之下透露美國的對台政策，導致台灣受害、中華人民共和國得利。比如說，要是川普在習近平的操弄下，說出美國的政策比較傾向一國兩制，那台灣的領導人無論是藍是綠，都會完全失去著力點。

美國領導人的相關發言不只攸關台灣領導人的處境，對島上的人民同樣影響重大。這一切都讓美國更有理由在政治修辭中強調民主元素。從一九九〇年代後期開始，這些元素就愈發凸顯，其中最有分量的就是柯林頓在二〇〇〇年三月的演說：「美國的立場絕無模糊地帶，我們繼續反對以武力解決台灣問題，北京和台灣之間的紛擾必須在台灣人民的同意下和平解決。」[54]這句話只是在說明現實，不代表美國的政策有了革命性轉變；對於要如何與中華人民共和國談判以解決分歧，民主化讓台灣人民得到了關鍵，甚或是最終的決定權。如果北京想要推進統一進程，就必須說服島上的選民。此外前一章也提到，啟動修憲必須得到充足、廣泛的支持。中華人民共和國總是宣稱，美國一直對台軍售或採行傳說中的圍堵政策，以妨礙統一進程。美國外交官應該要駁斥這些論調，北京堅持要採取一九八〇年代初就已經被台灣領導人和人民拒斥的一國兩制，才是統一真正的阻礙。從柯林頓的聲明至今，台灣民主已經成熟不少，所以在兩岸關係上，美國官方更該做的是定期提醒中華人民共和國，北京如果想前進台灣，路絕對不在華盛頓。

## ——安全

在安全方面，美國的政策應該先認清，台灣的安全面臨兩種威脅：軍事和政治。兩種威脅的目的同樣是強迫島上的領導人投降，接受北京的統一模式，只是手段不同。第一種威脅是各種針對台灣軍隊和領土的軍事行動。這些行動要花多少時間，端看台灣的抵抗決心還有美國如何回應。第二種政治威脅則是打擊台灣政治人物和大眾的信心。為了造成這種心裡影響，中華人民共和國結合了各種不同層次的打擊，諸如外交、政治、資訊、網絡、軍事（在軍事方面，解放軍只有展示火力，並未實際使用）。

由於台灣安全面臨兩種威脅，美國想要幫助台灣也得雙管齊下。軍事上，五角大廈應持續協助台灣取得防禦能力；只要擁有這些能力並準備妥當，解放軍侵台的代價就會高到難以接受，因而放棄用兵。這種嚇阻模式的前提，是要證明台灣可以抵抗夠長的時間，直到美國武力介入。而美國這份支持的第一步，應該是台灣國防部要確實接受「整體防衛構想」，根據這個概念制定採購計畫。台灣應避免購買對整體防衛構想幫助不大的先進系統，針對解放軍的弱點建軍，逼對方冷靜思考，如果發動進攻，能否禁得住台灣國防部和美國五角大廈的第一波打擊。當然，要建立起這種兵力，大概得繼續增加台灣國防部能分配到的預算資源。

至於美國要如何協助台灣抵禦第二種威脅就複雜多了，因為北京如果不是要毀壞物質，而是要打擊心理，就有更多工具可以調度。在數位安全等領域，美國已經在努力加強台灣的抵抗力，這些努力應該繼續下去。完成台美自由貿易協定也可以增強這座島嶼的長期競爭力，不過華盛頓就算只是宣布準備和台灣談判協議，也能瞬間振奮台灣人的心志。川普政府曾警告一些台灣的外交夥伴不要轉投北京陣營，這也告訴台灣人，他們並非孤軍奮戰。美國對兩岸關係發表聲明抗衡中華人民共和國，以及美軍對解放軍巡航台灣周圍做出回應，也都有相同的效果。從這個角度來看，美國出售F-16V戰鬥機這種傳統裝備給台灣空軍，雖然乍看之下無法在飛彈和防空系統之間發揮作戰價值，對於嚇阻解放軍行動缺乏助益；不過當解放軍的軍機前來巡航，這些戰機更有能力升空監控，回擊解放軍想釋放的訊息，協助維持台灣大眾的信心。如此一來仍達到了嚇阻的目的。

二〇二〇年九月，外交關係委員會（Council on Foreign Relations）主席哈斯（Richard Haass）和同僚薩克斯（David Sacks）質問，面對解放軍的實力漸增，美國過去對台灣安全的聲明政策是否還能有效嚇阻中國？他們將過去讓台灣和北京都不確定華盛頓是否會出兵協防台灣的政策，稱做「戰略模糊」，並呼籲轉向「戰略清晰」，以「總統聲明加上行政命令，重申美國的一中政策，同時也明確宣布，萬一台灣遭到中國的武力攻擊，美國將會做出回應」。同時，這份聲明也要清楚表示，美國不支持台灣獨立。[55]

美國的對台安全戰略，也許曾經可以說是戰略模糊，不過我想在一九九六年到二〇〇四年這段時間，美國就已經改為採取「雙面嚇阻」，其中也包括警告北京不得單方面改變台海現況。這暗示了，一旦改變發生，美國就可能出兵回應。況且，不管公開聲明有多清晰，都得有所作為才能有效嚇阻。就台灣來說，這包括正確分析中國領導人會如何解讀美國的意圖、解放軍的哪些軍備布署和行動暗示著戰火將至。美國也需要藉由外交和國安管道隱而不宣的表達，無論局勢潛藏什麼危機，美國反對使用武力的公開警告都不會改變。最重要的是，美國需要加強實力以確保能夠有效介入；這也許是很花時間的投資，但能提高解放軍進攻的代價與風險，就是無價的收益。當然，台灣的國防戰略和實力也需要改造，才能撐到美國介入。[56]中國領導人如果想對台發起軍事行動，就得先從上述每一個角度來評估美國的意圖。實際上，他們不只會注意美國的領導人說什麼，更會注意五角大廈為戰爭做了什麼準備。如果他們推斷美國對台灣安全的聲明政策，背後沒有足夠的實力撐腰，就會認為所有警告都是空洞的修辭。所以，就算美國的決策者認為雙面嚇阻還不夠明確，也該評估軍力布署能否撐得住新的聲明政策。撐不住的話，就必須好好改進。

美國的聲明政策要有多清晰，必須考慮到台灣政府採取什麼樣的政策，以及會不會過度挑戰中國利益而引來軍事行動。根據過去經驗，華府必須小心不讓台灣選擇有戰爭風險且違背美國目標的政策。華府和台灣在決定要採取什麼行動時，只要不會讓北京往一己私利隨意解讀，就不該忽略中華人民共和國的判斷或誤判會有什麼影響。[57]

## 操作關係

當年建交時，美國曾表示中華人民共和國是唯一合法的中國政府。也就是說，華盛頓的政策是「一個中國」，而非「兩個中國」。但美國出此下策，完全是北京和台灣逼的。根據這個政策，美國承諾北京只會和台灣維持非官方關係，但往後的政府有權定義，在實際操作關係時，這份承諾代表什麼。[58]確實，從一九九〇年代初期至今，美國和台灣的官方互動已經擴展到很廣的層面，一度決計行不通的做法如今也已司空見慣。

這些互動將來是否會繼續擴展，又會擴展到什麼程度，取決於幾個因素。首先是某個行動是否會明顯越過官方與非官方之間難以界定的模糊界線，原因之一是這樣很有可能刺激中國暫停或斷絕和美國的外交關係。也許有些美國人樂見這種結果，但我猜主流的美國觀點還是認為，無論當前中美關係再怎麼困難，都沒有任何利益能抵得過暫停外交關係的代價。當美國和中華人民共和國政府的交流萎縮到一個程度，就會傷害到美國的利益。越線最明顯的例子，當然就是台灣總統到訪華盛頓特區，並與總統或國務卿會面。另一個因素是破例行動的實質意義和象徵意義。雖然美國官方理解，象徵性行動有時會造成實質性的影響，不過一直以來，美國都偏好採取實質意義明顯的行動，當象徵就只是象徵。舉例來說，美國國防部和國會內部都討論過，是否要讓海軍船艦停泊台灣，這麼做很有象徵意義，許多台灣人也樂於接受，但最後一個因素是台灣領導集團怎麼操作對中政策，以及這些政策跟美國的利益有沒有交集。北京也許正在改變台海現況，這是美國應該反對的。但台灣沒有火上添油，也算是幫了自己一個大忙（幸好二〇〇八年以後就停手了）。

## 小結

台灣的確有一些招數可以自助，比如自行簽訂雙邊自由貿易協定後，美國可能會要求的調整經濟政策，還有增加國防支出並花在刀口上等等。近年來，島上領導人即使面對北京不斷施壓，仍採取平衡謹慎的方針來應對中華人民共和國，這點對台灣周邊的和平與安全貢獻不少，也契合美國的關鍵利益。但華盛頓愈來愈有必要釐清對中華人民共和國的目標，以及這種姿態在對台關係上有何涵義。美中關係急遽惡化，很可能只會誤傷台灣，這種危險在川普執政時期特別明顯。[59]華府應該基於自身利益來規劃對台政策，但在調整政策行動時，也不能忽略台灣的利益。台灣人民同樣不該認為，美中之間的拉扯一定對自身有利，或是否定謹慎的重要性。中華人民共和國的挑戰，讓台灣時時面臨艱難的抉擇。在做出抉擇之際，一定要正確理解美國的利益與意圖。

# 第十五章
# 怎麼辦？

台灣做得到國家安全、人民有錢嗎？或者問得更清楚一點：台灣人能不能同時過得更安全也過得更美好？台灣社會已經十分繁榮，政府也努力提供公共財，滿足社會和經濟發展的需求。台灣有活躍的民主制度，可以定期呈現在人民眼中，政府的表現如何、之後又該由誰領導。此外，台灣也相當安全。在美國的幫助下，台灣甚至撐過了一九七〇年代初以來國際社會的排擠。當然，有人會說台灣人今天能過得這麼好，都是因為有美國所撐的保護傘。

如果調查台灣人想不想過得既安全又有錢，大家一定會說好。沒人會想生活在不安和凋敝之中。不過難題來了：如果兩件美事無法同時兼得，那麼，哪個比較重要呢？人民會打算如何在兩者之間取捨，以便魚與熊掌都能嚐上幾口？如果想過得更安全，就必須犧牲台灣的生活水準，這種代價值得嗎？想要保住所有或部分的「好日子」，是不是就多少得跟中華人民共和國妥協？是的話，要妥協多少？風險如何？

更複雜的是，目前的現狀不會永遠不變。台灣人口正持續老化，人民解放軍會繼續提升戰力，而台灣即便有美國的準同盟承諾，進步速度也將不如解放軍。溫室氣體造成的傷害正日漸加速；包含台灣在內，整個國際社會就算想做點什麼，也湊不出本事來追上氣候變遷。

台灣的民調組織通常不會從這麼深入的層次設計問題，而且相較於訪問焦點群眾（focus group）等做法，隨機民調問出來的答案有多可靠也很難說。不過從前幾章引用的調查結果，還是能看出一些端倪。《世界幸福報告》常發現台灣人是東亞地區最快樂的。多數台灣人相信維持經濟成長是首要之務、偏好海峽兩岸維持現狀、認為兩岸關係的發展應該加速、大致認為應對北京時要謹守中庸之道，但堅決反對接受以一國兩制解決台灣和中華人民共和國之間的重大爭議。在二〇一九年以前，台灣人都認定九二共識是「一中各表」，多數人都能接受以此為基礎來處理兩岸關係。至於習近平在二〇一九年一月對台灣政治發表演說、中華人民共和國壓迫香港等事發生後，台灣人還是不是這樣想，就是另一個問題了。不過這麼多調查綜合看下來，至少大眾還是希望有可能兼顧國家安全和人民有錢。

國民黨內的主流看法也認為，只要在一中議題上跟北京虛與委蛇，台灣就能一次實現兩個目標。但國民黨高層近來也發現，把整個黨跟九二共識緊緊綁在一起，在國內會有政治風險。民進黨內的主流看法則是，如果經濟上太依賴中國大陸，向其開出的政治條件退讓，將會帶來嚴重的風險，讓北京有辦法強迫統一。他們主張要強化台灣經濟、建立多元貿易夥伴，並且在國家安全上更仰賴美國。兩條道路都布滿了障礙。每個陣營都低估了自身路線的問題。

雖然在幾次選舉中，可以清楚看出台灣民意明顯偏好其中一條路線，但二〇二〇總統大選卻是例外。蔡英文總統將這次大選定調為一場台灣是否支持和中國統一的民調，輕鬆擊敗高雄市長韓國瑜。這招對她來說再容易不過了，因為多數台灣選民都堅決反對以一國兩制的模式統一。這樣定調確實在選舉中大有成效，韓國瑜和國民黨從頭到尾都被壓著打。然而台灣還有許多爭持不下的議題，使用這種策略就無法激起嚴肅的討論。韓國瑜試著宣稱自己更能滿足「庶民」的需要，想讓蔡英文退居守勢，但蔡英文成功提醒選民，她的政府著實解決了重要的社會和經濟問題，化解了韓的攻勢。[1]

不過最核心的問題還是，台灣的政治制度能否強化國家安全，又讓人民繼續有錢？本書的結論是，台灣的制度在這方面，表現一直差強人意。原因之一也許是，台灣目前面臨的政策問題，嚴格來說都很難解決。面對能源安全之類的國內議題，頭痛的先進經濟體也不是只有台灣。而海峽兩岸如果有辦法靠發揮創意，就想出一個彼此都能接受的解決模式，那雙方早就這麼做了。

或許台灣的內部制度本身就是問題的一部分，因為它不太能一面維持民意支持，一面平衡互相競爭的議題。就算有些問題在科技上能夠解決，也常因為政治對立而無法實施，有時政治動態也限制了政策的選項。也就是說，台灣所面臨的問題，本質上是結構性的，而不是因為個別領導人或社會群體犯了錯。政治差強人意，加上政策難以落實，也就讓人不難想像，現狀大概就是台灣能達成的極限——如果真是這樣就糟糕了。

## 人民更有錢

從一些議題上可以看出，想靠台灣的政治制度讓公民擁有美好生活，會碰到許多挑戰。最重要的幾個挑戰是政府預算、能源、轉型正義和經濟。

### ——政府預算

從前面有關預算的討論可以看到，台灣會主動調整預算，也會因應問題調整相關預算。比如在二〇〇九年至二〇一九年之間，由於法律要求的關係，社會保險給付提高了大約三分之一。馬政府時期為抗衡金融海嘯對經濟成長的打擊，也曾增加經濟發展類別的支出額度，而且有良好的成效。馬政府也採取措施鼓勵婦女結婚生育，並擴大學前托育，積極協助婦女維持勞動。家庭如果有兩個人負責賺錢，可支配所得就會比較高，如此一來就能刺激國內需求。但是在其他領域，光靠調整預算很難改變台灣內外的經濟環境。

從年金改革就能看出，任何政府想要重新分配各類預算，都會遇到一樣的難題。馬政府了解現有制度無法永續，有試著提出適當的改革，最後卻必須承認失敗。蔡政府的做法雖然比較成功，延續了年金制度的支付能力，但也付出重大的政治代價。有些人為了捍衛現在享有的豐厚利益，頻繁發起示威且不時流於暴力。政治歷史的問題又讓衝突更形嚴重，難以探討有效的解決方案。捍衛既有制度的人堅持，政府依法有義務維持舊制度的權益，實施改革不該損害他們的利益。綠營則認為既有制度是過去國民黨政權收買軍公教支持的手段，是威權統治的遺緒。最後，年金改革雖然通過，整個過程卻沒有達成廣泛共識，而是深化了政治分歧。

另一個領域則是教育。這裡的問題在於，憲法要求中央政府撥一五%的預算給教育，地方政府則要撥三五%的預算給教育。表面上看起來很合理，因為良好的教育體系，是經濟競爭力的關鍵。但台灣的大學早就太多了，生育率又非常低。私立大學在過去這十年不斷關門或併校，但大專院校依然過剩。[2]說真的，現在的教育支出水準，還有憲法規定的預算分配，真的符合台灣需求嗎？是不是應該撤銷這個規定了？但真的有可能撤銷嗎？爭取教育預算可是立法委員和地方政治人物最愛的政績宣傳。調整教育制度的方向，讓它更符合受薪階層的需求，是不是比較可行？

提高國防支出可能會吸走內政支出的資金。從二〇〇八年到二〇一九年，台灣國防預算一直占政府總預算的一一％左右。蔡政府成功提高了國防的實際支出，但如果要繼續應付中華人民共和國的威脅，就還是可能會減少內政支出；如此一來，想維持國家安全可能就會難以維持生活水準。

台灣最根本的預算問題，並不是資源分配錯誤，而是政府無力或無意從社會汲取更多資源。在二〇〇八年至二〇一八年間，台灣的國內生產毛額成長了大約三分之一，而租稅收入平均一直穩定維持在國內生產毛額的一二・四％左右。國家支出占國內生產毛額的比例，卻從一七・九％下降到一六％。在任何民主制度中，增稅都絕對不受歡迎。對公司增稅往往有可能降低它們的國際競爭力。但可取得的台灣財富分配資訊指出，政府其實可以增加不少稅收，又不會超出大眾繳稅的能力和意願。首先，這需要政治人物——最好是所有主要政黨的領導人——一起說服大眾，台灣正因稅收過低受到傷害，並解釋為何大家有必要做出犧牲。

這又要談到，在預算議題上，立法院的權力該不該大過行政部門，特別是大過財政部和主計處。根據憲法，很多預算類別都不能由立法委員來增加，只能刪減。我自己認為，儘管這限制了更民主的預算規劃，但目前的權力制衡還算適當。立法委員還是可以說服行政院和總統府接受他們重視的計畫。給予立法委員更多的權力，最後也許會讓預算問題更為惡化，因為他們會傾向為自己的選區爭取福利，不願意在衝突的目標之間做出抉擇。

## ——能源

台灣正努力在衝突的目標之間尋求平衡：維持經濟體制運作、減少消耗煤炭和石油（以及減少排放溫室氣體）、增加風力和太陽能在能源結構中的比例、維持相對低廉的能源價格、維持舒適的生活方式。在任何一個資源和價值結構類似的社會，想要同時滿足這些目標都同樣艱難。

然而，部分民進黨人清晰、強烈的反核態度，又讓政府和其他利益關係人更難靈活達成一套能實現各種目標，又能長期維持的策略。隨著政權在兩黨之間輪替，能源政策也隨著一任又一任的政府反覆重組。儘管原能會才是專業的那方，但有關核廢料如何處置，還有停機維修的反應爐是否重組，都變成了立法院的決定範圍。而且，在二〇二五年後繼續維持核電，直到確定能靠天然氣滿足一半能源需求，以及靠再生能源滿足二〇％的能源需求，才是比較穩健的做法。但是政治和意識型態妨礙了討論，這個選項甚至沒能得到討論。如果核電在二〇二五年歸零，屆時再生能源又無法達到蔡政府所規劃的比例，就只能進口更多煤炭和石油，排放更多溫室氣體。民意反對按照真實成本定價，又進一步限制了選項。

## 轉型正義

我理解台灣有需要追求轉型正義，李登輝政府也在一九九〇年代初就曾展開嘗試。問題不在於是否要執行轉型正義，而是決定要做到什麼程度，還有評估每個決策在現在和未來會造成什麼結果。在程度方面，公開威權時代早期的檔案的確合乎人道，畢竟多數迫害都發生於那個時期。威權時代後期的事件，比如一九七九年的美麗島事件大概也有必要解密，畢竟有些民進黨資深黨員是因此入獄，比如蔡英文第一任期的總統府祕書長陳菊，就因此被判內亂罪。但有些決定就困難得多，因為目前民主制度下的國民黨，是脫胎自那個直到一九九〇年代初都還在主導威權政府的國民黨。以黨產議題來說，負責執行轉型正義的人就很難不讓人覺得是在報復或圖謀政治利益。國民黨和民進黨的分歧也因此無法修復，只會進一步加深。更複雜的是，負責執行轉型正義的人犯了錯誤，沒有考慮到國民黨會阻礙他們的行動。

## 經濟

就算中華人民共和國不存在，台灣還有維持經濟競爭力這個挑戰。雖然有一些做法能幫助台灣應付這些挑戰，但都要面對政治代價。

要避免依賴大陸市場必然產生的兩難困境，最好的做法或許就是大幅增強和美國與日本的經濟連結。這可以借助一般的自由貿易協定，也可以簽訂較為有限但同樣重要的貿易協定。只是，台灣對於貿易協定的好處不該心存幻想，這些措施一樣有代價。華府和東京都會要求台灣大幅重整經濟模式，包括鬆綁對金融部門的監理。如果台灣接受這些要求，儘管長期來說經濟會變得更好，但短期來看，在結構性變化下，一定會有輸家和贏家。

不過就算只是要展開討論，也許都有困難。只有解除對福島核災地區的糧食禁令，日本才會考慮談判。就算如此，日本也會擔心台灣的民間食安團體要求恢復禁令。至於美國的部分，蔡英文政府已經在二〇二〇年八月決定開放美國牛肉和豬肉，搬開原本阻礙雙方討論自由經濟協定、增進經濟關係的絆腳石。不過新上台的美國政府還不確定是否會利用這個機會。如果美國打算談貿易協定，台灣政府就必須讓可能受到負面影響的部門減少反對之意。

雖然貿易自由化和美日等國的投資很誘人，但貿易協定並非一蹴可及。在談貿易協定的同時，台灣也要設法確保經濟競爭力、擴大分配經濟成長的好處。簡單來說，台灣需要修正中國一九八〇年代改革開放以來所形成的商業模式，因為這種模式有賴於低薪勞工等因素才能成立，而這些因素在未來只會逐漸減少。

台灣各部門的強弱不均。資訊科技部門一直很強，當然這未來得看美國對敏感科技的管制政策。台灣有些服務業也很優秀。但無論製造業還是服務業，都有一些缺乏效率的企業，無法提供良好的就業機會。好的自由貿易協定會引起結構性變化，刺激有利可圖的部門興起，讓夕陽產業加速衰落。

其實，台灣不需要等外人來誘發結構性變化才能往前走。台灣應該把和美國或日本簽署自由貿易協定，以及取得《跨太平洋夥伴協定》入場券需要的讓步，規劃成國內改革計畫裡一步步的政策。想要拖到貿易談判將至才來採取這些措施是人之常情，但沒有人知道要多久才能達成這些協議，搞不好根本沒辦法談成。但主動採取這些步驟會對台灣比較有利。等到台灣有可能和美國達成自由貿易協定或加入區域協定，甚至兩者皆有可能成真時，如果該做的準備都已經到位，台灣就會因為主動進行改革而得到信任。

就連資訊科技部門，台灣也需要改進一些缺點，才能提升創新能力。最優先的就是政府要像一開始培植半導體產業一樣，先增加未來科技的尖端研究資金。再來就是要強化現在和未來的理工教育，確保源源不絕的人才。可行的做法包括增加資金、產業和政府合作建構大學新創孵化器、結合商業和科技訓練以強化各部門間的理解，以及提供位於台灣的新創企業更多國際曝光率。[3]

經濟規模太小也會阻礙軟體部門的發展，需要有政策協助克服。方艾文認為解決方案包括將台灣發展成下一代軟體產品和服務的樞紐，還有著重資料品質而非資料量。台灣可以在資訊科技部門成為值得信賴的供應者和渠道，建立比較優勢。[4] 隨著在中華人民共和國活動的風險漸增，台灣可以成為受影響企業的避風港，同時接軌國際產業標準並做出貢獻。[5] 另外，降低外籍人才工作和居留的門檻，也對台灣有好處。[6]

這些改革如果規劃妥當，就能為大學畢業生創造更多、更好的職缺，大幅改善就業。結婚率和出生率也會隨之提升，減輕人口老化的問題。當然，政府也必須提供誘因讓教育制度、特別是大學，主動適應雇主需求。

有些步驟需要資金，所以負責預算的部門和立法院若不削減其他支出，就必須增加稅收，兩者都不是容易的抉擇。任何貿易和投資自由化，都會影響到原本受保護的部門，還有負責監理的政府機構。市場開放以後，儘管整個經濟體的競爭力會逐漸提升，但受到影響的部門卻會立刻遭受打擊，決定採取自由化的政府也得付出政治代價。儘管政府有一些做法可以減輕轉型的衝擊，不過推動自由化還是要讓大眾理解，這些措施長遠來看能夠促進經濟成長、提高生活水準，所以短期內雖然不免有所犧牲，卻還是值得承受。馬政府推動《服貿協議》時就是沒有做好這件事，不過當時的經驗也可做為未來的借鏡。

## 北京因素

其他先進國家同樣要面對經濟、能源政策、平衡預算選項等問題。台灣實踐轉型正義的掙扎也並非獨一無二，雖然掙扎的本質確實是因為這座島嶼特殊的歷史。台灣真正獨一無二之處，是經濟、社會和政治的未來，都面臨著中華人民共和國的挑戰。

自一九八〇年代以來，台灣的繁榮不但依賴著大陸市場的客戶，台商的生產和組裝工廠也依賴著當地人力。同時間，中華人民共和國政府也想方設法要把這座島嶼納入自己的憲法制度；如果以香港經驗為鑑，那麼中華人民共和國在統一後想維持的控制程度，島上的民主制度恐怕就不能見容了。

北京目前還沒有完全決定好到底要如何達成他們理想中的結果。說服至今並不管用。威脅或許有用，但大概要花很長一段時間才能收效。武力雖然風險很高，仍被列為選項之一。因此對台灣來說，最艱難的政策取捨，就是如何一邊處理跟中華人民共和國的關係，一邊維持經濟繁榮與競爭力，繼續過美好的生活。自從台灣民主轉型以來，中華人民共和國就不再只是重要的安全問題和經濟夥伴（見第八章），更是最嚴重的政策議題，不斷翻攪著台灣的政黨政治。[7]

分裂的國內政治使得台灣難以形成一套理智的方針來回應北京挑戰，台灣的有識之士也為此氣苦。我有個台灣朋友，三十幾歲的聰明女性，她整個人都體現著這種挫折感。她在台灣的原生家庭政治傾向偏綠，她前來美國讀大學，畢業以後在華盛頓特區工作。她在私部門待了好幾年，專門處理有關台灣的工作。來美十年後，她在二〇一〇年代末回到台灣。在那之後不久，我曾和她聊過，想知道她這陣子接觸台灣政治以後有什麼印象。讓她最衝擊也最擔憂的，是儘管藍綠雙方的政策在她看來實質上並沒有那麼大的鴻溝，兩個陣營的衝突卻非常激烈。政客間「你死我活」的互動早就超過了小小的分歧，每個陣營都當對方是死敵，讓她覺得大家是不是都忘了，真正的敵人其實位在一百四十五公里外的海峽對岸？[8]

我朋友對國內政治分裂的挫折感讓人想到一個問題：中華人民共和國是台灣的敵人嗎？如同第八章的討論，民進黨大致上相信中華人民共和國是敵人，意欲藉著經濟勢力引誘台灣在政治上投降；因此他們認為台灣應該小心不要落入北京的陷阱。國民黨政治人物相信，維持經濟成長和保障國家安全其實可以同時達成；但他們也相信台灣有必要也有理由安撫北京對法理獨立的恐懼，具體的做法就是接受九二共識。

而且，雙方陣營都相信對方是問題的一部分。很多綠營認為藍營是中華人民共和國在台灣的掩護，是用來滲透台灣政治的工具。我在第十二章討論過，他們會認定中華人民共和國對《中國時報》集團的支持和指導，就能證明這個指控。他們會說，二〇一九年至二〇二〇年間，北京在香港的鎮壓就清楚證明，和中華人民共和國交往太深會有非常糟糕的結果。有些藍營人士對民進黨抱持懷疑，要麼是因為民進黨曾支持法理獨立，要麼是因為蔡英文公然拒絕九二共識，會對維持海峽兩岸的互利經濟關係，造成不必要的阻礙，當然也有人兩者皆信。在他們看來，北京對蔡政府的反應只是預做防範。不過也有些世代居住台灣的藍營人士擔心，同黨的外省人會把（本省人的）國家出賣給大陸。9

如果藍綠對於中華人民共和國是不是敵人這個關鍵議題分析不出共識，那對於第八章那兩個問題，當然也難有共識：北京對於現狀到底是支持，還是打算改變？中華人民共和國的領導人是傾向規避風險，還是願意接受風險？這兩個問題的答案關乎一切政策，如果不弄清楚，台灣就會不斷爭執要如何回應，也難以決定要怎麼退讓、如何嚇阻。如果兩黨都把對方看做敵人，就更難好好回應中華人民共和國的挑戰。

我比較相信國民黨的邏輯，也就是中華人民共和國對台灣的態度無害，無論台灣由誰執政，只要接受九二共識就能結束目前的僵局。然而我也有理由懷疑這種信念。

首先，我們必須確認，如果二〇一六年民進黨政府上台，蔡英文願意為了延續兩岸關係而接受九二共識，北京會不會比較友善？第八章提到過，北京對她的要求不只是繼續學馬英九接受九二共識，而是堅持要她聲明台灣屬於中國主權領土的一部分。而她拒絕這麼做，一方面是因為很多民進黨人會反對這種聲明，另一方面是她認為這點本該以談判解決，不能對北京退讓。此外，蔡英文在選舉時不但曾私下保證，也確實在就職演說中模糊處理了這一點。但北京卻不願意接受這個答案，拒絕著手和她建立信任關係。我自己的解讀是，北京刻意將條件拉高，讓蔡英文無法合理解釋對中方的退讓；如此一來就不必跟蔡政府對話、發展當下可行的權宜關係。

再者，先不談蔡政府，北京和國民黨的九二共識定義也不一樣。台灣藍營民眾認為九二共識是「一中各表」，他們可以把一中表述成中華民國。但習近平在二〇一九年一月，就清楚解釋了中華人民共和國的觀點是「兩岸同屬一個中國，共同努力謀求國家統一」。[10]這句話顯示北京所想的一中可沒有「各表」，更不要說是表述成中華民國了。北京會讓馬英九拿這些點玩弄把戲，很可能不是因為接受馬的盤算，而是信任他的整體意圖，希望他會開啟政治對話。如今就算換一個民進黨以外的新政府，也很難想像北京會任其重複馬英九的棋局。

第三，九二共識的設計從來不是為了要成為政治對話的基礎，而是為了促進海峽兩岸在經濟和社會事務上合作，刻意不理會政治問題。中華人民共和國政府施壓馬政府開啟那些對話，就是打算讓兩岸關係前往下一個階段，只是馬英九沒有同意。於是當馬政府想在少數幾個自由貿易協定和國際組織會議的出席機會外，為台灣爭取更多國際空間時，北京的回答就是一口拒絕。

北京官方的邏輯是，台灣想要任何國際空間都是政治問題，必須先在兩岸政治對話中處理。這倒不怎麼令人驚訝，北京和馬政府的來往模式，就是先經濟後政治，先賞胡蘿蔔後抽鞭子。而且中華人民共和國的意圖也不是祕密，就算換成其他接受九二共識、不是民進黨、基本意圖得到北京信賴的總統，這種做法多半也不會有什麼改變。北京有充分的理由重新讓經濟關係正常化，並在「輕鬆」的議題上重申過去的共識。但不久過後，中華人民共和國就會要求政治對話，而國內則會抗拒兩岸討論任何政治議題，導致台灣政府左右為難。

民進黨以外的政府要在兩岸政治和國內政治間取得平衡，又會因為立法院在二〇一九年五月通過的法律變得更為複雜。該法案對於政府和北京談判及批准任何「具憲政或重大政治衝擊影響」的協議，都有所規範。該法的要求非常嚴格，只有當國民黨和民進黨都認為該協議符合台灣利益，才能談判和批准。民進黨以外的政府上台是時間早晚的問題，屆時北京也會要求政治對話，而這條法律基本上斷絕了一切可能。當然，新政府可以試著廢止該法，北京也可能這樣要求。畢竟在廢止以前，北京是無法推進任何議程的。

蔡政府相較於國民黨，更少對中華人民共和國讓步，更加依賴美國支持的方針，似乎「好得足以」保護台灣的利益。儘管中華人民共和國選擇孤立、懲罰、邊緣化台灣，蔡政府仍施行了一系列政策維持經濟成長和國家安全。這些政策包括「五加二產業創新計畫」、新南進政策，還有跟美國保持緊密關係。蔡英文在第一任期中實現這些政策的過程，對於二〇二〇年一月的連任也許有不少貢獻，當然香港的示威也影響很大。不過儘管蔡政府的第一個任期還算成功，中華人民共和國的種種政策仍給台灣找了不少麻煩。

像是有關在陸台商公司利益的議題，就只能靠海基會、海協會間的互動和協議來處理，類似的狀況還包括馬英九時期締結的協議。比如說根據二〇一〇年六月簽訂的《海峽兩岸經濟合作架構協議》，投資保障、爭議的解決方案，還有之前的貨品及服務貿易都是雙方預計的談判內容。雖然談判有展開，不過馬上就撞到一整排暗礁。這兩個協議對於北京而言，並不如對大陸台商那麼重要，因此北京也不急著要有結論。另外，北京多半也沒有理由讓蔡政府贏得這個成就，繼續拉抬民進黨的地位。但是把海峽交流基金會與海峽兩岸關係協會暫停接觸說成是蔡政府的問題，對於北京倒是很方便的藉口。

更嚴重的是，二〇一六年後北京使出非武力脅迫手段，已經影響了台灣大眾的自信。這些經濟、外交、政治、軍事、宣傳等領域的動作，為的是打擊大眾的士氣，營造分裂與亡國的氛圍。（同時這也讓綠營更加認定北京的確打算改變現狀。）要重振人民衰弱的信心，台灣政府和民進黨必須找出其他方式，讓大眾相信，無論北京如何施為，台灣都能夠存續。民進黨政府強調有許多公司從大陸返回台灣、台美關係強化、新南向政策逐漸看到成效，以及政府在二〇二〇前半年防堵二〇一九冠狀病毒所展現的實力，這些都很重要，也在二〇二〇年的大選獲得選民肯定。但是這還不足以扭轉亡國感。台灣的領導人決計不能以為，非武力脅迫不會有用。

簡而言之，無論台灣是由民進黨還是其他政黨執政，兩岸關係都不會一帆風順。說真的，台灣政府從一九九〇年代開始，玩的就是普特南（Robert Putnam）所說的「雙層賽局」（two-level game）；[11]換句話說，每一任政府在應對北京時，都要考量到國內的政治角力。所以民進黨的深綠派系還有他們所代表的群眾，都會限制總統的作為。同樣的，當民進黨和示威青年成功擋下《服貿協議》，馬英九就失去了政策主動權。所以卡住台灣的不只是北京對蔡英文當選總統的反應，而是更難以克服的兩難困境。（北京也有自己的政治，但他們的雙層賽局比較簡單。）儘管民進黨和國民黨都希望台灣和台商能繼續從中華人民共和國獲取經濟利益，但兩黨面對北京非經濟牽制手段的方式，都很難繞過國內政治，而且往往可能犧牲選票。

台灣一直在嘗試重新定義國家和民族認同，發展足以抵抗中華人民共和國野心的認知與政策。精神上，有些台灣人只認同台灣，有些人則同時認同中國和台灣，兩者都迥異於中華人民共和國以漢族為基礎的單一民族認同。政治上，台灣長久以來的防線，都是強調中華民國或台灣屬於主權實體，而北京則堅持台灣像香港一樣，同為一個中央集權國家下的次級實體，反對聯邦制或邦聯制等台灣人民也許會覺得有探索價值的統一模式。也有人認為民主制度可以成為台灣民族和國家認同的骨架。但對於民族和國家該如何定義，台灣人一直沒有一致的看法；就算存在共識，現有的定義也時有不足之處。

對於民族和國家的問題，中華人民共和國有一套非常清晰的觀點，但台灣的擋箭牌卻由各種衝突的觀點打造而成；政治人物和大眾得將這些觀點更清晰的連貫起來，設法達成更結實的共識、連繫彼此的想法。就算島上人民像民調結果一樣傾向於維持現狀，也不能排除有一天可能會不得不與北京展開政治對話。屆時，中華人民共和國最有可能要求的，就是台灣清晰、明確的表示自己屬於中國領土的一部分，並且以統一為最終目標。

但國家和民族問題如果要有更普遍的共識，一定要出自台灣人民的想法。對民族和國家問題有個統一的方針，不但能駁斥北京對台灣地位的主張，也能強化人民的安全感。這項任務無法借助外人之手，不過從本書的討論還是可以提供一些出發點。

首先，無論是單一還是雙重認同，台灣人都需要更準確、更仔細的研究台灣認同的邊界與內涵。有些研究指出，比起單一認同，雙重認同在台灣更占優勢。如果是這樣，那就需要明確定義出雙重認同的內涵。人們願意從什麼角度承認、接受自己是中國人？更重要的是，要讓大眾支持某種深刻的身分認同，需要祭出更普遍、密集的教育手段。如果台灣人民普遍同意自己至少在種族、社會、文化上是中國人，北京也會覺得比較安慰。

再來是國家方面牽涉到好幾個議題。首先，「台灣是主權實體」這個人們普遍支持的主張還需要進一步加強，尤其是要界定卡斯納所謂的「西伐利亞主權」。這關係到台灣在法律和政治上要如何融入統一的中國；如果不想成為像香港一樣的次級實體，就需要準備好提出台灣打算如何融入中國。舉例來說，假設北京願意考慮接受，台灣的領導人和公民是否願意接受某種形式的邦聯關係？[12]展開這種討論，有助於化解中華人民共和國的憂慮，不要把台灣的主權宣稱和台獨劃上等號。多數台灣領導人談到主權問題，都會想到台灣是不是國際社會上的主權實體；這個問題雖然重要，不過此處談的是另一個問題，而且更為關鍵。理論上，如果條件夠好，台灣的人民和政治菁英也許都願意放棄西伐利亞主權中的某些面向。因此台灣有必要深入研究主權的元素中，有哪些可以交易、哪些可以談判、哪些必須不計代價守衛。無論要如何達成這種平衡，台灣應該都可以聲稱一九一二年成立、比中華人民共和國早誕生三十七年的中華民國，至今依然存在於台灣，並借助對中華民國的支持，強化自身的主權宣稱。

最後，如果民主制度也是台灣民族和國家認同的基礎，就需要設法讓這套政治制度更為有效。

## 改進台灣的民主

如果藍綠政府都不太可能從北京手中談到令人滿意的安全和經濟條件，而民眾的士氣又有疑慮的話，台灣就要更妥善處理這些迫切問題的政治折衝，才有辦法加強防衛和維持繁榮。這就需要改善政治制度運作的方式。

一直以來，政治人物和政治學家都在討論要怎麼改善台灣政治制度的運作。有些看法牽涉重大的結構改革，像是從現行的半總統制政府，改成總統制或議會制，這些做法往往得動用修憲。但在目前的政治環境下，非得修憲才能展開的改革就不值得考慮。畢竟任何修憲案都要得到國民黨和民進黨的支持，才能通過立法院四分之三同意的門檻；通過以後還需要舉行複決公投，並得到過半數選舉人（而不只是多數選票）同意才行。根據一九九〇年代民主化之後的幾次修憲，以及陳水扁政府時期通過的那次經驗，憲法修正案一定要有國民黨和民進黨同意才能通過。雖然這幾次修憲通過的具體程序，和現行的程序有一些差別，但原則還是一樣。除非兩黨都同意修正案，而且提案得到廣大的民意支持，不然憲法不可能改變。[13]

改變現行政治制度的一個做法，是由民進黨、國民黨或其他政黨長期獨大。在這種狀況下，這個獨大政黨就能長期採取相同的基本政策，不必面對強勢挑戰或進行重大的結構改革。日本就是一個先例：自由民主黨從一九五五年創黨以來，就僅有少數幾年不曾執政。雖然制度時不時會有一些調整，但反對黨挑戰成功的幾次顯然都是例外。

台灣或許會走上這個方向，不過還沒有完全達成。自二〇〇八年以來，台灣政治制度就奉行多數主義，首先是國民黨在二〇一六年以前一直掌控著行政權和立法權，目前民進黨完全執政的情況也將持續到二〇二四年。如果民進黨下次大選後繼續掌控兩院，就代表台灣走向了一黨獨大制。就目前的經驗來看，民進黨如果維持蔡政府的路線，對中華人民共和國採取相對謹慎的方針，才比較適合獨攬大權。轉向深綠陣營挑戰現狀的目標，會挑戰中華人民共和國的底限、帶來危險，也絕對會違反人民偏好維持現狀的態度。就算民進黨在二〇二四年選擇延續而非改變路線，也不保證能繼續贏得大選。台灣的獨立選民數量很多，足以改變選舉中的勢力平衡，任何一黨都不能對勝負大意。

一黨獨大對執政黨固然有利，對台灣的民主制度卻沒有好處。就算政權只是有可能定期輪替，執政黨也會想辦法避免犯錯，不要提出缺乏民意支持的倡議。而且有效的民主制度也需要強大的反對黨。如果二〇二四年的國民黨能挑戰成功，目前輪流占據多數的模式就會繼續，當下執政的政黨還是有一定機率在下次選舉中落馬，這種體制也會比一黨獨大制更容易問責。不過國民黨得先找回競爭力才行。他們曾輸掉二〇〇〇年和二〇〇四年的總統大選，又在二〇〇八年重新上台，所以也不排除未來可能再度執政。只是有幾件事得先做對。

第一點，國民黨必須找出新的策略，獲得在選戰中有效競爭所需的資源。第二點，國民黨過去一直仰賴組織動員選民，特別是鄉村地區的選民；面對台灣都市化和媒體密集的社會，他們需要更重視相應的策略。第三點，為了達成第二點，國民黨必須針對年輕人建立新的訴求，回應他們關心的議題，擺脫老人政黨的印象。第四點，他們必須發展一套能夠銜接黨內斷層的新機制來選擇總統候選人。國民黨會在二〇一六年和二〇二〇年慘敗，正是因為缺乏這種機制。

第五點，也是最重要的一點，國民黨必須因應目前大陸經商環境改變、北京顯露長遠野心等現實，還有國內民意的趨勢，提出新的兩岸觀點。關於最後一點，政大選舉研究中心的政治學者游清鑫的話，點破了問題所在：「台灣認同增強對國民黨的政治訴求不利，也讓該黨更難主張積極正面與中華人民共和國交往對台灣有好處。」[14]因此當有人指控國民黨，比起整體社會，更熱中於服務中華人民共和國和台灣大企業的利益時，必須要提出能夠強力駁斥的新觀點。

二〇二〇年，國民黨高層終於往這個方向走了幾步，在三月選出江啟臣擔任黨主席。生於一九七二年的他，比馬英九年輕一個世代，因此也象徵著國民黨朝年輕世代擴大同溫層。他積極強調自己多面向的認同：出生在台灣，血緣文化上是中國人，是中華民國公民。

就任以後，江啟臣成立了一個改革委員會，其中就有一個兩岸論述小組。他表示，這個小組的任務是台灣當前要務，國民黨將會「找出解決兩岸目前僵局的關鍵」。但小組提出的論述卻不能滿足黨內所有人。這份兩岸論述包含四個原則：守衛中華民國主權、保護民主人權、台灣安全優先，以及建立雙贏的繁榮兩岸關係。

這些原則本身沒有爭議，但明顯少了九二共識，無法讓黨內各方點頭。論述小組建議將九二共識當成是對「昔日兩岸互動過程的歷史描述」。這引來部分黨內人士的激烈批評。中常委劉大貝批評這是他看過「最差的一篇（兩岸論述）」，還說這只是要國民黨「跟著民進黨走」。[15]他的話除了反映國民黨內對於九二共識在國內是多大的政治負擔沒有定論，也反映了世代分歧逐漸加深。[16]

經過各派系密集的磋商後，國民黨在二〇二〇年九月初召開全國代表大會。這場會議最主要的結果，是「兩岸論述」中提出的八點折衷方案。前四點就顯示出他們召開大會前還沒解決其中的困局：

> 第一點，《中華民國憲法》既開創台灣民主自由，又連結兩岸，提供兩岸往來的法律基礎。第二點，兩岸官方協商必須正視中華民國憲政秩序，尊重中華民國存在的事實。第三點，中國國民黨執政時期關於「九二共識、一中各表」的表述，皆本於《中華民國憲法》。第四點，基於《中華民國憲法》的九二共識，應用以延續兩岸互動。[*]

這些論調即便可以安撫國民黨內的不同派系，大概也不能讓整體台灣大眾滿意；更何況這還跟北京的說法矛盾——既然中華民國不存在，其憲法自然也不能當作兩岸互動的基礎。況且這種「論述」也看不出要怎麼把裡頭的原則轉換成政策。[17]

國民黨顯然還需要很多努力，才能彌合黨內政策與立場的分歧，找到能同時滿足台灣選民和北京決策者的路徑。德國圖賓根大學大中華研究中心（Greater China Studies）的舒耕德（Gunter Shubert）教授精準總結了國民黨的兩難：

想在目前的環境下成為執政黨，國民黨必須讓選民相信它會以「台灣優先」，準備好清晰的立場應對中國的「統一談話」，和北京政府劃出界線。對國內事務也必須加快腳步提出有新意的政策。眼下的國民黨正站在十字路口，無論它要選擇哪一條路，都必定非常顛簸。[18]

即使國民黨振作起來重新執掌總統府和立法院，或是有其他政黨取而代之成為民進黨的對手，目前多數主義的制度都不見得會有變化，在中華人民共和國這樣的棘手議題上尤其如此。政策路線互相對立的政黨輪流執政，很可能導致現在的政治分歧加深，而非減緩。當然，共享政權的體制，也就是一個黨執掌總統府，立法院則由另一黨或是政黨聯盟掌控，也可能有利於促成交集。只是共治政府（divided control）在陳水扁時期就有先例，當時的政黨對立非常激烈，所以最好別對這個願景抱太大期望。

＊　譯注：此處作者所列的第三點與第四點，皆屬八點折衷方案的第三點。而原本的第四點主張應為：「中國國民黨數十年來堅決反對台灣獨立與中共的一國兩制，因兩者均將消滅中華民國主權國家地位。」請參見：https://www.taiwannews.com.tw/ch/news/4002982。

無論將來政治權力會如何分配，領導人和政治人物最重要的任務，都是增強大眾對代議政府的信心。會發生大型抗爭、推行公投、民粹主義這些現象，都是因為公民對一九九〇年代創立的間接民主制度失去信心。這些只是問題的癥狀，不是問題本身。二〇一二年的世界價值觀調查顯示，有五九．四％的受訪者信任公務體系，但信任立法院績效的只有二七．六％，信任政黨的更只有二二．四％。[19]

其實，立法委員在檯面下就未曾獲得關注的議題達成協議時，效能遠比大眾所認知的更好。但公民在媒體上只會看到兩極化的衝突，有時還在立法院議場演變成肢體暴力。這些負面形象實在不太可能為政黨和立法委員搏得大眾信賴，碰到會決定台灣長遠未來的政策，比如如何應對北京，就更糟糕了。

單是更重視資歷和專業、提供立法委員更多幕僚支援的體制改革，已經不夠了。更重要的是改變立法院的文化，強調禮讓和妥協的意願，就像馬侃參議員逝世前在參議院最後一次向同僚發表演說的勸告一樣。（本書引文就是取自該次演說。）只有這樣的改變，政治人物才能代表人民的利益與價值觀；生在賭注這麼高的環境裡，這樣的政治制度才符合大眾的期待，也是他們應得的。

## 拓展共同基礎

台灣人對於什麼該反對，其實有著廣大的共識。北京的一國兩制就是其中之一。身為台灣領導人的難處，其實是裁斷社會支持些什麼，還有如何調解相爭不下的目標。在所有困難的抉擇裡，中華人民共和國的挑戰最是重要，危險性也高到決斷不容遲疑。但做出抉擇前，各大政治陣營得先同意台灣正面臨嚴重的外部威脅，需要統合整個社會的利益和彼此的政治利益來面對共同的威脅。這一步殊非易事，但以前的確有過這樣的共識，所以並不是絕無機會。以下的例子中，第一個來自台灣本身的歷史，其餘則是取自其他地方和政治制度。

在台灣尚屬邊疆的兩百年裡，社會衝突一直是常態，原住民的族群內部非常緊密，但族群之間相當鬆散。漢族移民雖然比較團結，但這種團結也只是因為祖籍相同。原住民、泉州人、漳州人、客家人之間，經常為了土地、水源、女人等理由而彼此交戰，清朝政府也無意花費資源安定此地。[20]後來一八九四年、一八九五年中日戰爭爆發，清朝政府便將台灣割讓給日本。至少在北台灣，各族群開始團結面對新來的外敵，不再互相衝突。歷史學者郝瑞（Stevan Harrell）解釋：「在短短四十年裡，北台灣的地方仕紳就從鬆散的地方宗族領袖，變成一個組織網絡緊密的社會階級，從彼此對抗變成對抗日本。」[21]

一九四七年，大英帝國決定不再支援希臘和土耳其的安全防務。當時西方集團都害怕這兩國的政府會像其他東歐國家一樣，在蘇聯的手段下土崩瓦解。杜魯門政府了解這對歐洲的威脅，因此堅持向雅典和安卡拉提供協助。但「積極參與全球事務的美國」牴觸了共和黨信奉的孤立主義，甚至連民主黨都一時難以接受。不過政府還是贏得了共和黨參議員范登堡（Arthur Vandenberg）一派的支持，他是一九四七年至一九四九年的參議院外交委員會主席。杜魯門政府的官員以國務卿艾奇遜（Dean Acheson）為首，提出了一份廣受兩黨認同的外交政策，在國會推動了一些關鍵立法。范登堡對艾奇遜最大的協助，是勸止共和黨議員出於政治動機攻擊政府的安全政策。正是他說出了「政治止於大洋之濱」這句名言，也是他勸諫杜魯門政府要從「蘇聯和我國對峙的大局」來看待希臘和土耳其問題。[22] 換句話說，促使美國政治菁英對安全政策產生廣泛共識的，正是因為強調蘇聯帶來的危險。[23]

身為蘇聯的北歐鄰國，芬蘭在二戰剛結束時也遇到了艱難的挑戰。二戰期間，芬蘭曾和紅軍作戰，也曾與納粹德國結盟，但仍希望保留獨立地位，免得像波蘭、東德乃至於整個東歐一樣，屈服於莫斯科的擺弄。芬蘭的政治菁英也希望保有民主制度，而且不能讓共產黨在其中扮演要角。於是芬蘭向莫斯科保證，會在即將展開的東西冷戰對抗中保持中立。芬蘭領導人明白，想要維持國家獨立，就需要限制某些國內的政治活動，接著大眾很快也理解了。芬蘭盧卡奇（John Lukacs）解釋，要讓莫斯科滿意，「勢必得在新聞、出版等傳媒上克制言論表達，有時甚至需要政府壓制，以避免激怒莫斯科。」[24] 芬蘭記者雅各布森（Max Jacobson）曾在一九八〇年寫道：「芬蘭人捨棄了擺姿態滿足激情的奢求，小心不要引起莫斯科的疑心，或是跟蘇聯的強權威信攪和。」[25]

不要誤會，我舉芬蘭為例並不是暗示台灣應該在中華人民共和國和美國的競爭中採取中立姿態。兩邊的處境差異很大。不過也不該在討論的開頭就先排除借鏡芬蘭的妥協方針。至少曾有一名美國學者在馬英九的政策中看到過芬蘭的影子，台灣的政治人物兼學者張亞中也曾公開支持以芬蘭為鑑。[26]但我這裡要談的重點只是，外部威脅有可能讓一個國家的政治人物和人民為了好好應付共同的威脅，選擇看淡過去的衝突。

阿富汗最近的發展則是極端的負面案例，可以看出菁英之間尋求共同基礎的重要性。對於該國的和平穩定，以及現有政府的存續，塔利班都是一個嚴重的威脅。川普政府和塔利班達成協議，同意將大部分軍人撤出阿富汗，這會讓塔利班獲得更大的國內影響力；然而華盛頓卻沒有利用這份協議的約束力，要求塔利班和阿富汗政府認真談判。不過阿富汗政府也分裂得非常嚴重；二〇一九年總統大選後，每個候選人都各自舉行了就職典禮。儘管塔利班的危險性不斷增長，各大山頭依然視彼此為寇讎。台灣雖然好了很多，但阿富汗的例子還是足以為誡。[27]

台灣各個陣營的領導人，最起碼在用詞上還是清楚團結有多重要。二〇一二年五月，馬英九曾在第二任期的就職演說中講過這段話：

我們就是一家人，台灣就是我們共同的家園。我們深信，不管朝野之間有什麼歧見，我們都是一家人。即使過去幾年朝野和解存在不少困難，但英九相信，民主是我們的共同價值，在這個基礎上，我們一定可以尋求共識，合力解決問題。四年來，英九持續邀請各種公民團體來對談。英九也誠摯的希望，盡速與在野黨領袖展開對話，我們要讓民眾看到，朝野不是只有相互競爭，也能彼此合作。為了全民福祉，讓我們一起為台灣民主建立良好的典範。[28]

蔡英文也重複了相似的訴求。比如說她在二〇二〇年一月連任的晚上，就以這段話做為勝選感言的結尾：「最後我想說，選舉已經結束了，所有選舉過程中的衝突，都應該到此為止。我希望所有支持者，絕對不要有任何刺激對手的言行。我們要擁抱彼此，因為，要打敗這個國家的困境，所有人都必須團結在民主的旗幟之下。」[29]有好一段時間，團結都是她不斷強調的主題。和二〇一二年的馬英九一樣，她這麼做當然也是有利可圖。執政一段時間以後，兩人都發現，只要反對黨選擇與政府合作，治理就會比較容易。但他們的話語中也有一個基本的道理：如果社會裡各方政治勢力不能合作，而是四分五裂的話，就會更沒有能力解決迎面而來的問題。這個道理在任何政治制度都通用，但是當地平線的彼端有個凶猛大國時，這就是鏗鏘的真理。

政治修辭是一回事。要從修辭變成政治方案，長期、有效的處理重大政策挑戰，又是另一回事。民主制度幾乎天生就鼓勵分歧，分歧代表著利益與價值觀的差異，這些差異在任何社會裡都存在。民主或許能以制度規範分歧帶來的競爭，緩解競爭造成的分裂，但未必總能如願。但我們可以肯定，如果總是有某個陣營堅持要對手先接受自己的觀點，台灣就不會有更進一步的團結。如果其中一方反對政治制度裡的規範，比如民進黨團或國民黨團違反立法院運作的規矩，或是少數黨占領議場來妨礙多數黨，台灣也很難更加團結。30

以前台灣也曾經有過大型的跨黨派合作。一九九〇年代，台灣正需要修憲以完成民主轉型。通過修憲案多半需要國民黨和民進黨協力合作，最起碼要各有一部分的人願意這麼做。一九九〇年代的情況是李登輝利用了國民黨和民進黨的內部分歧，促成國民黨的淺藍派系和民進黨的淺綠派系共同合作，通過了必要的憲法修正案。不過這次合作會成功，主要還是因為李登輝的個人魅力，加上牽涉各派系的重大利益。李登輝卸任後，各黨的黨紀就漸趨嚴格，而且國、民兩黨的黨團領袖也無法因為總統的離間得到好處。

李登輝打造的跨黨派合作算是特例，無法直接套用在台灣的現況上。不過看起來，形成合作的前提包括各黨政治人物要先對目標和實現法門有清楚共識、認同互相合作比各自為政更能見效，以及盡力貫徹這些共識來解決問題。這種合作可能需要讓「淺色派系」成為兩大黨的主流；如果繼續維持「深淺分裂」，這種合作就無法成功。另一個必要條件，是找出辦法統籌社會上不同部門（工商團體、公民社會、年輕世代等等）和美國政府的觀點。不過台灣的目標很清楚：讓所有勢力都同意以下兩個規矩。第一個規矩改寫自范登堡參議員的話：政治止於海峽灘岸。第二個規矩則是出自富蘭克林簽署《獨立宣言》時的警語：「我們若不團結，必然各無死所。」[31]

上述方案如果能有以下基礎，就會更加成功：

一、「是台灣人也是中國人」的雙重認同要比現在更清晰。

二、認真解決政治問題，而非在政治象徵上爭鬥。[32]

三、清楚觀察北京對台灣的目標。

四、對兩岸現狀中的元素形成共識，釐清哪些值得不計代價守護，哪些可以放上談判桌。

五、採取真正能嚇阻解放軍進攻的防禦姿態。

六、普遍認知到中華人民共和國正在擾亂台灣人的認知，試圖干預台灣民主。

七、對於在國內、大陸和其他地方從事商業活動的機會與風險，要有一致的認知。

八、明白和美國維持緊密、堅實的關係至關重要。

九、清楚了解想順利應對北京的挑戰會有哪些利弊得失，失敗又得付出哪些嚴重的代價。

說得更具體一點，國民黨和民進黨的政治人物是否有機會發揮意志與創意，一起做到以下這些事？

- 兩黨合作改革政府財政，以進步的方式增加稅收（對資本課徵更多稅金），為年金和健保計畫提供永續基礎。
- 建立制度，對各部門的官員貪汙設下更嚴厲的限制，改善政府治理。
- 持續和中華人民共和國以外的貿易夥伴，特別是美國和日本，加深經濟關係。就美國的部分而言，首先必須支持蔡英文在二〇二〇年八月開放進口牛肉和豬肉的決定，因為簽訂自由貿易協定對台灣的整體經濟甚有裨益。
- 評估台灣可以接受依賴大陸經濟到什麼程度，並取得共識；根據評估的結果來考慮是否要重提《海峽兩岸服務貿易協議》，並且對原版協定中的具體缺陷提出修正方案，接著繼續和北京展開貨品貿易協議的談判。
- 呼應目前的威脅環境，找出國防戰略上的共識，並共同確保有關部隊結構、人事、採購的軍事政策，和國防戰略保持一致。

- 發展「整體性政府」（whole of government）的方針來應對中華人民共和國的非武力脅迫作戰。
- 在兩岸關係上凝聚跨越黨派的方針，就台灣未來的方向傳達客觀上可以信賴的保證，而非聽任中華人民共和國以九二共識定調兩岸來往。二〇一九年五月那份立法對於和中華人民共和國談判政治協議，立下了太過嚴格的限制，需要廢止或是修正；這樣一來，具備一定民意基礎的協議才比較有可能通過。
- 宣示基本原則：任何解決兩岸重大分歧的途徑，都必須經過修憲案批准。
- 表明兩黨皆期望北京對於台灣的選舉，在修辭和行為上都能維持中立，並尊重選舉結果。
- 先行一步反對統派勢力聽從習近平二〇一九年一月的談話，呼籲「在堅持『九二共識』、反對『台獨』的共同政治基礎上」，由「兩岸各政黨、各界分別推舉代表性人士」組成團體，因為北京會以此為前提將民進黨排除在外。[33]
- 為立法院設計新的程序規章，其中最重要的是樹立國會乃大雅之堂的意識，還有禁止黨團或外部團體占領立法院議場。

這些改變都不容易，但只要齊力實踐這些改變，台灣和北京談判時，就能取得更有力的地位，人民對整套政治制度也會更加支持。

程序上，要進行實質性的合作也不容易。但要是有了根本性的共識，合作很可能就不會僅止於一時，而是能夠長期維持。就台灣面對的挑戰來說，最適合也禁得起考驗的方式，或許是以民族團結的方式來建立政府。不過無論要採取什麼形式，兩黨要有所交集，大概只能靠領導人來發起。畢竟領導就是他們的職責。雖然改變的過程一定需要其他政黨和各領域人民追隨合作，但期待改變由下而上發生是不切實際的。

像我這樣從半個地球外給台灣建議當然很容易。但對於台灣的領導人和其追隨者來說，要建立和維繫我想的這些社會和政治架構，絕對非常困難。而且我猜，如果國民黨無法振作起來跟民進黨分庭抗禮，或是民進黨內部往深綠大老靠攏的話，這個過程就會更加艱困。但台灣的政治領導人不能期待對北京只是虛應敷衍，還會有喜從天降，沒有人擔得起小看北京野心的代價。在可見的未來裡，找出抗衡中華人民共和國野心的路徑，是台灣民主制度最迫切該解決的重大挑戰。

台灣的選民信賴著政治人物可以守住台灣的美好生活、國家安全，還有最基本的政治存續。所以無論藍綠，一旦失手就會讓選民失去信心。畢竟，民主制度不只是以公平自由的選舉選出領導人，還有在論辯日常議題時可以免於恐懼而已；民主制度還賦予民選領導人一份義務，要為整體社會利益交出良好的表現。

領導人如果胡亂應付、得過且過，或是忽視加深亡國感的力量，就背棄了促進公共利益的義務，也背棄了投票選擇他們治理的選民。但台灣的處境並非無望。台灣的民選官員的確有能力呼應大眾期待，交出優異的表現。問題在於他們有沒有這種意志？規劃優秀的政策，實現國家安全、人民有錢，絕對需要在衝突的目標之間做出抉擇，並向大眾解釋為何這是現有選項中最好的一個。正因台灣面對的風險很大，一旦失敗就可能付出嚴重代價，政治領導人更必須承擔空前的責任。台灣人民理應擁有一個能負起這種空前責任的領導人。

# 注釋

## 第一章

1. 為了方便起見，我把「本島」（the island）一詞視同為台灣來使用，即使這樣的用法並不精確。這是因為大部分人口居住的是台灣本島，而那是人們想到台灣時就會想到的地方，但是台灣政府其實還管轄了其他數個島嶼，包含了本島以西的澎湖群島，以及接近中國大陸東南沿海的幾個小島，其中又以金門和馬祖最為重要。
2. 例如請見：Thomas G. Mahnken and others, "Tightening the Chain: Implementing a Strategy of Maritime Pressure in the Western Pacific," Center for Strategic and Budgetary Assessments, May 23, 2019.
3. International Monetary Fund, "World Economic Outlook Database," October 2017.
4. "Taiwan Population (Live)," Worldometers; "Urban Population (% of total population)," World Bank, United Nations Population Division, World Urbanization Prospects: 依據二〇一八年修訂版。
5. *Statistical Yearbook of the Republic of China* (Directorate-General Budget, Accounting and Statistics, ROC, September 2019), table 15, "Higher Education," and table 39, "General Situation of National Income" (https://eng.stat.gov.tw/public/data/dgbas03/bs2/yearbook_eng/Yearbook2018.pdf); *Taiwan Statistical Data Book, 2019* (Taipei: National Development Council, ROC [Taiwan], 2019), table 3-1,"Gross Domestic Product and Gross National Income ."
6. *Statistical Yearbook of the Republic of China*, tables 7, 15 and 39.
7. *Taiwan Statistical Data Book*, table 13-6a, "Number of Students Receiving Higher Education by Discipline"; table 13-9," Availability of Schools and Teachers"; and table 13-10, "Educational Expenditure per Student at All Levels." *The CIA*

World Factbook, 2020-2021 (New York: Skyhorse Publishing, 2020), "Taiwan," section on "People and Society", p. 917.

8. *Taiwan Statistical Data Book*, table 2-4,"Population Aged 15 and Over by Level of Education."

9. "Taiwan Likes Facebook, Has Highest Penetration," *Taipei Times*, February 28, 2014.

10. *Taiwan Statistical Data Book*, table 3-2a, "Average Annual Growth Rate of Real GDP."

11. *Statistical Yearbook of the Republic of China*, table 46, "Average Disposable Income per Household by Disposable Income Quintile."

12. *Statistical Yearbook of the Republic of China*, table 9, "Unemployment Rates by Educational Attainment and Age."

13. Lalaine C. Delmendo, "Taiwanese House Prices Continue to Fall Due to Harsh Taxes," *Global Property Guide*, August 8, 2019.

14. Syaru Shirley Lin, "Taiwan in the High Income Trap and Its Implications for Cross-Strait Relations," in *Taiwan's Economic and Diplomatic Challenges and Opportunities*, ed. Dafydd Fell (London: Routledge, 即將出版).

15. National Development Council. "Population Projections for the R.O.C. (Taiwan): 2018-2065," in Population Projections for the R.O.C. (Taiwan): 2020-2070, pt. A.

16. Central Intelligence Agency, "Taiwan"; National Development Council,"Population Projections for the R.O.C. (Taiwan): 2018-2065."

17. National Development Council. "Population Projections for the R.O.C. (Taiwan): 2018-2065."

18. *World Factbook*; Yale University, Environmental Performance Index, 2014 (http://archive.epi.yale.edu/epi/country-profile/taiwan).

19. 關於柔性威權和剛性威權的定義，請見：Edwin A. Winckler, "Institutionalization and Participation on Taiwan: From Hard to Soft Authoritarianism?" *China Quarterly*, no. 99 (September 1984), pp. 481-99.

20. "Remarks by AIT Chairman James Moriarty at Brookings Institution," October 12, 2017, American Institute in Taiwan (www.ait.org.tw/remarks-ait-chairman-james-moriarty-brookings-institution/).
21. Richard C. Bush, *At Cross Purposes: U.S.-Taiwan Relations Since 1942* (Armonk, N.Y.: M. E. Sharpe, 2004), pp. 179-219.
22. 柯林頓政府派我以美國在台協會主席的身分，表達美國對李登輝的主張十分不滿。

## 第二章

1. 除非另有說明，不然我所使用的「中國」（China）一詞都是指中華人民共和國政府或是中國大陸地區，而不是做為國際體系成員的中國。
2. 該報告旨在估量世界各國人民的快樂程度（主觀幸福感），依據的評量變項包括了人均國內生產毛額、社會支持、健康平均餘命、選擇人生的自由、慷慨大方，以及對腐敗的觀感等等。請見：John F. Helliwell, Richard Layard, and Jeffrey D. Sachs, eds., *World Happiness Report 2018*, New York: Sustainable Development Solutions Network, figures 2.2 and 2.3. 二〇二〇年，台灣上升至全球第二十五名，在東亞仍居第一。請見：William Yen, "Taiwan Ranked Happiest Country in East, Southeast Asia: Survey," *Focus Taiwan*, March 21, 2020.
3. 讓情況更形複雜的是，某一個文化的快樂構成要素，可能不同於另一個文化的人民對快樂的定義。再者，在生命週期的不同階段，能為人們帶來快樂的事物也不盡相同。
4. 「總統滿意度電訪及手機調查案：第二十二次」，台灣選舉與民主化調查，國立政治大學選舉研究中心於二〇一七年十二月所做的調查（http://teds.nccu.edu.tw/main.php）。
5. André Laliberté, "Religion and Politics," in *Routledge Handbook of Contemporary Taiwan*, edited by Gunter Schubert

(Abingdon, U.K.: Routledge, 2016), p. 338.

6. Central Intelligence Agency, "Taiwan," *The CIA World Factbook*, 2020-2021 (New York: Skyhorse Publishing, 2020), pp. 914-15. 大多數的本省人又可細分為三個群體：來自福建省南部的漳州人和泉州人，以及來自廣東省東部的客家人。

7. Ralph N. Clough, *Island China* (Harvard University Press, 1978), p. 37.

8. T. Y. Wang, "Changing Boundaries: The Development of the Taiwan Voters' Identity," in *The Taiwan Voter*, edited by Christopher H. Achen and T. Y. Wan (University of Michigan Press, 2017).

9. "World Values Survey: Taiwan, 2012," study# 552, vol. 20180912 (www.worldvaluessurvey.org/WVSDocumentationWV6.jsp: 點選"WV6_Results_Taiwan 2012_v20180912.")（譯注：此處缺漏正文引用的Taiwan Social Change Survey出處。）

10. Stephan Haggard and Robert R. Kaufman, *Development, Democracy, and Welfare States: Latin America, East Asia, and Eastern Europe* (Princeton University Press, 2008).

11. 有關社會運動的部分，請見：Dafydd Fell, ed., *Taiwan's Social Movements under Ma Ying-jeou: From the Wild Strawberries to the Sunflowers* (New York: Routledge, 2017).

12. 關於年輕人從投票轉向線上參與的這種變動，詳情請見：Min-hua Huang and Mark Weatherall, "Online Political Participation in East Asia: Replacement or a Substitute for Electoral Participation," Asian Barometer, Working Paper 112, 2016 (/www.asianbarometer.org/publications//1de82720b3151fd962872eee584d7f71.pdf).

13. Ming-sho Ho, "The Activist Legacy of Taiwan's Sunflower Movement," Carnegie Endowment for International Peace, August 2, 2018.

14. 林倖妃，〈二〇一七《天下》國情調查一：三十九歲，民意的斷裂點〉，《天下雜誌》六一四期（二〇一七年一月三日），www.cw.com.tw/article/articleLogin.action?id=5080204。

15. *Statistical Yearbook of the Republic of China*, 2019 (Directorate-General Budget, Accounting and Statistics, ROC,

September 2019), table 9, "Unemployment Rates by Educational Attainment and Age."

16. Ming-sho Ho, "The Activist Legacy of Taiwan's Sunflower Movement."

17. Shelley Rigger, *Taiwan's Rising Rationalism: Generations, Politics, and "Taiwanese Nationalism,"* Policy Studies 26 (Washington, D.C.: East-West Center Washington, 2006).

18. Shelley Rigger, "The China Impact on Taiwan's Generational Politics," in *Taiwan and the "China Impact": Challenges and Opportunities*, edited by Gunter Schubert (New York: Routledge, 2015), pp. 70-90.

19. 就世代的分野來說，WVS只區分了二十九歲以下、三十至四十九歲、五十歲以上的年齡族群。（譯注：此處原文描述的年齡分野有誤，譯文已更正。）

## 第三章

1. Jessica T. Mathews, "America's Indefensible Defense Budget," *New York Review of Books*, July 18, 2019, p. 23.

2. Yeun-Wen Ku and James Cherng-Tay Hsueh, "Social Welfare," in *Routledge Handbook of Contemporary Taiwan*, edited by Gunter Schubert (New York: Routledge, 2016), pp. 342-58.

3. 此處討論是依據：Tsai-tsu Su, "Public Budgeting System in Taiwan: Does It Lead to Better Value for Money?," in *Value for Money: Budget and Financial Management Reform in the People's Republic of China, Taiwan, and Australia*, edited by Andrew Podger and others (Canberra: Australia National University Press, 2018), p. 79-93.

4. 台灣政府也與許多國營企業和非營利循環基金有關聯，而這些企業和基金皆是自籌資金，且不受政府行政與立法機關的年度施政影響。

5. Rebecca Lin and Pei-hua Yu, "Taiwan on the Edge of a Precipice?," *Common-Wealth Magazine* 607 (October 11, 2016).

6. *Taiwan Statistical Data Book*, 2018 (Taipei: National Development Council, ROC [Taiwan], 2018), table 2-5, "Population by

Dependent and Working Age Groups (1)."

7. "2017 Central Government Budget Overview," Central Government General Budget Proposal, Fiscal Year 2017, updated February 17, 2017, Directorate-General for Budget, Accounting and Statistics, ROC (https://eng.dgbas.gov.tw/public/Attachment/7217104714ZX60WRZE.pdf). 依據推估，退休金在未來所面臨的或有債務，截至二〇一六年六月，總額超過新台幣一七．五九二兆（按二〇一九年十二月匯率計算是五．八二億美元）。主計總處也在二〇一七年預算報告中警告這會拖累財政：「這些未來的或有債務若不是未來的法定支出，其應由同年度之年度預算提撥，就是可能用於支付經費不足的社會保險款項，這也可以透過調整保費或是其他年金改革予以補足。」

8. "It's Time to Raise NHI Premiums," editorial, *Taipei Times*, May 29, 2020.

9. "Taiwan (Republic of China)'s Constitution of 1947 with Amendments through 2005," *Constitute* (www.constituteproject.org/constitution/Taiwan_2005.pdf?lang=en).

10. 關於這部分的背景，請見：Eva E. Chen and Hui Li, "Early Childhood Education in Taiwan," in *Early Childhood Education in Chinese Societies*, edited by Nirmala Rao, Jing Zhou, and Jin Sun (Dordrecht, Neth.: Springer, 2017), pp. 217-24.

11. *Taiwan Statistical Data Book*, 2018, pp. 267-68.

12. 「總統滿意度電訪及手機調查案：第二十九次」，台灣選舉與民主化調查，國立政治大學選舉研究中心於二〇一九年九月所做的調查（http://teds.nccu.edu.tw/main.php）。（譯注：原文此處引用的數據資料與注釋的資料出處年份不符，譯文已按二〇一九年九月份的調查數據修正。）

13. Su, "Public Budgeting System in Taiwan."

14. 同上。

15. Central Intelligence Agency, "Taiwan," *The World Factbook*, 上次更新時間為二〇一九年十二月六日 (www.cia.gov/library/publications/the-world-factbook/geos/tw.html).

16. Su, "Public Budgeting System in Taiwan," p. 82.
17. "Taiwan (Republic of China)'s Constitution of 1947 with Amendments through 2005," Constitute.
18. 這些數額都可見於主計總處網站的「預算案」（Budget Proposal）及「法定預算」（Legal Budget）欄位，請見："Fiscal Year 2007–Fiscal Year 2017," Central Budget Information, Directorate-General for Budget, Accounting and Statistics, ROC (http://eng.dgbas.gov.tw/np.asp?ctNode=1911&mp=2).
19. 地方層級預算編製過程會受制於一種不同的動態關係的影響。一方面是地方管轄權須受制於主計總處的指揮，而使其選擇有所局限，另一方面則是其並不受制於嚴格的財政約束，而且經常會在入不敷出時尋求中央政府的補助。請見：Su, "Public Budgeting System in Taiwan," pp. 85-86.
20. "Introduction to the Special Budget," Directorate-General for Budget, Accounting and Statistics, ROC, 上次更新時間為二〇〇九年十月二十九日 (https://eng.dgbas.gov.tw/ct.asp?xItem=25529&CtNode=5304&mp=2); Wang Yung-yu, Justin Su, and Elizabeth Hsu, "Legislature Passes Special Budget for F-16 Purchase," *Focus Taiwan*, November 22, 2019.
21. "New NT$210bn Virus Budget to be Introduced," *Taipei Times*, July 10, 2020.
22. *Taiwan Statistical Data Book*, 2019 (Taipei: National Development Council, ROC [Taiwan], 2018), p. 181.
23. Central Intelligence Agency, "Taiwan."
24. Anthony Shorrocks, Jim Davies, and Rodrigo Lluberas, *Global Wealth Databook 2018* (Zurich: Credit Suisse Research Institute, October 2018), p. 156.
25. Central Intelligence Agency, "Taiwan."
26. Ministry of Finance, *Guide to ROC Taxes*, 2018 (www.mof.gov.tw/file/Attach/80779/File_106065.pdf), pp. 5-6.
27. *Taiwan Statistical Data Book, 2019*, table 9(2b), "Net Government Revenues of All Levels by Source," p. 178.
28. Chenwei Lin, "Weak Taxation and Constraints of the Welfare State in Democratized Taiwan," *Japanese Journal of*

*Political Science 19* (September 2018), pp. 397-416.

29. 關於股市資本利得和財產稅的低額收入，請見："Taiwan: 'Island of Inequity'?," *CommonWealth Magazine*, vol. 445, April 22, 2010 (https://english.cw.com.tw/magazine/magazine.action?id=175).

30. Ministry of Finance, *Guide to ROC Taxes* 2018, p. 20.

31. 同上，頁九。

32. Jane Rickards, "A Taxing Problem: Taiwan's Comparatively High Personal Income Tax-Rates," *Taiwan Business Topics*, August 2018 (https://topics.amcham.com.tw/2018/08/a-taxing-problem-taiwans-comparatively-high-personal-income-tax-rates/).

33. "Central Government General Budget, Fiscal Year 2013," Directorate-General for Budget, Accounting, and Statistics, ROC (https://eng.dgbas.gov.tw/ct.asp?xItem=33683&CtNode=6002&mp=2); "The General Budget Proposal of Central Government: Summary Table for Annual Expenditures by Functions, FY2019," Directorate-General of Budget, Accounting, and Statistics, ROC (https://eng.dgbas.gov.tw/public/Attachment/89271149T64V6LTY.pdf).

34. Thomas Piketty, *Capital in the Twenty-First Century* (Cambridge, Mass: Belknap Press, 2014).

35. 關於這些計畫，請見："Taiwan (China)," Social Security Programs Throughout the World: Asia and the Pacific, 2018, U.S. Social Security Administration (https://www.ssa.gov/policy/docs/progdesc/ssptw/2018-2019/asia/taiwan.html).

36. Shih Jiunn Shi, "The Fragmentation of the Old-Age Security System: The Politics of Pension Reform in Taiwan," in *Social Cohesion in Greater China: Challenges for Social Policy and Governance*, Ka Ho Mok and Yeun-Wen Ku, eds. (Hackensack, N.J.: World Scientific, 2010), p. 365.

37. 同上，頁三六五。

38. Stephan Haggard and Robert R. Kaufman, *Development, Democracy, and Welfare States: Latin America, East Asia, and*

*Eastern Europe* (Princeton University Press, 2008), p. 256.

39. Lin and Yu, "Taiwan on the Edge of a Precipice?," *CommonWealth Magazine*.
40. James Lin, "Pension Promises Disguise Reality," *Taipei Times*, July 1, 2019.
41. Jens Kastner, "Projected Pension Cuts Outrage Taiwan's Military," *Asia Sentinel*, July 4, 2018; J. Michael Cole, "Unprecedented Violence, Possible China Link as Anti-Pension Reform Protesters Storm Taiwan's Legislature," *Taiwan Sentinel*, April 27, 2018.
42. Lin Chang-chun, Elizabeth Hsu, and Christie Chen, "Parts of Pension Reform Laws Violate Constitution: Court," *Focus Taiwan*, August 23, 2019.
43. Feng Chien-san,"Combating Injustice with Fair Taxes," *Taipei Times*, February 18, 2019.

## 第四章

1. Robert Wade, *Governing the Market: Economic Theory and the Role of Government in East Asian Industrialization* (Princeton University Press, 1990).
2. Gary G. Hamilton and Cheng-shu Kao, *Making Money: How Taiwanese Industrialists Embraced the Global Economy* (Stanford University Press, 2018).
3. *Taiwan Statistical Data Book, 2019* (Taipei: National Development Council, ROC [Taiwan], 2019), tables 11-9a and 11-9e, "Commodity Trade with Major Trading Partners." 這個數據包含了台灣對香港的三分之一的出口品，而這些可能是經由香港轉運到大陸的高科技產品。
4. Ali Wyne, "Potential Downsides to U.S.-China Trade Tensions on Taiwan's Economy," *Global Taiwan Brief* 5, no. 5 (2020).
5. 關於馬英九第一任期的發展狀況，請見：Richard C. Bush, *Uncharted Strait*: The *Future of China-Taiwan Relations*

(Brookings Institution Press, 2013).

6. *Taiwan Statistical Data Book*, 2019, table 3-6, "Per Capita National Income," p. 58.

7. Central Intelligence Agency, "Taiwan," *The CIA World Factbook*, 2020-2021 (New York: Skyhorse Publishing, 2020), p. 917.

8. 行政院主計總處，〈二〇一七年我國HDI、GII分別位居全球第二十一名及第八名〉，《國情統計通報》，二〇一八年十月，www.dgbas.gov.tw/public/Data/81030161446GEYJEAG4.pdf。儘管台灣並未納入聯合國開發計畫署人類發展指數（因為台灣不是聯合國成員國），但是台灣的主計總處仍使用聯合國開發計畫署的最新方法來統計數字。

9. Klaus Schwab, ed., *The Global Competitiveness Report 2019* (Geneva: World Economic Forum, 2019). 此引用段落出自第二頁，全球總排名在第xiii頁，台灣的相關資訊請見第五三八頁至第五四一頁，中國則請見第一五四頁到第一五七頁。

10. Schwab, *Global Competitiveness Report 2019*, p. 7. 台灣在類似的研究中都有極佳得分。世界銀行的《經商環境報告》（Doing Business）調查聚焦於政府監管環境下設立和營運企業的難易度，台灣在二〇一九年的排名是第十三名，請見：World Bank Group, *Doing Business 2019: Training for Reform* (Washington, D.C.: World Bank, 2019). 瑞士洛桑國際管理發展學院（The International Institute for Management Development）使用了類似ＷＥＦ的方法，台灣的二〇二〇年排名為第十一名，請見："Taiwan Up to 11th in IMD Competitiveness Rankings," *Taipei Times*, June 17, 2020. 然而，諸如ＷＥＦ的這類評鑑並不完美。其一是因為用來評鑑富裕和貧窮經濟體的因素，在只評估彼此競爭的發達經濟體時，可能缺乏了足夠的辨識度。再者，ＷＥＦ調查的某些指標是可以客觀衡量，如網際網路使用人數占總人口的百分比，而其他指標就端賴有關國家企業主管的判斷，其透過兩階段的調查來判定。以台灣為例，由於ＷＥＦ的合作機構是台灣國發會，因此不難理解，這個政府機構會想要台灣具有較高的排名。二〇一九年以前，ＷＥＦ都會提供每一個經濟體的受訪人數；二〇一八年，台灣只有一百一十二位，若考慮到台灣經濟體中蓬勃發展的工商業界，人數就顯得似乎太少。該論壇自二〇一八年之後就不再提供受訪人數的資料。請見：Schwab, *Global Competitiveness Report 2018*, p. 627.

11. *Taiwan Statistical Data Book 2019*, table 3-1, "Gross Domestic Product and Gross National Income."

12. Robyn Mak, "Taiwan, Not China, Is Its Own Worst Enemy," Reuters Breakingviews, April 24, 2017.
13. George Liao, "MOI: Taiwan Officially Becomes an Aged Society with People over 65 Years Old Breaking the 14% Mark," *Taiwan News*, April 10, 2018.
14. "Taiwan," *The CIA World Factbook*, 2020-2021, p. 914.
15. "Taiwan Population 2020 (Live)," *World Population Review*.
16. Central Intelligence Agency, "Taiwan"; National Development Council, "Population Projections for the R.O.C. (Taiwan): 2018-2065," in Population Projections for the R.O.C. (Taiwan): 2020-2070, part A.
17. National Statistics, Republic of China (Taiwan), "Population."
18. "Number of Married Couples in Decline; Singles Hit 4.4m," *Taipei Times*, October 25, 2017; *Taiwan Statistical Data Book 2019* (Taipei: National Development Council, ROC [Taiwan], 2019), tables 2-7a and 2-7b, pp. 33-34, "Percentages of Population by Age Group."
19. *Taiwan Statistical Data Book 2019*, table 1-1e,"Indicators of the Taiwan Economy," p. 23.
20. *Statistical Yearbook of the Republic of China*, 2018 (Directorate-General Budget, Accounting and Statistics, ROC, September 2018).
21. 此為匿名審閱人的觀察。
22. Elizabeth Hsu, "Taiwan Has 13th Most Millionaires of Any Country," *Focus Taiwan*, November 15, 2017.
23. Bloomberg, *Bloomberg Billionaires Index*, as of October 20, 2020 (www.bloomberg.com/billionaires/?sref=ctSjKj2N).
24. Chen Cheng-wei and Evelyn Kao, "Taiwan's Average Household Net Worth Hit NT$≒23 Million in 2015," *Focus Taiwan*, April 27, 2016.
25. Tsai Yi-chu and Chang Yu-hsi,"Taiwanese Parents Save 17% of Monthly Income in Education Funds," *Focus Taiwan*,

September 11, 2017.

26. Chiu Po-shen, Ko Lin, and Wang Szu-chi, "Majority of Taiwanese in Their Thirties Owe Big Debts: Survey," *Focus Taiwan*, July 12, 2018 (http://focustaiwan.tw/news/asoc/201807120024.aspx).

27. Syaru Shirley Lin, "Taiwan in the High Income Trap and Its Implications for Cross-Strait Relations," in *Taiwan's Economic and Diplomatic Challenges and Opportunities*, edited by Dafydd Fell (London: Routledge, 即將出版); 引自台灣內政部。

28. Jane Rickards, "What's Holding Down Salaries in Taiwan?" *Taiwan Business Topics*, March 15, 2018.

29. 第一類包括製造業、建造業、礦業、採石業，股東投資資本額為新台幣八千萬元（二百四十二萬美元）或以下，且正式雇員少於二百人。第二類則囊括了農林漁業、水電瓦斯、商業、運輸、倉儲和通訊、金融、保險和房地產、工商服務，以及社會和個人服務產業，去年的銷售收入為新台幣一億元（三百零三萬美元），而正式雇員少於一百人。請見：Tzong-Ru Lee and Irsan Prawira Julius Jioe, "Taiwan's Small and Medium Enterprises (SMEs)," *Education about Asia* 22, no. 1 (2017), pp. 32-34.

30. Timothy Ferry, "Taiwan Tech in Education," *Taiwan Business Topics*, August 15, 2016.

31. Timothy Ferry, "Taiwan Needs Talent," *Taiwan Business Topics*, April 25, 2018; Rickards, "What's Holding Down Salaries in Taiwan?"

32. Molly Reiner, "The Search for Balance in the Taiwan IT Industry," *Taiwan Business Topics*, September 13, 2015. 這也是接下來四段引言的出處。

33. American Chamber of Commerce in Taipei, "AmCham Taipei White Paper, 2020 edition," *Taiwan Business Topics* 50, no. 6 (June 2020), p. WP 7.

34. Timothy Ferry, "Asia  · Silicon Valley I Don't Forget the Dot!" *Taiwan Business Topics*, May 8, 2017.

35. Matthew Fulco, "Taiwanese Startups: Making up for Lost Time," *Taiwan Business Topics*, March 8, 2015. 請同時參閱：Matthew Fulco, "Five Taiwanese Startups to Watch," *Taiwan Business Topics*, March 6, 2015, and Matthew Fulco, "Taiwan's Rising Startups," *Taiwan Business Topics*, May 23, 2018. 關於規避風險的投資人，請見：Linda Lew, "Taiwan Turnaround: An Asian Tiger Catching Up in the Internet Sector," *Technode*, August 30, 2017.

36. Jason Lanier and E. Glen Wey, "How Civic Technology Can Help Stop a Pandemic," *Foreign Affairs*, March 20, 2020.

37. Linda Lew, "Taiwan Turnaround: Going Global," *Technode*, September 6, 2017.

38. Linda Lew, "Taiwan Turnaround: Are Regulators Killing Innovation?," *Technode*, October 25, 2017.

39. U.S. Taiwan Business Council, *An Assessment and Analysis of Taiwan's Private Equity Environment*, report (Arlington, Va., May 28, 2020).

40. Angelica Oung, "Tsai Vows to Liberalize Finance Rules," *Taipei Times*, August 1, 2020.

41. Matthew Fulco, "Is Taiwan Winning the U.S.-China Trade War," *Taiwan Business Topics*, August 2019, pp. 16-20.

42. Liu Shih-chung, "Taiwan Faces a Changed Economic Outlook in Asia Following COVID-19," Taiwan-U.S. Quarterly Analysis, Brookings Institution, June 29, 2020.

43. Michael Reilly, "Can Taiwan Decouple from the Chinese Economy?" *Taiwan Insight*, February 17, 2020.

44. Central Intelligence Agency, "Taiwan."

45. Naoko Munakata, *Transforming East Asia: The Evolution of Regional Economic Integration* (Brookings Institution Press, 2006).

46. World Trade Organization, "Information Technology Agreement," 2020.

47. World Trade Organization, *Report of the Working Party on the Accession of China and Working Party on the Accession of the Separate Customs Territory of Taiwan, Penghu, Kinmen and Matsu* (https://docs.wto.org/dol2fe/Pages/FE_Search/FE_S_

S006.aspx?Query=(@Symbol=%20(wt/acc/chn/49/add.1)&Language=ENGLISH&Context=FomerScriptedSearch&languageUIChanged=true#).

48. Kevin G. Cai, "The China-ASEAN Free Trade Agreement and Taiwan," *Journal of Contemporary China* 14, no. 45 (2005), pp. 585-97; William A. Reinsch, Jack Caporal, and Lydia Murray, "At Last, an RCEP Deal," Center for Strategic and International Studies, December 4, 2019.

49. "FTAs Signed with Trading Partners," Bureau of Foreign Trade, Ministry of Economic Affairs.

50. "Full Text of Ma Ying-jeou's Inaugural Address," *Focus Taiwan*, May 20, 2012.

51. Bush, *Uncharted Strait*.

52. 與中華人民共和國資深官員依照《查塔姆守則》（Chatham House rules）所進行的會談，地點在美國華盛頓特區，時間是二〇一二年四月十二日。

53. Richard C. Bush, "Taiwan and the Trans-Pacific Partnership: the Political Dimension," Brookings Institution, February 11, 2014.

54. 儘管總統候選人希拉蕊（Hillary Clinton）在競選活動時表達反對ＴＰＰ，但據了解，她若是當選，可能會在就任後磋商加入協定的條件。

55. Prashanth Parameswara, "Assessing Taiwan's New Southbound Policy," *The Diplomat*, April 23, 2019.

56. David Madland, "Growth and the Middle Class," *Democracy: A Journal of Ideas*, no. 20 (Spring 2011); Jonathan D. Ostrey, Andrew Berg, and Charalambos G. Tsangarides, "Redistribution, Inequality, and Growth," International Monetary Fund Discussion Note 14/2, April 2014.

57. Rickards, "What's Holding Down Salaries in Taiwan?"

58. Matthew Fulco, "Resolving Taiwan's Talent Exodus," *Taiwan Business Topics*, August 22, 2017; Central Intelligence

Agency, "Taiwan."

59. *Taiwan Statistical Data Book 2019*, tables 3-2a and 3-2b,"Average Annual Growth Rate of Real GDP," pp. 52-53.
60. Phillip Liu, "Bill to Ease Way for Foreign Professionals," *Taiwan Business Topics*, August 22, 2017.
61. Rickards, "What's Holding Down Salaries in Taiwan?"
62. 同上。
63. 同上。
64. 同上。
65. Fulco, "Resolving Taiwan's Talent Exodus."
66. 同上。
67. 同上。
68. 同上。
69. Rickards, "What's Holding Down Salaries in Taiwan?"
70. 同上。
71. Oxford Economics, *Global Talent 2021: How the New Geography of Talent Will Transform Human Resource Strategies*, n.d.
72. Rickards, "What's Holding Down Salaries in Taiwan?"
73. Timothy Ferry, "Taiwan Tech in Education," *Taiwan Business Topics*, August 15, 2016.
74. Rickards, "What's Holding Down Salaries in Taiwan?"
75. William Zyzo, "What Competence Do Taiwan Talents Need for Good Jobs?" *Taiwan Business Topics*, May 16, 2017.

76. Albert O. Hirschmann, *Exit, Voice, and Loyalty: Responses to Decline in Firms, Organizations, and States* (Harvard University Press, 1970).

77. Fulco, "Resolving Taiwan's Talent Exodus."

78. Ting-feng Wu and Chia Lun Huang, "Taiwan's Dire Brain Drain," *CommonWealth* 550, June 27, 2014.

79. Judith Norton and Edward J. Barss, "China's 31 Measures," East Asia Peace and Security Initiative, March 22, 2018.

80. Wang Xiaoqing and Han Wei, "Welcome Mat Fades for Taiwan Businesses," *Caixin*, August 26, 2016.

81. 對於中國給予世界貿易組織的另一會員（例如台灣）優惠待遇，而沒有給予其他會員同等待遇，這可以說是違反了WTO最惠國待遇的基本原則，請見：Ian C. Forsyth, "Analyzing China's 31 Measures for Taiwan," *China-U.S. Focus*, April 24, 2018.

82. Timothy Ferry, "Taiwan Competes for Talent and Manpower," *Taiwan Business Topics*, April 18, 2018.

83. 相關事例請見："MAC Announces Report on the Implementation Results of the 'Eight Strategies for a Stronger Taiwan: Responses to Mainland China's 31 Taiwan-Related Measures,' " Mainland Affairs Council, Republic of China (Taiwan), September 6, 2018.

84. Rickards, "What's Holding Down Salaries in Taiwan?"

85. André Beckershoff, "The Sunflower Movement: Origins, Structures, and Strategies of Taiwan's Resistance Against the 'Black Box,' " in *Taiwan's Social Movement under Ma Ying-jeou: From the Wild Strawberries to the Sunflower Movement*, edited by Dafydd Fell (New York: Routledge, 2017), pp. 113-33. 關於太陽花運動的資訊，亦請見：Hsu Szu-Chien, "The China Factor and Taiwan's Civil Society Organizations in the Sunflower Movement: The Case of the Democratic Front against the Cross-Strait Service Trade Agreement," ibid., pp. 134-53; 以及Ming-sho Ho, "Occupy Congress in Taiwan: Political Opportunity, Threat, and the Sunflower Movement," *Journal of East Asian Studies* 15 (April 2015), pp. 69-97.

86. Pan Tzu-yu and Chiang Yi-ching,"Taiwan Cuts 2020 GDP Growth Forecast Due to COVID-19 Impact," *Focus Taiwan*, May 28, 2020.

87. 路易斯爵士（Sir Arthur Lewis）對於這個詞語有不同的用法，著重點是發展中國家的城鄉差距。關於他獨到的見解，請見：W. A. Lewis, "Economic Development with Unlimited Supply of Labour," *Manchester School* 22, no. 2 (1954), pp. 139-99.

88. *Taiwan Statistical Data Book 2019*, tables 5-3a, 5-3b, and 5-3c, "Indices of Industrial Production by Sectors," pp. 107-09. 在該指數中，二〇一六年的數字是一〇〇。

89. American Chamber of Commerce in Taipei, "AmCham Taipei White Paper, 2019 Edition," *Taiwan Business Topics* 49, no. 6 (2019), pp. WP 6-8.

90. Evan A. Feigenbaum, "Assuring Taiwan's Innovation Future," Carnegie Endowment for International Peace, February 2020.

91. Mainland Affairs Council, "A Year after Mainland China Announced the 31 Taiwan-Related Measures, the Implementation Results Are Overstated and the So-Called 'Favor Taiwan and Encourage Integration' Intends to 'Benefit China and Promote Unification,' " February 27, 2019.

92. 「總統滿意度電訪及手機調查案：第二十九次」，台灣選舉與民主化調查，國立政治大學選舉研究中心於二〇一九年九月所做的調查（http://teds.nccu.edu.tw/main.php）。

## 第五章

1. *The CIA World Factbook*, 2020-2021 (New York: Skyhorse Publishing, 2020), "Taiwan," p. 917.

2. *Statistical Yearbook of the Republic of China*, 2019 (Directorate-General Budget, Accounting and Statistics, ROC,

September 2019], table 26, "Emissions of Greenhouse Gases."

3. 中華民國行政院經濟部能源局，〈主要國家的人均GDP和一次能源消耗（2016）〉，《能源統計年度報告》（www.moeaboe.gov.tw/ECW/english/content/ContentLink.aspx?menu_id=1540）。

4. Anthony Rowley, "Taipei in Push to Reduce Energy Imports," *The National*, December 26, 2017; U.S. Energy Information Administration, "U.S. Natural Gas Exports and Re-Exports by Country," Department of Energy, August 31, 2020.

5. Timothy Ferry, "Phasing Out Nuclear Power in Taiwan," *Taiwan Business Topics*, September 15, 2015.

6. 本章之後會提到，當時發展核能既是為了經濟，也是為了加強國防。

7. 「總統滿意度電訪及手機調查案：第二十二次」，台灣選舉與民主化調查，國立政治大學選舉研究中心於二〇一七年十二月所做的調查（http://teds.nccu.edu.tw/teds_plan/list.php?g_isn=127）。

8. Keoni Everington, "44% of Taiwanese Mistakenly Believe Most of Taiwan's Energy Comes from Nuclear Power," *Taiwan News*, December 5, 2018.

9. 「總統滿意度電訪及手機調查案：第二十二次」，台灣選舉與民主化調查，國立政治大學選舉研究中心於二〇一七年十二月所做的調查（http://teds.nccu.edu.tw/teds_plan/list.php?g_isn=127）。

10. 中華民國行政院經濟部能源局，〈發電量結構（按燃料別）（2018）〉，《能源統計年度報告》（www.moeaboe.gov.tw/ECW/english/content/ContentLink.aspx?menu_id=1540）。

11. 中華民國行政院經濟部能源局，〈平均每人實質國內生產毛額與能源消費量〉，《能源統計年度報告》（www.moeaboe.gov.tw/ECW/english/content/ContentLink.aspx?menu_id=1540）。

12. 政府設定的價格結構也導致台電這家國營企業連年虧損。請參見：Ferry, "Phasing Out Nuclear Power in Taiwan." 感謝葛羅斯（Samantha Gross）向我解釋舊設施與新設施的差異如何影響電價。

13. Timothy Ferry, "Is Renewable Energy the Way Forward for Taiwan?," *Taiwan Business Topics*, September 15, 2015; John

Weaver, "Solar Price Declines Slowing, Energy Storage in the Money," *PV Magazine*, November 8, 2019.

14. Timothy Ferry, "An Early Nuclear-Free Homeland," *Taiwan Business Topics*, October 19, 2016; Timothy Ferry, "Taiwan Undertakes Power Market Reforms," *Taiwan Business Topics*, November 4, 2016.

15. Timothy Ferry, "Keeping Taiwan from Going Dark," *Taiwan Business Topics*, October 13, 2017.

16. *Taiwan Statistical Data Book, 2019* (Taipei: National Development Council, ROC [Taiwan]), table 5-5a, "Installed Capacity and Operation of the Power System (1)," and table 5-6a, "Power Generation and Consumption."

17. Central Intelligence Agency, "Taiwan"; Yale University, Environmental Performance Index, 2018; Tsai Shu-yuan, "Taichung Air Pollution 'a Crisis,' " *Taipei Times*, March 18, 2019.

18. Chao Li-yan, Su Mu-chun, and Matthew Mazzetta, "Taichung Government, Taipower Clash over Coal-Powered Generator," *Focus Taiwan*, June 26, 2020.

19. "2018: Surveys on Taiwanese People's Attitudes towards Climate Change and Energy," Taiwan Institute for Sustainable Energy, May 2018.

20. Timothy Ferry, "Taiwan's Energy Dilemma: Emission Reductions vs. Dwindling Supply," *Taiwan Business Topics*, September 15, 2015.

21. Lin Chia-nan, "White Paper Urges Drastic Plans on Greenhouse Gas," *Taipei Times*, June 7, 2019.

22. Derek J. Mitchell, "Taiwan's Hsin Chu Program: Deterrence, Abandonment, and Honor," in *The Nuclear Tipping Point: Why States Reconsider Their Nuclear Choices*, edited by Kurt M. Campbell, Robert J. Einhorn, and Mitchell B. Reiss (Brookings Institution Press, 2004), pp. 293-314; Vincent Wei-cheng Wang, "Taiwan: Conventional Deterrence, Soft Power, ant the Nuclear Option," in *The Long Shadow: Nuclear Weapons and Security in 21st Century Asia*, edited by Muthiah Alagappa (Stanford University Press, 2008), pp. 404-28.

23. James Reardon-Anderson, *Pollution, Politics, and Foreign Investment in Taiwan: Lukang Rebellion* (New York: Routledge, 1992).

24. 這整段基於：Simona Grano, "The Evolution of the Anti-Nuclear Movement in Taiwan Since 2008," in *Taiwan's Social Movements under Ma Ying-jeou: From the Wild **Strawberries to the Sunflowers*, edited by Dafydd Fell (New York: Routledge, 2018), pp. 154-76; Simona A. Grano, "Anti-Nuclear Power Movement," in *Routledge Handbook of Contemporary Taiwan*, edited by Gunter Schubert (New York: Routledge, 2016), pp. 297-312; Ming-Sho-Ho, "The Politics of Anti-Nuclear Protest in Taiwan: A Case of Party-Dependent Movement (1980-2000)," *Modern Asian Studies* 37, no. 3 (2003), pp. 683-708.

25. 並非所有企業都喜歡民進黨的轉向。愈來愈多獨立電廠正在尋找利基市場，試圖搶台電的生意。

26. Yu Hsiao-han and Elizabeth Hsu, "President, Ex-Premier to Attend Annual Anti-Nuclear March: Organizers," *Focus Taiwan*, April 24, 2019.

27. 核電廠全部退役需要二十五年，所以台灣不可能瞬間成為「非核家園」。金山的核一廠已在二〇一九年七月正式退役，但由於台電打算處理冷卻池中核廢料的方式無法與新北市政府取得共識，至今沒有展開下一步行動。請參見：Timothy Ferry, "Nuclear Decommissioning Stuck in Limbo," *Taiwan Business Topics* 50, no. 2 (February 2020).

28. Ferry, "Phasing Out Nuclear Power in Taiwan." 台灣之所以無法增加水力發電，是因為能蓋水庫的地方都蓋滿了，淤塞和乾旱問題也減少了正常情況下能生產的電。Everington, "44% of Taiwanese Mistakenly Believe Most of Taiwan's Energy Comes from Nuclear Power."

29. "2018: Surveys on Taiwanese People's Attitudes towards Climate Change and Energy."

30. "Climate and Weather Averages in Yaichung, Taiwan," Time and Date.com.

31. Timothy Ferry, "Taiwan's 'Energiewende': Developing Renewable Energy," *Taiwan Business Topics*, October 20, 2016; Frank Hiroshi Ling, "Recommendations for Taiwan's Energy Policy," *Taiwan Business Topics*, February 14, 2017.

32. Ferry, "Phasing Out Nuclear Power in Taiwan"; Ferry, "Taiwan's 'Energiewende.' "
33. Timothy Ferry, "Reaching Peak Energy in Taiwan," *Taiwan Business Topics*, October 19, 2016.
34. Ferry, "Taiwan's 'Energiewende.' "
35. Timothy Ferry, "Solar Power Moves Ahead in Taiwan Despite Obstacles," *Taiwan Business Topics*, October 19, 2017.
36. Ling, "Recommendations for Taiwan's Energy Policy."
37. Ferry, "Solar Power Moves Ahead in Taiwan Despite Obstacles."
38. 同上。
39. Ferry, "Phasing Out Nuclear Power in Taiwan."
40. Ferry, "Solar Power Moves Ahead in Taiwan Despite Obstacles."
41. 同上。
42. Angelica Oung, "New Solar Farm Rules Trigger Debate," *Taipei Times*, July 14, 2020.
43. 同上。
44. 同上。
45. Timothy Ferry, "Green Energy for a Nuclear-Free, Low-Carbon Future," *Taiwan Business Topics*.
46. Timothy Ferry, "Vast Potential in Taiwan for Offshore Wind Power," *Taiwan Business Topics*, October 19, 2017.
47. Ferry, "Phasing Out Nuclear Power in Taiwan."
48. 同上。
49. Ferry, "Taiwan's 'Energiewende.' "

50. Wang Shu-fen and Evelyn Kao, "CAA Reiterates Opposition to Wind Farm Off Taoyuan Coast," *Focus Taiwan*, September 3, 2020.

51. *United Daily News*, "Wind Power Generation: Operators Scramble to Sign Contracts at 'NT$5.8 Per kWh,'" KMT Official Website, December 8-9, 2018.

52. Ted Chen, "Final Feed-In Tariff Set for Wind Farms," *Taipei Times*, January 31, 2019; Jerry Liu, "Politics Scaring Off Foreign Investors," *Taipei Times*, January 17, 2019.

53. Evan Feigenbaum and Jen-yi Hou, "Overcoming Taiwan's Energy Trilemma," Carnegie Endowment for International Peace, April 27, 2020.

54. Timothy Ferry, "Energy in Taiwan: Uncertainty in Liquefied Natural Gas," *Taiwan Business Topics*, November 2017.

55. 目前大潭發電廠從南邊的管線供應天然氣。

56. Ferry, "Energy in Taiwan."

57. Ted Chiou, "EPA Move Spells the End of the Green Ideal," *Taipei Times*, October 16, 2018.

58. Lin Chia-nan, "Premier Urged to Jettison Gas Terminal Project," *Taipei Times*, January 9, 2019.

59. Nathan Batto, "The Current (Missing) Energy Crisis," *Frozen Garlic* (blog), August 30, 2019.

60. Timothy Ferry, "Harnessing the Wind," *Taiwan Business Topics* 49, September 2019, pp. 17-21; Ferry, "Despite Referendum, Nuclear Power Faces 2025 Deadline," pp. 22-24; Ferry, "Balancing Solar Energy Development and Biodiversity," pp. 24-25.

61. Ferry, "Taiwan's Energy Dilemma."

62. 同上。馬政府推動減碳政策後，如今燃氣發電已提供台灣三〇%以上的電力；但由於終端價格只有每度電新台幣三．九一元，燃氣電廠的發電成本高於它能夠向消費者收取的價格。

63. Alex Jiang, "President Revises Electricity Rate Hike Plan amid Growing Anger," *Focus Taiwan*, May 1, 2012.

64. Liao Yu-yang and Elizabeth Hsu, "Government Keeps Electricity Rates at Current Level," *Focus Taiwan*, March 18, 2019; Liao Yu-yang and Evelyn Kao, "Electricity Prices Projected to Rise to NT$3.39 Per K Wh by 2025," *Focus Taiwan*, March 4, 2019.

65. 二〇一八年台灣公投結果，請見：中央選舉委員會，二〇一八年十一月二十四日（https://web.archive.org/web/20181125031636/http://referendum.2018.nat.gov.tw/pc/en/00/00000000000000000.html）。

66. 《公民投票法》，全國法規資料庫，二〇一九年六月二十一日（https://law.moj.gov.tw/ENG/LawClass/LawAll.aspx?pcode=D0020050）。

67. David Spencer, "Lessons from Taiwan's Recent Referendums and Why E-Voting Is the Way Forward," *Taiwan News*, December 1, 2018.

68. Elaine Hou and Chi Jo-yao, "Cabinet Agrees to Abolish Nuclear Free Goal," *Focus Taiwan*, December 6, 2018.

69. Sean Lin, "KMT Decries 'Reinstatement' of Nuclear Policy," *Taipei Times*, February 2, 2019.

70. Wang Cheng-chung and Elizabeth Hsu, "2 Nuclear Power-Related Referendum Proposals Pass Initial Screening," *Focus Taiwan*, March 19, 2019; Wang Cheng-chung and Evelyn Kao, "Anti-Nuclear Referendum Petition Delivered," *Focus Taiwan*, April 2, 2019.

71. Nathan Batto, "Energy Policy and Referenda," *Frozen Garlic* (blog), December 1, 2018.

72. Feigenbaum and Hou, "Overcoming Taiwan's Energy Trilemma." 該報告在本書完稿之後，又提出了幾項有用的科技政策改革建議。

## 第六章

1. David Goodman, Shane White, and Lawrence W. Levine, " 'The Future Is Secure; It's Only the Past That's Uncertain': An Interview with Lawrence W. Levine," *Australasian Journal of American Studies* 7, no. 2 (1988), p. 28.
2. 後面的章節會詳細介紹台灣有關國內法律身分，以及與中國的關係的爭論。
3. United Nations Security Council, "The Rule of Law and Transitional Justice in Conflict and Post-Conflict Societies: Report of the Secretary-General," August 23, 2004; edited in Vladimir Stolojan, "Transitional Justice and Collective Memory in Taiwan: How Taiwanese Society Is Coming to Terms with its Authoritarian Past," *China Perspectives*, no. 2 (2017), p. 27.
4. Jau-Yuan Hwang, "Transitional Justice in Postwar Taiwan," in *Routledge Handbook of Contemporary Taiwan*, edited by Gunter Schubert (London: Routledge, 2016), pp. 169-83.
5. Naiteh Wu, "Transition without Justice, or Justice without History: Transitional Justice in Taiwan," *Taiwan Journal of Democracy* 1 (July 2005), pp. 77-102.
6. Neil Kritz, "The Dilemmas of Transitional Justice," in *Transitional Justice: How Emerging Democracies Reckon with Former Regimes*, vol. 1, *General Considerations*, edited by Neil Krinz (Washington, D.C.: U.S. Institute of Peace, 1997), p. xxi.
7. George H. Kerr, *Formosa Betrayed* (Irvine, Calif.: Taiwan Publishing, 1992); Steven Phillips, *Between Independence and Assimilation: The Taiwan Elite and Nationalist Chinese Rule*, 1945-1950 (Stanford University Press, 2002); and Richard C. Bush, "Difficult Dilemmas: The United States and Kuomintang Repression, 1949-1979," in *At Cross Purposes: U.S.-Taiwan Relations since 1942* (Armonk, N.Y.: M. E. Sharpe, 2004), pp. 40-84.
8. 《動員戡亂時期臨時條款》頒布之前，《憲法》第九條禁止軍事法庭去審判平民。

9. 關於鎮壓的虛構和非虛構資料，還可參見：Tehpen Tsai, *Elegy of Sweet Potatoes: Stories of Taiwan's White Terror* (Upland, Calif.: Taiwan Publishing, 2002); Peng Ming-min, *A Taste of Freedom: Memoirs of a Formosan Independence Leader* (New York: Holt, Rinehart and Winston, 1972); and Vern Sneider, *A Pail of Oysters* (Manchester, U.K.: Camphor Press, 2016).

10. Wu, "Transition without Justice, or Justice without History," p. 96.

11. 同上，頁九〇。

12. Sheena Chestnut Greitens, *Dictators and Their Secret Police: Coercive Institutions and State Violence* (Cambridge University Press, 2016), pp. 75-111.

13. 同上，頁一九七一二〇。參考資料的數字可參見頁一八一的圖表。此外，台灣過去有個管控「流氓」的制度，很類似中華人民共和國的勞動教養制度，後來該制度逐步改革，警察原本不受制衡的處罰權力也漸受約束。請參見：Jerome A. Cohen and Margaret K. Lewis, *Challenge to China: How Taiwan Abolished Its Version of Re-education through Labor* (New York: USAsia Law Institute, 2013).

14. Edwin A. Winckler, "Institutionalization and Participation on Taiwan: From Hard to Soft Authoritarianism?" *China Quarterly*, no. 99 (September 1984), pp. 481-99.

15. Mab Huang, *Intellectual Ferment for Political Reform in Taiwan, 1971-1973*, Monographs in Chinese Studies (University of Michigan Center for Chinese Studies, 1976).

16. 我在眾議院亞太事務小組擔任幕僚時，組織了一九八五年二月七日的劉宜良案聽證會。請參見：Richard C. Bush, "Congress Gets into the Taiwan Human Rights Act," in *At Cross Purposes*, pp. 206-09.

17. U.S. Department of State, *Country Reports on Human Rights Practices for 1986* (U.S. Government Printing Office, 1987), pp. 698-708.

18. Sean Lin, "Transitional Justice Act: ANALYSIS: Judge Law in terms of Security Act: Academics," *Taipei Times*,

December 10, 2017.

19. Wu, "Transition without Justice, or Justice without History," p. 11.

20. Hwang, "Transitional Justice in Postwar Taiwan," p. 177.

21. Robert E. Goodin, "Disgorging the Fruits of Historical Wrongdoing," *American Political Science Review* 107, no. 3 (2013), pp. 478-91.

22. 「二〇一六年總統大選第一次電視辯論會」，二〇一六年一月二日於三立電視台播出（U.S. government, Open Source Enterprise, CHO2016010760163614）。（二〇一七年OSE終止了非政府雇員使用的權利。這份資料的備分為作者個人所有。）

23. "KMT Pans Party Assets Bill as DPP Pushes for Quick Passage," *Taiwan News*, July 14, 2016; Central News Agency, "KMT Defends, Maps Handling of Party Assets, in New Policy PlatForm," *Taiwan News*, September 4, 2016.

24. C. Donovan Smith, "Save the Sinking Ship: Can the KMT Reform?," *Ketagalan Media*, February 3, 2020.

25. "Key Statements from the Second Presidential Debate."

26. "Full Text of Tsai Ing-wen Inaugural Address," *Focus Taiwan*, May 20, 2016.

27. David G. Brown, "Governing Taiwan Is Not Easy: President Tsai Ing-wen's First Year," Brookings Institution, May 17, 2017.

28. Yuan-Ming Chiao, "Ill Gotten Party Assets Bill Passes in LY," *China Post*, July 26, 2016.

29. Stacy Hsu, "KMT Claims Ex-Japanese Assets as Compensation," *Taipei Times*, March 24, 2017.

30. Jason Pan, "Ruling Upholds Ill-Gotten Assets Act, Committee," *Taipei Times*, August 29, 2020 (細節請見頁一一一).

31. "Court to Petition for Judicial Review over NWL Case / IGPASC Not to File Interlocutory Appeal," *United Daily News*, March 8, 2019，摘要見國民黨官網。（譯按：http://www1.kmt.org.tw/english/page.aspx?type=article&mnum=112&an

um=22896）

32. Stacy Hsu, "Agency Seals Off KMT Properties," *Taipei Times*, August 18, 2018.

33. Chen Yu-fu and Jonathan Chin, "Plan to Disburse KMT Ill Gotten Wealth Detailed," *Taipei Times*, June 14, 2019; Chen Yu-fu and Dennis Xie, "KMT Asset Suits Moving at Snail's Pace," *Taipei Times*, March 24, 2020.

34. "Collective Silence: An Accomplice in Unconstitutional Act of IGPASC," *United Daily News*, November 30, 2016，摘要見國民黨官網。（譯按：http://www1.kmt.org.tw/english/page.aspx?type=article&mnum=113&anum=18514）

35. "Ma Criticizes IGPASC as Unconstitutional, Fears Totalitarian Taiwan," China Times, February 13, 2017，摘要見國民黨官網。（譯按：http://www1.kmt.org.tw/english/page.aspx?type=article&mnum=112&anum=18784）

36. Chin Heng-wei, "An Easy Path to Transitional Justice," *Taipei Times*, November 15, 2016.

37. Chen Yu-fu and Dennis Xie, "KMT Asset Suits Moving at Snail's Pace," *Taipei Times*, March 24, 2020.

38. Jason Pan, "Ruling Upholds Ill-Gotten Assets Act, Committee," *Taipei Times*, August 29, 2020.

39. Hwang, "Transitional Justice in Postwar Taiwan," p. 180.

40. "KMT Plans to Resume System of Fundraising by Party Officials and Public Officials of KMT Affiliation," *United Daily News*, December 10, 2017，摘要見國民黨官網。（譯按：http://www1.kmt.org.tw/english/page.aspx?type=article&mnum=112&anum=20293）

41. Lee Hsin-fang, "Executive Yuan Approves NAA Document Collection," *Taipei Times*, February 27, 2017.

42. Lu Hsin-hui, Claudia Liu, and S. C. Chang, "Advocates Demand More Government Action on 'Transitional Justice,' " *Focus Taiwan*, February 27, 2017; Stacy Hsu, "All 228 Incident Documents Declassified," *Taipei Times*, February 27, 2017.

43. "Taiwan's Leader Tsai Vows to 'Prudently' Handle 1947 Massacre," *Kyodo World Service*, February 28, 2017, U.S.

government, Open Source Enterprise (OSE), *JPR2017022850262747*; 作者資料備分。

44. Lee Hsin-fang, "Su Urged to Act on Transitional Justice," *Taipei Times*, May 31, 2017.
45. Shih Hsiu-chuan, "Veteran Democracy Advocate to Lead Transitional Justice Work," *Focus Taiwan*, March 27, 2018.
46. Shih Hsiu-chuan, "Transitional Justice Legislation Passes Legislature," *Focus Taiwan*, December 5, 2017. 到二〇二〇年八月，促轉會報告了目前的逐步進展，有五十四個的單位，已移除或已規劃準備移除銅像等威權象徵。Chen Yu-fu and Jake Chung, "Progress Made on Removal of Authoritarian-Era Statues," *Taipei Times*, August 13, 2020.
47. Chin Heng-wei, "The DPP Must Implement the Law" *Taipei Times*, December 13, 2017; Chen Yu-fu, "Inventory Identifies 1,083 Chiang Kai-Shek Monuments," *Taipei Times*, December 8, 2018.
48. 一些政府雇員證實了有復仇的成分在，後來發現促轉會裡的一些人希望實行「除垢法」，在政權轉型的二十年後，解雇一些與舊政權有連繫的個人。請參見：Sean Lin, "KMT Again Disrupts Premier's Report," *Taipei Times*, September 29, 2018.
49. "Liberty Times Editorial: Seeking the Truth They Want to Bury," *Taipei Times*, December 14, 2017.
50. Chang Kuo-tsai, "Admission of Guilt Is Necessary for Justice," *Taipei Times*, January 9, 2018. 前政治犯施明雄認為追究加害者很困難，有一個更實際的原因：「鎮壓的加害者……預料到最終權力轉移，導致案件被推翻。他們擔心自己的身分被調查，參與者一直計畫隱瞞自己的姓名、背景和職位，以及他們在鎮壓中扮演的角色。他們在還有權力的時候，盡可能的銷毀證據。」請參見：Shih Ming-hsiung, "Perpetrators Must Not Be Allowed to Edit History," *Taipei Times*, December 4, 2018.
51. Lin, "Transitional Justice Act."
52. Wu Ching-chin, "Transitional Justice Vaguely Defined," *Taipei Times*, December 15, 2017.
53. "Ma: Transformational Justice Statute Violates Principles of 'Rule of Law,'" *United Daily News*, December 26, 2017，摘

要見國民黨官網。(www1.kmt.org.tw/english/page.aspx?type=article&mnum=112&anum=20392).

54. Shelley Shan, "KMT Rejects Transitional Justice Commission Invite," *Taipei Times*, July 24, 2018.

55. Chen Yu-fu, "Commission Creating Justice Database," *Taipei Times*, September 23, 2018; Matt Yu and Matthew Mazzetta, "TJC Unveils Online Database of Persecutions in Martial Law Period," *Focus Taiwan*, February 26, 2020.

56. Shelley Shan, "Justice Commission Asks for the Impossible: KMT," *Taipei Times*, August 14, 2018; Chen Yu-fu, "Declassification Slowing Justice Process: Source," *Taipei Times*, December 31, 2018; Chen Yu-fu and Shery Hsiao, "Declassification of Political Cases Urged," *Taipei Times*, April 9, 2019.

57. Hsieh Chia-chen and Matthew Mazzetta, "Intelligence Reports on Kaohsiung Incident Declassified," *Focus Taiwan*, December 7, 2019; Wen Kuei-hsiang and Matthew Mazzetta, "Academia Historica to Publish Materials on Activist Chen Wen-chen," *Focus Taiwan*, December 28, 2019; Chen Yu-fu and William Hetherington, "New Details Revealed in Activist's Death, *Taipei Times*, May 5, 2020.

58. Lu Hsin-hui and Flor Wang, "Tsai Apologies to Political Victims after Convictions Rescinded," *Focus Taiwan*, October 10, 2018; "1,505 Victims of Political Persecution Exonerated in Taiwan," *Taiwan Today*, December 10, 2018; Chen Yu-fu and Sherry Hsiao, "More than 2,000 Convictions Overturned," *Taipei Times*, May 31, 2019.

59. Elaine Hou and Y. F. Low, "Taiwan's Cabinet Announces Nominees to Transitional Justice Committee," *Focus Taiwan*, March 31, 2018.

60. Stacy Hsu, "Internal Meeting Probe Published," *Taipei Times*, September 22, 2018; Sean Lin, "Lai Apologizes over Justice Incident," *Taipei Times*, October 3, 2018.

61. Elaine Hou and Lee Hsin-Yin, "Taiwan's Transitional Justice Commission Chairman Resigns," *Focus Taiwan*, October 6, 2018; Sean Lin, "KMT Seeks to Eliminate Transitional Justice Purse," *Taipei Times*, December 9, 2018 (www.taipeitimes.com/News/front/archives/2018/12/09/2003705769); Fan Chenghsiang and Christie Chen, "Legislature Approves

NT$1.998 Trillion Government Budget for 2019," *Focus Taiwan*, January 10, 2019.

62. "No Truth without Reconciliation," editorial, *Taipei Times*, February 28, 2020.

63. "President Tsai Leads 228 Incident Commemoration," *Focus Taiwan*, February 28, 2020.

64. Wu, "Transition without Justice, or Justice without History."

65. "Full Text of President Tsai's Inaugural Address," *Focus Taiwan*, May 20, 2016.

66. Chang Hsiao-ti, "Draft Bill on Transitional Justice Promotion Finalized," *Taipei Times*, March 29, 2016.

67. "The Liberty Times Editorial: Accelerating Transitional Justice," *Taipei Times*, March 14, 2020.

68. Hu Wen-chi, "Taiwan Must Face Truth to Heal," *Taipei Times*, March 1, 2020.

## 第七章

1. 本章與下一章都在討論台北政府與北京政府之間的關係，會把國際社會中的「中國」，和中華民國與中華人民共和國這兩個自稱代表中國的政府分開來談。因此雖然人們通常把兩岸分別稱為「中國」和「台灣」，但我都以「中華人民共和國」或「北京」來稱呼「中國」。

2. 中華人民共和國在英語中使用的「統一」都是「reunification」，藉此強調台灣在日本殖民之前屬於中國。台灣提到「統一」時則常用「unification」這個詞。

3. 這部分基於已故的華安瀾的重要研究：*Why Taiwan? Geostrategic Rationales for China's Territorial Integrity* (Stanford University Press, 2007), pp. 43-68.

4. Richard C. Bush, *At Cross Purposes: US-Taiwan Relations, 1942-2000* (Armonk, N.Y.: M. E. Sharpe, 2004), pp. 9-39; Wachman, *Why Taiwan?*, pp. 69-81.

5. "President Truman's Statement on the Situation in Korea," *DocsTeach*, National Archives, June 27, 1950.

6. Robert Accinelli, *Crisis and Commitment: United States Policy towards Taiwan, 1950-1955* (University of North Carolina Press, 1996), p. 33. 政府擔心的是，如果未來愈來愈多國家承認中華人民共和國代表中國，承認台灣在法律上是中國的一部分，那麼國際法就會禁止美國協防台灣。因此，台灣問題必須定義成國際和平與安全問題。

7. 一九五〇年代美台關係，可參考：Accinelli, *Crisis and Commitment*.

8. 習近平在《告台灣同胞書》發表四十週年紀念會上的演講（英文稿），"Working Together to Realize Rejuvenation of the Chinese Nation and Advance China's Peaceful Reunification"，中國國務院台灣事務辦公室，二〇一九年一月二日，http://www.gwytb.gov.cn/wyly/201904/t20190412_12155687.htm。

9. 同上。

10. 胡波，《2049年的中國海上權力：海洋強國崛起之路》，北京：中國發展出版社，二〇一五，頁八一九。感謝王洛伶給我這份文件。

11. Frank Dikotter, *The Tragedy of Liberation: A History of the Chinese Revolution, 1945-1957* (New York: Bloomsbury Press, 2013), pp. 21-24.

12. 中華人民共和國政府聲稱這三塊領土屬於中國，但都沒有管轄和控制權。

13. 之所以會有這種不確定性，是因為中國之前保證台灣接受一國兩制之後會繼續保有自己的軍隊，但習近平在二〇一九年一月二日的權威性演講〈為實現民族偉大復興、推進祖國和平統一而共同奮鬥〉中略去了這項。請參見：Richard C. Bush, "8 Key Things to Notice from Xi Jinping's New Year Speech on Taiwan," Brookings Institution, January 7, 2019.

14. Christopher H. Achen and T. Y. Wang, "The Power of Identity in Taiwan," in *The Taiwan Voter*, edited by Christopher H. Achen and T. Y. Wang (University of Michigan Press, 2017), pp. 273-92.

15. Miao Zong-han and Emerson Lim, "Big Majority Reject 'One Country, Two Systems': Survey," *Focus Taiwan*, March 21,

2019.

16. 北京反制李登輝與陳水扁的方式之一是拉攏美國，先是拉攏了柯林頓政權，後來又拉了小布希政權。

17. Douglas Mendel, *The Politics of Formosan Nationalism* (University of California Press, 1970).

18. Peng Ming-min, *A Taste of Freedom: Memoirs of a Formosan Independence Leader* (New York: Holt, Rinehart and Winston, 1972).

19. 可參見例如：Yan Yu, "Thoughts on Tsai Ing-wen's Address," *China-US Focus*, May 27, 2020.

20. Bush, *At Cross Purposes*, pp. 85-123. 美國國務院撰寫的兩個中國方案，是刻意為了讓北京拒絕而寫的，這樣就可以把責任推到北京頭上。但蔣介石到了一九七一年才接受這套方案，錯過了時機。

21. 這種心結帶來許多麻煩，例如台灣有個叫做「中華民國野鳥學會」的小型保育組織就吃了這個虧。中華鳥會原本在國際鳥盟這個生態保育聯盟待了很多年，最近卻被國際鳥盟要求改名，這要求似乎是北京施壓的結果。中華鳥會拒絕承諾「不促進或倡導中華民國的合法性及台灣脫離中國獨立」，結果在二〇二〇年被國際鳥盟踢了出去。請參見：Matt Yu and Chiang Yi-ching, "MOFA Blames China for Conversation Group's Removal from Partnership," *Focus Taiwan*, September 15, 2020.

22. 我對馬英九政府至二〇一二年為止的分析，請參見：Richard C. Bush, *Uncharted Strait: The Future of China-Taiwan Relations* (Brookings Institution Press, 2013).

23. 中華人民共和國官員與本書作者的對話，二〇一二年四月，華盛頓特區。

24. 〈為實現民族偉大復興、推進祖國和平統一而共同奮鬥〉。這一大段引用的原文只要沒有特別指明，都來自習近平的這篇演講稿。

25. 習近平所說的前提是指中國所謂的「核心利益」，北京認為這些核心利益什麼時候與特定情況有關，都由北京說了算。

26. Richard C. Bush, *Untying the Knot: Making Peace in the Taiwan Strait* (Brookings Institution Press, 2005), pp. 91-99, 230-33.
27. 習近平引用了他之前在中共第十九次全國代表大會報告中提到的原則，不過該原則之前早在中共總書記的幾次報告中就已出現過。當時的解讀是，北京已經不再期待國民黨會跟它一起促進統一。但也許是因為國民黨在二〇一八年的縣市長選舉中表現亮眼，習近平又把這項原則列回了中華人民共和國的政策術語中。
28. James Townsend, "Chinese Nationalism," *Australian Journal of Chinese Affairs*, no.27 (January 1992), pp. 97-130; and Frank Dikotter, "Racial Identities in China: Context and Meaning," *China Quarterly*, no. 138 (June 1994), pp. 404-12.
29. James A. Millward, "What Xi Jinping Hasn't Learned from China's Emperors," *New York Times*, October 1, 2019 (www.nytimes.com/2019/10/01/opinion/xi-jinping-china.html?searchResultPosition=7).
30. Richard C. Bush, *Hong Kong in the Shadow of China: Living with the Leviathan* (Brookings Institution Press, 2016).
31. "President Tsai Issues Statement on China's President Xi's 'Message to Compatriots in Taiwan,' " *Focus Taiwan*, January 2, 2019.
32. Richard C. Bush, "A Requiem for the City of Hong Kong," Brookings Institution, November 18, 2019; Donald Clarke, "Hong Kong's National Security Law: An Assessment," *China Leadership Monitor*, July 13, 2020.
33. Luo Yuan, "Major General: Exercise in Taiwan Strait is a Reunification Rehearsal," *China Military Online*, April 20, 2018; 羅援，〈一國兩制的「一國」不容討論〉，《環球時報》，二〇一九年七月二十二日，引述的段落出自《中國軍網》（*China Military Online*）。
34. 柯慶生（Thomas Christensen）以「視窗」（windows），也就是決策者用自己對各選項造成的損益可能性來決定要怎麼做的概念，來解釋東亞狀況。請參見："Windows and War: Changes in the International System and China's Decision to Use Force," in *New Approaches to China's Foreign Relations: Essays in Honor of Allen S. Whiting*, edited by Alastair Iain Johnston and Robert Ross (Stanford University Press, 2006), pp. 50-85.

35. Muthiah Alagappa, "PacNet #26: China's Taiwan Dilemma; Beijing Must Rethink Its Ideas of Nation, State, and Sovereignty," March 28, 2017, Pacific Forum-CSIS.
36. 中國學者與本書作者的對話，二〇一六年十月，北京。
37. 〈當代國際關係研究中的若干重大問題〉，《國際展望》，二〇〇一年二月十五日，頁七。

## 第八章

1. 〈為實現民族偉大復興、推進祖國和平統一而共同奮鬥〉，習近平在《告台灣同胞書》四十週年大會上的演講，國務院台灣事務辦公室（www.gwytb.gov.cn/m/news/201904/t20190412_12155846.htm）。
2. Richard C. Bush, *Untying the Knot: Making Peace in the Taiwan Strait* (Brookings Institution Press, 2005), pp. 107-41.
3. Barry R. Posen, *Restraint: A New Foundation for U.S. Grand Strategy* (Cornell University Press, 2014), pp. 1-3. 感謝杜如松（Rush Doshi）向我推薦波森的著作。
4. David A. Baldwin, "The Concept of Security," *Review of International Studies* 23, no. 1 (1997), p. 13.
5. 有價值之物的例子，來自：Helga Haffendorn, "The Security Puzzle: Theory-Building and Discipline-Building in International Security," *International Studies Quarterly* 35, no. 1 (1991), pp. 4-5.
6. *Taiwan Statistical Data Book, 2019* (Taipei: National Development Council, ROC [Taiwan], 2018), tables 11-9a and 11-9e, "Commodity Trade with Major Trading Partners." 我估計台灣出口到香港的商品中，有三分之一其實都是轉口到中國。
7. Brian Hioe, "The Dried Mango Strips of National Doom," Popula, November 6, 2019.
8. 〈為實現民族偉大復興、推進祖國和平統一而共同奮鬥〉。
9. 台灣國家安全調查，杜克大學亞太安全研究中心（https://sites.duke.edu/pass/taiwan-national-security-survey/）。

10. Christopher H. Achen and T. Y. Wang, "The Power of Identity in Taiwan," in *The Taiwan Voter*, edited by Christopher H. Achen and T. Y. Wang (University of Michigan Press, 2017).

11. Randall L. Schweller, "Managing the Rise of Great Powers: History and Theory," in *Engaging China: The Management of an Emerging Power*, edited by Alastair Iain Johnston and Robert S. Ross (New York: Routledge, 1999), pp.1-31.

12. 同上，頁一四。施韋勒把交往政策定義為：「為了改善崛起大國行為中的非現況因素，而使用的非強制性手段。」

13. Tim Bouverie, *Appeasement, Chamberlain, Hitler, Churchill, and the Road to War* (New York: Random House, 2019).

14. Thomas Christensen, "Windows and War: Changes in the International System and China's Decision to Use force," in *New Approaches to China's Foreign Relations: Essays in Honor of Allen S. Whiting*, edited by Alastair Iain Johnston and Robert Ross (Stanford University Press, 2006), pp. 50-85.

15. Baldwin, "The Concept of Security," pp. 14-18.

16. J. Michael Cole, "Proxy Organizations in Taiwan Align with Beijing's Push for 'One Country, Two Systems,' " *Global Taiwan Brief* 4, no. 17 (2019).

17. Paul Kennedy, "The Tradition of Appeasement in British Foreign Policy, 1865-1939," in *Strategy and Diplomacy*, 1870-1945 (New York: HarperCollins, 1989), p. 16; cited in Schweller, "Managing the Rise of Great Powers," p. 14.

18. Richard C. Bush, *Uncharted Strait: The Future of China-Taiwan Relations* (Brookings Institution Press, 2013), pp. 87-91, 116-17.

19. Nathan Batto, "What Is Taiwan Independence?," *Frozen Garlic* (blog), June 1, 2019.

20. 中華人民共和國以「表態」來管理國家的技術，請參見：David Shambaugh, "China's External Propaganda Work: Missions, Messengers, Mediums," *Party Watch Annual Report 2018*, October 2018.

21. "Cross-Strait Relations at a Crossroad: A View from Ma Ying-jeou, Former President of the Republic of China," 一〇

一九年十月三十一日於牛津辯論社（Oxford Union）發表的演講，抄本。

22. Yang Hsin-hui and Jake Chung, "China Skewed '1992 Consensus,' Ma Says," *Taipei Times*, January 19, 2020.

23. "Tsai Ing-wen at CSIS, DPP Transcript of Speech and Q&A," *The View from Taiwan* (blog), June 4, 2015.

24. 民進黨的領導人讀過關於中國談判行為的研究，強調過這種陷阱的危險性。請參見：Richard H. Solomon, *Chinese Negotiating Behavior: Pursuing Interests through "Old Friends"* (Washington, D.C.: U.S. Institute of Peace, 1999).

25. "Full Text of President Tsai's Inaugural Address," *Focus Taiwan*, May 20, 2016.

26. 同上：Richard C. Bush, "Tsai's Inauguration: It Could Have Been Worse," May 23, 2016, Brookings Institution.

27. Lally Weymouth, "Taiwanese President Tsai Ing-wen: Beijing Must Respect Our Democratic Will, *Washington Post*, July 21, 2016.

28. 傅瑩，"China's Advice to Trump and Kim Jong Un," *Washington Post*, June 10, 2018.

29. "Full Text of Former Ma Ying-jeou's Video Speech at SOPA," *Focus Taiwan*, June 16, 2016.

30. Sean Lin and Chung Li-hua, "Presidential Office Rebuts Ma's '1992 Consensus' Claims," *Taipei Times*, August 23, 2020.

31. 同上。

32. 蔡英文總統二〇一七年國慶演說全文，二〇一七年十月十日，中華民國（台灣）總統府。

33. 蔡英文總統二〇一八年國慶演說全文，二〇一八年十月十日，中華民國（台灣）總統府。

34. 蔡英文總統二〇一九年國慶演說全文，二〇一九年十月十日，中華民國（台灣）總統府。

35. Bonnie Glaser and Matthew P. Funaiole, "China's Provocations around Taiwan Aren't a Crisis," *Foreign Policy*, May 15, 2020.

36. Matt Rivers, Steven Jiang, and Ben Westcott, "Taiwan Vulnerable to Chinese Invasion without US, foreign Minister

Says," CNN, July 23, 2018.

37. 對於兩岸戰爭的看法，參見本書第九章。

38. 同上。

39. 「民眾對當前兩岸關係之看法」民意調查，二〇一八年，中華民國（台灣）大陸委員會。中華民國大陸委員會每年大約會做五次民調。其中大約有三次會問到台灣人對於中華人民共和國敵意的看法。

40. 台灣國家安全調查的民調結果也類似，受訪者相信兩岸既沒有特別敵對，也沒有特別友善。

41. 政治大學選舉研究中心，重要政治態度分布趨勢圖：台灣民眾統獨立場趨勢分布（一九九四年十二月至二〇一七年十二月），二〇一七年十二月（https://esc.nccu.edu.tw/pic.php?img=167_8a93afa2.jpg&dir=news&title=Image）。

42. 政治大學選舉研究中心，重要政治態度分布趨勢圖：台灣民眾統獨立場趨勢分布（一九九二年六月至二〇一九年六月），二〇一九年七月十日（https://esc.nccu.edu.tw/pic.php?img=167_bad0ecc6.jpg&dir=news&title=Image）。

43. 台灣國家安全調查，二〇一七年，這些民調都是由選舉研究中心辦理。

44. 同上。

45. 同上。

46. 總統滿意度電訪及網路調查案，政治大學的台灣選舉與民主化調查，分別在二〇一二年一月、二〇一六年一月、二〇一七年十二月進行（http://teds.nccu.edu.tw/main.php）。民調問題中沒有把九二共識定義成馬英九的「一個中國，各自表述」，而是讓受訪者自行解讀。

47. 不過，控制受訪者教育程度後，各年齡層的支持度就差不多，大多數都徘徊在平均值五九．七%上下。

48. 台灣國家安全調查的結果，只有二〇一六年、二〇一七年、二〇一九年的結果比較容易取得。

49. Bush, *Uncharted Strait*, pp. 98-114.

50. 而這又跟守勢現實主義與攻勢現實主義在國際社會中的辯論有關。
51. 兩岸關係的保證與嚇阻戰略，可參見：Thomas J. Christensen, "The Contemporary Security Dilemma: Deterring a Taiwan Conflict," *Washington Quarterly* 25, no. 4 (2002), pp. 5-21.

## 第九章

1. *China Military Power: Modernizing a Force to Fight and Win* (U.S. Defense Intelligence Agency, 2019), p. 33. 以下兩段引文分別出自頁五五—八六及頁三三—四四。
2. 同上，頁四五—四六。
3. Peter Mattis, "Counterintelligence Remains Weakness in Taiwan's Defense," *China Brief* 17, no. 11 (August 2017).
4. *China Military Power*, pp. 25-28. 關於解放軍改革的整體樣貌，請參見：Phillip E. Sanders and others, eds., *Chairman Xi Remakes the PLA: Assessing China's Military Reforms* (Washington, D.C.: National Defense University Press, 2019).
5. "Annual Report to Congress: Military and Security Developments Involving the People's Republic of China," U.S. Department of Defense, Office of the Secretary of Defense, September 2020, p. 95.
6. 二〇一七年《四年期國防總檢討》，中華民國國防部，頁九。
7. 《一個中國的原則與台灣問題》白皮書，中華人民共和國國務院台灣事務辦公室與新聞辦公室，中國駐美國大使館，二〇〇〇年二月二十一日；《反分裂國家法》全文，中國駐美國大使館，二〇〇五年三月十五日。
8. 朱衛東，〈新時代中國和平統一進程面臨的挑戰與應對〉，《中國評論》月刊第二四七期（二〇一八年七月號），http://hk.crntt.com/doc/1051/2/1/9/105121941.html?coluid=136 & kindid= 4711& docid=105121941&mdate=0724132606。
9. Annual Report to Congress: Military and Security Developments Involving the People's Republic of China, p. 113-14.

10. 同上，頁八三、一一三—一一四。
11. 二〇一七年《四年期國防總檢討》，中華民國國防部，頁二一—二二、二四—二五。
12. *Annual Report to Congress*, p. 83; 粗體字為本書作者所加。
13. M. Taylor Fravel, "China's Search for Military Power," *Washington Quarterly* 31, no. 3 (2008), pp. 125-41.
14. *China Military Power*, p. 65.
15. 同上，頁四〇、四五。
16. Eric Heginbotham and others, *The U.S.-China Military Scorecard: Forces, Geography, and the Evolving Balance of Power, 1996-2017* (Santa Monica, Calif.: Rand, 2015), p. 282.
17. 蘇起，〈「既成事實」：台灣安全新密碼〉，《聯合報》，二〇二〇年六月二十八日，https://udn.com/news/story/7339/4663710；本書作者所讀的是原作者稿件的英文譯本。
18. Kharis Templeman, "The Domestic Politics of Defense Spending," paper presented at seminar, "Monitoring the Cross-Strait Balance", Taiwan Democracy and Security Project, Stanford University, March 4, 2019; 抄本.
19. 二〇一七年《四年期國防總檢討》，中華民國國防部，頁二八。
20. Jessica T. Mathews, "America's Indefensible Defense Budget," *New York Review of Books*, July 18, 2019, p. 23.
21. 〈二〇一九年中央政府總預算案歲出機關別預算總表〉，中華民國行政院主計總處（https://eng.dgbas.gov.tw/public/Attachment/9226143559Q5ISNJQV.pdf）；〈二〇二〇年中央政府總預算案歲出機關別預算總表〉，中華民國行政院主計總處（https://eng.dgbas.gov.tw/public/Attachment/995162924N41Q4GNS.pdf）；〈二〇一八年中央政府總預算案歲出機關別預算總表〉，中華民國行政院主計總處（https://eng.dgbas.gov.tw/public/Attachment/83984949XUOZUPXC.pdf）；Flor Wang and Yu Hsiang, "Executive Yuan Passes 2021 Central Government Budget Plan," *Focus Taiwan*, August 13, 2020.

22. Wang Yang-yu, Justin Su, and Elizabeth Hsu, "Legislature Passes Special Budget for tf-16 Purchase," *Focus Taiwan*, November 22, 2019.
23. *Annual Report to Congress*, p. 90.
24. "Greater Threat Awareness Needed," editorial, *Taipei Times*, January 24, 2019.
25. Templeman, "The Domestic Politics of Defense Spending."
26. 這段討論基於：Drew Thompson, "Hope on the Horizon: Taiwan's Radical New Defense Concept," *War on the Rocks*, October 2, 2018. 前五角大廈官員認為台灣需要「打破指揮官過去以來對坦克、戰鬥機這類高價武器的偏好」。請參見：Steven Lee Myers and Javier C. Hernandez, "With a Wary Eye on China, Taiwan Moves to Revamp Its Military," *New York Times*, August 30, 2020; Tanner Greer, "Why I Fear for Taiwan: Tanner Greer," *The Scholar's Stage* (blog), September 11, 2020.
27. 同上。
28. *Annual Report to Congress*, p. 90.
29. 海大衛，〈主題演講〉（"Keynote Remarks"），二〇一九年十月七日，馬里蘭州埃利科特城的美台國防工業會議（http://us-taiwan.org/reports/2019_october07_david_helvey_dod_keynote.pdf）。
30. 同上。
31. 張冠群，〈開幕詞：為印太地區的和平與穩定攜手努力〉（"Opening Remarks: Hand in Hand for the Peace and Stability of the Indo-Pacific Region"），二〇一九年十月七日，馬里蘭州埃利科特城的美台國防工業會議（http://us-taiwan.org/reports/2019_october07_vice_minister_chang_mnd_keynote.pdf）。
32. 海大衛，〈閉幕致詞〉（"Closing Keynote Remarks"），二〇二〇年十月六日，馬里蘭州埃利科特城的美台國防工業會議。（編按：https://www.us-taiwan.org/wp-content/uploads/2020/02/2020_october06_david_helvey_dod_keynote.

pdf）

33. Philip Caruso, "Taiwan Needs More Than Election Victories to Fend Off China," *Foreign Policy*, January 17, 2020.

34. 台灣國家安全調查，杜克大學亞太安全研究中心（https://sites.duke.edu/pass/taiwan-national-security-survey/）。

## 第十章

1. G. William Skinner, *Chinese Society in Thailand: An Analytical History* (Cornell University Press, 1957), especially pp. 253-60; and G. William Skinner, *Leadership and Power in the Chinese Community of Thailand* (Cornell University Press, 1958), pp. 148-70.

2. Clifford Geertz, "The Integrative Revolution: Primordial Sentiments and Civil Politics in New States," in *Old Societies and New States*, edited by Clifford Geertz (New York: free Press, 1963), pp. 259-60.

3. Benedict Anderson, *Imagined Communities: Reflections on the Origin and Spread of Nationalism*, rev. ed.(New York: Verso, 2016), p. 6.

4. Margaret McMillan, *The War That Ended Peace: The Road to 1914* (New York: Random House, 2013, Kindle ed.), loc.4157.

5. Suisheng Zhao, *Nation-State by Construction: Dynamics of Modern Chinese Nationalism* (Stanford University Press, 2004), pp. 4-5.

6. Linda Colley, *Britons: Forging the Nation, 1707-1837*, rev. ed.(Yale University Press, 2009).

7. James Townsend, "Chinese Nationalism," *Australian Journal of Chinese Affairs*, no. 27 (January 1992), pp. 97-130. 工具論者認為本質也很重要，但他們認為，本質是在界定想像共同體的邊界時，用來彼此對抗的武器。競爭各方都會以本質為由，去支持自己以工具論方式設想出來的版本，並駁斥對手的版本。不過，工具論者並不同意本質是一種能夠獨立存在於人類現實而客觀存在，能夠將人框限在單一身分的東西。

8. Charter of the United Nations and Statute of the International Court of Justice, San Francisco, 1945.
9. Francis Fukuyama, *State-Building: Governance and World Order in the 21st Century* (Cornell University Press, 2004), p. 6. 粗體為原文所附。
10. Charles Tilley, ed., *The Formation of National States in Western Europe* (Princeton University Press, 1975), p. 42.
11. Fukuyama, *State-Building*, pp. 6-14.
12. 「國家」的概念應該要跟「政權」（regime）分開。政權是政治制度，台灣在二十世紀經歷三種不同政權：日本殖民政權、國民黨威權政權、民主政權。感謝一位匿名評論者點出這項差異。
13. Stephen D. Krasner, "Building Democracy after Conflict: The Case for Shared Sovereignty," *Journal of Democracy* 16, no. 1 (2005), pp. 70-71.
14. Hurst Hannum, *Autonomy, Sovereignty, and Self-Determination: The Accommodation of Conflicting Rights*, 1st ed. (University of Pennsylvania Press, 1990), p. 15.
15. Brian J. McVeigh, *Nationalisms of Japan: Managing and Mystifying Identity* (New York: Roman and Littlefield, 2004), p. 3.
16. Jill Lepore, *This America: The Case for the Nation* (New York: Liveright Publishing, 2019), p. 26-29, cited sentence on p. 29.
17. Mathew Mathews, ed., *The Singapore Ethnic Mosaic: Many Cultures, One People* (Singapore: World Scientific, 2018), pp. xi-xxxvii.
18. 「state」有治理機構的意思，該涵義最適合的中文譯法可能是「施政機構」。
19. 吳景榮、程鎮球主編，《新時代漢英大辭典》（北京：商務印書館，2014）。
20. 關於這段時期的描述可參見：John Robert Shepherd, *Statecraft and Political Economy on the Taiwan Frontier, 1600-1800* (Stanford University Press, 1993); and Melissa J. Brown, *Is Taiwan Chinese? The Impact of Culture, Power, and Migration*

*on Changing Identities* (University of California Press, 2004).

21. 關於這道鴻溝的描述可參見：Stephane Corcuff, ed., *Memories of the Future: National Identity Issues and the Search for a New Taiwan* (Armonk, N.Y.: M. E. Sharpe, 2002).

22. Denny Roy, *Taiwan: A Political History* (Cornell University Press, 2002). 胡佛研究所學者林孝庭稱其為「意外的國度」，請參見：*Accidental State: Chiang Kai-shek, the United States, and the Making of Taiwan* (Harvard University Press, 2016).

23. Jay Taylor, *The Generalissimo's Son: Chiang Ching-kuo and the Revolutions in China and Taiwan* (Harvard University Press, 2000); Lloyd E. Eastman, "Who Lost China? Chiang Kai-shek Testifies," *China Quarterly*, no. 88 (December 1981), pp. 658-68; Ramon H. Myers and Hsiao-ting Lin, "Starting Anew on Taiwan: Chiang Kai-shek and Taiwan in 1949," *Hoover Digest*, April 2008; Peter Chen-main Wang, "A Bastion Created, A Regime Reformed, An Economy Reengineered, 1949-1970," in *Taiwan: A New History*, edited by Murray A. Rubenstein (Armonk, N.Y.: M. E. Sharpe, 1999), pp. 320-38.

24. 關於台灣政治經濟的變遷，可參見：Thomas B. Gold, *State and Society in the Taiwan Miracle*, 1st ed. (Armonk, N.Y.: M. E. Sharpe, 1997).

25. 可以確定的是，該政權內部的派系之間變得緊張，原因之一正是不同派系負責不同任務。負責守護國家安全的當權派，和負責經濟的技術官僚未必意見一致。例如要追求出口導向成長，就必須讓人員和資金更自由流通。

26. Edwin A. Winckler, "Institutionalization and Participation on Taiwan: From Hard to Soft Authoritarianism?" *China Quarterly*, no. 99 (September 1984), pp. 481-99. 「有限選舉」（limited election）對政治制度的影響，請參見：Shelley Rigger, *Politics in Taiwan: Voting for Democracy* (New York: Routledge, 1999).

27. Richard C. Bush, *At Cross Purposes: US-Taiwan Relations, 1942-2000* (Armonk, N.Y.: M. E. Sharpe, 2004), pp. 85-123.

28. Steven E. Phillips, *Between Assimilation and Independence: The Taiwanese Encounter Nationalist China, 1945-1950* (Stanford University Press, 2003), p. 43. 台灣人認同在一九四五年之前的成長，至少在菁英階級的成長過程，可參見：Evan N. Dawley, "The Question of Identity in Recent Scholarship on China," *China Quarterly*, no. 198 (June 2009), pp.

442-52.

29. Christopher Hughes, "Post-Nationalist Taiwan," in *The Politics of Modern Taiwan: Critical Issues in Modern Politics*, vol.1, *Nationalism and National Identity*, edited by Dafydd Fell (New York: Routledge, 2008) pp. 217-19.

30. Hill Gates, "Ethnicity and Social Class," in *The Anthropology of Taiwanese Society*, edited by Emily Martin Ahern and Hill Gates (Stanford University Press, 1981), pp. 241-86.

31. 關於試圖公開宣布台獨的彭明敏，請參見：Peng Ming-min, *A Taste of Freedom: Memoirs of a Formosan Independence Leader* (New York: Holt, Rinehart and Winston, 1972).

32. Joseph R. Allen, *Taipei: City of Displacements* (University of Washington Press, 2012), pp. 81-87.

33. Alan M. Wachman, *Taiwan: National Identity and Democratization* (Armonk, N.Y.: M. E. Sharpe, 1994), pp. 106, 119.

34. 〈場所的悲哀：身為台灣人的悲哀〉，收錄於《經營大台灣》，遠流，一九九五，頁四六九－四八三：「台灣之子」源自同名書名，台北：晨星出版，二〇〇〇。

35. Hughes, "Post-Nationalist Taiwan," p. 228.

36. Richard C. Bush, *Untying the Knot: Making Peace in the Taiwan Strait* (Brookings Institution Press, 2005), pp. 45-71; Da-Chi Liao, Boyu Chen, and Chi-chen Huang, "The Decline of 'Chinese Identity' in Taiwan?!: An Analysis of Survey Data from 1992 to 2012," *East Asia* 30 (October 2013), pp. 273-90.

37. Richard C. Bush, *Uncharted Strait: The Future of China-Taiwan Relations* (Brookings Institution Press, 2013), pp. 80-81.

38. Hughes, "Post-Nationalist Taiwan," pp. 218-33.

39. 「總統滿意度電訪及手機調查案：第二十二次」，台灣選舉與民主化調查，國立政治大學選舉研究中心於二〇一七年十二月所做的調查（http://teds.nccu.edu.tw/main.php）。

40. Shelley Rigger, "The China Impact on Taiwan's Generational Politics," in *Taiwan and the "China Impact,"* edited by

Gunter Schubert (New York: Routledge, 2016), p. 88.

41. 民主化之前沒有這個用詞問題，當時台灣只對比「本省人」和「外省人」，不會對比「台灣人」、「大陸人」、「中國人」。

42. 江憶恩、尹麗喬，〈美麗島2018兩岸關係民調（一）：大多數台灣民眾是否只認同台灣，不認同中國？〉，《美麗島電子報》，二〇一八年四月十七日。

43. 鄭夙芬，〈解析『台灣人／中國人』認同的持續與變遷〉，「台灣民主參與的理論建構與實踐暨選舉研究中心三十週年」國際學術研討會，政大選舉研究中心，二〇一九年五月二十五日。

44. 「總統滿意度電訪及手機調查案：第六次」，台灣選舉與民主化調查，國立政治大學選舉研究中心於二〇一三年十二月所做的調查（http://teds.nccu.edu.tw/main.php）。

45. Yang Zhong, "Explaining National Identity Shift in Taiwan," *Journal of Contemporary China* 25, no. 99 (February 2016), p. 341. 鍾楊認為這代表台灣人民「不認為自己隸屬於一個獨立而獨特的台灣民族文化」。但這詮釋某種程度上違反了該民調中另一個問題的結果：「在你看來，『台灣人』的意思最接近下列哪一項？」七．七%的受訪者認為是「有共同血緣的人」，三九．二%認為是「認同台灣歷史與文化的人」，四四．九%認為是「在台灣工作和生活的人」。

46. Brown, *Is Taiwan Chinese?*; Chen Shu-juo, "How Han Are Taiwanese Han? Genetic Inference of Plains Indigenous Ancestry among Taiwanese Han and Its Implications for Taiwan Identity," Ph.D. diss., Stanford University, 2009. 中國大陸也有類似的爭論，那些主張大部分中國人都是漢人的人，必須正視（或忽視）ＤＮＡ證據，因為ＤＮＡ顯示「漢人」的血統裡有很多當代東南亞或南島民族的基因。請參見：Yinghong Cheng, "DNA and the Globalization of Humanity," *AsiaGlobal Online*, January 17, 2019.

47. 這是一位台灣流行文化專家在研討會中向我提出的問題。

48. Robert P. Weller, "Identity and Social Change in Taiwanese Religion," in *Taiwan: A New History*, edited by Murray A. Reubinstein (Armonk, N.Y.: M. E. Sharpe, 1999), pp. 358-61.

49. Grace Tsoi, "Taiwan Has Its Own Textbook Controversy," *Foreign Policy*, July 21, 2015.
50. 〈下架小英，撥亂反正歷史課綱〉，《中時社論》，二〇一九年八月十二日，英文版摘自國民黨官網。
51. 史明一開始涉入政治時，反對的是日本的殖民統治，後來則被馬克思主義吸引，倒向了中國共產黨。而在一九四九年蔣介石戰敗的時候，史明已經看見了太多中共的暴行，於是他搬到台灣，卻又很快對國民黨感到不滿。他在一九五二年參與密謀刺殺蔣介石，這項祕密計畫曝光之後，幸運逃到日本。請參見："Su Beng, a Father of Taiwan Independence, Dies at 100," *New York Times*, October 4, 2019.
52. Su Beng, *Taiwan's 400 Year history: The Origins and Development of the Taiwanese Society and People* (Washington, D.C.: Taiwanese Culture Grass Roots Association, 1986), p. 5. 史明從殖民地的角度看台灣的方法，日後被其他學者進一步發展開來，最有名的是已故的家博（Bruce Jacobs）。請參見：Bruce Jacobs, "Whither Taiwanization? The Colonization, Democratization, and Taiwanization of Taiwan," *Japanese Journal of Political Science* 14, no. 4 (2013), pp. 567-86.
53. "The Liberty Times Editorial: Chiang Kai-shek's Place in History," *Taipei Times*, April 11, 2017.
54. "The Liberty Times Editorial: Returning Taiwan to Taiwanese," *Taipei Times*, December 18, 2015.
55. 〈國民黨主席連戰在北京大學的演講〉，自由亞洲電台，二〇〇五年五月六日；粗體為本書作者所加。
56. Chang Ya-chung, "A Modest Proposal for a Basic Agreement on Peaceful Cross-Strait Development," *Journal of Current Chinese Affairs* 39, no. 1 (2010), pp. 133-48.
57. "Paving the Way for a Sustainable Taiwan" (陳水扁二〇〇四年就職演說全文), *Taipei Times*, May 21, 2004.
58. "Ma Ying-Jeou, 'Inaugural Address,' May 20, 2008," US-China Institute at the University of Southern California. 孫中山創立了國民黨。
59. "Full Text of President Ma Ying-jeou's Inaugural Address," *Focus Taiwan*, May 20, 2012.
60. Lin Liang-sheng, "KMT's Chiang Says He Is 'Taiwanese and Chinese,'" *Taipei Times*, March 19, 2020.

61. Shelley Rigger, "Disaggregating the Concept of National Identity," *Asia Program Special Report*, no. 114 (Washington, D.C.: Woodrow Wilson International Center for Scholars, 2003), pp. 17-21.

62. "President Tsai Addresses Copenhagen Democracy Summit Via Video," *Focus Taiwan*, June 19, 2020.

63. 馬英九對蔡英文政策的負面看法，參見馬英九二〇二〇年五月二十三日在銘傳大學桃園校區的演講〈兩岸關係的關鍵時刻〉（Cross-Strait Relations at a Critical Time），作者的個人紀錄。

## 第十一章

1. 這段內容可參見：Richard C. Bush, *Untying the Knot: Making Peace in the Taiwan Strait* (Brookings Institution Press, 2005), pp. 39-54.

2. Ko Shu-ling " 'State to State' Theory Is Dead, Ma Says," *Taipei Times*, September 4, 2008.

3. 「為實現民族偉大復興、推進祖國和平統一而共同奮鬥」，習近平在《告台灣同胞書》發表四十週年紀念會上的演講，二〇一九年一月二日，新華網。作者參考的是美國「公開來源業務處」（Open Source Enterprise, OSE）的翻譯版本。

4. Hurst Hannum, *Autonomy, Sovereignty, and Self-Determination: The Accommodation of Conflicting Rights*, 1st ed. (University of Pennsylvania Press, 1990), p. 15.

5. Bush, Untying the Knot, p. 85.

6. 台灣國家安全調查，二〇一七年，杜克大學亞太安全研究中心（https://sites.duke.edu/pass/taiwan-national-security-survey/）。

7. 國民大會的權力有限，只能間接選舉總統（像美國選舉人團〔U.S. Electoral College〕），以及審議憲法修正案。二〇〇五年六月，國民大會被廢除。

8. 轉引自：Shelley Rigger, *From Opposition to Power: Taiwan's Democratic Progressive Party* (Boulder, Colo.: Lynne Rienner Publishers, 2001), p. 125.

9. 中華人民共和國承認台灣主權，並沒有排除掉統一的可能性，但確實排除了以一國兩制為基礎的可能性

10. "Closing Remarks to the Thirteenth Plenum of the National Unification Council," July 22, 1998, in *President Lee Teng-hui's Selected Addresses and Messages: 1998* (Taipei: Government information Office, 1999), pp. 113-20.

11. 《蒙特維多國家權利義務公約》於一九三三年十二月二十六日簽署，一九三四年十二月二十六日生效。

12. 〈總統接受德國之聲專訪〉，一九九九年七月九日，總統府官網（www.president.gov.tw/NEWS/5749）；"Interview of Taiwan President Lee Teng-hui with *Deutsche Welle* Radio," July 9, 1999, *New Taiwan: Ilha Formosa* (www.taiwandc.org/nws-9926.htm).

13. 有關一個國家與其領土之間關係的歷史背景，請參見：Hendrik Spruyt, *The Sovereign State and Its Competitors: An Analysis of Systems Change* (Princeton University Press, 1994).

14. 有關該聲明的詳細產出過程，請參見：Bush, *Untying the Knot*, pp. 55-57, 218-21. 柯林頓政府派我以美國在台協會主席的身分，針對該聲明發表前未經協商及其帶來的嚴重後果，轉達美國的看法。

15. 有關台灣（中華民國）在二〇〇五年針對一九四七年憲法所提出的修正案，請參見：https://www.constituteproject.org/；Su Chi（蘇起）, *Taiwan's Relations with Mainland China: A Tail Wagging Two Dogs* (New York: Routledge, 2008), pp. 61-62. 有關這段時期的資料，蘇起的文章是最佳參考文獻。

16. Statement by the President Truman on Korea, June 27, 1950, History and Public Policy Program Digital Archive, Wilson Center. Harry S. Truman, 1945 to 1953 (see also www.trumanlibrary.gov/library/public-papers/173/statement-president-situation-korea).

17. 日本與中華民國的條約，參見《中日和平條約》，一九五二年四月二十八日於台北簽署，收錄於台灣文獻計畫資料庫

（Taiwan Documents Project）。

18. 例如「台灣民政府」，請參見：Brian Hioe, "Taiwan Civil Government Proves a Peculiarly Taiwanese Example of Conspiracy Theories Found Worldwide," *New Bloom*, May 21, 2018; and Jason Pan, "Heads of Taiwan Civil Government Released on Bail," *Taipei Times*, October 5, 2018.

19. 《中華民國憲法增修條文》（二〇〇〇年，第六次增修），中華民國行政院新聞局，收錄於台灣文獻計畫資料庫。這一次的修正將修改憲法和變更國家領土的權力從國民大會轉到立法院。一九九九年國民大會曾試圖延長任期，結果引起公眾不滿。（譯注：即第五次憲法增修時的違憲爭議。）請參見：Shelley Rigger, "The Politics of Constitutional Revision," in *Taiwan's Democracy: Economic and Political Challenges*, edited by Robert Ash, John Garver, and Penelope Prime (New York: Routledge, 2013), pp. 37-38.

20. 國民黨的傳統觀點是，中華民國即全中國的政府，包括其實並不在其轄下的大陸省份，所以台灣的政府也要是省級政府。台灣一直到一九九八年都還有省政府，後來其所有功能業務皆交回給中央政府。但到目前為止，還沒有正式廢省，《中華民國憲法》依然還保有「台灣省省長」此一職務。

21. "DPP Resolution on Taiwan's Future," TaiwanDC.org, May 8, 1999.（譯注：《台灣前途決議文》中文版可參見：https://web.archive.org/web/20170112000855/http://www.dpp.org.tw/upload/history/20160728102222_link.pdf。）

22. 《民進黨黨綱》，民進黨，二〇〇〇，這份資料為戴維森學院任雪麗提供的線上資料，作者個人資料備分。（譯注：可參見：https://www.dpp.org.tw/upload/download/%E9%BB%A8%E7%B6%B1.pdf。）

23. 台灣（中華民國）在二〇〇五年針對一九四七年憲法所提出的修正案。

24. "Ma on Cross-Strait Relations: One Republic of China, Two Areas"，國民黨英文版官網，二〇一〇年三月三日。

25. "Full Text of President Ma Ying-Jeou's Inaugural Address," *Focus Taiwan*, May 20, 2012.

26. Sherry Hsiao, "Beijing Needs to Accept Complete 'Consensus': Ma," *Taipei Times*, July 7, 2020; 粗體字為作者所加。

27. 鄭夙芬：〈解析「台灣人／中國人」認同的持續與變遷〉，「台灣民主參與的理論建構與實踐暨選舉研究中心三十週年」國際學術研討會，政治大學選舉研究中心，二〇一九年五月二十五日；作者資料備分。

28. "Ma Ying-Jeou, 'Inaugural Address,' May 20, 2008," US-China Institute, at the University of Southern California.（譯注：〈中華民國第十二任總統馬英九先生就職演說〉中文可參見總統府官網：https://www.president.gov.tw/NEWS/12226。）

29. Liu Chien-kuo and others, "Language: A Tool for Messages or Identity," *Taipei Times*, January 18, 2017; Lee Min-yung, "Taiwan Needs to Develop Its Own Culture, *Taipei Times*, December 24, 2017.

30. 《台灣前途決議文》，*New Taiwan, Ilha Formosa*.

31. 〈中華民國第十二任總統馬英九先生就職演說〉。正如上一章所提，二〇二〇年國民黨黨主席江啟臣說他「出生在台灣，血緣文化上是中國人，是中華民國公民」。請參見：Lin Liang-sheng, "KMT's Chiang Says He Is 'Taiwanese and Chinese,'" *Taipei Times*, March 19, 2020.

32. EDITORIAL: "Time for Taiwan (Republic of China)," *Taipei Times*, August 24, 2020.

## 第十二章

1. J. Michael Cole, "China Hardening Rhetoric toward Taiwan Foreshadows Increased Tensions," *Global Taiwan Brief* 5, no. 9 (2020); John Dotson, "Military Activity and Political Signaling in the Taiwan Strait in Early 2020," *China Brief* 20, no. 6 (2020).

2. "PLA Conducts Combat-Ready Patrols and Exercises in Taiwan Straits—Ministry of National Defense," *China Military Online*, September 18, 2020; Michael Mazza, "Signaling from Chinese Military Exercises around Taiwan," *Global Taiwan Brief* 5, no. 19 (October 7, 2020).

3. J. Michael Cole, "China Acting on 'Lebanization' Threat against Taiwan," *Taiwan Sentinel*, May 18, 2018.
4. Ian Easton, "Taiwan's Anti-Invasion Strategy: Elevating Defense Capabilities from Crisis to Wartime," Project 2049 Institute, March 7, 2017.
5. Scott L. Kastner, "Is the Taiwan Strait Still a Flash Point? Rethinking the Prospects for Armed Conflict between China and Taiwan," *International Security* 40, no. 3 (2015-2016), p. 84.
6. Bonnie Glaser and Matthew P. Funaiole, "China's Provocations around Taiwan Aren't a Crisis," *Foreign Policy*, May 15, 2020.
7. June Teufel Dreyer, "The Big Squeeze: Beijing's Anaconda Strategy to Force Taiwan to Surrender," Foreign Policy Research Institute, August 13, 2018.
8. Sean Lin, "China Ramping Up Military Threats: Yen," *Taipei Times*, November 13, 2019.
9. Keoni Everington, "China Fires Long March Rocket Directly Over Taiwan," *Taiwan News*, September 15, 2020.
10. Sun Tzu (孫子) and Sun Pin (孫臏), *The Complete Art of War: Sun Tzu, Sun Pin*, translated by Ralph D. Sawyer (Boulder, Colo.: Westview Press, 1996), p. 50. 整段引文為：「是故百戰百勝，非善之善者也；不戰而屈人之兵，善之善者也。」
11. Alastair Iain Johnston, *Cultural Realism: Strategic Culture and Grand Strategy in Chinese History* (Princeton University Press, 1995), pp. 107-08.
12. 關於意外衝突的危險，請參見：Brendan Taylor, *Dangerous Decade: Taiwan's Security and Crisis Management*, International Institute for Strategic Studies (London: Routledge, 2019)。另可參見：Glaser and Funaiole, "China's Provocations around Taiwan Aren't a Crisis"; Gerry Shih, "Taiwan Says Threat of Military Clash with China Is 'on the Rise,'" *Washington Post*, July 22, 2020.
13. 我在二〇一三年出版的《未知的海峽：兩岸關係的未來》中警告過，如果中共不能以說服的方式來達成其政治目標，就有可能採取這種恐嚇和施壓的戰略。就跟在馬英九執政期間的狀況一樣，中共也曾經試圖用說服的方式，但失敗了。請參見：Richard C. Bush, *Uncharted Strait: The Future of China-Taiwan Relations* (Brookings Institution Press, 2013), pp. 137-58.

14. Nathan Beauchamp-Mustafaga, "Cognitive Domain Operations: The PLA's New Holistic Concept for Influence Operations," *China Brief* 19, no. 16, September 6, 2019.

15. Vincent W. F. Chen, "Republic of China, Taiwan's Unique Status Shall Not Perish: CCP's Influence Operations against Taiwan." 這份文件是二〇一九年十月十五日在華盛頓特區舉辦的詹姆士敦基金會第九屆中國防衛與安全年會的資料；作者留存的演講資料。（譯注：當天會議資料可參見：https://jamestown.org/event/jamestowns-ninth-annual-china-defense-and-security-conference/。全文演講的中文版可參見：美國印太司令部出版的軍事期刊《印太防務論壇》（Indo-Pacific Dedense Forum）國防經濟學特刊〔二〇二〇年第四十五卷第三期〕：https://ipdefenseforum.com/IPDF_v45n3_chi.pdf，頁三五。）

16. 同上。

17. Bush, *Uncharted Strait*, pp. 49-51.

18. 請參見：中華民國交通部觀光局觀光統計年報：二〇一八年來台旅客居住地分析統計（作者參考英文版）。

19. 請參見：中華民國交通部觀光局觀光統計月報：二〇一八年一月至九月來台旅客居住地統計（作者參考英文版）。

20. "Chinese Tourist Numbers Declined 68% Last Month," *Taipei Times*, October 19, 2019.

21. Ian C. Forsyth, "Analyzing China's 31 Measures for Taiwan," *China-US Focus*, April 24, 2018. 另可參見：Zhu Songlin, "Thirty-One Measures: From Ideas and Principles to Policies," *China-US Focus*, May 28, 2018.

22. "Opening Statement of Syaru Shirley Lin (林夏如)"，美中經濟暨安全檢討委員會（U.S.-China Economic and Security Review Commission）「二〇一九年美中關係回顧」（U.S.-China Relations in 2019: A Year in Review）國會聽證會，

華盛頓特區，二〇一九年九月四日。

23. Ku Chuan, Shen Peng-ta, and Joseph Yeh, "China's '26 Measures' Seek to Influence Elections: Taiwan Government," *Focus Taiwan*, October 4, 2019.
24. Lee Hsin-fang and Jake Chung, "New Policies to Counter China Incentives," *Taipei Times*, March 17, 2018.
25. "Taiwan Brain Drain Reaches 1 Million," *China Post*, April 28, 2019;〈陸委會公布「壯大台灣八大策略：因應中國大陸對台三十一項措施」實施成果報告〉，中華民國大陸委員會新聞稿，二〇一八年九月六日；Kensaku Ihara, "Taiwan to Call Businesses Home from China, Says Economic Minister," *Nikkei Asian Review*, March 29, 2018.
26. Miao Zong-han and Chung Yu-chen, " 67 Taiwanese Missing in China since Tsai Took Office: Agency," *Focus Taiwan*, September 19, 2019; Miao Zong-han and Matthew Mazzetta, "China Confirms Detentions of Three Taiwanese," *Focus Taiwan*, November 13, 2019; Russell Hsiao, "Fortnightly Review: Taiwan Academic Missing in China as Broader Clamp Down of Foreign Nationals by Chinese Authorities on National Security Grounds," *Global Taiwan Brief* 4, no. 21 (2019) (http://globaltaiwan.org/2019/11/vol-4-issue-21/#RussellHsiao11062019).
27. Abraham Gerber, "Taipei Urged to Be Tough on Rights Advocate's Vanishing," *Taipei Times*, March 25, 2017; Chris Horton, "China Sentences Taiwanese Human Rights Activist in Subversion Case," *New York Times*, November 27, 2017; J. Michael Cole, "What Lee Ming-che's Show Trial Tells Us," *Taiwan Sentinel*, September 12, 2017.
28. 關於國安法，請參見：Donald Clarke, "Hong Kong's National Security Law: An Assessment," *China Leadership Monitor*, July 13, 2019.
29. 同上。
30. 李振廣，〈香港國安法將嚴懲「台獨」亂港行徑〉，《環球時報》，二〇二〇年七月四日。國安法使用「境外勢力」一詞指台灣，因為在中華人民共和國看來，台灣是中國的一部分，而不是外國實體。

31. Peng Wan-hsin, "Taiwanese Risk Deportation to China," *Taipei Times*, July 13, 2020.
32. Kathrin Hille, "China Is Influencing Taiwan's Elections I through TV," OZY, July 26, 2019.
33. J. Michael Cole, "An Analysis of Possible Chinese Influence Operations against Taiwan: The Want-Want Case," *Prospect Foundation Newsletter* 9, May 6, 2019.
34. 同上。
35. Stacy Hsu and Chiang Yi-ching, "China Pressured Media Outlets in Taiwan: U.S. Human Rights Report," *Focus Taiwan*, March 12, 2020.
36. Hille, "China Is Influencing Taiwan's Elections."
37. Luke Sabatier and Emerson Lim, "Chinese Official Bashes U.S. at CrossStrait Media Gathering," *Focus Taiwan*, May 12, 2019.
38. Central Intelligence Agency, "Taiwan," *CIA World Factbook* (www.cia.gov/library/publications/resources/the-world-factbook/index.html).
39. Lin Chia-nan, "False Information on the Rise in Taiwan: Academic," *Taipei Times*, September 28, 2019.
40. Lauren Dickey, *Taiwan Security Brief: Disinformation, Cybersecurity, and Energy Security*, edited by Yuki Tatsumi, Pamela Kennedy, and Jason Li (Washington, D.C.: Henry L. Stimson Center, September 2019), pp. 11-32; 引用段落在第十六頁，括弧為原文。
41. Paul Huang, "Chinese Cyber-Operatives Boosted Taiwan's Insurgent Candidate," *Foreign Policy*, June 26, 2019.
42. Elaine Hou and Ko Lin, "AIT Posts Chairman Moriarty's Interview on Facebook Page," *Focus Taiwan*, November 17, 2018.
43. "Gov't Is the Least Qualified to Determine What News Is True or Fake," editorial, *China Times*, December 18, 2018

(www1.kmt.org.tw/english/page.aspx? type=article&mnum=113&anum=22460).（譯注：作者引的是國民黨官網的英文翻譯版社論，中文原文為：〈中時社論：政府最沒資格認定新聞真假〉，《中國時報》，二〇一八年十二月十八日。請參見：https://www.chinatimes.com/opinion/20181217002893-262101?chdtv。）

44. Dickey, "Confronting the Challenge of Online Disinformation in Taiwan," in *Disinformation, Cybersecurity, and Energy Security*, pp. 15-17; 另可參見：二〇二〇年十月的臉書發文："Defending Election Integrity in Taiwan"。

45. Jason Lanier and E. Glen Wey, "How Civic Technology Can Help Stop a Pandemic," *Foreign Affairs*, March 20, 2020.

46. Lyman P. Van Slyke, *Enemies and Friends: The United Front in Chinese Communist History* (Stanford University Press, 1967).

47. Christine Loh, *Underground Front: The Chinese Communist Party in Hong Kong* (University of Hong Kong Press, 2010).

48. State Council Information Office of the People's Republic of China, "China's National Defense in the New Era," July 24, 2019.

49. Chen, "Republic of China, Taiwan's Unique Status Shall Not Perish."

50. 當時我在眾議院外交委員會亞太小組任職幕僚，組織過一次有關劉宜良謀殺案的聽證會。

51. David E. Kaplan, *Fires of the Dragon* (New York: Scribner, 1992).

52. Teng Pei-ju, "Pro-China Political Party Backs Han for Taiwan President," *Taiwan News*, August 11, 2019.

53. Chen, "Republic of China, Taiwan's Unique Status Shall Not Perish"; Gary Schmitt and Mark Mazza, "Blinding the Enemy: CCP Interference in Taiwan's Democracy," Global Taiwan Institute, October 2019.

54. Emerson Lim, "KMT Pulls Out of Cross-Strait Forum over Chinese TV Comment," *Focus Taiwan*, September 14, 2020.

55. Luo Cheng-tsung, "Taiwan Can't Control Its Temples and China Knows It," *Ketagalan Media*, December 28, 2019.

56. Chen Yu-fu, "Chinese Troupe to Stage Unification-Themed Show," *Taipei Times*, October 28, 2019; "Dance Tour a

'United Front' Tactic," editorial, *Taipei Times*, November 1, 2019.

57. Sean Lin, "Legislature Passes Anti-Infiltration Act," *Taipei Times*, January 1, 2020.

58. Tsai Peng-min, Joe Yeh, and Frances Huang, "Business Groups Fear Chilling Effect From Anti-Infiltration Act," *Focus Taiwan*, January 1, 2020.

59. Yeh Su-ping and others, "President Reassures Public after Anti-Infiltration Act Takes Effect," *Focus Taiwan*, January 15, 2020.

60. Andy Greenberg, "Chinese Hackers Have Pillaged Taiwan's Semiconductor Industry," *Wired*, August 6, 2020.

61. Timothy Ferry, "Cybercrime Poses a Mounting Problem in Taiwan," *Taiwan Business Topics*, May 17, 2018; Philip Hsu, "Taiwan's Emerging Push for Cyber Autonomy," China Brief 18, no. 13 (2018); Lee Hsin-Yin, "U.S.-Taiwan Cooperation Crucial for Global Cybersecurity: AIT Head," *Focus Taiwan*, September 17, 2019.

62. Lee, "U.S.-Taiwan Cooperation Crucial: AIT Head."

63. 同上。Timothy Ferry, "Government Seeks to Thwart Cyber Threats," *Taiwan Business Topics*, May 17, 2018; Holmes Liao, "Mitigating China's Threat to Taiwanese Telecom Networks," *Prospect Foundation Newsletter* 3, February 19, 2019.

64. Timothy Ferry, "Taiwan Wakes Up to the Need for Stricter Cybersecurity," *Taiwan Business Topics*, May 11, 2018; Ferry, "Government Seeks to Thwart Cyber Threats;" Russell Hsiao, "Taiwan Launches National Communications Reliability and Cyber Security," *Global Taiwan Brief* 23, no. 23 (2018); Laney Zhang, "Taiwan: New Cybersecurity Law Takes Effect," Library of Congress, Global Legal Monitor, January 30, 2019; Lee Hsin-fang and Sean Lin, "Cabinet Says Ban Aimed at Boosting National Security," *Taipei Times*, January 25, 2019; Sean Lin, "Cabinet Unveils Cybersecurity Guidance," *Taipei Times*, April 20, 2019; Lee Hsin-fang, "Tighter Cybersecurity System Proposed," *Taipei Times*, May 27, 2019; Russel Hsiao, "United States and Taiwan Step Up Cybersecurity Cooperation amid Uptick in China's Cyber Offensive," *Global Taiwan Brief* 4, no. 19 (2019).

65. Lawrence Chung, "Taiwan Braced for Wave of Cyberattacks from Mainland China Ahead of Local Elections," *South China Morning Post*, September 20, 2018. 關於台灣電信網絡面臨的網絡威脅，請參見：Liao, "Mitigating China's Threat to Taiwanese Telecom Networks"。

## ——第十三章

1. Kharis Templeman, "How Taiwan Stands Up to China," *Journal of Democracy* 31, no. 3 (July 2020), p. 86.
2. 〈社評：中國歷史決不會寬恕推動分裂的人〉，《環球時報》，二〇二〇年七月三十一日（https://huanqiu.com/article/3zGnd9P3ng）。
3. Larry Diamond, *The Spirit of Democracy: The Struggle to Build Free Societies throughout the World* (New York: Times Books, 2008), pp. 88-112; Linda Chao and Ramon Myers, *The First Chinese Democracy: Political Life in the Republic of China on Taiwan* (Johns Hopkins University Press, 1997).
4. "2018 Human Rights Report (Taiwan Part)," American Institute in Taiwan, March 15, 2019.
5. Kharis Templeman, "The Party System Before and After the 2016 Election," in *Dynamics of Democracy in Taiwan: The Ma Ying-jeou Years*, edited by Kharis Templeman, Yun-han Chu, and Larry Diamond (Boulder, CO: Lynne Reiner Publishers, 2020), p. 125.
6. Pippa Norris, *Making Democratic Governance Work: How Regimes Shape Prosperity, Welfare, and Peace* (Cambridge University Press, 2012), pp. 58-59.
7. Larry Diamond, "Facing Up to the Democratic Deficit," *Journal of Democracy* 26, no. 1 (2015), pp. 141-55, cited passage on p. 152.
8. "Corruption Perceptions Index," *Transparency International*, 2019.

9. 請參見例如：Chuck Freilich, "This Is Israel's Last Ever Zionist Election," *Haaretz*, September 12, 2019.
10. Susan Rice, "A Divided America Is a National Security Threat," *New York Times*, September 22, 2020.
11. 《中華民國憲法》於一九四六年十二月通過，一九四七年元旦頒布，一九四七年十二月二十五日生效。
12. Ch'ien Tuan-sheng, *The Government and Politics of China, 1912-1949* (Stanford University Press, 1950), pp. 317-30.
13. 有關這種類型的政治轉型，請參見：James Loxton, "Authoritarian Successor Parties," *Journal of Democracy* 26, no. 3 (2015), pp. 157-70; Mikael Mattlin, *Politicized Society: The Long Shadow of Taiwan's One-Party Legacy* (Copenhagen: NIAS Press, 2011).
14. "DPP Lawmakers Want Name Change for Academia Sinica," *Focus Taiwan*, March 9, 2020.
15. Ku Chuan, Chen Chun-hua, and Lee Hsin-Yin, "Resolutions Passed to Highlight 'Taiwan' on Passport, CAL Jet," *Focus Taiwan*, July 22, 2020; "Taiwan to Change Passport, Fed Up with Confusion with China," Reuters, September 2, 2020.
16. 台灣聯合國協進會簡章（http://www.taiwan-un-alliance.org.tw/31777314562001325991.html）。
17. 「名不正，則言不順；言不順，則事不成。」Confucius, *The Analects*, translated by Raymond Dawson (Oxford University Press, 1993), p. 49.
18. Don Shapiro, "Taiwan Shows Its Mettle in Coronavirus Crisis While the WHO Is MIA," Brookings Institution, March 19, 2020.
19. Yun-han Chu and others, "Re-assessing the Popular Foundation of Asian Democracies: Findings from Four Waves of the Asian Barometer Survey," Working Paper Series 120, Asian Barometer, 2016.
20. World Values Survey, "Taiwan, 2012," study 552, vol. 20180912 (www.worldvaluessurvey.org/WVSDocumentationWV6.jsp; click on "WV6_Results_Taiwan 2012_v20180912").
21. Yun-han Chu and Min-hua Huang, "The Meanings of Democracy: Solving an Asian Puzzle," *Journal of Democracy* 21,

no. 4 (2010), pp. 114-22, results on p. 118.

22. World Values Survey, "Taiwan, 2012."

23. Corruption Perceptions Index," *Transparency International*, 2019. 有關台灣的資訊請參見：www.transparency.org/en/cpi/2019/results/twn#details，並可查閱全球資料集。清廉印象指數是使用數個調查結果計算成一個綜合性的指數，反映的是專家和企業高層對一個國家公部門貪腐程度的看法。

24. Jason Pan, "Five Politicians Charged with Graft," *Taipei Times*, September 22, 2020.

25. 對於世俗性、志願性的社會團體，台灣人民的態度顯得相當一致。也就是說，台灣人的參與率很低。只有在運動和休閒團體的部分，有超過一五%的受訪者自認是「積極參與者」。宗教是這種模式中唯一的例外。同上。

26. Yun-han Chu and Wen-chin Wu, "Sources of Regime Legitimacy in East Asian Societies," Asian Barometer Survey, Working Paper 135, Asian Barometer, p. 20.

27. Yu-tzung Chang and Yun-han Chu, "Assessing Support for Democracy," in *Dynamics of Democracy in Taiwan*, p. 241.

28. Thomas Carothers and Andrew O'Donohue, *Democracies Divided: The Global Challenge of Political Polarization* (Brookings Institution Press, 2019), pp. 6-8. Carothers和O'Donohue引用的段落出自：Murat Somer and Jennifer McCoy, "Déjà vu? Polarization and Endangered Democracies in the 21st Century," *American Behavioral Scientist*, no. 62 (January 2018), pp. 3-15.

29. Larry Diamond, *Developing Democracy: Toward Consolidation* (Johns Hopkins University Press, 1999), pp. 100-101.

30. "2016 Taiwan Legislative Elections," Wikipedia, September 16, 2020.

31. Chiu Yen-ling and Sherry Hsiao, "KMT Bid to Block Legislative Votes Fails," *Taipei Times*, June 30, 2020.

32. Kuo Chien-shen and others, "Legislators Fight, Hundreds Protest as Controversial Nominees Confirmed," *Focus Taiwan*, July 17, 2020.

33. Lu Ling, "A Story of Old Overseas Taiwanese Independence Activists," *Ketagalan Media*, July 3, 2019.
34. 感謝外部審稿人協助澄清這點。
35. "DPP's Oversight Bill Flawed, Sunflower Activist Says," *Taipei Times*, April 25, 2016.
36. Isaac Shih-hao Huang and Shing-yuan Sheng, "Legislative Politics," in *Dynamics of Democracy in Taiwan*, pp. 177-78.
37. World Values Survey, "Taiwan, 2012, Questions 96-101."
38. Richard C. Bush, "Taiwan's Local Elections, Explained," Brookings Institution, December 5, 2018.
39. Ching-hsin You, "Parties, Partisans, and Independents in Taiwan," in *The Taiwan Voter*, edited by Christopher H. Achen and T. Y. Wang (University of Michigan Press, 2017).
40. "The TPP Might Be Good for Taiwan," editorial, *Taipei Times*, October 24, 2019.
41. "Taiwan's Legislative Yuan: Oversight or Overreach?," Brookings Institution, Center for East Asia Policy Studies, June 23, 2014.
42. Matthew Strong, "Taiwan Requires Referendum for Political Agreements with China," *Taiwan News*, March 28, 2019.
43. Sean Lin, "Rules for Deals with China Beefed Up," *Taipei Times*, June 1, 2019.
44. Francis Fukuyama, *Political Order and Political Decay*, vol. 2, *From the Industrial Revolution to the Globalization of Democracy* (New York: Farrar, Straus and Giroux, 2014), pp. 39, 488-505. 亦可見：George Tsebelis, "Decision Making in Political Systems: Veto Players in Presidentialism, Parliamentarism, Multicameralism, and Multipartyism," *British Journal of Political Science* 25, no. 3 (1995), pp. 289-325.
45. 杭廷頓（Samuel Huntington）的經典著作即是以參與和體制間的拉扯為主題，請參見：*Political Order in Changing Societies* (Yale University Press, 1968).
46. Huang Min-Hua, "The Rise of the Internet and Changing Political Participation in Asia," working paper, Brookings

Institution, Center for East Asia Policy Studies, June 2015, pp. 5, 25-26; 作者個人備分。此一主張的後續發表，可參見：Huang Min-Hua and others, "How Does Rising Internet Usage Affect Political Participation in East Asia? Explaining Divergent Effects," *Asian Perspective* 41, no. 4 (2017), pp. 527-58.

47. James Reardon-Anderson, *Pollution, Politics, and Foreign Investment in Taiwan: The Lukang Rebellion* (New York: Routledge, 1992).

48. Dafydd Fell, "Social Movements in Taiwan after 2008: From the Strawberries to the Sunflowers and Beyond," in *Taiwan's Social Movements under Ma Ying-jeou: From the Wild Straberries to the Sunflowers*, edited by Dafydd Fell (New York: Routledge, 2017; Kindle ed.), loc. 372-433.

49. Ming-sho Ho, *Challenging Beijing's Mandate of Heaven: Taiwan's Sunflower Movement and Hong Kong's Umbrella Movement* (Temple University Press, 2019), pp. 63, 64, 66.

50. 關於社群媒體的影響，請參見：Eric Chen-hua Yu and Jia-sin Yu, "Social Media and Cyber Mobilization," in *Dynamics of Democracy in Taiwan*, pp. 311-38.

51. "The Rise of People Power," editorial, *Taipei Times*, August 6, 2013.

52. 有關社會運動的發展與學習，相關案例研究請參見：Fell, *Taiwan's Social Movement under Ma Ying-jeou*.

53. 這段討論基於：Ming-sho Ho, "Occupy Congress in Taiwan: Political Opportunity, Threat, and the Sunflower Movement," *Journal of East Asian Studies* 15, no. 1 (2015), pp. 69-97.

54. Jimmy Hsiung, "2016 State of the Nation Survey: Ready to Test a New President," *CommonWealth Magazine*, January 8, 2016.

55. 這部分感謝祁凱立的指正。

56. 調查結果來自作者本人的資料備分。

57. "DPP Says Trade Accord Cannot be Forced," *Taipei Times*, March 11, 2014.
58. 同上。
59. 同上。
60. 美國政府所談的貿易協定，透明度也沒有比較高。
61. "Lawmakers Get Ready to Tackle Thorny Trade Pact," *Taipei Times*, March 12, 2014.
62. "Legislative Review Descends into Chaos," *Taipei Times*, March 13, 2014.
63. "DPP Renews Trade Pact Renegotiation Call," *Taipei Times*, March 13, 2014.
64. "Trade Pact Review Meeting Cut Short," *Taipei Times*, March 18, 2014.
65. "KMT Obstructs Infrastructure Bill," *Taipei Times*, May 3, 2017.
66. Liu Shih-yi, Liu Kuan-ting, and Evelyn Kao, "Acquittal Verdicts Overturned for 7 Sunflower Movement Protesters," *Focus Taiwan*, April 28, 2020; Liu Kuan-ting, Lin Chang-shun, and Matthew Mazzetta, "Former President Cleared of Using Excessive Force During Protests," *Focus Taiwan*, September 15, 2020.
67. 最有用的分析包括：Ming-sho Ho, "Occupy Congress in Taiwan"; Andre Beckershoff, "The Sunflower Movement: Origins, Structures and Strategies of Taiwan's Response against the Black Box," in Fell, *Taiwan's Social Movements under Ma Ying-jeou*, and Hsu Szu-chien, "The China Factor and Taiwan's Civil Society Organizations in the Sunflower Movement: The Case of the Democratic Front against the Cross-Strait Service Trade Agreement," in Fell, *Taiwan's Social Movements under Ma Ying-jeou*.
68. 另外，《服貿協議》的談判方式或許不透明，但這其實是貿易協議的常態，美國同樣如此。
69. Fell, "Social Movements in Taiwan after 2008," locs. 714, 731-32.
70. William Yang, "Five Years On, the Sunflower Generation's Outlook for Taiwan," *Ketagalan Media*, March 19, 2019.

71. Taiwan's (Republic of China) Constitution of 1947 with Amendments through 2005, Constitute Project.

72. H.Con.Res.293, 101st Congress (1989-1990) 中可以看出美國國會對於台灣未來的意見。

73. 轉引自：Shelley Rigger, *From Opposition to Power: Taiwan's Democratic Progressive Party* (Boulder, CO: Lynne Rienner Publishers, 2001), p. 125.

74. 當時蔡同榮對台灣制度的診斷，正好呼應了孫中山——一個中國民族主義者——建立直接民主機制的呼籲，因為間接民主的重點在於治理，比較輕忽人民的看法。

75. 《中華民國憲法》的增修都是在民主轉型和之後不久通過的。

76. 請參見：《中華民國憲法增修條文》，司法院憲法法庭網站（https://law.judicial.gov.tw/FLAW/dat02.aspx?lsid=FL000002）。

77. Joseph Lee, "The Referendum Law 2003 in Taiwan: Not Yet the End of the Affair," *China Perspectives*, no. 65 (May-June 2006).

78. 同上。

79. "2018 Human Rights Report (Taiwan Part)."

80. 關於同性婚姻議題，請參見：C. Donovan Smith, "The DPP's Disaster: The Mishandling of Marriage Equality," *Ketagalan Media*, May 14, 2019.

81. "Tsai, DPP Defend Referendum Act Amendment," *Focus Taiwan*, July 7, 2019.

82. 同上。

83. Nathan Batto, "Energy Policy and Referenda," *Frozen Garlic* (blog), December 1, 2018.

84. Nathan Batto, "Do Referendums Reflect Public Opinion?" *Frozen Garlic* (blog), November 7, 2019.

85. Marc F. Plattner, "Populism, Pluralism, and Liberal Democracy," *Journal of Democracy* 21, no. 1 (2010), pp. 81-92.

86. Jan-Werner Muller, *What Is Populism?* (University of Pennsylvania Press, 2016), p. 101.

87. Cas Mudde, "The Populist Zeitgeist," *Government and Opposition*, 29, no. 4 (2004), p. 543.

88. 蕭新煌為中央研究院社會學研究所特聘研究員。

89. Hsin-huang Michael Hsiao, "Observations on Rising Populism in Taiwan Politics," *Ketagalan Media*, August 6, 2019; 轉載自：*Global Taiwan Brief*, July 31, 2019.

90. Nathan Batto, "Populism and Han Kuo-yu," *Frozen Garlic* (blog), December 27, 2019.

91. C. Donovan Smith, "Political Power Players to Watch, Part 1: Terry Gou, Ko Wen-che, and Wang Jin-pymg," *Ketagalan Media*, August 29, 2019.

92. 同上。

93. William Yang, "Five Years On, the Sunflower Generation's Outlook for Taiwan," *Ketagalan Media*, March 19, 2019.

94. Yi-chih Wang, "Who Are Han Kuo-yu's Hardcore Fans?," *CommonWealth Magazine*, July 17, 2019.

95. 〈美麗島民調：二〇一九年十一月國政民調〉，《美麗島電子報》，二〇一九年十一月，表十（http://my-formosa.com/DOC_151991.htm）。

96. Nathan F. Batto, "When Populism Can't Beat Identity Politics," *New York Times*, January 12, 2020.

97. Chu and others, "Re-assessing the Popular Foundation of Asian Democracies."

98. *Social Science Encyclopedia*, 3rd ed., s.v. "legitimacy."

99. Richard C. Bush, *Hong Kong under the Shadow of China: Living with the Leviathan* (Brookings Institution Press, 2016), pp. 161, 168-69.

100\. 北京清華大學的政治學者貝淡寧（Daniel Bell）寫道：「政治功績主義的基本概念，是每個人都應該擁有接受教育的平等權利，並為政治貢獻，但並不是每個人都能在過程中展現出相同能力，做出道德上有根據的政治判斷，因此，政治的任務是找出能力高於平均的人，並讓他們服務整個政治社群。如果政治人物表現良好，人民大致上都會贊同。」請參見：Daniel A. Bell, *The East Asian Challenge for Democracy: Political Meritocracy in Comparative Perspective*, edited by Daniel A. Bell and Chenyang Li (Cambridge University Press, 2013), introduction, pp. 3, and pp. 238-340.

## 第十四章

1. Matt Rivers, Steven Jiang, and Ben Westcott, "Taiwan Vulnerable to Chinese Invasion without US, Foreign Minister Says," CNN, July 23, 2018.
2. 解放軍一九五八年砲轟金門近海，美軍也協助中華民國國軍守住陣地。這雖然是嚴重的國安危機，不過對於台灣島的威脅主要還是在心理，而非軍事層面。
3. 原因請見：Richard C. Bush, "The 'Sacred Texts' of United States–China-Taiwan Relations," in *At Cross Purposes: U.S.-Taiwan Relations since 1942* (Armonk, N.Y.: M. E. Sharpe, 2004), pp. 124-78.
4. 同上。
5. Richard C. Bush, *Untying the Knot: Making Peace in the Taiwan Strait* (Brookings Institution Press, 2005).
6. Mike Pence, "Remarks by Vice President Pence on the Administration's Policy toward China," White House, Washington, D.C., October 4, 2018.
7. Rita Cheng and Joseph Yeh, "U.S. Supports Taiwan Self-Defense Capability: Schriver," *Focus Taiwan*, February 8, 2019.
8. David Stilwell, "Statement of David Stilwell Nominee to be Assistant Secretary of State for East Asian and Pacific Affairs," Washington, D.C., March 27, 2019, Senate Committee on Foreign Relations.

9. Mike Pence, "Remarks by Vice President Pence at the Frederic V. Malek Memorial Lecture," Conrad Hotel (Washington, D.C., October 24, 2019), White House.
10. Stephen E. Biegun, "U.S. Policy toward China," testimony before the Senate Committee on Foreign Relations, July 22, 2020.
11. *Indo-Pacific Strategy Report: Preparedness, Partnerships, and Promoting a Networked Region* (U.S. Department of Defense, June 1, 2019).
12. 同上。"Message from the Secretary of Defense"，出版地缺。
13. 同上，頁七一八。
14. 同上，頁三一。
15. 同上，頁二一；粗體為本書作者所加。請注意該報告並非承諾在台灣受到攻擊時協防。
16. John Bolton, "The Scandal of Trump's China Policy," *Wall Street Journal*, June 17, 2020.
17. Elaine Hou, Matt Yu, and Emerson Lim, "U.S., Taiwan Seal Arms Deals," *Focus Taiwan*, December 21, 2019.
18. Bush, *At Cross Purposes*.
19. Warren Christopher, "American Interests and the U.S.-China Relationship," 向亞洲協會（Asia Society）、外交關係協會及美中關係全國委員會演說，紐約，一九九六年五月十七日；引用於：Shirly Kan (林夏如), *China/Taiwan: Evolution of the 'One China' Policy; Key Statements from Washington, Beijing, and Taipei* (Washington, D.C.: Congressional Research Service, October 10, 2014), pp. 60-61.
20. James A. Kelly, "Overview of U.S. Policy toward Taiwan," testimony before the House International Relations Committee Hearing on Taiwan, Washington, D.C., April 21, 2004.
21. Thomas Wright, "The 2016 Presidential Campaign and the Crisis of American Foreign Policy," Lowy Institute, October

10, 2016.

22. Bob Woodward, *Fear: Trump in the White House* (New York: Simon and Schuster, 2019), p. 305.
23. Josh Rogin, "Trump Is Failing to Counter China's Diplomatic Assault on Taiwan," *Washington Post*, September 6, 2018.
24. Bolton, "The Scandal of Trump's China Policy."
25. *The CIA World Factbook*, 2020-2021 (New York: Skyhorse Publishing, 2020), pp. 916-17.
26. U.S. Census Bureau, "Top Trading Partners, December 2019."
27. "Number of International Students in the U.S., by Country of Origin, 2018-19," *Statista*.
28. Yeh Su-ping, Emerson Lim, and Evelyn Kao, "President Pitches Bilateral Trade Pact in Meeting with U.S. Official," *Focus Taiwan*, December 19, 2019.
29. Derek Scissors, "Prospects for US-Taiwan Economic and Trade Cooperation in 2020," remarks at panel discussion, Global Taiwan Institute, Washington, D.C., February 5, 2020.
30. Ana Swanson, "U.S. to Start Trade Talks with Kenya to Counter China's Influence," *New York Times*, February 6, 2020.
31. American Chamber of Commerce in Taipei, "AmCham Taipei White Paper, 2020 edition," *Taiwan Business Topics* 50, no. 6 (June 2019), p. 13.
32. "President Tsai Issues Remarks Regarding International Trade," Office of the President website, August 28, 2020.
33. Shelley Shan, "KMT Thwarts Premier's Policy Address," *Taipei Times*, September 23, 2020.
34. Chen Chun-hua, Yeh Su-ping, and Matthew Mazzetta, "KMT Submits Petition for Referendum on Government Pork Policy," *Focus Taiwan*, September 23, 2020.
35. Lee Hsien-feng, Wang Chen-chung, and Elizabeth Hsu, "KMT Pushes Local Governments to Set, Uphold Anti-

Ractopamine Rules," *Focus Taiwan*, August 31, 2020.

36. 川普執政初期，美國曾以威脅美國國安的莫須有罪名，對包含台灣在內的數個國家的鋼鐵加徵進口關稅。
37. Matthew Fulco, "Is Taiwan Winning the U.S.-China Trade War?," *Taiwan Business Topics* 49, no. 8 (2019), pp. 16-20.
38. Hannah Kirk, "The Geo-Technological Triangle between the US, China, and Taiwan," *The Diplomat*, February 8, 2020.
39. Ali Wyne, "Potential Downsides to U.S.-China Trade Tensions on Taiwan's Economy," *Global Taiwan Brief* 5, no. 5 (2020); Raymond Zhong, "U.S.-China Tech Feud, Taiwan Feels Heat from Both Sides," *New York Times*, October 1, 2020.
40. Ana Swanson, "U.S. Delivers Another Blow to Huawei with New Tech Restrictions," *New York Times*, May 15, 2020; Ana Swanson, Paul Mozur, and Raymond Zhong, "U.S. Is Using Taiwan as a Pressure Point in Tech Fight with China," *New York Times*, May 19, 2020.
41. "TSMC Warns China-U. S. Deleveraging Will Drive Up Costs," Reuters, September 24, 2020.
42. 二〇二〇年一月，有報導指出川普政府向台積電施壓，要求將美國軍事計畫用的晶片產線遷至美國。請參見：Lauly Li and Cheng Ting-fang, "Exclusive: Washington Pressures TSMC to Make Chips in US," *Nikkei Asian Review*, January 15, 2020.
43. Lindsey Ford, "Refocusing the China Debate: American Allies and the Question on US-China 'Decoupling,' " Brookings Institution, February 7, 2020.
44. U.S. Congress, Public Law 115-232, "John S. McCain National Defense Authorization Act for Fiscal Year 2019," H.R. 5515, secs. 1257 and 1258.
45. U.S. Congress, Public Law 115-135, "Taiwan Travel Act," H.R 535.
46. U.S. Congress, 116th Congress, "Taiwan Symbols of Sovereignty (SOS) Act of 2020," S. 3310.
47. Donald J. Trump, *Statement on Signing the John S. McCain National Defense Authorization Act for Fiscal Year 2019 August*

*13, 2018* (Government Printing Office); 粗體為本書作者所加。

48. Taiwan National Security Survey, Program in Asian Security Studies, Duke University (https://sites.duke.edu/pass/taiwan-national-security-survey/).

49. 蘇起，〈美中　台灣該選邊嗎?〉，《聯合報》，二〇一九年六月十六日。

50. Parris Chang, "Taiwan Must Act on US Goodwill," *Taipei Times*, August 30, 2018.

51. 台灣國家安全調查。

52. Barbara Weisel, "Next Steps for Enhancing US-Taiwan Trade Relations," *Global Taiwan Brief* 5, no. 19 (September 24, 2020).

53. 關於後繼美國政府的模糊修辭，請參見：Alan D. Romberg, *Rein In at the Brink of the Precipice: American Policy towards Taiwan and U.S.-PRC Relations* (Washington, D.C.: Henry L. Stimson Center, 2003).

54. "Full Text of Clinton's Speech on China Trade Bill" speech delivered at the Paul H. Nitze School of Advanced International Studies, Johns Hopkins University, March 9, 2000.

55. Richard Haass and David Sacks, "American Support for Taiwan Must Be Unambiguous," *Foreign Affairs*, September 2, 2020.

56. 哈斯與薩克斯都同意這一點的必要，但只是輕輕帶過。

57. 雖然哈斯與薩克斯確實說美國的聲明應該表明不支持台灣獨立，但只靠聲明可能不足以安撫北京，也不足以安撫打算改變現狀的台灣政府。

58. Richard C. Bush, "A One-China Policy Primer," Brookings Institution, March 2017.

59. Ryan Hass, "This US-China Downturn May Be Difficult for Taiwan," Brookings Institution, February 24, 2020.

## 第十五章

1. Nathan F. Batto, "When Populism Can't Beat Identity Politics," *New York Times*, January 12, 2020.
2. Bethany Green, "Taiwan's Universities Are Fighting for Their Lives as Birth Rates Plummet," *Ketagalan Media*, January 30, 2020.
3. Evan A. Feigenbaum, "Assuring Taiwan's Innovation Future," Carnegie Endowment for International Peace, January 2020, pp. 23-25.
4. 同上，頁二六－二八。
5. 同上，頁三〇－三一。
6. Phillip Liu, "Bill to Ease Way for Foreign Professionals," *Taiwan Business Topics*, August 22, 2017; Matthew Fulco, "Resolving Taiwan's Talent Exodus," *Taiwan Business Topics*, August 22, 2017.
7. Christopher H. Achen and T. Y. Wang "The Power of Identity in Taiwan," in *The Taiwan Voter*, edited by Christopher H. Achen and T. Y. Wang (University of Michigan Press, 2017).
8. 不具名者與作者的對話，二〇一八年六月。諷刺的是，我朋友這段話讓我想到《毛澤東選集》第一篇的第一句話：「誰是我們的敵人？誰是我們的朋友？這個問題是革命的首要問題。中國過去一切革命鬥爭成效甚少，其基本原因就是因為不能團結真正的朋友，以攻擊真正的敵人。」請參見：Mao Zedong, "Analysis of the Classes in Chinese Society" (1925), in *Selected Works of Mao Zedong* (Peking: Foreign Language Press, 1965), p. 1.
9. 本省籍台灣官員與作者的對話，二〇二二年五月。
10. 〈為實現民族偉大復興、推進祖國和平統一而共同奮鬥〉，習近平在《告台灣同胞書》發表四十週年紀念會上的談話（英文稿），"Working Together to Realize Rejuvenation of the Chinese Nation and Advance China's Peaceful Reunification"，中國國務院台灣事務辦公室，二〇一九年一月二日（http://www.gwytb.gov.cn/wyly/201904/

t20190412_12155687.htm）。

11. Robert D. Putnam, "Diplomacy and Domestic Politics: The Logic of Two-Level Games," *International Organization* 42, no. 3 (1988), pp. 427-60.

12. Richard C. Bush, *Untying the Knot: Making Peace in the Taiwan Strait* (Brookings Institution Press, 2005), pp. 271-73.

13. 二〇〇五年的憲法修正案是由如今已凍結的國民大會通過。此後的修憲程序則由立法院負責的上述程序取代。

14. Ching-hsin Yu, "Trends in Public Opinion," in *Dynamics of Democracy in Taiwan: The Ma Ying-jeou Years*, edited by Kharis Templeman, Yun-han Chu, and Larry Diamond (Boulder, CO: Lynne Reiner Publishers, 2020), p. 269.

15. Flor Wang and Yu Hsiang, "KMT Criticized for Sidestepping Consensus That Enabled Good Relations," *Focus Taiwan*, June 19, 2020; Shih Hsaio-kuang and Dennis Xie, "KMT Task Force Unveils Four Pillars for Stable, Peaceful Cross-Strait Relations," *Taipei Times*, June 20, 2020.

16. William Yang, "KMT's Proposal for Cross-Strait Policy Exposes Generational Differences in Views toward China," *Global Taiwan Brief* 5, no. 13 (2020).

17. David G. Brown, "Can the KMT Reform—and Remain Relevant," *The Diplomat*, September 11, 2020.

18. Gunter Shubert, "Quo Vadis, KMT?" *Taiwan Insight*, June 5, 2020.

19. World Values Survey: Taiwan, 2012, study 552, vol. 20180912 (www.worldvaluessurvey.org/WVSDocumentationWV6.jsp; click on "WV6_Results_Taiwan 2012_v20180912").

20. John Robert Shepherd, *Statecraft and Political Economy on the Taiwan Frontier, 1600-1800* (Stanford University Press, 1993).

21. Stevan Harrell, "From *Xiedou* to *Yijun*: The Decline of Ethnicity in Northern Taiwan, 1885-1895," *Late Imperial China* 11, no. 1 (1990), pp. 99-127.

22. Dean Acheson, *Present at the Creation: My Years at the State Department* (New York: W. W. Norton, 1969), p. 225.

23. 在對中政策上，美國政策不可能受到黨派之見的影響。共和黨過去非常支持蔣介石的國民黨政權對抗毛澤東的共產黨，但杜魯門政府也相信，不插手國共內戰才符合美國的利益，為此甚至能接受台灣淪陷。

24. John Lukacs, "Finland Vindicated," *Foreign Affairs* 71, no. 4 (1992), p. 59.

25. Max Jacobson, "Substance and Appearance: Finland," *Foreign Affairs* 18, no. 5 (1980), p. 1041.

26. Bruce Gilley, "Not So Dire Straits: How the Finlandization of Taiwan Benefits U.S. Security," *Foreign Affairs* 89, no. 1 (2010), pp. 44-60; 也可參見莫里琛（Hans Mouritzen）的反駁："The Difficult Art of Finlandization," *Foreign Affairs* 89, no. 3 (2010), pp. 130-31; also Tu Ho-ting, "Examining the Security Situation," *Taipei Times*, February 20, 2019.

27. Mujib Mashal, Fatima Faizi, and Najim Rahim, "Ghani Takes the Oath of Afghan President; His Rival Does, Too," *New York Times*, March 9, 2020; Vanda Felbab-Brown, "What's in Store after the US-Taliban Deal," Brookings Institution, March 4, 2020.

28. Ma Ying-jeou, "Full Text of President Ma Ying-jeou's Inaugural Address," Taipei, May 20, 2012, *Focus Taiwan*.

29. Tsai Ing-wen, "Full Text of Taiwan President Tsai Ing-wen's Acceptance Speech," Taipei, January 11, 2020, *Focus Taiwan*.

30. 一如國民黨團在二〇二〇年六月的作為：見第十三章。

31. Elizabeth Knowles, ed., *Oxford Dictionary of Quotations* (Oxford University Press, 2009), p. 218.

32. David Brooks, "America Is Facing 5 Epic Crises All at Once," *New York Times*, June 25, 2020.

33. 〈為實現民族偉大復興、推進祖國和平統一而共同奮鬥〉。

艱難的抉擇：台灣對安全與美好生活的追求
/卜睿哲（Richard C. Bush）著；周佳欣、劉
維人、廖珮杏、盧靜譯. -- 第一版. -- 台北市：
遠見天下文化, 2021.06
568面；14.8×21公分. -- (社會人文；BGB509)
譯自：Difficult Choices: Taiwan's Quest for
Security and the Good Life
ISBN (平裝) 978-986-525-202-1
1.兩岸關係 2.台灣政治
573.09　　　　110009271

社會人文 BGB509

# 艱難的抉擇

## 台灣對安全與美好生活的追求

*Difficult Choices*

*Taiwan's Quest for Security and the Good Life*

作者——卜睿哲Richard C. Bush
譯者——周佳欣、劉維人、廖珮杏、盧靜

總編輯——吳佩穎
責任編輯——張彤華
封面設計——張議文
內頁設計及排版——蔡美芳（特約）
校對 ——凌午（特約）

出版者——遠見天下文化出版股份有限公司
創辦人——高希均、王力行
遠見・天下文化 事業群董事長 ——高希均
事業群發行人／CEO——王力行
天下文化社長——林天來
天下文化總經理——林芳燕
國際事務開發部兼版權中心總監——潘欣
法律顧問——理律法律事務所陳長文律師
著作權顧問——魏啟翔律師
地址——台北市104松江路93巷1號2樓

製版廠——東豪印刷事業有限公司
印刷廠——祥峰印刷事業有限公司
裝訂廠——聿成裝訂股份有限公司
登記證——局版台業字第2517號
總經銷 ——大和書報圖書股份有限公司｜電話——02-8990-2588
出版日期——2021 年 6 月 25日第一版第1次印行
2023 年 2 月 4 日第一版第4次印行

定價——NT 650元
ISBN——978-986-525-202-1
書號——BGB509
天下文化官網——bookzone.cwgv.com.tw

天下文化
BELIEVE IN READING